京津城际铁路
运营维护管理

铁道部运输局 编

中国铁道出版社

2009年·北 京

图书在版编目(CIP)数据

京津城际铁路运营维护管理/铁道部运输局编. —北京：中国铁道出版社，2009. 11

ISBN 978-7-113-10611-9

Ⅰ. 京… Ⅱ. 铁… Ⅲ. 铁路运输—交通运输管理—研究—华北地区 Ⅳ. F532.6 U29

中国版本图书馆 CIP 数据核字(2009)第 178171 号

书　　名：京津城际铁路运营维护管理
作　　者：铁道部运输局

责任编辑：吴　军　黄　燕　　　　**电话：**010-51873094
封面设计：张　明
责任校对：张玉华
责任印制：陆　宁

出版发行：中国铁道出版社（100054，北京市宣武区右安门西街 8 号）
网　　址：http：//www. tdpress. com
印　　刷：北京铭成印刷有限公司
版　　次：2009 年 11 月第 1 版　2009 年 11 月第 1 次印刷
开　　本：787 mm×1 092 mm　1/16　印张：25.5　字数：451 千
书　　号：ISBN 978-7-113-10611-9/U・2574
定　　价：50.00 元

序

2008年8月1日，我国第一条时速350公里的高速铁路——京津城际铁路通车运营。经过一年多的运营实践，实现了安全平稳运营，并在客运专线的运输管理模式、固定设备维护、动车组检修运用、调度指挥、客运服务等方面积累了许多成功的经验，标志着我国已掌握时速350公里高速铁路运营管理技术，进入世界高速铁路先进行列。这些成果和经验，不仅为我国铁路快速客运网建设提供了有益借鉴，而且为中国铁路实施"走出去"战略创造了技术条件。

为总结好、运用好时速350公里高速铁路运营管理的经验，部运输局组织编写了《京津城际铁路运营维护管理》一书。该书从运营准备、固定设施维护管理、动车组运营维护、运营调度管理、客运服务等方面，系统总结了京津城际铁路的运营管理经验，以及各种规章、制度和办法形成的依据和过程，是我国时速350公里高速铁路运营管理的重要成果，对于建立我国高速铁路技术体系，提高高速铁路管理水平，具有重要的指导作用。

在科学发展观的指引下，我国铁路正处在加快发展的新阶段。到2012年，全国铁路营业里程将由现在的8万公里增加到11万公里以上，时速250～350公里客运专线和城际铁路将达到1.3万公里，铁路技术装备现代化建设也将跃上一个更高的平台。面对这一新的形势和任务，如何建好、管好、用好陆续投产的高速铁路，适应未来铁路事业发展的需要，已成为摆在全路面前的重大课题。希望广大干部职工认真学习借鉴京津城际铁路的运营经验，按照“高标准、讲科学、不懈怠”的要求，积极实践，勇于创新，不断探索和完善符合我国实际、具有中国特色的高速铁路运营管理模式，努力塑造安全可靠、运营有序、服务优质、管理一流的高速铁路新形象，为经济社会又好又快发展提供更加可靠的运输保障。

刘志军

二○○九年十一月二十日

目　录

京津城际铁路是我国第一条最高运营时速 350 km、按照系统集成模式建设的高等级铁路客运专线。2005 年 7 月 4 日开工建设；2008 年 2 月 1 日完成站后工程，并开始联调联试；7 月 1 日起进行试运行；8 月 1 日正式开通运营。全长 120 km，其中 87% 为桥梁工程，沿途设北京南、亦庄、武清、天津 4 座车站，预留永乐站。

京津城际铁路作为我国目前最高技术水平的高速铁路代表，首次成功应用了 CRTS Ⅱ 型板式无砟轨道、CTCS-3D 列车运行控制系统、时速 350 km 的 CRH_2 和 CRH_3 型高速动车组、轻量化的简单链型悬挂接触网系统、先进的综合检测、全新的客服系统等大量的具有世界先进水平的技术创新成果，形成了工务工程、通信信号、牵引供电、高速动车组、调度指挥、客运服务等子系统组成的中国高速铁路技术体系。它的开通运营标志着我国高速铁路技术跨入了世界先进行列，同时也拉开了我国大规模客运专线运营的序幕。

京津城际铁路采用了公交化城际列车和跨线列车混合开行的运输组织方式，实现了调度集中控制。全程最高运营时速350 km，直达运行时间 30 min，列车最小追踪间隔 3 min。全线实行委托运输管理模式，京津城际铁路公司行使资产管理职责，北京铁路局依据委托运输管理协议，负责旅客运输等相关业务，履行运输组织和安全管理责任。在铁道部党组的高度重视和直接领导下，面对全新的技术设备与管理模式，部内有关部门和北京局以打造我国高速铁路标志线、示范线和样板线为己任，以创造一流的运营管理、一流的安全业绩、一流的服务质量为目标，坚持理念创新，突出科学管理，围绕运营安全、运营秩序和服务品质做了大量的工作，形成了具有中国特色的高速铁路运营管理模式，为我国客运专线建设和运营提供了极为宝贵的经验。

第一章

运营准备

客运专线建设标准、技术装备、运营环境和设备维护发生了质的变化，采用系统集成模式建设，开通即需达到设计目标，运营准备工作必须在开通前全部到位。京津城际铁路建设和运营实践证明，运营主体主动上手、提前介入非常必要、非常重要，提前介入越早越深，运营管理越主动、越顺利。相关铁路局一定要提前介入，做好联调联试和运行试验、规章制度建设和人员培训等准备工作。

一、提前介入

京津城际铁路是运营部门提前介入的典范。在顶层设计、站前工程、站后工程、联调联试和运行试验等整个建设过程的各个时期、各个领域全面介入。通过介入，进一步完善了设计方案，提高了施工质量，保证了联调联试及运行试验顺利进行，并使铁路局相关专业人员提早掌握了技术方案，熟悉了设备设施的使用和维修，有利于相关运营规章、制度和办法的制定以及人员培训，提前进行了运营准备，全面满足了开通运营的需要。

1. 提前介入的重要性和必要性

建设一流的客运专线，运营部门在建设阶段就必须提前介入，这是其建设和管理模式决定的。

从建设模式看，与既有铁路相比，新建客运专线的建设标准、技术装备、运营环境和设备维护等各方面都发生了质的变化，采取系统集成建设模式，开通即需要达到建设设计目标。京津城际铁路一开通，最高运营速度就是350 km/h。过去新建铁路开通一年后还不一定能达到设计速度，这对于客运专线来说是不允许的。如果线路初始状态达不到设计标准而限速运行，线路将产生“记忆”性病害或不平顺，其后果将要花费数倍的成本去修整才能达到按设计速度高速运行的要求，系统集成后的局部更改往往牵一发而动全身，难度很大。因此，在客运专线的设计和建设阶段，运营部门就必须主动上手，提出运营需求，并通过牵头组织开通前的联调联试和运行试验，组织作业人员提前适应运营环境、熟悉行车设备，这样才能落实好建设标准，确保顺利开通运营。

从管理模式看，根据我国铁路实际，客运专线建成后的运营管理将采取委托运输管理模式，即新线建设、资产管理与运营管理相分离，客运专线公司作为出资人代表负责前期建设和开通运营后国有资产管理，相关铁路局受其委托承担日常运输组织、调度指挥、设备维护、安全管理等工作。运营部门要做好运营管理工作，必须提前做好建设与运营的衔接，在开通前完成规章制度建设和人员培训工作，确保客运专线的顺利开通和良好运营。

2.提前介入的主要工作

在京津城际铁路工程施工建设、联调联试及运行试验3个阶段，根据专业特点组织人员提前介入，所做的主要工作是：

一是工程设计阶段。熟悉设计方案和技术标准，结合运营实际从运输需要角度出发，对设计方案提出修改建议。

二是施工阶段。提前熟悉项目建设标准，把握各专业技术方案，了解各系统和设备功能，对设备和施工质量进行检查，提出整改意见和建议，并与客运专线公司共同组织工程静态验收工作。相关专业介入时机如下：

工务工程专业：一般应在轨道铺设前介入。主要检查工务设备质量，参与钢轨和道岔铺设、精调，监督和指导钢轨接头焊接、打磨和线路锁定，参与并接续开展结构物沉降观测，参与精测网复测并做好接管工作等。

通信信号专业：一般应在通信信号隐蔽工程施工前介入。主要对电缆沟槽、管线等隐蔽工程进行检查，参与设备进场质量检验，监督落实室内外设备及车载设备安装工艺标准，参与子系统试验等。

牵引和电力供电专业：一般应在接触网和电力支柱基础施工阶段介入。主要参与设备及材料进场质量检验，指导监督电缆敷设、施工安装、安装试验、子系统试验等工作。深入了解和掌握所内各种设备的工作逻辑关系及功能特点、接触网精调过程、弓网受流质量、接触网最终几何尺寸和空间位置，并积累相关资料。

客运服务专业：一般应在站房建设全面开始后介入。主要检查客运站功能布局和客运服务系统设备进场质量，对客运服务系统设备、设施的布置、安装、调试工作进行检查监督，了解系统设备功能等。

三是联调联试及运行试验阶段。京津城际铁路在联调联试及运行试验大纲编制期间，北京局工务、电务、接触网、车辆等相关专业人员于2007年7月开始介入，熟悉线路、设备设施情况，对试验内容和计划提出意见；在联调联试前，于2008年2月1日前完成相关培训并到岗；在联调联试及运行试验过程中，负责行车指挥和组织工作、施工管理以及线路、接触网、通信信号等设备设施的调整优化，并做好开通前的运营准备。

3. 提前介入需要把握的重点环节

京津城际铁路经验表明，运营部门提前介入，必须坚持一个重要原则，就是以人为本、服务运输，把满足旅客需求作为出发点，重点把握好以下三个关键环节，全面抓好提前介入各项工作。

一是抓好顶层设计。顶层设计就是根据运营需求，确定列车速度、运行时间、开行方案、维修方式、调度指挥、客服系统等涉及运输的基本方案，这对建成后运营的影响是根本性的、决定性的。过去我们对这个问题往往没有给予足够的重视，无论是建设部门还是运营部门都有欠缺，为建设而建设的思想还在一定程度存在；顶层设计不够完善，建设过程中边施工边进行设计变更等问题时有出现，既大大增加了工作量和难度，同时也存在较大安全隐患。为进一步完善工程设计，确保京津城际铁路开通后的运营质量良好，各相关部门提早介入，对线路、桥梁、通信、信号、供电等各项设计进行了全面审核，针对设计中不尽合理之处，会同建设、设计、施工等有关部门进行了相应的优化和改进。同时，维护单位积极介入系统集成方案的确定，根据系统维护的重点提出系统集成的优化设计建议，最大限度地将日后维护工作的需求纳入设计方案。

二是抓好过程监控。施工质量的好坏对工程总体质量具有巨大影响。线路开通运营后，设备养护维修的难易在很大程度上都取决于工程最初的施工质量。为了能够有效地促进现场施工质量的提高，各专业部门切实加大了对现场施工的质量监督力度，充分发挥作为设备接管单位的异体监督作用，督促各施工单位认真做好质量管理工作。调集精干力量，组建了专业工作组到客运专线施工现场，掌握实际情况，认真做好施工过程中的质量监督工作。参加技术交底，了解技术要点，审核施工图和施工组织，掌握关键工序和隐蔽工程的施工情况。掌握施工计划、施工方案，检查质量保证体系，并监控施工过程，监督施工质量。通过过程监控，有效掌握了现场关键工序和隐蔽工程施工的实际情况，及时督促、指导建设和施工单位对存在的问题进行了整改，为提高施工质量发挥了积极的作用。

三是抓好工程验收。由于客运专线在施工完成后，就要组织开展全线的联调联试工作，进行实车测试和运行试验，因此静态验收和后期设备问题整改的时间非常紧张。为此各专业部门认真研究，加强组织，周密安排，努力克服客运专线验收技术含量高、检查时间短的问题，认真全面地做好工程验收工作。

(1)分阶段做好系统集成的验收，将系统静态验收前移到工程随工配合中，采取记名的方式，全程参与各项工程的配合和平推检查整治，对静态验收、动态验收、工程竣工验收等做到严格把关，对验收资料、竣工图纸、使用说明、原始测试记录等文件做好收集并建立台账。

(2)在正式验收以前，抓住轨道主体工程完工后至联调联试开始前的这段时间，专业部门牵头组织设计、施工、监理、咨询、客运专线公司等单位，按照350 km/h 客运专线的验收标准，开展工程预验收工作，并将预验收作为一个新增加的环节纳入到整个验收中。通过组织预验收，一方面使各个参加单位对施工质量有了一个基本评价，明确了下一步的工作重点和努力方向，另一方面也为各类问题得到及时处理争取了时间，保证了联调联试工作的按期开展。

(3)以隐蔽工程质量作为平推检查的重点，对系统的分项、分步施工严格进行质量把关，对发现的施工质量问题全部纳入了京津城际专项“问题库”管理，设备维护单位由专人负责督促施工单位进行整改。通过边学习、边实践、边验收、边整改，确保线路开通运营前彻底消除设备安全隐患，为线路正式投入运营、设备维护平稳交接创造了有利条件。

二、人员培训

客运专线技术新、装备新、规章新，提前做好运营人员培训，是管好、用好客运专线的重要条件。京津城际铁路以动车组操纵及检修，线路、列控、通信、牵引供电设备运用检修维护，CTC 操作等为重点，充分考虑人员备用率，提前两年对20 余个工种、近 4 000 名相关管理和作业人员进行了系统培训，职工专业技术素质、安全责任意识和应急处理能力得到全面提升，较好地适应了运营要求。

1. 动车组司机

(1)实施等级选拔。

● 严格选拔标准。京津城际铁路动车组司机选拔注重工作经验及实际能力，更注重对综合能力的考察。以“精锐之师”理念为标准，确定了时速 350 km 动车司机外在形象、心理素质、年龄结构、技术业务、作业两纪、职业操守等 6 个方面选拔条件，要求具有机务专业及机务相近专业中专及以上学历，取得高级及以上职业资格；年龄 45 周岁以下，符合身体指标检查标准；持有 CRH 机车驾驶证；担任动车组安全乘务里程不少于 1 万 km；能用普通话进行应答交流，具有一定的组织协调能力；行车中，未发生任何行车事故及事故苗子，出勤率在 95% 以上。

● 实行“三层选拔”制度。一是按照程序初选。按照申请报名、资格初审、资格复审、统一考试等程序，坚持做到公开、公平、公正，从最初培训的 104 名时速 300 km 的动车组司机中择优选拔出京津城际动车组司机 77 名。二是根据表现细选。对选拔出的 77 名动车组司机，按照实际工作能力、表现及 25%的淘汰率，细分优选出 58 人担当京津城际高速动车组值乘任务，其余人员担当地勤、热备、库内作业等任务。三是注重能力优选。通过对动车组司机技术水平、工作能力的实际考察，进一步择优选拔出 17 名技术素质过硬、责任心强的司机作为业务骨干，与 6 名指导司机共同担任包车任务，负责动车司机操纵和应急故障处理的业务指导。

● 进行正式上岗前的技能鉴定。运行试验阶段，由业务指导完成所有动车组司机的技能鉴定，正式开通前组织上线操纵实作，强化培训后的技能考核。通过总体验收，7 月 26 日前对 77 名动车组司机做了进一步优化调整，确保优秀人员上岗。

(2)创新培训方式。

● 超前组织全员脱产理论培训。前期选派优秀动车组司机到德国西门子公司接受为期 12 天的 CRH_3 型动车组培训，配合西门子公司优化司机操作显示界面，回国后作为师资培训其他动车组司机。分 6 批组织动车组司机、专业技术人员和管理干部到四方厂、唐客厂进行脱产培训。以京津城际铁路行车规章，CRH_2-300 型和 CRH_3 型动车组理论及实作，ETCS 列控系统、车载 ATP 控车系统，CIR、GSM—R、TCR 系统等为主要内容，6 月中旬对全部 77 名司机进行了半脱产、半封闭理论知识系统培训。

● 利用试验及联调联试时机强化实作培训。为使所有动车组司机操纵练习达到双 3 000 km 的要求，利用动车组试验及联调联试的时机，选派技术素质过硬、责任心强的司机，与指导司机共同担任包车技术指导，对动车组司机进行一对一、一包一的实际操纵实作培训。充分发挥指导司机及操纵小组作用，由操纵练习指导司机根据试验电报内容，制订详细试验预案，每次试验前必须与试验指挥人员核对试验计划，运行中密切注意练习人员的操作过程，不断提高操纵水平，保证所有人员操纵练习达标。

● 正式开通前组织封闭式“全天候”强化培训。运行试验期间实行了 30 天封闭式训练，在铁科院环形铁道及京津城际铁路组织进行动车组操纵练习。将两种车型的操纵办法进行细化分解，制定了“京津城际 30 min 平稳操纵法”，将运行时间严格控制在 30 min 以内，做到起停无声、停车准确，凡是责任运缓超过 10 s，对标停车误差超过 20 cm 均视为失格，并进行考核。

● 严格司机资格考试及认证。在完成对动车组司机两种车型操纵双3 000 km 要求的基础上，组织对 77 名司机进行了规章理论及实作考试，由铁道部统一签发时速 350 km 动车司机驾驶证。同时，根据任务需求，同步完成了相关专业技术人员、管理干部的系统培训考试。

2. 动车组检修运用人员

(1)分阶段开展培训。自 2007 年 11 月开始，抽调 100 名专业人员，分八个阶段进行专业技术知识的脱产培训。

- 第一阶段，专业理论培训。2007 年 12 月底以前完成了在北京交通大学的专业理论培训，人均 25 天。
- 第二阶段，运用所现场培训。在北京和北京西运用所现场培训时速 200 km动车组技术，人均 28 天。
- 第三阶段，赴厂培训。在四方股份和唐山轨道客车有限责任公司进行 2 型和 3 型时速 300 km 动车组理论、实作培训，人均 25 天。
- 第四阶段，随车实习和现车实习。在北京西运用所完成了随车实习和现车实习，人均 30 天，对未从事过随车机械师工作的 25 名人员进行了强化培训。
- 第五阶段，岗前理论复习和实作培训。2008 年 6 月初开始，对从事动车检修、乘务工作和技术管理人员进行持证上岗前的理论复习和实作培训。
- 第六阶段，跟随工厂人员检修实作。2008 年 6 月中旬开始，组织地勤机械师 52 人分组每日跟随工厂检修人员进行检修实作学习，进一步熟悉了动车组的一、二级专项修标准。
- 第七阶段，理论、实作考试。2008 年 6 月 17 日开始，对参加培训的 100 名从事动车检修、乘务和技术管理人员进行理论、实作考试。
- 第八阶段，持证上岗。对考试合格人员由北京局职教处、劳资处完成机械师上岗证的颁发工作。对考试不合格的人员组织了强化补习和补考。

(2)创新培训方式。通过实施“三个强化培训”，打造一支强有力的动车组管理检修队伍。

- 日常培训。以挂图的形式，将作业流程图、作业节点图、车体结构图、系统分解图以及操作规程、岗位责任制等日常应知应会的内容，分别对应悬挂在调度室、待检室、会议室、学习室、动车库过道等部位，使职工随时感受到最直观的影响，学到所需知识。开展“三个一”活动，即每周一小考、每月一大考、每季一考评，按成绩排队抓尾，促进职工主动学习。
- 专项培训。针对职工在动车组专项检修上的薄弱环节，分系统、分重点提出培训计划及培训技术支持需求，结合专项修请工厂专家在现场进行授课，开展强化培训，边学边干；分批分期组织到工厂进行随班作业培训，全面掌握部件安装、整车落成、系统联调联试技术要求，掌握动车组结构技术特点，提高疑难故障判断处理能力和规律把握能力。

- 实作培训。对在检修、运用中发现、发生的典型问题和重点故障，组织机械师同厂家人员一起分析发生原因、掌握判别标准、明确处理方法及防范措施后，开展案例教学、讲评处理情况、组织职工讨论，并对学习效果进行考试、纳入经济考核；对于发生的一般故障，主要由机械师进行处理，厂方专家提供技术支持并进行质量监控，使职工逐步不再依靠厂家，具备按照修程自主检修、独立处理突发故障的能力。

3. 工务维修养护人员

从 2007 年 12 月开始，对京津城际工务设备维护管理人员采取多种方式进行培训，培养储备技术和管理人才。参加培训的人员共计 162 人，其中丰台工务段 90 人，北京、天津工务段各 30 人，铁路局管理人员 12 人。

工务专业成立了培训工作组，全面负责培训工作，在组织聘请铁科院、BWG 公司、博格公司、中铁咨询等单位专家授课基础上，自编教材采取理论和现场教学相结合的方法进行培训。

培训主要内容如下：

- 线路部分，包括高速铁路有关知识及京津城际铁路的简要介绍；无砟轨道的构成及各部技术标准和有关要求；无砟轨道的维修管理。
- 道岔部分，包括道岔构造及技术特点；道岔各部的几何尺寸及技术标准；道岔的日常维修方法和注意事项。
- 桥梁部分，包括京津城际铁路桥梁结构形式及特点；主要技术标准及要求；桥梁检查重点和周期；桥梁的维修方法。
- 检测部分，包括精测网的构成及现场应用；检查小车的使用及数据分析。
- 安全部分，包括安全规章；高速铁路检查、维修、作业安全注意事项。

按照理论讲解和现场教学相结合的原则，着重抓好现场培训。

- 通过工程施工期间提前介入，在实践中学习无砟轨道、道岔铺设等关键工序的施工作业方法，掌握维护管理的相关技术。
- 联调联试期间参加轨道精调工作，采取干中学、实践中培训的方式，由京津城际公司、博格公司、BWG 公司、中铁二局的专家作技术指导，参与设备病害整治，在实践中学习掌握修理方法和操作技能，锻炼技术骨干。

4. 牵引供电维修人员

从 2007 年底开始，正式启动了京津城际牵引供电及电力设备运行维护人员的培训工作。参加培训的人员共计 164 人，其中北京供电段 87 人，铁路局、电化局有关供电管理人员 56 人。

(1)培训组织。为搞好培训工作，在铁道部协调下，供电水电专业成立了培训领导组和工作组。领导组由京津城际公司、北京局机务处、中铁电化局京津城际项目部、西门子公司和北京供电段等单位组成，全面负责培训的协调工作。领导组下设牵引变电、接触网、电调 SCADA 和电力四个专业组，并明确了每个专业组的负责人。

(2)培训内容。根据工程进展情况，培训工作分两步进行。

一是供电专业四个专业组，参与到工程设备安装调试过程，结合工程实际深化技术培训。

二是维修管理培训。具体内容包括：

- 京津城际牵引供电系统概况及运行方式。主要是牵引供电系统设计、变电所设计(含主接线、正常运行方式、非正常运行方式)，保护配置、配合及整定原则等。

- 变电所主要电气设备。内容有：高低压设备，控制、保护和交直流电源设备的原理、功能及检测方法，SCADA 系统结构功能及维护使用方法(例如通过网络备份或二次试验器的模拟误差作运行功能检测、保护装置软件 DIGSI 的使用等)。

- 接触网。内容有：接触网安全技术标准，接触网各部件的装配方法、工艺，专用机械、工具的使用、维修标准，接触网检测装置的原理、功能、检测方法、标准及数据分析。

- 国外高速铁路有关电气设备运行的相关规章、作业制度。

(3)培训方式。

- 集中理论培训。

电力专业：2008 年 1 月份在北京供电段组织了京津城际铁路电力专业培训班，就设备使用与操作、设备功能与维护要求、试验方法、操作方法、故障判断与处理等内容进行了集中培训。

供电专业：2007 年底及 2008 年 1 月份组织了两次集中培训，重点学习了供电系统的概况及主要设备情况。

4 月份组织进行了 SCADA-RTU 数据库，操作和维护培训。

- 现场实作培训。

根据工程及设备调试进展情况，各专业组按照系统集成商提供的工作计划，及时组织专业人员参与设备安装调试工作，开展实作培训。

变电专业分别在亦庄、武清变电所及 AT 所进行培训，培训内容包括：变电设备的操作、变电设备的故障维修、设备的综合运行、电子版变电设计图的阅读等。

电力专业在永乐 10 kV 配电所及 DK41＋730 处箱式变电站，由系统集成商及各电力设备厂家在现场进行了培训。内容涉及 10 kV 高压开关柜结构简介、操作方法、注意事项；10 kV 配电所综合自动化系统组成简介、系统功能简介、测控模块及后台机使用方法、参数设定演示；低压开关柜结构简介、操作方法、注意事项。低压 FTU 功能简介、参数设定演示；箱式变电站结构简介、操作方法、注意事项。

接触网现场调试培训分别在天津、永乐、北京南站等地进行。内容涉及接触网设施的调整以及接触网专业现场问题的解答。

5. 电务维修人员

(1)信号专业培训。信号专业采取出国培训和国内培训相结合的方法，对工程配合和维护管理人员进行系统培训，了解新技术设备的系统构成、工作原理、维修和检测方法。

联调联试过程中，参与工程配合，对照实际设备，掌握使用、维护、管理和故障处理的方法和手段。

开通运营前，共组织 691 人次参加列车运行控制系统、计算机联锁系统、CTC 系统、车载 ATP 系统、ZPW-2000A 轨道电路和无线通信网络平台等新技术培训。272 人次参加了电务处组织的持证上岗考试，上岗工种分现场信号维护人员、CTC 维护人员、ATP 车载维护人员等三类，全部达到持证上岗的要求。

开通运营后，参加设备维护管理的人员，结合实际工作，深入学习了设备的调整、测试和常见故障的处理方法，积极摸索设备的特性变化规律和维修技巧，设备维修技术水平有明显提高。

(2)通信专业培训。针对通信设备由铁通公司代维护的具体情况，根据铁道部确定的培训计划，在北京铁路局及铁通公司范围内选调优秀通信人员，全方位参与各种培训，系统了解新技术、新设备的系统构成、工作原理、维修和检测方法。

● 采取“两落实”、“三结合”培训方式。京津城际铁路通信系统有 13 个子系统，这在铁路专用通信的运用历史上前所未有，且很多系统均是首次运用，专业性强且互相交叉，技术难度高，为确保员工在短时间内学懂掌握，通信部门采取了“两落实”、“三结合”培训方式。

“两落实”是：落实培训计划，落实培训人员。“三结合”是送外培训与内部培训相结合，专业培训和互补性培训相结合，理论培训和实操培训相结合。同时，对所有参培人员进行“两个约束”。一是以培训合同约束，约定奖惩标准；二是以上岗证书约束，基础理论、安全规章及实操考试不合格不得上岗，培训成绩与绩效工资的发放紧密挂钩。

此外，铁通公司针对京津线的实际情况，还制定了安全专项培训计划，包括安全规章制度以及应急故障处理的专题讲座等。

● 开展实作培训。在联调联试过程中，要求铁通公司维护人员全过程参与，全面掌握设备使用、维护、管理和故障处理的方法、手段。开通运营后，设备维护管理人员，结合实际组织学习设备的调整、测试和常见故障处理方法，摸索设备特性变化规律和维修技巧。

● 实行持证上岗。铁通北京分公司组织了三次生产一线员工上岗资格考试，上岗考试内容包括基础理论（以厂培证书为依据）、安全规章及实做考试，对合格人员发放了上岗证，并建立了员工技术档案。经过严格考试，所有上岗维护人员具备了上岗资格。

6. 客运人员

一是开展系统培训。加强军训和形体训练，聘请航空公司、五星级酒店等高端服务专家进行现场演示讲座，突出职工外在形象气质的培养。开展以人为本、无干扰、自助式服务等高速铁路服务新理念和基本服务、作业标准、作业流程培训。开展动车组服务设备和应急设备设施操作训练，实行逐人点评、逐人考核制度，建立培训档案，使乘务员全面掌握新设备、新技能、新要求和新标准。

二是对管理人员实施培训。对客运段、车站和铁路局客运处的管理人员开展高速铁路客运服务管理、安全管理、应急管理培训，将日常工作中的应急措施、教训作为案例共同点评和分享。

三是开展高速铁路意识教育。教育职工深刻认识打造京津城际铁路一流服务品牌的重大意义，引导职工充分认识高速铁路与普速铁路在技术上有质的不同，搞好客运服务必须坚持高标准严要求，不容许有一点疏忽。

7. 调度人员

(1)“三高一低”选拔要求。京津城际列车调度人员选拔突出“三高一低”：高学历、高素质、高能力、低年龄。需具有大专以上学历，具备一定的理论水平和实践经验，具有 3 年以上调度工作经历；能熟练操作计算机，年龄在 35 周岁以下。

(2)“三结合”培训方式。结合京津城际铁路对列车调度员高素质、高能力的要求，着重从机制创新入手，实行理论培训与现场实践相结合，模拟演练和实际操作相结合，规章制度学习与考试、考核相结合的培训方式。

● 突出理论学习与现场实践相结合。在没有现成的教材和现成的经验可以借鉴情况下，调度部门提早主动与设计等相关部门加强联系，请专家进行客运专线理论培训。同时提前搜集技术资料，整理编辑培训教材开展学习培训。为熟悉站场、线路等设备情况，增加感性认识，组织调度人员到现场学习新设备及操作原理，添乘动车组，参加联调联试，了解掌握线路信号、动车设备及列控相关知识。

● 注重模拟训练与实际操作相结合。充分利用仿真模拟设备，一方面熟悉客运专线系统的功能操作，注重对实际设备进行道岔扳动、进路排列、信号开闭等项目的操作练习；另一方面对可能产生的各类问题进行模拟操作，对发现的问题及时与系统研发部门进行沟通，促其改进系统，完善设置，为熟练使用相关设备打下了良好的基础。

● 规章制度学习与考试、考核相结合。调度人员参加规章制度学习培训，通过考试、考核取得合格证后，方准上岗。

三、联调联试及运行试验

京津城际铁路较常规铁路行车速度提高 1 倍以上，引发了各子系统及其相互关系的质变，各子系统的联动性非常强，一个参数的变化将引发连锁反应。同时，采用了大量高新技术装备，开通就要达到设计速度。这都决定了对线路的功能性、可靠性、稳定性和舒适度，不能采用传统铁路的调试、测试和评价的方式方法，必须采用新的调试、测试、评价技术，即：联调联试和运行试验技术。

联调联试及运行试验的目的是对客运专线各系统的工作状态、性能、功能和系统间匹配关系进行综合测试、验证、调整和优化，使客运专线整体系统达到设计要求，并为开通运营做好充分准备。联调联试及运行试验是客运专线系统集成必不可少的重要环节，也是客运专线建设的关键技术之一。为了实现高速铁路的建设目标，建设高速铁路的国家普遍将联调联试作为高速铁路系统集成建设过程中必不可少的重要阶段，对系统集成效果进行全面检验。在德、日、法等国，建设一条与京津城际铁路里程相当的高速铁路，系统调试一般需要 1 年左右。韩国和我国台湾省的高速铁路调试由于技术和组织方面的原因，花费了更长的时间。

在铁道部的统一指导协调下，经过充分准备，京津城际铁路联调联试从 2008 年 2 月 1 日开始，到 6 月 30 日结束，历时 5 个月，共完成了 15 大类、2 000 余项测试内容，试验列车累计运行 40 余万 km。运行试验从 2008 年 7 月 1 日到 31 日结束，历时 1 个月时间，按实际运行图组织运行，测试了 1 872 列动车组的运行数据，测定了设备维护工作量，并对设备维护体制、各工种结合部衔接、非正常运行情况下的行车组织、客运服务及应急救援等进行了全面演练，验证是否具备开通运营条件。通过联调联试和运行试验，使京津城际铁路整体设计的合理性、国产高速动车组的综合性能和系统集成的效果得到全面检验，使京津城际铁路各系统和系统间的匹配关系得到全面验证、调整和完善，整体系统得到进一步优化，使铁路局相关人员进一步熟悉和掌握了设备使用和维护及行车组织、客运服务和非正常情况下的应急处理的知识和技能，为 2008 年 8 月 1 日按期开通运营提供了充分条件，奠定了坚实基础。同时，通过京津城际铁路联调联试和运行试验的成功实践，还取得了大量科研成果，形成了一整套行之有效的联调联试组织管理模式，构建了客运专线联调联试和运行试验技术体系，完善了测试试验技术、手段与评价方法。

京津城际铁路联调联试工作进程如图 1—1 所示，工作流程如图1—2所示。

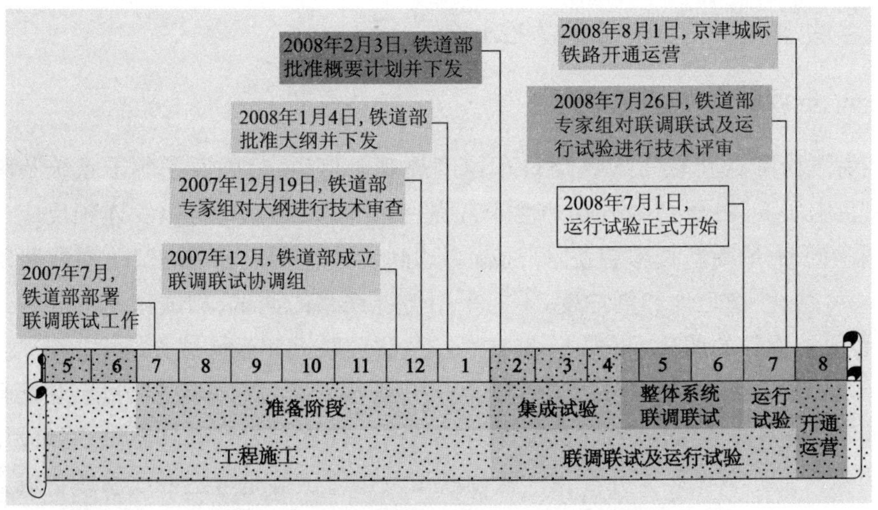

图 1—1　京津城际铁路联调联试工作进程

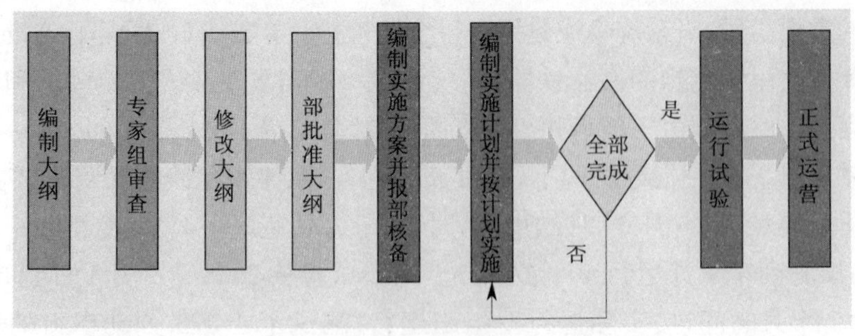

图 1—2　京津城际铁路联调联试工作流程

1. 科学充分的准备工作

2007 年 7 月，铁道部运输局组织铁科院、北京铁路局、京津城际铁路公司等单位，开始编制京津城际铁路联调联试及运行试验大纲，确定了试验项目、测试内容和测试方法。2007 年 12 月 8 日，铁道部召开京津城际铁路联调联试准备工作会议，明确了试验组织、时间安排，全面部署了联调联试工作。为保证京津城际铁路联调联试及运行试验大纲的科学性、合理性、充分性，2007 年 12 月 19 日，铁道部邀请多名两院院士和相关领域知名专家，对大纲进行了充分论证与审查。2008 年 1 月 4 日，铁道部批复联调联试及运行试验大纲。依据试验大纲，2008 年 1 月 31 日前，北京铁路局会同京津城际铁路公司、铁科院等单位，编制完成联调联试实施方案和联调联试期间有关行车组织、施工管理、安全保障的多个规定、办法，完成相关试验设备、仪器、材料等方面的准备，行车指挥、车站管理、运营维护、安全保障等各工种参试人员提前完成相关培训并于 2008 年 2 月 1 日前到岗。为确保联调联试工作的顺利展开，北京铁路局还牵头先后两次编印了《京津城际联调联试工作手册》，明确了联调联试工作安排、周计划管理制度、行车安全措施、牵引供电（电力）安全措施、牵引供电和电力调度及停送电管理办法、接触网事故抢修办法、牵引变电所越区供电方案、电力设备故障抢修预案、动车组脱轨事故救援起复预案等。

科学充分的准备工作，为京津城际铁路联调联试顺利开展创造了良好条件。

2. 统一高效的组织机构

2007 年 12 月 27 日，刘志军部长在北京南站现场办公会上对京津城际铁路联调联试和运行试验做出重要指示，要求“按照统一领导、统一号令、统一行动的要求，进一步细化试验方案和应急措施，加强人员、设备、物资的调度指挥，确保试验工作平稳有序进行”。

为组织好京津城际铁路联调联试，铁道部成立由何华武总工程师任组长，耿志修、郑健、张曙光副总工程师为副组长的京津城际联调联试协调组，组织研究协调解决试验过程中的重大问题，日常组织工作由张曙光副总工程师负责。设立综合组和通信信号、牵引供电、调度指挥、客运服务、客运组织、动车组、工务、应急救援等 8 个专业技术组，指导推进各系统试验工作。明确运输局客运专线技术部负责联调联试工作的日常组织和管理，全面协调建设、运营、设计、施工、科研和设备供应等参试单位统一行动。

同时，明确北京铁路局和铁科院分别为联调联试组织实施和测试的总体负责单位，成立以北京铁路局为组长单位，京津城际铁路公司、铁科院为副组长单位，设计、施工等单位参加的联调联试现场指挥组，负责联调联试的具体组织实施。现场指挥组下设工务线路、牵引供电、通信信号、动车组、行车调度指挥、客服信息系统、安全保卫、后勤服务、综合信息等 9 个联调联试工作组，规定了各工作组的工作职责与重点。

统一高效的组织机构，为京津城际铁路联调联试顺利开展提供了组织保证。

3. 完善严密的工作机制

京津城际铁路联调联试采用了概要计划、周计划、日计划三级计划管理模式，明确了集成试验、整体系统联调联试、运行试验 3 个阶段试验内容和目标，建立了日例会、周计划会、周协调会、重大问题协调会等例会和报告制度。铁道部组织召开重大问题协调会和周协调会，运输局组织召开周计划协调会和日例会。通过管理创新和周密组织，有效控制了关键任务的试验进度，切实保证了各专业测试项目有机结合，及时解决了试验和调试中发现的各种问题，有序、高效地推进了联调联试和试运行各项工作。

细致严密的工作机制，为京津城际铁路联调联试顺利开展提供了制度保障。

京津城际铁路联调联试实施管理如图 1—3 所示。

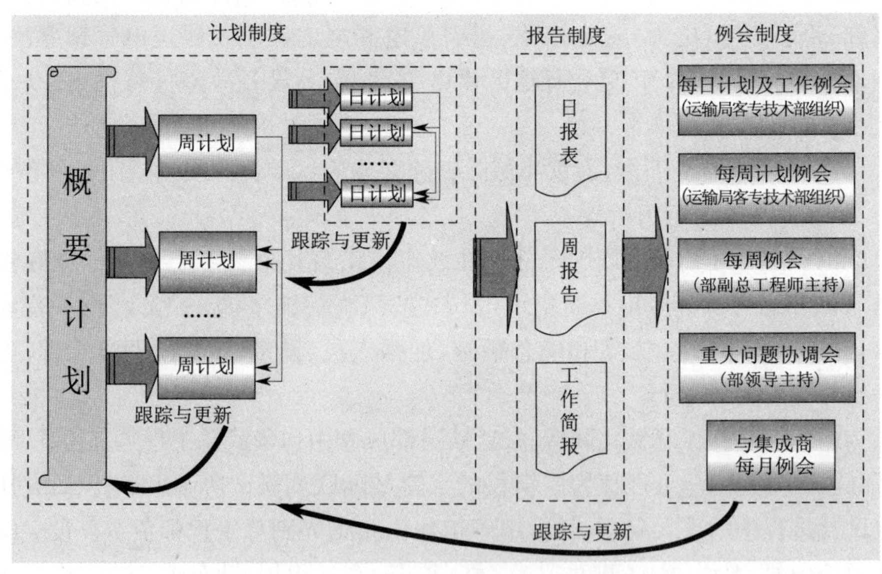

图 1—3　京津城际铁路联调联试实施管理

4. 系统全面的测试内容

京津城际铁路联调联试结合线路技术特点和工程实际情况，以确保行车安全为核心，以轮轨关系、弓网关系、列车运行控制和软硬件磨合等为重点，完成了涵盖工务工程、动车组、牵引供电、通信信号、客运服务、调度指挥等 6 大系统、15 大类、2 000 余项测试内容，主要包括：测试线路、桥梁、路基、路桥过渡段等站前基础设施的稳定性，进行轨道系统精调和状态监测，确保高速列车平稳安全运行；测试牵引供电系统的供电能力、弓网受流能力、接触网动态性能和自动过分相功能，优化弓网参数配置；测试和调整 GSM—R、电话交换、数据网、应急救援指挥、调度通信等系统和系统接口，确保为高速铁路其他系统提供可靠的语音、数据和图像通信服务平台；通过对车载和地面列控、联锁、调度集中、信号集中监测等信号系统与接口，以及防灾安全监控系统进行测试、改进，确保列车在高速运行状态下的绝对安全；调试票务系统、旅客服务系统和客运服务通信网络的功能与性能，以及和调度系统的信息交换与共享，确保为旅客提供便利、快捷和人性化的服务；进行综合接地、电磁兼容和环境噪声、振动及声屏障测试并进行优化改进，确保高速铁路电子、电气设备可靠运行和人身安全，以及车内外电磁辐射、噪声、振动抑制等环保措施的效果；进行全程运行时分、本线列车追踪间隔、咽喉及股道占用时间、起停附加时分等参数测试，验证调度指挥系统能力；同步开展轮轨关系、弓网匹配、流固耦合等应用基础科学研究，积累试验数据，为推动高速铁路技术进步创造条件。

系统全面的测试内容，为京津城际铁路按期开通运营提供了数据基础。

接触网测试、轨道测试、列控系统测试如图 1—4、1—5、1—6 所示。

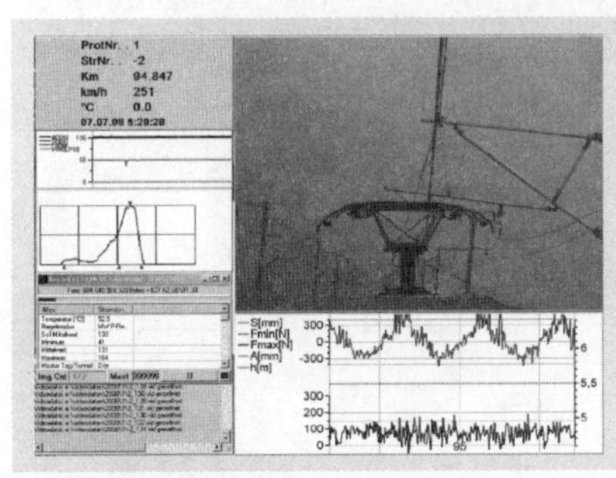

图 1—4 接触网测试

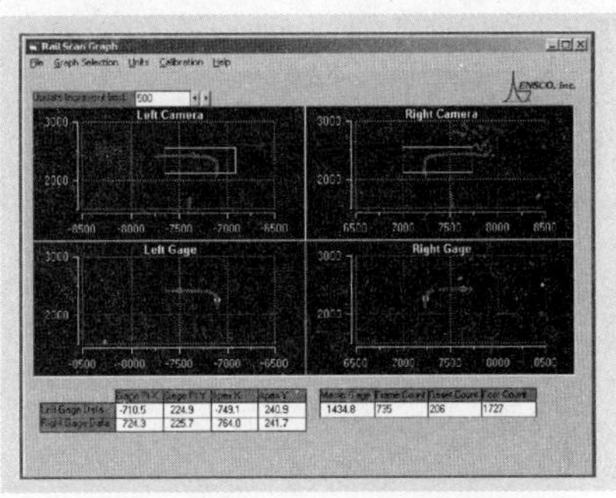

图 1—5 轨道测试

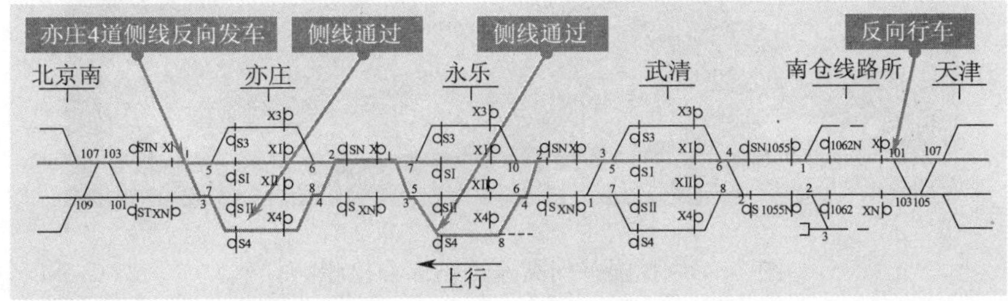

图 1—6 列控系统测试

5. 先进可靠的测试手段

京津城际铁路联调联试按照严格的试验程序，采用规范的试验方法，利用先进的测试手段，确保了各项试验、测试工作高质量完成。为满足大规模、多系统联调联试的需求，采用了自动数据采集分析发送系统。为适应轨道状态、车辆动力学性能、轮轨关系、弓网关系、通信和列车运行控制综合测试和评估需要，运用最先进的检测设备和时空同步定位等先进技术装备了我国首列综合检测列车，并应用于京津城际联调联试。通过对检测数据进行处理与分析，进行了轨道和接触网精调、GSM—R 网络优化、列车运行控制曲线优化、应答器数据调整等几十项调整、优化工作，使整体系统达到设计目标和运营要求。

高新技术和先进测试手段的采用，为京津城际铁路联调联试高质量完成提供了技术支撑。基础设施自动数据采集分析发送系统如图 1—7 所示，我国首列高速铁路综合检测(列)车如图 1—8 所示。

图 1—7　基础设施自动数据采集分析发送系统

图 1—8　我国首列高速铁路综合检测(列)车

6. 严格有力的安全管理

针对京津城际铁路联调联试与收尾工程施工交叉进行，四电系统集成试验、整体系统联调联试、时速 350 km 动车组型式试验和大量科研试验同时展开的复杂情况，铁道部多次明确试验安全工作要求，及时下发《试验期间特殊情况行车组织管理指导意见》、《关于明确京津城际铁路联调联试计划变更流程的通知》等文件和电报。北京铁路局作为联调联试安全责任主体，组织研究制定了多项安全管理办法，建立了试验线路双确认等多项制度。联调联试期间，以试验测试与施工调整的衔接为重点，进一步细化时间安排，铁道部运输局和北京铁路局干部全程添乘试验动车组，严格落实"施工不试车，试车不施工"的规定。严格有力的安全管理，确保了京津城际铁路联调联试期间安全工作万无一失。

四、规章制度

建立健全规章制度是确保高速铁路运营安全稳定的基础性工作，必须提前进行。京津城际铁路根据高速铁路技术设备、行车组织等特点，建立起两级规章制度体系。第一级是基础技术规章。铁道部制定的《京津城际铁路技术管理暂行办法》，北京铁路局制定的《京津城际铁路技术管理实施细则》，全面规定了京津城际铁路设计、施工、运营、维修的技术要求。第二级是专业管理规章。铁道部运输局各专业组织北京铁路局从运营管理、行车组织、客运组织、设备运用维修、应急处置等方面，相应建立了《施工管理办法》、《旅客运输管理办法》、《调度工作细则》、《应急处置预案》等 48 项专业管理规章，以及按照基本技术规章和专业管理规章要求，制定的作业细则、细化措施等一系列操作层面的规章制度。

1. 基础技术规章

首先从规范京津城际铁路的技术管理着手，铁道部科技司、运输局组织北京局、铁科院等单位编制《京津城际铁路技术管理暂行办法》（以下简称《暂行办法》）。

- 编制过程：

2007 年 8 月开始启动《暂行办法》的编制工作，2007 年 12 月研究起草了《暂行办法》（草稿），2008 年 2 月提出初稿，经多次修改完善，到 5 月中旬先后提出五稿，并根据京津城际铁路联调联试的实际情况适时调整。

5 月 27 日，张曙光副总工程师召集部内有关部门对《暂行办法》进行了研究讨论，何华武总工程师对《暂行办法》的内容进行了具体的修改。

6 月 20 日、22 日，胡亚东副部长先后两次召集北京局及有关运营站段、设计、科研单位和部内有关部门对《暂行办法》进行了研究讨论。

6 月 23 日，何华武总工程师作为专家组组长，主持召开《暂行办法》专家审查会，形成专家评审意见并以科技技〔2008〕85 号印发。专家认为：《暂行办法》编制依据充分，内容科学合理，系统全面，具有可操作性。

经铁道部批准，2008 年 6 月 27 日铁道部《京津城际铁路技术管理暂行办法》(铁科技〔2008〕99 号)印发施行。

● 编制依据：

一是《铁路法》、《铁路运输安全保护条例》的有关规定；

二是《铁路技术管理规程》、《铁路 200～250 km/h 既有线技术管理暂行办法》的有关规定；

三是客运专线建设的技术标准；

四是新技术、新装备的技术要求；

五是高速城际铁路运输组织的特点。

● 基本思路：

一是参考《铁路技术管理规程》、《铁路 200～250 km/h 既有线技术管理暂行办法》的内容和结构形式，对采用的新技术、新装备和行车组织以及在京津城际铁路上的特殊要求做出了具体规定。

二是在《铁路技术管理规程》、《铁路 200～250 km/h 既有线技术管理暂行办法》中有规定并适合京津城际铁路的内容，在《暂行办法》中基本不重复。

三是《暂行办法》的内容应是《铁路技术管理规程》、《铁路 200～250 km/h 既有线技术管理暂行办法》层面的内容，相关专业的具体内容由各专业规章规定。

四是北京铁路局根据《暂行办法》制定《京津城际铁路技术管理实施细则》，并报铁道部备案。

● 主要内容：

《暂行办法》规定了京津城际铁路的技术设备、行车组织和信号显示等技术要求，是《铁路技术管理规程》在客运专线技术管理方面的重要补充。共分为 4 章：总则、技术设备、行车组织和信号显示，共计 208 条。总则部分明确了《暂行办法》的编制依据、适用范围；技术设备部分规定了技术设备基本要求、线路桥梁、动车组、信号系统、通信系统、牵引供电、客运服务系统、养护维修及检测、防灾和安全防护等的技术要求；行车组织部分规定了行车组织基本要求、行车闭塞、调度命令、列车运行、调车工作、施工组织和应急救援等内容；信号显示部分规定了地面信号、车载信号显示及显示含义等内容。

2. 专业管理规章

根据铁道部《京津城际铁路技术管理暂行办法》、北京铁路局《京津城际铁路技术管理实施细则》和有关规章制度，在铁道部各业务司局的组织指导下，铁路局各业务部门结合实际，组织制定了《京津城际铁路调度工作细则》、《京津城际铁路调度员（助理调度员）岗位标准》、《京津城际铁路施工管理办法》、《京津城际铁路应急预案》等专业技术规章共42项，内容涵盖京津城际铁路的调度指挥、施工管理、设备维修、动车组司机乘务作业、动车组维修保养、客服等各个方面，确保了京津城际铁路2008年8月1日正式开通运营。

京津城际铁路开通运营近一年里，北京铁路局根据运营的实际情况，及时补充下发《京津城际铁路大风预警监控系统运用管理办法》、《京津城际动车组因故停车应急处理办法》等5个专业技术规章和《京津城际铁路上道检查作业管理办法》等3个技术规章电报，确保了京津城际铁路设备正常使用和行车安全。

目前，京津城际铁路规章制度体系已基本建立。京津城际铁路规章制度体系包括铁道部规章1项，铁路局规章文件47个，电报3个，涵盖了行车组织、调度指挥、设备养护维修、应急预案、大风天气处置、防洪、非正常处置等各个方面，自京津城际铁路运营以来，《京津城际铁路技术管理暂行办法》等技术规章为京津城际铁路的技术管理提供了制度保证，有效保证了京津城际铁路的安全运营。

第二章

线桥设备运营维护管理

一、组织管理结构

1. 机构设置的基本原则

客运专线工务设备的技术管理和安全生产工作，采取由所在区域铁路局全面负责的管理模式，其中大型养路机械作业和线路大修等大型施工作业由所在区域的客运专线基础设施维修基地具体承担，日常维护和设备管理工作由工务段具体承担。

考虑到客运专线行车速度高，安全压力大，如果一条客运专线多个工务段分块管理，将在较短的区段范围内出现多个单位同时作业、多头管理，各种作业设备和人员相互交错的局面。这样将大大增加全线调度指挥和安全管理的难度，同时也不利于现场劳动组织的优化配置，造成人员机具的分散和浪费。为有利于客运专线调度的集中统一指挥，进一步优化劳动组织和资源配置，客运专线的工务设备一般采用集中维护的方式进行，即在一个铁路局内由一个工务段统一承担客运专线的线桥维修工作。

2. 京津城际铁路的机构设置

按照上述原则，京津城际铁路的工务设备主要由丰台工务段一个单位负责维护(其中 K2＋823～K116＋426 无砟轨道区段全部由丰台工务段管辖)。

丰台工务段在永乐设立了线桥维修车间，下设线桥维修、道岔维修、桥梁检查和综合保障 4 个工区，负责京津城际铁路的安全生产管理和线桥养护。此外，为了进一步加强京津城际铁路的技术管理，车间还增设了 6 名工程技术人员。

车间负责动态添乘检查、质量分析、制定方案及维修管理；线桥维修工区负责线路设备静态检查、线桥设备维修、补修及利用小型钢轨探伤仪进行钢轨伤损复核；道岔维修工区负责道岔及站线设备的检查整修；桥梁检查工区负责桥梁设备日常检查；综合保障工区负责作业人员及工具、机具、材料的运输和保障工作。

此外，为了满足故障抢修需要，在每个车站还专门设置了故障抢修小组，负责处理各种突发故障特别是道岔卡阻等常见故障的抢修处理工作。

二、主要规章制度

针对京津城际铁路的运营条件、轨道类型和设备特点，结合国外高速铁路运营经验和铁科院等科研部门的最新研究成果，工务部门组织研究编制了《京津城际铁路无砟轨道线桥设备维修规则》等一系列规章制度和管理办法，对客运专线线桥设备维修管理体制、组织机构、修理方法、技术标准、修程修制和安全管理等方面的内容进行了全面明确，为做好工务设备维护工作提供了基准和依据。

三、设备维护管理

高速铁路是按照新的建设理念和技术标准建成的高科技体系，其线桥固定设施与传统铁路在技术水平上有质的不同，这决定了其检修维护方式与普速铁路有很大的差异，需要建立全新的固定设备运营维护管理模式。

1. 树立“重检慎修”的客专维修新理念

京津城际铁路板式无砟轨道系统稳定性高，变化周期长，维修工作量小；轨道具有高平顺性、高精度等特性，盲目动道容易破坏其平顺性和精度。这决定了客专养护维修必须树立“重检慎修”的新理念，维护工作重在依靠先进的检测手段进行检测、分析线桥设备变化，防止出现违规作业和错修、误修的现象。首先，强调把准确的设备检查和病害分析作为维护工作的重点，作为正确进行维修作业的基础和前提。其次，发现问题后，不盲目动道，先进行全面的设备检查、动静态多种检测手段相互复核，确认检查、分析准确无误后，再安排多工种联动的修理作业，避免由于盲目动道破坏高精度轨道几何状态。基于这个理念，经过反复摸索和实践，在具体作业方式上形成了成套的设备检修方法，有效保证了线路的高平顺性和列车运行的平稳性。

2. 动、静态检查相结合的设备检查监控体系

京津城际铁路应用技术先进、测量精密的检查监测手段，建立了动、静态检查相结合的设备检查监控体系，对轨道状态实行全方位的检查监控。

(1)动态检测。高速综合检测列车、车载式线路检查仪和人工添乘组成了三级动态检测监控网。一是高速综合检测车每旬对全线检查一次；二是在动车组上安装车载式线路检查仪，每天对轨道进行动态监测；三是每天安排专人携带便携式线路检查仪进行添乘检查。

(2)静态检查。采用轨检小车、激光照准仪和人工检查相结合的方式，按周

期对轨道几何尺寸进行检查。

一年来，京津城际铁路历次综合检测车检查都没有出现Ⅲ级偏差和动力学指标超限，每公里平均扣分始终控制在 2 分以下，TQI(轨道质量指数)保持在4.0以下，保证了动车组高速运行的安全和平稳。

3.整修方案的分级审查把关制度

为防止出现盲目整修和有害作业，确保整修方案的准确无误，京津城际施工作业建立了严格的分级审查把关制度。根据每项作业对线路设备的影响以及难易程度，规定了相应的管理级别与层次。如线路、道岔的几何尺寸整修作业，当调整量在 3 mm 及以下时需报工务段(电务段)审批；调整量在 3 mm 以上时需报铁路局业务处审批；遇到疑难问题等特殊情况时需报铁路局主管局长审批。

4.“天窗”管理与施工作业制度

京津城际采用了垂直天窗管理制度，每天夜间安排 4 h 的垂直天窗专门用于设备的维修和调试，并建立了严格的作业管理制度，对所有上道作业进行全面规范，实现施工作业和列车运行完全隔离，保证动车组高速运行和施工人身的绝对安全。

和既有铁路的 V 形天窗相比，京津城际的垂直天窗具有五个方面的优点：一是可以从根本上确保行车及人身安全；二是能保持作业连续性，提高天窗利用率；三是 4 h 的天窗时间基本能满足工务设备检查、复核和作业的需要；四是有利于对上下行联动道岔进行检查、整修；五是便于天窗结束后开行确认车。

(1)严格天窗作业制度。所有需要上道的检查、作业都必须在天窗内进行，并严格按要求进行登记要点、销点。其他时间一律禁止人员机具上道作业，实现施工作业和列车运行完全隔离，彻底落实“行车不施工、施工不行车”的要求。

(2)建立全面的作业登记制度，作业前后要对上道作业的人员和机具进行清点和确认，防止人员、机具遗留。为防止机具遗失，所有作业工具均应贴有反光标记。

(3)实行作业联控、互控制度，设备整修采用多人联合作业的方式，避免单人单独作业中出现疏忽和遗漏，加强作业互控，保证作业质量。

(4)实行作业台账登记制度。所有作业全部登记台账，详实记录作业人员、地点、方法、使用工具、整修工作量、换装零配件的规格型号及整修结果等有关情况，为摸索设备变化规律积累资料。

5.道岔整修专业融合与综合维护

道岔是工、电设备管理的结合部，同时也是工务设备中最薄弱的部分。京津城际的道岔整修强调专业融合、综合维护的工作理念，专门制定了《京津城际铁路无砟轨道区段工务、电务施工和维修作业管理措施》，要求道岔整修作业要加强工电配合，严格遵循“工、电一起动”的原则。凡是涉及道岔转辙部位、可动心轨辙叉部位整修时，工务、电务部门要进行现场联合诊断，对疑难问题还要会同系统集成商进行联合诊断，共同制定整修方案。

6. 施工作业后确认车开行制度

为确保作业后行车的绝对安全，京津城际铁路制订了严格的确认车开行制度。每日天窗结束后，全线开行一趟 200 km/h 的空载动车组作为确认车，对全线的线路状态进行确认，重点检查线路作业质量和是否存在异物侵限。

利用热备动车组以 200 km/h 速度进行检查确认，与传统开行 80 km/h 低速确认车相比，具有三个方面的优势，一是检查车辆与日常运行的高速动车组基本一致，针对性强；二是检查速度较高，仅需 40 min 就能完成全线的检查工作，大大缩短了确认时间，避免了对线路的长期占用；三是可以充分利用既有的动车组和司乘人员，避免了设备和人员的重复购置、配备，有利于节省运营支出。

7. 钢轨检查探伤制度

京津城际铁路采用了大型探伤车和小型探伤仪相结合的方法，定期对全线的钢轨、道岔和焊缝进行探伤检查。对检查发现的钢轨伤损在处理上非常谨慎，不简单采取切割更换的方式处理，避免由此造成新的设备问题。如前期在京津城际铁路的焊缝探伤工作中发现了 24 处轻伤焊缝，考虑到当时气温较低，焊接质量难以保证，没有立即采取切除重焊的处理方法。而是组织有关专家进行了专题研讨，采用无损加固和加强监测的措施进行了保护性处理。后期的探伤检查和运营情况表明，实际效果良好，焊缝伤损稳定，没有出现进一步的发展。

8. 线桥设备结构状态检查制度

为及时掌握线桥设备的技术状态，防止出现较大的结构损伤，京津城际铁路建立了全面的线桥设备结构状态检查制度，根据设备的类型等具体情况，制订了相应的检查周期和检查要求。

(1)每月对道岔结构全面检查一遍。

(2)每季对线路轨道结构全面检查一遍。

(3)每季对无缝线路钢轨位移全面观测一遍。

(4)每季对拱桥、结合梁桥和其他重要桥涵设备全面检查一遍。

(5)每半年对桥面全面检查一遍。

(6)每年对所有桥涵设备全面检查一遍。

(7)对严重病害地段和薄弱处所应经常检查、观测。

此外，考虑到昼间进行设备检查能够取得更好的效果，为进一步加强对线桥设备的检查和监控，夏季京津城际每周一停开确认车，设置4:00～6:00的昼间天窗用于线桥设备的检查。通过昼间设备检查，工务部门有效地掌握了京津城际线桥设备尤其是轨道结构方面的实际状况，为科学合理地制定维护计划奠定了扎实的基础。

9. 三维精测网管理

三维精测网是客运专线形位控制的基准，也是保证客运专线线路维修正常开展的依据和基础。为确保三维精测系统的数据准确和正常运转，京津城际铁路对三维精测网建立了严格的管理制度，一是在验交时组织铁道第三勘察设计院等有关单位对三维精测网进行一次全面复测和查验，确认数据准确、状态良好；二是在开通运营以后定期组织复测和数据更新，掌握三维精测网的变化情况，确保最新测量成果得到及时应用，切实指导现场测量和设备维修作业。

(1)平面控制方面：

平面基准网(CP0)每年复测1次；

全线加密GPS网(CPⅠ)每年复测1次；

全线精密导线网(CPⅡ)每年复测1次；

全线轨道设标网(CPⅢ)每年复测1次。

(2)高程控制方面：

基岩点每半年复测1次；

全线深埋水准点每半年复测1次；

全线轨道设标网每年复测1次。

此外，考虑到三维精测网的复测难度大、技术水平要求高，为确保复测质量，该项工作采用了委托管理的方式，委托铁道第三勘察设计院负责。

10. 线桥沉降观测和定期分析制度

客运专线无砟轨道对线桥沉降十分敏感，京津城际铁路沿线地质情况复杂，全线穿越多个沉降漏斗区，且地下水开采频繁，区域性地面沉降严重。为全面掌握京津城际铁路的沉降变化情况和其对动车组运行安全和线桥设备质量的影响，组织制订了京津城际铁路沉降观测和定期分析制度，对京津城际铁路的沉降变化进行了全面监控。

(1)铁道部第三勘察设计院在承担全线三维精测网的复测、管理的基础上，增加全线高程代用网复测、重点沉降区域设标网的加密复测和轨面、承轨台高程复测等工作，并对数据进行统计分析。其中，全线高程代用网每季复测1次；沉降重点区域设标网加密复测，每月1次；沉降重点区域轨面和承轨台复测，每月1次。

(2)铁道部基础设施检测中心负责轨道动态检测,每旬用综合检测列车对京津城际铁路进行一次全面检查,分析京津城际铁路轨道动态几何状态和变化情况。

(3)北京铁路局负责京津城际铁路线桥设备状态的综合分析和设备整修工作,根据沉降观测资料、动态检测资料及相应的分析报告,结合现场实际情况,对设备状态进行综合分析,提出整修方案和处理措施,做好设备维护工作。

11. 无缝线路锁定轨温管理

锁定轨温是无缝线路设计的重要内容,锁定轨温的合理选择对无缝线路稳定性和冬季钢轨防断有很大的影响。京津城际铁路无缝线路的设计锁定轨温为(25±2)℃。考虑到无砟轨道整体结构牢固、横向阻力大,线路的稳定性已不再是无缝线路设计的控制因素。而冬季一旦出现钢轨折断,对京津城际铁路时速350 km 的动车组将构成重大威胁。为切实提高线路的防断能力,无缝线路铺设锁定选择在气温较低的季节采用钢轨拉伸的方式进行,锁定轨温全部采用设计的最低温度——23 ℃。现场测试数据和近一年的运营实践表明,京津城际铁路无缝线路的轨道结构稳定,轨道状态良好,线路夏季无碎弯,冬季未断轨。

12. 钢轨修理

为有效控制钢轨技术状态,确保动车组的运行品质,京津城际铁路建立了较完善的钢轨整修制度和标准,一旦钢轨出现波浪型磨耗、肥边、马鞍型磨耗、焊缝凹凸及鱼鳞裂纹等病害且达到相应程度,就及时安排打磨处理。此外,为了尽量避免钢轨病害的出现,每年还用钢轨打磨车对钢轨进行预防性打磨,在钢轨病害还处于萌芽状态时就进行了整修、处理。

13. 无砟轨道管理

京津城际铁路采用了 CRTS-Ⅱ型板式无砟轨道系统,轨道结构类型与传统的有砟轨道相比存在较大差别。为有效管控无砟轨道的设备状态,确保轨道整体技术性能良性受控,京津城际铁路制定了无砟轨道维修管理的相关规定,对无砟轨道系统中轨道板、乳化沥青砂浆、底座板等结构可能出现的裂缝、掉块、预埋套管失效、碎裂等各种病害进行了区分,并制定了相应的技术标准和维护要求,为现场无砟轨道维护工作的顺利开展提供了指导。

14. 线路标志管理

京津城际铁路对线路标志的设置进行了优化和调整,将线路标志由传统的地面埋设改为在接触网支柱、桥梁防撞墙等建筑物上设置,并在满足运营维护需要的条件下对线路标志的设置进行了精简,取消了圆曲线和缓和曲线始终点标、百米标、涵渠标等标志,大大减少了线路标志的设置数量,初步确立了客运专线线路标志的设置标准。

四、应急处置

1. 设备故障处理预案

针对钢轨重伤和折断、车载Ⅳ级偏差、胶接绝缘接头失效、桥梁限高防护架被撞等易发故障，工务部门制定了相应的设备故障处理预案，并在试运行期间专门进行了模拟演练，对故障处理预案的可靠性进行了检查检验。

2. 灾害预防报警系统

结合京津城际铁路的实际，对大风、暴雨、异物侵限和地震可能造成的灾害，设置了“大风、暴雨、异物侵限”3 个项目的防灾监测系统，并在运营单位、调度系统相联通，制定了相应的灾害预防标准，并据此设置了相应的报警值。目前，该系统的 3 个项目正在运行中，发挥了应有的作用。

由于“地震紧急自动处置系统”的研究工作正在进行中，该防灾系统为“地震紧急自动处置系统”的接入预留了相应的接口，待课题取得实质性成果，达到应用条件后即可接入。

3. 安全疏散通道设置

为保证发生突发事件时所有人员能够从京津城际铁路快速撤离，高架桥区段每隔 3 km 左右设置了一处疏散出口，作为应急处理突发事件的安全保障通道，日常由铁路公安部门负责管理。

4. 维修便道设置

京津城际铁路在高架桥下修建了维修通道，并进行了简易封闭。这样不仅方便了线桥设备的检查和维护，而且还有效地保护了铁路用地，净化了桥下安全环境，避免了治安隐患的出现。

第三章

通信信号设备运营维护管理

一、组织管理结构

1. 信号设备维护管理

按照专业归口管理、区域划分、属地配置、人员及设备数量适当、有利于集中修组织、有利于现场控制和故障抢修等原则组建设备维护机构。信号设备的维护管理工作分别由北京、天津电务段负责，北京和天津电务段分别成立专业科室和城际信号车间，行使京津城际铁路的电务设备维护管理职能，各电务段设置了现场维护工区、CTC 维护工区和 ATP 维护工区。

2. 通信设备维护管理

实行铁路局负责运营安全管理，铁通公司代维护的管理模式。铁通北京、天津分公司分别成立了北京高铁通信段和天津客专维护车间，行使设备维护管理职责。北京高铁通信段内设立网管调度中心、南站维护中心。

北京网管调度中心担负着北京 GSM—R 核心机房设备维护管理。下设 OCC 室，主要负责调度通信设备的维护和管理工作。下设 SIM 卡管理室，协助铁路局进行 SIM 卡及手持终端的管理工作。

北京南站通信维护中心负责沿线设备的维护工作，下设南站维护组和综合维护组。南站维护组主要负责南站地区 2 个通信机房及南站综合布线维护工作，综合维护组主要负责北京南（不含）至武清沿线各站所有通信设备的维护及光电缆线路维护工作。

天津客运专线维护车间负责武清（不含）至天津站沿线通信设备的维护及光电缆线路设施的维护工作。

二、主要规章制度

为满足京津城际铁路通信信号设备维护管理的实际需要，在《京津城际铁路技术管理暂行办法》的框架下，电务部门深入研究了京津城际铁路通信信号设备的技术标准、技术条件和技术规范，充分借鉴既有线维护管理经验，制定出台了《京津城际铁路信号设备维护管理办法(试行)》、《京津城际铁路 CTCS-3D 级列控系统车载设备维护管理办法(试行)》、《京津城际铁路调度集中控制系统(CTC)维护管理办法(试行)》、《京津城际铁路通信运营管理办法(试行)》、《京津城际铁路 GSM—R 手持终端及 SIM 卡使用管理办法(试行)》等一系列的制度办法，对京津城际铁路通信信号设备的维修组织、维修周期、技术标准、检修程序、作业方法和技术管理等作出了明确规定。各通信信号维护单位对铁道部、铁路局制定的各项管理办法进行深入研究，制定了各项管理办法的实施细则、各子系统维护标准、维护程序以及系统集成的维护规程，使通信信号设备的运用维护管理做到了有据可依。

三、运营维护管理

京津城际铁路采用了具有中国特色的 CTCS-3D 列车运行控制系统，主要由点式应答器、计算机联锁、ZPW-2000A 轨道电路、地面列控中心、列控车载设备、CTC 调度集中、信号集中监测等子系统构成，可实现动车组最高运行时速 350 km，最小追踪间隔 3 min，可与既有线 CTCS-2 级列控系统兼容，能够满足时速 250 km 动车组上线运行。采用了 GSM—R 数字专用移动通信系统，全线单网交织覆盖，承载话音与实时数据通信业务。京津城际铁路开通运营以来，电务部门牢固树立"零故障"的维护理念，不断摸索设备特性和技术状态变化规律，实施精检细修，确保了设备质量动态达标。

1. 修程修制

修程修制是通信信号设备维修的基本制度。根据京津城际铁路的特点，在借鉴既有线设备维护经验的基础上，电务部门科学合理地确定了新技术设备的修程修制。

(1)通信设备。实行日常状态检测与"天窗"集中维修相结合的维修模式。

日常状态检测主要以系统监测为依托，对系统的运行状态、各种参数和性能指标进行全面监测，并按照规定的处理程序对监测结果进行记录、分析和管理。监测发现的设备问题纳入"天窗"集中维修工作计划进行整治，危及行车安全的问题立即停用设备进行处理，充分发挥监测数据在指导设备维护工作中的作用，提高设备维护的针对性。

"天窗"集中维修以夜间固定"天窗"为基础，完成设备的全部维修作业项目，实现设备的状态修和计划修。为充分利用"天窗"时间，做好集中维修工作，铁通公司依据京津城际铁路设备维护管理办法和通信有关维修作业项目和修程的规定以及日常状态检测的结果，编制具体、规范的“天窗”修作业计划，加强生产组织，集中时间、集中力量，充分利用“天窗”进行设备检查、检修、整治，确保设备质量符合技术标准。

(2)信号设备。按照“专业归口、分级维护、值检分开、集中监控”的原则，信号系统采取预防性计划修和冗余设备状态修相结合的维修模式。

预防性计划修力求计划、内容、周期合理，并综合考虑技术装备可靠性全面提升、设备工作环境改善、受外界妨害大量减少等客观因素，适当加长部分常规设备的维护周期，强化系统分析和数据分析等日常维护工作。

冗余设备状态修则主要以系统监测为依据，利用先进的检测手段和监测系统，对系统的运行状态、报警记录、各种参数和性能指标进行全面监控，并按照规定的处理程序对监测结果进行记录、分析和处理，对有缺陷设备实施现场补充修。

此外，京津城际铁路信号系统实施动静结合、人机结合的检测监测。通过故障报警诊断和信号微机监测系统等电务设备监测手段，对系统的静态参数、动态参数、系统特性、列控数据等实施全面、实时、准确的检测、监控，并按照规定的处理程序对监测结果进行记录、分析和管理，为实施有效的维护措施提供数据支持。

2. 日常设备巡视、检查、测试、维修和整治

电务部门认真执行设备维护管理办法，严格落实“天窗”维修工作计划，组织做好设备巡视、检查、测试、维修和整治等各项工作。一是开展标准化作业。在“天窗”点内重点做好道岔检修、清扫、外观检查、钩锁和滑床台涂油、扳动试验等工作，确保道岔运用质量。二是加强特性测试。严格按照规定内容，对电气特性进行测试、分析和调整，使特性符合标准。三是做好维修整治。加强组织，按计划、高质量完成维修和整治工作内容，提高“天窗”的利用率。

3. 安全信息问题库

及时对实时监测信息和检查发现的安全问题信息进行汇总、分析，分类、限时抓好整改。建立京津城际专项“问题库”，对不能立即解决和需要协调有关部门帮助解决的问题必须纳入“问题库”进行管理。纳入“问题库”的事项，确定解决时间、责任部门和责任人，切实加以解决。设备安全隐患在解决之前要制定切实可行的控制措施，确保不发生问题。通过对安全问题的闭环管理，达到对安全生产过程的有效控制。

4. 检查和考核机制

建立了动态与静态相结合、过程与目标相统一、工作绩效与经济利益相挂钩

的检查和考核机制，采取平推检查、重点抽查和综合检查相结合的方法，对安全生产实行全过程的监督、检查、指导，确保各项任务得到落实，各项制度严格执行。定期对设备故障进行综合分析，找出设备质量、维护和安全管理中带有普遍性的隐患和问题，研究制定改进措施，不断提高设备质量。

5. 结合部管理

根据高速铁路的运营管理特点，建立了新设备、新体制下的结合部管理办法，签订了各关联方配合协议，明确责任、权利和义务，加强同车辆、工务、机务等部门间的协作配合，开展设备联合整治，解决结合部的设备问题。

6. 应急处置

为确保正常的运营秩序，北京电务段、天津电务段、铁通公司专门成立了应急抢修指挥机构，明确职责和人员分工，并编制了设备常见故障诊断、恢复处理手册，子系统的快捷处置程序，绘制了全线电务设备详细布置图、相关检修通道位置图、交通示意图和行车时间表，配备了备品备件、应急材料、交通工具、仪器仪表和通信工具等必要的设备，用以实施应急抢修。同时，要求职工熟悉掌握系统远程重启子系统等有效的故障恢复手段，对城际铁路跨线部位的道岔、箱式机房、落物防灾处所等关键部位和关键设备实施严格的维护措施，加强检查盯控。CTC 维护工区配备了技术能力较强的人员值班，提高设备故障准确诊断、远程指挥和快速处理能力，压缩故障延时。

7. 系统补强升级

针对运营初期暴露出来的部分子系统缺陷以及不完善的情况，电务部门组织系统集成单位和设备维护单位，及时进行了系统分析和仿真试验，修正设计，完善方案，克服系统缺陷，稳定设备运用状态。采取的补强措施主要有：CTC 子系统的软件升级完善；联锁子系统的软件升级完善；京津城际铁路东延线的系统集成试验；列控地面数据以及车载系统软件的更新修改；车载速度传感器加装隔离盒补强；道岔外锁部位安装防护罩及实施补强融雪措施；正线轨道电路补偿电容单轨侧安装调整（降雪气候下防高速冲击）；北京 GSM—R 核心节点关键设备与武汉 GSM—R 核心节点互联形成异地容灾备份；通信电源设备检查整治；光传输系统及网管升级完善；GSM—R 缺陷设备 DNS、Radius 整治。

第四章
牵引供电设备运营维护管理

一、组织管理结构

京津城际铁路公司、北京铁路局、中铁电气化局维管公司三方签订了京津城际铁路供电设备委托维修管理合同，京津城际铁路牵引供电、电力设备委托给中铁电气化局维管公司维护管理，北京铁路局负责监管。牵引供电设备包括 2 个牵引供电所、2 个开闭所、3 个分区所兼 AT 所、4 个 AT 所，约 368 条公里的接触网设备以及牵引供电远动设备。电力设备包括 3 个配电所，全线 53 个箱式变电站和京津城际全线的两条贯通线以及电力远动设备。

全线设供电管理分段 1 个、网电运行工区 2 个、网电加强工区 1 个、变配电检修试验班 1 个。

供电管理分段负责京津城际铁路牵引供电、电力设施运行、维护及故障抢修的管理工作。

北京南网电运行工区负责北京南站京津城际场（含）至亦庄（不含）间接触网和电力线路设备的维护、检修、抢修工作。

天津网电运行工区负责天津站京津场（含）和天津至武清（不含）间接触网和电力线路设备的维护、检修、抢修工作。

永乐网电加强工区负责亦庄站（含）至武清站（含）间接触网和电力线路设备的维护、检修、抢修工作。同时负责全线接触网、电力设备较大事故的抢修工作。

变配电检修试验班负责京津城际变电设备、电力配电设备、远动（SCADA）系统设备的试验、检修、抢修工作。

二、主要规章制度

通过收集设计文件、安装工艺标准、设备使用说明等资料，借鉴国外高速铁路运行管理经验以及国内研究成果，制定了《京津城际接触网安全作业办法》、《京津城际接触网运行检修办法》、《京津城际变电所安全作业办法》、《京津城际变电所运行检修办法》、《京津城际电力运行管理办法》。为适应京津城际铁路开通后供电设备运行、检修及故障抢修的需要，组织制定了《京津城际电力停送电管理办法》、《京津城际接触网事故抢修办法》、《京津城际电力设备故障抢修办法》、《京津城际供电故障抢修预案》4项规章制度，初步形成了较为完备的高速铁路牵引供电、电力专业的制度保障体系。

三、检修维护管理

1. 集中力量平推整治

针对开通初期供电设备运行不稳定等问题，北京铁路局组织北京供电段、维管段以及施工单位、系统集成商，按照“先重点、后一般，先隐患、后全面”的方式，集中力量进行平推整治，集中处理各类缺陷。开通初期的5个月内，共组织了两次设备重点集中整治和一次全面平推整治。第一次针对定位管拉线烧断问题，对锚段关节进行重点检查调整。第二次针对9个问题，包括锚段关节处非工作支承力索距工作支吊弦距离较近，导致工作支吊弦烧断；吊弦载流环装反、不受力；工作支定位管斜拉线磨非工作支承力索；工作支导线磨非支定位管；电连接散股、烧伤、弛度过大；定位装置、中心锚结、吊弦线夹等处螺栓紧固力矩不够；正定位管管帽缺失；网上隔离开关引线弛度小；网上存在鸟巢、异物等，进行集中整治。第三次对各种连接件螺栓力矩进行紧固，对电气连接件进行全面检查，对定位装置、线岔、关节等部位的技术参数进行标准化整治，对绝缘子进行了全面的检查与清扫。经过开通初期的三轮整治，有效地提高了设备的稳定性。运行实践证明，开通初期对牵引供电设备进行缺陷克服、关键整治、重点平推，是确保供电设备运行稳定和下一步组织精细化检修的必要条件。

2. 实施精细化检修管理

在高速条件下，弓网关系匹配的精度要求很高。这决定了京津城际铁路供电设备必须以“精细管理、科学检测、全面检修”为原则，推行接触网精细化检修管理。

一是健全设备档案和技术标准。通过收集整理设备图纸、隐蔽工程记录、设计及变更文件、作业指导书、设备说明书等需竣工交接的资料和相关专业的图纸资料（如工务线路图），绘制京津城际的设备图纸、道路图、供电示意图等，编制符合管内设备实际的管理文件、检修工艺、档案记录等技术资料，最终建立设备档案和技术标准。设备档案的建立原则：接触网设备为1个支柱1个档案（包括下行方向的1个跨距）。其内容包括基本供电功能描述、支柱示意图、设备及零配件安装图、数量表、各种技术参数、检修记录等。安装图细化到各个部位的零件类型及其对应的螺栓力矩、重点设备（上网电缆头、隔离开关、避雷器、分段绝缘器、电连接)的安装标准、跨距内的吊弦螺栓的力矩、每根吊弦处的接触线高度、线路的轨面超高、曲线半径、支柱的侧面限界等接触网设备的相关参数。

二是摸索设备变化规律。通过监视、检测、动态检测数据分析、外部环境调查等手段,摸索设备变化规律,确定合理的检修周期。

- 掌握螺栓紧固力矩的变化。通过建立监视点,摸索螺栓紧固状态的变化。为试验接触网振动对螺栓力矩的影响,分别在高、中、低速区段正、侧线的10个锚段,对吊弦、普通螺栓、分段、线岔等不同部位进行力矩紧固试验,建立高、中、低速试验区,探索螺栓紧固周期。

- 掌握绝缘污染状况。通过对京津城际沿线污染源的调查,进行附盐密度试验,确定清扫周期。通过调查,京津城际沿线共有5处污染源,分别为砖厂、灯塔油漆厂、炭黑厂、铜厂、化肥厂,主要集中在永乐—武清、武清—天津两个区间。对于污染源附近的绝缘子污秽状态监控主要采取了以下几种方式:首先,采用盐密度测试仪对重污区附盐密度进行测试,根据标准确定重污染区段和中度污染区段,一般情况下附盐密度≥0.1mg/cm²定为重污染地区。如:春秋两季易起雾地区,水泥、纸浆、石灰、化工、炼油等厂矿地区和垃圾处理场。附盐密度<0.1 mg/cm²定为中度污染区段。如:北京南、天津城际场。其次,对中度污染的站场、区间划分区段,根据测试数据综合分析,制定附盐密度超标区段绝缘子清扫方案。再次,对重污染区段每隔2 km悬挂1处测试瓷瓶,每月进行1次测试。根据绝缘子附盐密度或污秽状态,确定此地区的分段绝缘器、棒式绝缘子、悬式绝缘子绝缘清扫周期。

- 掌握主导电回路接续点状态的变化。主要依靠红外线成像仪测温和粘贴测温贴片两种手段。京津城际铁路接触网电接续线夹大致分压接线夹和带螺栓线夹两大类,压接线夹用于所有电联接线与承导的联接;带螺栓线夹用于隔离开关上网引线。利用红外线成像仪测温一般在外界温度不高于40℃,且在有列车取流情况下进行。特殊部位利用粘贴测温片的方法,测温值一般不超过80℃,另外根据经验公式:$T_{测} \geqslant T_{环}+5℃+0.015\times I_{负荷}$进行判断设备性能。测温周期:3个月测温1次的有上网点处设备线夹;半年1次的有距馈线上网点最近的第1、第2锚段关节电连结、承力索、接触线接头或补强处、供电线过渡连接处。超温线夹的处理:压接线夹为一次性使用,一般情况下,对压接线夹过热引起的烧熔、烧伤问题,采取全部更换方法;对于非压接线夹主要采用常规、传统的检修方法,拆除烧伤、烧熔的线夹,对线夹本体、螺栓、螺母及辅助接线进行打磨、较正处理,对烧伤、损坏较为严重的非压接线夹进行更换。

- 强化动态检测数据分析。通过对动态检测数据的分析(包括接触网高度、拉出值、接触压力等),判断接触网运行状态、技术标准是否符合技术要求。对动检车检测出的超限数据,第一,对出现的地点进行分析,初步确定是锚段关节、分相、中锚、小曲线半径还是高速区段;第二,比较历次数据,对同一地点几次出现缺陷进行重点研究和处理,并分析新缺陷的产生是否由于处理旧缺陷方法不当导致;第三,分析缺陷处导线坡度、高差等,确定造成缺陷的原因。缺陷的处理方法,首先,根据检测公里标分别向北京、天津方向延长5个跨距,逐吊弦、定位点导高测量;其次,将所测数据制成专用表格,对相邻吊弦(或定位点)高差大于10 mm进行筛选;再次,为防止新缺陷的产生,对大于10 mm进行综合调整,保证另外吊弦过渡的平稳性。

- 加强弓网间的电弧监测。对拉弧区段的接触网加强日常巡视和观察,并通过对接触线的磨耗测量进行监测,观察接触线的烧蚀和磨损量。京津城际铁路共设7个观测点,每个观测点由1人在现场观测,负责记录动车组车型、时间、是否重联等。另外1人添乘动车组与现场人员联系,记录动车组通过观测点时运行的速度。

三是科学编制检修计划。调查核定详细的设备数量和检修每个设备所用工时,以此为标准科学地核定设备检修计划。京津城际铁路设3个供电工区,其中永乐工区设2个检修作业组,北京南、南仓工区各设1个作业组。每个作业组检修1个定位、支持装置需要10 min;1跨接触悬挂10 min(含中心锚结、电连接);1架隔离开关15 min;1架避雷器10 min;1处补偿装置5 min;1处线岔10 min;1架分段15 min;1架器件式分相20 min,完成京津城际铁路344.637条公里接触网设备的精细化检修,总计需要230个天窗点。同时考虑接触网夜间巡视、绝缘清扫、临时缺陷处理等,需要天窗会有所增加。通过精细测算,保证计划的合理性和可行性。

四是规范检修作业程序。首先,对人员进行详细分工,明确具体作业项目和内容,并对力矩扳手进行编号,检修时逐项核对、标记,保证检修过程中不漏检设备。其次,编制接触悬挂(定位点处定位支持装置及向天津侧一个跨距的设备悬挂)、隔离开关、避雷器(含设备引线)、分段绝缘器、器件式分相、线岔、锚段关节、电连接(线岔、锚段关节、横向、股道)、中心锚结、补偿装置、拉线、支柱等检修工艺。再次,规范作业工具管理,规定力矩扳手的使用要求。检修作业人员按照分工携带对应的力矩扳手,同时对力矩扳手进行编号,以便复测时,因所使用力矩扳手的不同而带来误差。

五是及时更新技术档案。各工区安全技术员负责建立健全精细化检修档案资料,指定专人负责。作业结束后,当日18:00前填写书面检修记录,并录入EXCEL服务器内的检修档案,将书面检修记录建立专门文档进行存档,为下次检修作业提供依据。

供电设备精细化检修是以严谨的工作态度、严格的作业标准和科学的检修手段实施的设备维护管理方式，其目标是满足客运专线供电设备“零误差、零缺陷、零故障”的安全运行要求。供电设备实行精细化检修，以检修作业过程的“零误差、零缺陷”，实现供电设备“零故障”目标。通过建立详实的设备档案记录，精确检测与分析设备状态，科学编制检修计划，规范作业标准与作业工具，严格执行检修工艺与质量控制，及时更新设备维修记录，摸索掌握设备运行规律，不断完善设备检修管理，全面提高电气化铁路供电设备质量和管理水平。

第五章

动车组运营维护管理

一、组织管理结构

1. 动车组司机管理

京津城际铁路动车组由北京局机务段动车组运用车间担当值乘任务。动车组运用车间由主管副段长兼任主任，选拔 4 名年富力强、工作突出、具备大专以上学历的干部任副主任。车间设京津、石太、京沪 3 个专业组，每个专业组设有专业技术人员及指导司机，负责动车组司机的业务指导及日常管理。

2. 动车组运用检修维护管理

京津城际铁路动车组运用检修维护工作由北京动车客车段负责。为强化专业管理，北京铁路局车辆处成立动车管理科，北京动车客车段按照精简机关、做强车间、充实一线的原则，将原 12 个科室部门压缩为“七部一室”，每个部室都设专门负责动车检修运用工作的专职人员、专职领导；在每个运用所设置 1 名所长、1 名支部书记和 3 名副所长计 5 名车间干部，强化一级检修作业、专项修作业、夜班作业现场的盯控；在动车所机构配置上，设立“三组一验”，即技术组、质检组、调度组和验收组，特别是在技术组中，设置 4 个高工和 8 个工程师，全面加强动车运用所现场技术管理工作，实现铁路局、站段、运用所动车安全管理的全面覆盖。北京动车客车段设北京东、北京南、北京西三个动车运用所，其中北京西动车所负责京津城际铁路本线动车组的一、二级检修和运用工作。北京西动车所设有 3 线 6 列位检修库，目前，每日负责 5 组动车组的一级修和 2 组动车组的二级修工作。共有职工 217 人，设所长 1 人、书记 1 人、副所长 3 人、其他管理干部 22 人。下设质检组、调度组、乘务组、一级修组、专项修组、天津整备组、滤网清洗组、空心轴探伤组及综合组。

二、主要规章制度

1. 动车组乘务方面

铁道部组织制定了《动车组司机一次乘务作业标准》、《动车组地勤司机工作标准》、《动车组司机运行(继乘)交接班办法》、《动车组司机管理办法》、《登乘动车组司机室管理办法》、《CRH 系列动车组途中应急故障处理手册》、《动车组列控车载设备和 CIR 设备应急操作办法》。北京铁路局组织制定了《北京铁路局动车组司机非正常情况下安全行车实施办法(试行)》、《CRH_3 型动车组司机一次乘务作业标准》、《CRH_2-300 型动车组司机一次乘务作业标准》和《时速 300～350 km CRH 系列动车组操作规程》。

2. 动车组运用检修维护方面

铁道部编制下发了《CRH 系列动车组以及检修作业办法》，全面规定了京津城际动车组检修运用的技术要求。组织制定了《动车组无动力回送作业办法》、《CRH_2-300 型动车组一、二级检修作业暂行办法》、《CRH 型时速 300～350 km 动车组售后服务管理办法》等 37 个专业标准和管理办法。北京局及动车客车段按照基本规章和专业规章要求，分别下发 54 个文电制定 76 项制度和办法，做到了全面覆盖、衔接紧密、逐级细化、科学规范，落实到每个岗位。

三、运用安全管理

1. 成立动车组司机“信息台”

为保证京津城际铁路动车组安全运行，向动车组司机提供技术支持和获取现场第一手信息，自 2008 年 7 月 1 日试运行之日起，成立京津城际动车组运用安全“信息台”，发挥技术支持和现场指挥中枢功能。一是配置长途市话、GSM—R 手持终端，微机、传真、打印设备，专人专机专用。二是配齐技术业务人员，从开行初期的 2 名发展到目前的 4 名，均具备综合技术业务能力和丰富的现场经验。三是指定主管教育培训副段长全职负责信息台的建设和运转工作，运用、安全、职教和信息等部门提供专业指导、技术扶持和实行跟踪服务，使信息台的综合实力得到保证。四是建立信息管理制度，对每日动车组运行产生的各类信息实时记录、件件分析，认真研究，制订措施，完善预案，将重要内容制作成应急处置课件和安全提示卡，实现现场控制和信息的有效利用。

2. 实行动车组“三级包乘制”

在联调联试试运营过渡阶段，采取本务司机包车、业务指导包车和干部包车的三级包乘模式，出台了系列包乘制管理办法、标准、岗位职责和考核评比办法等管理制度。一是司机对所包动车组质量动态负责；二是业务指导对所包动车组的安全、质量及司机的技术达标负责；三是机务段领导及相关职能科室、车间的科长、主任，分别包保 1 组动车组，进行重点添乘和安全检查，对运行安全负责。实践证明，在客专开通、新型动车组投用过渡过程中，实行包乘制和三级包乘模式是一种有效的安全、质量、培训工作保障措施，有利于司机熟悉动车组性能和质量状态；有利于提高动车组司机业务素质；有利于发挥科室的职能服务作用，有利于保证现场安全运用的实际需要。

3.实行“地乘一体化”管理模式

为压缩动车组司机辅助作业时间，规定由地勤司机负责与到达动车组司机办理交接，了解动车组运行中的质量问题；按动车组规定出所时刻，提前半小时完成前后操纵端的启动、牵引和制动等性能试验，完成目前规定的由接班司机负责检查的全部工作，发现问题及时提报处理，确保动车组状态良好出所。动车组地勤司机每班增设班组长 1 名，负责管理协调动车组地勤司机工作，并参加动车所班前开工和班后总结会议。段派一名段领导常驻动车所，包保地勤工作，严控质量、作业安全。

4.推行高速动车组司机作业标准化

将各种车型的操纵办法细化分解，制定了“京津城际 30 min 平稳操纵法”，将运行时间严格控制在 30 min 以内，做到起停无声，停车准确，凡是责任运缓超过 10 s，对标停车误差超过 20 cm 均视为失格，并进行考核。根据运行条件制定了《一次作业标准化作业程序》、《呼唤应答标准》、《CRH_{2C} 型动车组操纵规程》、《CRH_3 型动车组操纵规程》，并据此一丝不苟地严格训练，造就高速动车组司机专心致志、标准规范的良好作业习惯。

5.强化动车组司机应急处置能力

制定 47 项安全关键卡控措施，特别对大风、雨、雪、雾等恶劣天气，超前预想、预防，摸清京津城际全线 3 处主要风口的具体位置，制定了完备的应急预案，纳入作业标准，让动车组司机熟记于心，应对自如。京津城际运营一年来，依靠完备的应急预案，动车组司机沉着正确应对，经受住了 4 次风、雨、大雪考验，确保了动车组运行安全和运输秩序。

6.完善动车组运行安全保证机制

提高随车机械师乘务作业质量，创新“听、看、闻、巡、联”的“五字”工作法，通过听异响、看异状、闻异味、巡检监控异常情况和加强联系沟通，确保动车组运行安全；实行站折巡车制度，重点对非站台侧吸污、上水作业后的盖板状态和裙板等可视部位进行检查，严防动车组配件脱落；提高应急处理能力，编制各型动车组途中应急故障处理手册以及突发天气、突发故障应急处置预案，每月组织实作演练，每季开展联合演习，提高故障处理能力；完善联动响应机制，遇有特殊情况，立即启动内外联动应急预案，确保在第一时间到位。

7. 建立动车组安全分析定责机制

强化各管理主体的责任意识，按照“只要有1%的责任，就要100%定责”的原则，建立安全事故、问题和故障分析定责制度，确保问题分析彻底、责任追究到位；对发现的行车故障，坚持安全分析不过夜，整改措施不过日，及时消除故障隐患，确保上线动车组运行安全。同时，建立动车组故障数据库，将故障信息以及动车组检修、检测、试验记录及故障进行分类统计，落实责任，摸索规律，吸取教训。

8. 建立动车组安全评估制度。

定期组织运营单位、动车组主机厂、大专院校及科研机构，开展动车组故障会诊及运行安全评估，重点评估转向架关键部位、螺栓紧固力矩、牵引电机拆卸检查、走行部悬吊架的检查及减振器的阻尼测试等内容，同时进行车辆动力学及线路动、应力测试，针对问题研究制定补强措施和方案，从源头上保证动车组的运用质量。

四、检修维护管理

通过运营实践，逐步确立了“系统分工、修程覆盖、强化专业、整体联动”的动车组运用维护管理模式。

1. 搭建多专业联检联修联控作业平台

动车组运用检修的突出特点是多专业、多部门联检联修，必须建立起多专业协同检修的作业平台，实行一体化作业管理和质量考核办法，满足车辆部门车底检修、电务部门列控维护、主机厂技术服务、机务部门地勤司乘和客运部门保洁作业等不同需要，做到流程顺、效率高。为此，北京动车客车段建立了动车所检修作业一体化管理制度，在动车所内检修作业时，由车辆部门承担主体管理责任，各相关专业进行作业向动车所申请，由动车所统一作业计划，实行检修生产同步作业、立体化作业，形成各工种密切衔接的一体化作业流程，提高了检修效率。

2. 建立夜间为主的检修作业模式

为适应京津城际高速动车组列车白天运行、夜间检修的运营要求，北京动车客车段从技术管理、材料供应、后勤保障等方面，建立起了与夜间检修为主模式相适应的管理办法和协调机制。

3. 建设标准化动车所

推行动车所“一班、一列及一趟”标准化作业，以安全质量、作业程序、检修装备、现场管理、队伍素质、文明生产、物资保障、信息及技术管理、考核激励、动车质量为主要内容的十大标准化考核评价体系，实行段每季度、路局每半年一次的考核评定，促进动车组运用岗位检修标准、作业标准、人员素质标准和管理标准的落实。

4. 落实“三会”管理制度

实行定期会议制度，即每日动车所开工、收工碰头会，每周厂、段、所检修运用例会，每月路局检修运用管理领导小组联席会。通过局、段、厂各方及时沟通信息、协调工作，确保动车组检修顺利进行。同时，主管段长每日 17:00 利用电视电话会议系统，与 3 个运用所进行对话，详细掌握当日检修运用情况和次日生产计划。

5. 实行动车组检修计划管理

强化检修计划管理，依据检修周期、检修专业、检修时间，由动车所编制合理、可行的动车组一级修、二级(专项)修月、周、日计划，实行月计划主管段长审批、周计划所长审批、日计划值班所长审批的检修计划管理制度，提高检修计划兑现率。

6. 完善检修质量保证机制

明确动车组检修作业标准，依照部颁检修规程、作业办法，制定各型动车组一、二级(专项)修作业和随车机械师一趟往返作业标准以及轮对、空心轴探伤等重要零部件检修工艺，并编成相应的岗位作业指导书，实现了检修靠标准、标准控作业、作业保质量的良好作业局面；加强作业质量控制，以“防燃切、防脱落、防火灾”为重点，对车底板、转向架悬吊部件、侧裙板及活动盖板、空心轴探伤、轮对踏面诊断等 8 个关键作业项点，推行“必看、必指、必呼、必画”“四必”工作法，实行记名检、记名修；建立以安全、质量为核心，以作业者自检、工班长巡检、质检员抽检复检、出库时各工种联检和验收员质量验收为主要内容的质量控制机制，确保动车组检修质量动态达标；实行定时定点接送车制度，检查确认动车组走行技术状态，把好动车出库关。

7. 强化质量鉴定保证机制

建立对规检查制度，铁路局每半年、北京动车客车段每季度组织对各动车所基础管理、安全管理、设备管理及动车组质量进行一次全面考核评定，考核结果纳入“标准化动车所”评选。车辆处每月、动车客车段每半月要针对一项二级(专项)修作业进行对规写实，不断完善二级(专项)修项目作业指导书的内容；建立运用质量鉴定制度，动车客车段每月对动车组运用质量进行鉴定，鉴定结果纳入月度考核。铁路局每半年组织一次动车组运用质量鉴定，确保动车质量常态优秀。

8. 建立干部监督检查机制

量化对动车组的检查巡视和添乘频次，明确主管副局长每周至少一次，处长、段长每周不少于两次和至少一次添乘检查，主管处长每周至少三次、主管段长每周不少于四次检查动车检修运用情况；实行动车所技术干部“九必盯”制度，对动车组探伤作业、临修作业、更换配件、动车组出入库、供断电作业、重点部位如轮对、底板、裙板及 VIP 设备检修质量、瓷瓶擦拭及车顶保洁等环节必须进行现场盯控。京津城际开通以来，装备部主管主任、铁路局主管局长几乎每天晚上都去动车所检查工作，车辆处、动车段领导天天有干部盯现场。

9. 引入视频监控评价机制

启用作业视频监控评价系统，对整个出入库动车组实施全时段、全过程、全覆盖的监控，对现场作业标准落实进行评估，及时纠正违章行为；实行作业监控录像每天开工前回放讲评制度，点评作业不标准的人员，观摩标准化检修作业录像，促进作业标准的落实。

10. 落实质量关键卡控机制

在动车所设验收员，对空心轴探伤、轮对镟修、齿轮箱注油实行全程验收把关；强化轮对诊断数据分析，由专业技术人员、质检员对动车组踏面检测数据进行分析签字确认，实行“两张表、双确认”，落实轮对检修要求。明确一、二级检修技术、质检员卡控要求，对现场作业实行有效控制。

11. 建立重点任务保障机制

明确动车组担当重点任务选车原则和标准，确保车底质量过硬；严格检修标准和作业规范，对重点项目进行专项检查，必须进行轮对检测和车顶洗车、绝缘子擦拭及滤网清理作业，落实记名检、记名修；每天对 VIP 车厢和 5 号车及全列厕所、空调设备，制定严细的作业流程和标准，实行检查、质检双确认；严格干部盯控，按不同级别落实盯控人员和盯控重点。

12. 实行“一车一卡”责任制

建立动车组履历，把基本参数、技术构造、主要配置等固定信息，技术改造、走行公里等动态信息，一、二级检修一车一卡，轮对镟修、踏面诊断一列一卡、轮对空心轴探伤一轴一卡、一轴一盒等专项故障检修信息，以统一格式固化，形成一车一档存放，并利用信息管理系统实现微机化管理，形成可追溯的原始检修历史记录，为动车检修运用积累经验。

13. 建立动车组应急处置机制

一是实行热备车制度，分别在北京南和天津站内各存放一组动车组担当热备，保证动车组故障时在最短的时间内启动救援。二是开展应急故障实作培训，编制各车型动车组途中应急故障处理手册，并对随车机械师进行了实作培训和演练，为及时判断处理故障、确保安全正点做好准备。三是制定了恶劣天气行车预案，细化雨雪天气除冰、擦拭车顶绝缘子等措施，并严格抓好落实，确保动车组运行的绝对安全。

14. 动态完善动车技术作业标准

积极探索高速动车组的运行规律，根据检修运用实际，不断修订完善检修运用技术标准，使之更加贴近实际。针对Ⅲ型动车组轮对修型周期主机厂推荐为25 万～30 万 km，在实际运用中，动车组运行到 40 万 km 仍未出现失稳现象，及时修订了镟修周期，延长了轮对使用寿命；针对漏泄电阻检修周期规定为 40 万 km，经过运营实践发现不适合实际，及时改为每 10 万 km 一次，确保了运用稳定；针对无砟轨道高速运行产生高频振动的特点，组织对京津城际动车组一、二级修程进行修订，在检修中提高了底板、裙板、各盖板、转向架悬吊件及轮对检查的标准。

15. 构建工装设备保障体系

北京西动车运用所建设配备了检查库及边跨、临修及不落轮镟库、踏面诊断棚、洗车库动车组检修设备 34 项 56 台(套)等先进的工装设备。为管好用好这些装备，一是建立动车组工装设备“管、用、养、修” 管理制度，重新修订完善所有检修工装设备的操作规程和管理办法，明确使用、维护、保养分工和责任，按期进行各级检修；强化踏面诊断设备、刷车机、牵车机、不落轮镟、转向架更换设备等在线检修设备的管理，实现动车组设备有效运行、时时检测和动态检测报警复核制度，确保设备发挥正常作用，保证动车组检修使用。二是加强设备日常管理。将所有工装设备全部纳入日常管理，责任明确、落实到人，根据设备厂家提供的使用维护手册编制设备操作规程及日常保养、维护标准，做到日常精心养护设备，严格执行操作规程，保证动车组检修设备状态良好。三是设置专职动车组设备管理人员。设备车间在动车所派驻专门的动车组设备维修班组，动车设备使用、维护人员经培训、考试合格取得资格后持证上岗。动车组设备日常维修工作由设备车间在各动车所派驻的维修班组负责，对专业要求高、技术复杂的专用设备，采取委托方式进行检修，构建起适应高速动车组运用检修需要的工装设备保障体系。

16. 构建物资供应保障体系

为确保配件质量的可靠性和供应的及时性，运用现代物流管理方法和手段，构建起适应高速动车组运用检修需要的备件备品供应保障体系。一是规范采购渠道。严格按照铁道部公布的合格供应商目录进行配件采购，合格供应商目录以外的配件原则上向主机厂采购。积极推行规模采购和集中采购，降低配件采购成本。二是严把配件质量。强化产品检验证书、产品合格证和检验报告的验证，把好入库质量关；对属于复验范围内的新品配件，无《铁路动车组产品验收合格证》的产品，一律不许入库。三是保证配件供应。开发配件库存管理软件，实时计算各部件的损耗速率曲线和合理库存量曲线，结合采购周期，制定出合理的采购计划，确保物资采购、供应工作既满足现场需要，又全面受控、管理规范；加强配件管理，对碳滑板、绝缘子、制动闸片等关键易损易耗件建立最低储备量预警制度，低于一定库存及时进行补充，确保不因配件不足造成动车组失修。

17. 构建动车组服务品质保障体系

围绕"创品牌、塑形象"目标，对动车组上部服务设施精检细修，保证动车组服务品质。一是加强外皮保洁工作。实行库乘分离，由专业保洁公司每运行两天进行一次入库外皮保洁作业，每十天进行一次车顶保洁作业，每趟折返在站台进行单侧保洁；为保证保洁质量，实行质检员验收把关和列车长交接把关制度。二是强化上部服务设施质量。重点突出对空调、座椅、厕所、水阀、门锁、茶炉、信息系统等八大部位和餐车冰箱等设备、一等车和 VIP 服务设施进行全面检查，及时发现并消除服务设施故障，提高动车组上部服务设施质量。三是建立客运、车辆联动机制。每日客运部门将京津城际动车组运行中出现的上部服务设施故障，及时通报给北京西动车所，动车所及时安排对故障进行处理。故障处理完毕后，北京西动车所和客运部门办理交接，共同确认故障处理情况。

18. 构建售后服务保障体系

建立全方位的售后服务支持。一是加强技术支持。主机厂建立了技术支持网站为现场提供技术支持和服务，实时发布新的技术资料、维修指南，分析解答检修运用出现的各类故障。同时各主机厂成立了应急专家组，开通 24 h 专家热线电话，对运行突发故障进行远程指导。二是积极开展运用检修分析交流。主机厂针对动车组运用检修中出现的重点故障，及时提供详细分析报告及有效处理办法，定期组织局、段、所技术骨干对动车组运用检修中出现的典型故障进行交流研讨，完善故障处理办法，对动车组检修作业标准落实、检修质量等关键点提出改进意见，补充完善动车组应急处理程序。三是建立移动故障信息平台。为每列动车组添乘人员配备通讯工具，动车运行和故障信息以短信方式传递到服务站和相关人员。同时引进西门子公司动车组远程故障检测数据传输系统，保证实时监控动车组运行状态。

19. 构建信息管理保障体系

为保证京津城际动车组故障信息及时反馈，增加故障处理的针对性和实效性，建立了四项制度。一是实行“车一地”联动制度。充分利用主机厂的设备及软件，在动车组运行途中下载京津城际动车组实时运行故障，为动车组入所检修提供依据。每日动车组入库后，包车质检员上车进行故障信息下载，确认故障后，制定检修方案，下发班组执行。二是实行“所—厂”互动制度。对运用和检修工作中发现的关键性问题，动车所及时向主机厂进行反馈，由主机厂对不符合实际应用的设备进行加装改造。加装改造完毕后，主机厂将设备加装改造的详情告知动车所，动车所在运用过程中注意搜集改造项目的运行效果，再次反馈给主机厂，作为二次改进的依据。三是实行“零故障、零报告”制度。上线动车组随车机械师每日分四个时段将动车组运行状态报告动车所调度，没有故障时进行“零报告”，遇有重大问题和故障随时进行报告。值班调度在动车组运行记录本上进行登记，及时掌握各动车组的运行状态。四是实行动车检修日报告制度。动车所技术干部每日将前日动车组运行及库内检修故障信息、遗留故障、出入库情况，以及局、段、所干部在动车所值班情况等信息进行汇总，形成《京津城际动车组运用情况日简报》，每日 7:00 前上报铁道部运输局装备部、铁路局车辆处及段相关科室，为相关部门提供决策依据。

20. 构建考核激励保障体系

一是建立激励机制。出台收入分配倾斜政策。适当拉大从事既有客车干部职工和动车所干部职工的收入档次，使从事动车检修运用工作人员的收入始终保持在较高水平。推出“首席”政策。实行首席机械师、工程师、管理人员、技术员、质检员和首席职工选拔聘用制度，制定了详细的“首席”人员评选和奖励办法，对“首席”人员在精神上和物质上进行奖励，促使动车所干部职工人人争当“首席”员工。二是强化考核手段。加强动车组机械师从业资质审核。建立路局半年考评制度，实行尾数淘汰；建立段月度考试制度，一次不达标者严格考核，补考不及格者坚决调离动车岗位，形成长效机制。三是搭建成才的平台。以适应新技术、新设备、新要求为目标，以岗位适应性能力建设为重点，大力实施人才培训工程，积极加强路校联合、路企合作，选送各类年轻优秀人才出国培训、入企交流、进校深造，综合提高干部职工理论水平和实作技能，培养一大批能够胜任动车检修运用需要的优秀人才。

第六章

运营调度管理

一、组织管理结构

京津城际铁路依托CTC调度集中系统、CTCS列控系统和GSM—R等新技术、新装备，形成了适应城际高速运营要求的调度集中指挥模式。

1. 岗位设置

北京铁路局调度所设置京津城际调度台，配备列车调度员、助理调度员、综合维修调度员，实行四班三运转制，由调度所主任统一领导，纳入调度班组由值班主任统一管理。京津城际铁路全线由调度员直接指挥和办理有关行车工作，车站、线路所不设行车人员（车站值班员、助理值班员、信号员）。

2. 主要特点

一是人员设置少。与既有线调度台相比，京津城际调度台除配备列车调度员外，还配备了助理调度员和综合维修调度员，分别负责设备操作和施工组织等工作。

二是指挥模式精。京津城际调度员除担负既有线列车调度员的职责外，还兼有车站值班员、信号员、调车领导人的职责，CTC控制区域内的信号、道岔等行车设备的操作、调度命令交递、设备维修及施工登记、行车闭塞办理、进路排列和列车预告、施工预备会组织等工作均由调度员（助理调度员、综合维修调度员）负责。

三是基本素质高。京津城际调度员不仅掌握行车指挥相关知识，还要熟悉CTC系统、动车组等设备情况，遇到设备故障能分析清楚原因所在，及时准确实施调度指挥。

四是工作要求严。京津城际铁路是世界上第一条运营时速达到350 km的高速铁路，对调度工作提出了一流的要求。调度员要具备高度的责任感、良好的精神面貌和严谨的工作作风，遇有问题必须反应迅速、处理及时、操作到位，确保绝对安全。

五是管理理念新。依托全新的设备、全新的技术、全新的调度指挥模式,结合我国铁路实际,借鉴既有线管理经验,树立适应高速度、高密度、公交化的运营调度管理理念,满足安全正点要求。

3. 基本职责

列车调度员是本调度区段行车工作的统一指挥者,负责确认当日基本运行图的执行内容,设定次日运行图,核对、录入与修改动车组信息,与邻台列车调度员交换列车运行计划,编制和调整列车运行计划,布置进路,掌握和调整各站到发线使用,向助理调度员和有关人员下达列车运行及到发线使用计划,指挥助理调度员操纵信号、道岔及轨道设备,与相关调度台相互转发调度命令,按规定向司机交递调度命令,指挥、监督助理调度员设置和取消临时限速,通报事故及行车安全、设备安全、灾害预报等信息并监督设备恢复或指挥现场人员进行抢险工作。负责设备维修及施工登记(包括接触网检修施工和停送电计划的受理)、消点和施工计划的审核工作并组织实施。编制、下达路用列车的运行计划。组织非正常情况下的应急处置、行车和事故救援工作。

助理调度员接受列车调度员的领导,根据列车调度员的指示操纵 CTC 控制区域内的信号、道岔等行车设备,实时监控进路排列情况,与有关车站办理行车闭塞和列车预告,负责列车、调车等进路的人工排列和信号开闭工作,遇 CTC 系统故障时向列车调度员报点,遇司机不能确认信号显示时通过 CTC 系统进行确认并通知司机,对调度命令等安全事项与列车调度员实行双确认,与列车司机、车站值班员及邻台调度员核对调度命令和运行条件,监督动车组出入库及在站折返作业,编制和下达临时调车作业计划,在中心控制条件下指挥调车作业,确认设备运行正常,实时监控 CTC 操作界面各项信息的正确性,确认、修改车次号等列车运行相关数据,实时对列车运行情况、设备运用状态及 CTC 中心的视频系统、防灾系统进行监控,向客运营业站通报列车到发时刻及接车股道,完成列车调度员指定的其他工作。

综合维修调度员负责组织设备临时施工(维修)日计划协调会,根据业务处提供的施工及检修安排,编制并向有关处所下达当日天窗内临时施工及维修补充日计划。组织综合维修天窗前的施工预备会,布置当日施工组织的具体要求和重点事项,协调、解决施工中存在的问题。组织综合维修天窗结束后的施工总结会,总结分析施工组织中存在的问题,研究、制定改进措施。受理施工调度室编制的施工日计划并组织实施,负责施工日计划实施中与施工、供电调度及设备主管业务处室的联系、协调。受理施工部门施工、检修的登、销记工作。落实施工日计划、施工电报,组织兑现施工和综合天窗检修日计划,拟写设备施工、检修及路用列车、轨道车运行调度命令。负责所辖台施工计划兑现分析及有关施工资料台账的管理，对施工及维修天窗兑现情况按日、旬、月进行分析并形成书面材料。整理、保管本岗位施工有关文件、电报和技术资料，协助列车调度员、助理调度员监控列车运行、进路排列情况，在设备故障等非正常情况下对调度命令发布、进路排列等行车事项与列车调度员、助理调度员进行联控。

二、主要规章制度

依据《京津城际铁路技术管理暂行办法》制定了《京津城际铁路技术管理实施细则(暂行)》和《京津城际铁路调度工作细则》，明确了京津城际列车调度员、助理调度员的岗位职责和分工，建立了各调度台之间的联系制度，规定了调度命令发布办法和常用调度命令样板，结合设备情况制定了接发列车、列车运行、调车作业、防灾设备报警等方面的相关作业程序和办法，对京津城际调度指挥进行了规范，为京津城际安全运营提供了理论依据。为确保京津城际铁路开通运营后的行车和施工安全，在北京铁路局营业线施工及安全管理实施细则的基础上，制定了《京津城际铁路施工管理办法(暂行)》。此办法共包括总则、京津城际铁路施工范围、施工等级的划分、天窗管理、施工计划的编制与审批、施工组织与实施等6个方面。在天窗管理方面，京津城际实行专业施工(检修)天窗制度，按照“两分开、三固定”的方式组织施工，即：专业分开、日期分开，固定时间、固定日期、固定专业，形成了适应京津城际铁路运营要求的施工组织模式。

三、运营调度管理

1. 行车组织指挥实现创新

京津城际铁路装备CTCS-3D列控系统和调度集中系统，在行车组织方面实现多项创新。一是行车闭塞。区间不设通过信号机，行车许可由有源应答器提供，在区间闭塞分界处设带灯停车标志，可自动或人工开放和关闭，正向列车按自动追踪运行，反向运行按站间行车，有别于《铁路技术管理规程》规定的传统基本闭塞法，闭塞设备故障如区间内有两个及以上闭塞分区轨道电路故障出现红光带(类似于自动闭塞区间内两架及以上通过信号机故障)，按站间区间运行，不采用电话闭塞法。二是接车与发车。接发列车作业采用调度集中系统，由系统自动办理或由列车调度员直接办理。办理闭塞由CTC系统自动进行发车预告；布置进路、开闭信号由CTC系统根据列车运行图中规定的接发车股道自动执行；交接凭证通过调度命令无线传送系统，实现列车调度员与司机间的直接交递；发车由司机确认发车条件完备直接开车；列车运行中不进行车机联控。三是调度命令发布。通过调度命令无线传送系统向司机发布行车调度命令，同时列车调度员与司机可以通过GSM—R建立可靠、清晰的通话。部分设备发生故障时，司机根据列车调度员的指示按操作规程处理。四是列车运行。远程监控系统、调度监督系统、GSM—R通信系统等技术设备的应用，保证了列车调度员能够得到更加准确和直接的信息，及时作出正确的判定和决策，直接指挥在本区段内运行的列车，使列车运行途中各种问题的处理更加准确、快捷。五是设备维护与非正常情况处理。道岔清扫等原由车务人员担任的设备维护工作改由设备管理部门负责。联锁失效等非正常情况下，由设备维护人员根据列车调度员的指示准备确认进路并加锁。

2. 列车运行图管理实现创新

京津城际铁路编图系统使用西门子公司研发的FALKO系统。一是在系统中固化了整个京津城际的固定设备和移动设备中所有与运行图编制有关的数据资料，如区间线路的平纵断面及限速条件，股道、信号机、道岔等设备的相关参数，动车组相关参数等，为计算机自动编图提供了基础信息。二是计算机自动编图。该系统以计算机自动逻辑编图为主，人工调整为辅。当开行方案确定后，通过系统内时刻表编辑器对列车开行规律进行描述，生成运行图。三是方便编制多套运行方案，灵活调用。系统根据预先设定的各种客车开行方案生成若干不同的基本分号图，可将其作为备用方案统一保存在系统内。调度人员根据每日开行计划调用不同的备用方案导入，作为当日日班计划运行图。

京津城际铁路列车运行图还规定了每日施工作业完毕后确认车的开行及动车组吸污作业。一是为现场作业提供了依据，方便现场提前做好准备工作，确保动车组吸污作业按时完成；二是为天窗作业提供了标准，各项施工作业要保证在确认车开行前完成，并要保证设备施工后的质量，确保当日运营的绝对安全；三是为行车指挥提供了指导，调度员能够完整掌握现场作业和交路，及时提出相关要求。

3. 列车控制运用模式实现创新

京津城际铁路应用了CTCS-3D高速列车运行控制系统，在满足本线列车最高时速350 km、最小追踪间隔3 min的运行控制要求的同时，与时速250 km动车组CTCS-2级列控车载设备及列车运行监控记录装置LKJ等列控方式共线有序运行，成功解决了既有线时速250 km动车组跨线运行的难题，实现了高速线与既有线的互联互通。调度指挥工作根据不同列控系统待机、完全监控、调车、引导、目视行车、机车信号、隔离等多种控制方式，梳理出各种非正常情况下CTCS-3D和CTCS-2列控车载设备的处理方式，纳入相关规章和作业办法，制定出相应的应急处理预案，确保处理及时到位。遇有列控车载设备故障，对配备

CTCS-3D 列控车载设备的列车，列车调度员确认该列车至前方站无列车占用后，发布调度命令改为隔离模式，按地面信号机(带灯停车标)的显示，以不超过 40 km/h 的速度运行至前方站；对配备 CTCS-2 级列控车载设备的列车，发布调度命令停车后转入 LKJ 方式，凭机车信号行车，列车按 LKJ 方式行车时，设定为目标距离连续速度控制模式，最高运行速度 165 km/h。

4. 接发列车模式实现创新

京津城际铁路实行固定股道接发车模式，列车按列车运行图规定的股道接发或通过，遇特殊情况需调整时，由列车调度员在列车运行图中进行调整。需人工排列进路时，通过 CTC 或中心操作终端进行操作。固定股道接发车模式做到了正常情况下调度员完全不用操作，仅在需要调整时方进行人工操作，既有利于现场的客服作业，又减轻了调度员的劳动强度。

5. 施工组织模式实现创新

京津城际铁路严格执行“施工不行车、行车不施工”的施工组织原则，施工(检修)登记统一在京津城际调度台办理，接触网停送电登记在京津城际供电调度台(供电段)办理。日常天窗修组织工作由综合维修调度员负责。为确保动车组运行和施工的绝对安全，建立了相应的施工组织作业制度。一是每日上午 9:00调度所组织由工务、电务、机务、建设等业务处室参加的施工协调会，对当日天窗内施工进行总体协调和安排，确保各系统施工有序、安全进行；二是对确需临时进行的整修施工在协调会上进行安排，纳入临时施工日计划并向有关处所下达；三是于每日天窗前和天窗后分别召集由有关设备部门参加的施工预备会和施工总结会，布置施工组织重点和注意事项，总结分析天窗内的施工进度和存在的问题；四是根据施工协调会确定的施工项目，对天窗内安排的各项施工，由综合维修调度员在运行图上逐项标出，予以明示，铺画后交由夜班调度员执行，确保京津城际铁路各项施工安全有序。

6. 客调组织模式实现创新

京津城际铁路实行客服调度与列车调度合署办公。一是明确界定了京津城际列车调度与客运、动车调度的岗位职责及分工范围，在原有职责的基础上，确定动车台调度员在动车组运用及检修信息掌握，动车组晚点、接发车股道变更等信息通报和不同型车组更换后的票额调整等职责，遇有非正常情况，由动车台调度员在第一时间内将有关信息通报车站综控室、客票管理所、客运段、动车所、保洁公司等单位和列车乘务员，在保证京津城际列车调度员集中精力调整运行和确保行车安全的基础上，实现客服信息的通报及时，站车组织顺畅。二是针对本线动车组以及跨线动车组全部在北京南站始发的实际，为全面细致掌握动车组车底检修、出入库尤其是热备车底等状况，最大限度实现动车组信息共享，将原来异层办公的动车台，统一整合到京津城际调度室内，实现与京津城际调度台合署办公。三是针对京津城际对旅客服务质量要求高的特点，实施了京津城际列车调度员动车组客服信息系统共享，确保了在动车组临时晚点、设备故障特别是启用热备车底等特殊情况下，与有关车站综控室、铁路局客票管理所、客运段列车长相互直接沟通情况，积极采取应急处理措施，减少影响。该模式最大限度共享了动车组信息，实现了列车调度、客服调度、动车组及客运站综控室、客票管理所、客运列车长间的协调联动、无缝对接，方便了车站旅客乘降组织，有利于迅速采取调整措施，保证动车组运行秩序。

7. 应急处置机制逐步完善

京津城际铁路不断完善故障处理、安全卡控和应急处置方法和手段。针对运营初期 CTC 设备功能不完善，采取同步手工辅助铺画运营图措施，确保了在系统及设备故障情况下及时应对，快速反应。建立健全有关技术图表及事故、设备故障、施工等台账登记，完善安全监督检查机制，严格实施干部盯岗监控，不定期抽查列车调度员作业标准落实情况、系统及设备故障应急处理以及发生问题的汇报程序等。及时掌握京津城际设备变化情况，加大调度与工务、电务、供电等部门联系，严格落实动检车、实验列车开行计划以及设备检修整治天窗方案。组织进行动车组、地面设备故障和落物、大风报警各种非正常情况下行车组织的模拟演练和实操练习，增强调度人员的应急处置和运行调整方面的能力。严把调度命令发布和进路排列关，制定了命令发布前和进路排列时必须双人确认把关的卡控措施。要求调度员与站、车有关行车事项的对话，特别对涉及限速请求、设备故障等内容的对话要求一律使用扩音模式，做到两人以上确认，确保在听取现场报告时不错听、不漏项，杜绝因此造成的指挥失误和安全隐患。针对 CTC 调度员集列车调度员、车站值班员、信号员、调车员职能于一身的特点，在组织实习车站值班员工作的基础上，制定了人工办理进路时的呼唤应答、手指眼看制度和标准用语，对作业行为进行了规范。坚持故障处理做到四个“立即”，即立即通报、立即上岗、立即发布调度命令、立即疏导旅客，确保故障得到及时处理，将故障影响降低到最低限度。坚持每班对京津城际运营情况进行小结，对设备故障、客服信息、存在的问题等进行归纳并据此进行分析，不断完善各种非正常情况下应急处理流程和处置预案，确保在非正常情况下组织有序、处置有力。

在对设备故障类型与处理情况梳理总结的基础上，结合京津城际高速铁路运营安全及秩序要求，研究制定了 3 部分共计 28 项应急处置预案。一是调度指挥部分 17 项预案，包括动车组区间及站内故障不能继续运行、动车组车载设备故障不能修复、动车组区间停车返回后方站、动车组停在分相内无电区、动车组区间邻线接运旅客、处理接触网异物、接触网停电、CTC 设备及列控设备故障、大风报警等。二是 CRH_3 型动车组部分共 6 项预案，包括主断路器无法闭合处理、牵引封锁处理、司机室 HMI 现实与列车通讯故障处理、停放制动不缓解、紧急制动不缓解以及 MMI 制动界面制动功能故障处理等。三是 CTC 故障维护部分共 5 项预案，包括 CTC 设备故障、道岔故障、区间信号机或者轨道电路故障、ACC 闭塞模块故障、车载 ATP 设备故障等。为便于调度员掌握和日常使用，将各项预案制作成了《京津城际铁路调度应急处置提示卡》，发生事故或故障时，根据《提示卡》的处理程序进行救援，为调度员的应急处置提供了指导和依据。

8. 实行全线全封闭管理

京津城际铁路大量采用以桥代路，在沿线加装了防护栅栏，修筑了应急抢修公路，安装了视频监控系统，设立了 2 个巡防队和 8 个警务区，全线 28 个疏散口和 6 个信号基站设立固定治安岗，在低路基地段设置流动岗，实现了全线全封闭管理。为确保京津城际铁路绝对封闭，采取严密的入口管理措施，对进入线路的所有入口全部加锁并由民警看守，施工单位需上线作业时，由公安部门依据铁路局施工命令开具的《施工作业单》，上线、下道前必须对人员、机具、材料数量逐一清点，确保工完料净。全线设置综合视频监控系统，为运输指挥、公安、维修、客运服务系统等专业视频提供统一平台，对沿线通信、信号、变电所等机房内外、车站咽喉区、低路基地段、维修梯、客运服务重点区域、公跨铁地段等处所进行实时监视，对区间线路进行人工视频巡视。

京津城际铁路全封闭管理流程非常严密，需上道检查处理时，业务处要在京津城际调度台将封锁和限速地点登记清楚，并向公安局信息指挥中心申请上道，内容包括：上道地点（通道）和上道作业负责人姓名、人数。公安局信息指挥中心根据调度所的通知和相关业务处的申请向现场各通道口及护网看守人员进行布置。有关单位到达通道口后，向主管业务处驻调度所联系人员报到，由联系人报告列车调度员。列车调度员根据登记内容将有关地点封锁、设置好限速，与联系人办理同意上线检查作业的签认手续后，联系人方可通知现场上线检查作业。上道作业负责人得到业务处准许上道作业的通知后，与公安看守人员办理登记手续，内容包括负责人姓名和总人数。公安看守人员确认登记内容与指挥中心下达的指令一致并确认登记人身份后，打开通道准许上线。上线人员检查作业完成后，原则上应由上线通道离开京津城际铁路，并由作业负责人与公安看守人员办理消点手续。如需变更出口或分口分批离线时，现场作业人员应向驻调度所联系人员报告，由联系人员向公安信息指挥中心提出申请，内容包括各口离线人数和负责人姓名。公安局信息指挥中心根据相关业务处的申请向现场看守人员进行布置，各作业小组离开京津城际铁路时，由指定的负责人与公安看守人员办理消点手续，并向驻调度所联系人员进行汇报。驻调度所联系人员确认所有上线人员全部离开京津城际铁路后，与列车调度员办理消点手续，并说明人员已全部撤离，作业机具全部下线。

9. 构建安全监测防控体系

京津城际铁路建立了风速、落物、雨量等监测预警系统，监控自然环境变化对高速铁路行车设备的影响。沿线安装了 12 个风速监测点，风速达到 15 m/s 时系统向列车调度员传送降速信息，达到 30 m/s 时向列车调度员传送停车信息。在 5 处公跨铁立交桥的两侧安装了异物侵限监控系统，一旦坠物砸断水平防护网，自动显示停车信号。全线安设雨量监测系统，合理确定降雨量出巡警戒值、慢行警戒值、封锁警戒值。报警信息直接传送到 CTC 系统，由调度员指示列车及时采取限速或停车措施，确保动车组运行安全。

大风预警监控系统由现场监测设备、GSM—R 基站内监控单元、车站级网络设备、永乐综合维修保养点防灾安全监控中心、京津城际调度控制中心（OCC）防灾安全监控设备以及传输网络设备组成，由调度所负责使用，电务部门和委外公司分别负责硬件和软件维护。根据科学试验和运营验证，确定了不同风速下列车限速规定（见下表）。

风速范围	限速（km/h）	风速范围	限速（km/h）
$v<15$ m/s	正常运行	25 m/s $\leqslant v<30$ m/s	120
15 m/s $\leqslant v<20$ m/s	300	30 m/s $\leqslant v$	严禁进入风区
20 m/s $\leqslant v<25$ m/s	200		

大风监测系统的监控工作由助理调度员负责。助理调度员实时监控灾害报警系统，得到报警信息后，立即通过监测界面确认报警地点和限制速度提示，呼叫有关列车降速运行，同时报告列车调度员。当系统提示停止运行时，立即呼叫有关列车停车并关闭上下行线报警地段两端防护信号。列车调度员接到报告后，立即按限速要求发布调度命令，对来不及发布调度命令的列车，立即检查确认助理调度员是否已通知相关列车司机限速运行。当实时风速超过报警限值而未报警和限速提示时，由助理调度员呼叫司机按规定的相应限制速度运行，当显示不稳定时，按不超过 120 km/h 运行，得到限速报警和限速提示后，立即发布限

速运行的调度命令。系统发出降级提示时，密切监视风速显示状态，不立即变更限速条件，当风速基本稳定（显示降级提示后不少于 10 min）后，再根据风速及限速提示发布提速调度命令。当列车司机发现晃车时，果断采取减速或停车措施，并及时报告列车调度员。系统无报警信息时，列车调度员提示后续列车注意运行。系统故障时，如遇天气预报 7 级及以上大风天气，列车调度员按照天气预报的最大风级与《风级风速换算表》换算的限速要求对相关列车司机发布调度命令。大风监控系统故障解除后，按监控系统提示要求运行。

落物侵限监控现场设备由布放于水平金属防护网上的传感器、现场控制开关、通信接口等设备组成；由调度所使用，电务部门负责维护。检测到落物发生时，通过与地面联锁系统和列控中心设备的接口实现车载设备的制动。列车调度员接到落物报警的信息后，立即呼叫有关列车停车，并通过视频监视系统进行查看，同时汇报值班主任。值班主任立即通知工务、电务、供电、公安等部门赶赴现场检查处理。当确认现场有落物时，不得放行列车。当视频监视系统显示不清或显示无异状时，如检查人员在短时间内不能赶赴现场需尽快了解情况时，列车调度员在得到到岗盯控领导的指示后，可通知司机改按目视模式，以遇到障碍能随时停车的速度进入关系地段查清本线及邻线情况。得到现场线路开通的报告后，由助理调度员点击临时通车按钮恢复行车，并根据现场请求的限制条件设置临时限速，不能设置时，列车调度员应向通过该地段的列车司机发布限速运行的调度命令。当落物地点短时间内不能恢复线路允许速度时，列车调度员通知施工调度室向北京机务段发布运行揭示调度命令。

防洪雨量监测系统，全线共设 3 台雨量计，分别安装在亦庄站、永乐站和南仓线路所，对沿线降雨进行监测并实时传输至铁路局防洪指挥部。

第七章
客运服务管理

一、组织管理结构

京津城际铁路的客运服务部门，牢固树立以人为本、服务至上的思想，坚持一流设施与一流管理有机统一，按照"业务管理一体化、行车组织集中化、物业管理市场化、设备管理专业化、商业经营规范化"的原则，结合实际综合研究构建"集中管理、精干高效"的新型管理体系，为京津城际高效营运和高品质服务提供保障。

1. 实行站管站模式

新建北京南站、亦庄站、永乐站纳入北京站，武清站纳入天津站，实行站管站模式，进行一体化管理。北京南站不另设独立的行政管理机关，北京站党政正职全面负责管理北京南站，其他班子成员根据分工履行各自管理职责。北京南站仅设1个客运车间，不另设运转车间和售票车间(内部按车间掌握)，日常生产管理由北京站运转车间负责；京津城际场不设行车岗位，行车组织统一由北京铁路局调度所京津城际台集中指挥。北京站职能科室对北京南站业务实行垂直管理，通过加强职能科室日常检查考核，量化管理标准，保证职能科室管理责任全面到位，实现了对两站行车组织、客运组织、物业管理、设备设施、商业经营全方位、全覆盖式管理，充分显现扁平化管理的高效率和高效能。

2. 实行物业集中归口管理

北京站和北京南站的客服系统、售票系统设备设施统一由北京站设备管理部门集中归口管理，设备管理部门主要负责车站计算机信息、售票、自动售检票、监控等相关系统及设施设备的日常管理维护以及委外维修管理。通信信号、工务线路、牵引供电由铁路局相关专业单位延伸管理。按照大物业管理模式，对客运、行车以外的物化要素，推行专业管理、市场运作、服务外包。北京站成立了由多经管理的国运物业管理中心，将北京站、北京南站的环卫保洁、设备设施维护、治安保卫、绿化养护、客户服务、节日装饰、后勤支持等工作纳入物业管理公司业务职责。对发电站、锅炉、电梯等专业性较强的设备设施，在采购合同中明确由供应商提供售后服务；对无售后服务的，借助社会力量委托专业公司进行维修保养。以经济合同方式委托专业保洁公司，对站车环卫保洁进行维护与管理，实现了物业管理的专业化和市场化。

3. 实行商业经营统一管理

由北京局全面负责北京南站的商业经营开发，对可用于商业开发的场所进行统一规划、统一布局。根据旅客需求及客运服务功能需要，明确划分商品、餐饮、银行、邮政等专业服务场地，确定商业经营服务的内容，并在此基础上委托专业机构进行统一、公开招标，引进国内外知名品牌，提升整体服务档次。

4. 实行列车"六乘一体"管理

京津城际铁路动车组列车分别由北京、天津两个客运段负责乘务担当任务，实行列车长、司机、随车机械师、乘警、餐售人员、保洁人员"六乘一体"乘务管理制度，明确各乘务人员职责，建立了列车长负责制和"六乘"协调联动配合机制，共同为旅客提供优质高效的服务。

二、主要规章制度

在借鉴国外高速铁路管理经验的基础上，结合京津城际铁路的实际，组织制定了11项关于客运服务的作业组织办法，有效规范了京津城际铁路旅客运输管理工作，其中包括《京津城际铁路旅客运输管理办法(试行)》、《京津城际铁路技术管理实施细则(暂行)》、《京津城际铁路旅客服务系统管理办法(试行)》、《京津城际铁路客服系统技术设备维修维护管理办法(试行)》、《京津城际铁路自动售票机运输收入管理办法(试行)》、《京津城际铁路职工培训管理办法(试行)》、《京津城际动车组快通卡管理办法(试行)》、《京津城际列车折返站保洁实行发卡考核的规定》等。这些规章制度的建立，为做好京津城际铁路运输组织提供了基本制度保障。

三、客运系统设备管理维护

1. 旅客服务系统管理维护

旅客服务系统包括：集成平台和引导揭示、广播、视频监控、查询、求助、寄存、站台票发售等系统，软件采用"谁开发谁维护"的原则，设备在客服系统集成商质量总负责的基础上，由原厂家提供维护服务。

维护内容：客服系统集成商承担旅客服务系统机房、配线间设备、终端设备、系统软件和应用软件的维护。系统维护主要由日常巡检、故障处理、保驾护航、节前巡检、问题咨询和系统培训组成。通过日常巡检排查系统故障，对出现的故障进行及时处理；节假日和重大活动前，派人进行系统检查，并进行全程监控，确保系统运行正常；实时响应系统故障，提供技术支持，并定期组织系统培训。

维护方式:客服系统集成商成立专门的售后服务团队,实时为客服系统提供技术支持,并派员进驻京津城际铁路各站,对客服系统故障进行及时响应;提供远程 400 电话支持,保证 7×24 小时接受客户的咨询和故障报警。

维护机制:系统运用由车站负责,发现问题及时通报客服系统集成商,客服系统集成商组织人员,及时响应问题,确保系统的正常运行。

2. 票务系统管理维护

票务系统软件采用“谁开发谁维护”的原则,终端设备在客服系统集成商质量总负责的基础上,由原厂提供维护服务。

维护内容:铁科院和客服系统集成商分别承担客票系统(TRS5.0)和自动售检票系统的日常维护工作,实时响应系统故障,提供技术支持,节假日前进行系统巡检。客服系统集成商对窗口售票机、自动售票机和自动检票机等终端设备进行维护,实时响应设备故障,并定期对机器磁头和通道内的纸屑、灰尘进行清洗、清理。

维护方式:铁科院和客服系统集成商实时为客票系统(TRS5.0)和自动售检票系统提供技术支持,保证 7×24 小时接受客户的咨询和故障报警,对系统故障进行及时响应。客服系统集成商对窗口售票机、自动售票机和自动检票机等终端设备的故障进行及时响应。

维护机制:系统运用由车站负责,出现问题实时反映给铁科院和客服系统集成商,铁科院和客服系统集成商及时响应,快速处理问题;窗口售票机、自动售票机和自动检票机等终端设备出现故障,实时通告客服系统集成商,客服系统集成商组织人员及时处理。

3. 进站 LED 大屏管理维护

在客服系统建设中,京津城际铁路首次引入战略合作建设模式,通过广告招商方式投资车站进站 LED 大屏,实现高品质全彩进站大屏在铁路系统的首次应用,在提升客服设施标准的同时,又拓展了客服产品功能。

京津城际铁路进站 LED 大屏的维护工作主要由日常巡查、定期排查和故障处理组成。质保期内,维护工作全部由厂家来完成。质保期后,拟根据“谁使用谁维护”的原则,各使用方根据各自的使用面积,各自承担相应比例的维护费用,并与厂家共同签订维护协议。

四、客运服务管理

1. 实行公交化运输

充分发挥京津城际铁路的特点和能力,挖掘动车组潜力,实行公交化开行,优化运行时刻，满足旅客需求，提高客运专线运营效益。

动车组开行之初，提前做好客流调查工作，认真研究与京津城际铁路并行的既有线路和其他交通方式运输总量、竞争优势、市场份额，找准市场切入点。根据京津城际铁路与既有线分工安排，按照“总体铺画、阶段调整、抽线分号、整点开行、统筹兼顾”的思路，形成了动车组“小编组、高密度、公交化”的运营组织模式。即：根据设计能力总体铺画列车运行图，针对客流情况分阶段调整开行对数，周末或节假日期间实行分号运行图抽线开行，尽量安排整点开车或开车间隔相对固定以方便旅客记忆和出行，统筹兼顾跨线列车运行，满足高速度、高密度、公交化要求。京津城际铁路时速 300～350 km 高速本线动车组和时速 200～250 km 跨线动车组共线运行，根据客流需求，分阶段增加了开行对数，本线开行的时速 350 km 动车组列车由最初的 47 对增至目前的 59 对，跨线运行的时速 200～250 km 动车组由最初的 13 对减至目前的 11 对，运营时段从早上 6:35 至晚上 23:00，共 70 对动车组列车，节假日高峰期达到 89 对(本线 78 对)，同时，增加了武清停站，最大程度地满足了京津两地间及沿线旅客出行的需求。

2. 优化站车服务流程

北京南站和天津站的客服系统遵循以旅客为中心的设计原则，以客运业务综合高效管理和客服系统集成为总体思路，对购票、引导、广播、问讯、求助、查询、监控等各项客服业务流程进行分析和优化再造，综合运用现代计算机软件、数字通信、节能环保等多种先进技术进行系统设计，实现系统综合和自动管控。依托先进的客服系统技术装备，设置了集客运计划、站场监控、应急求助、信息发布等功能于一体的车站综控室，采取各部门、多工种联合办公的方式，实现了对售票组织、站内引导、旅客乘降的统一协调和指挥。充分发挥现代化的客运站系统功能，利用高覆盖率的电梯设备，优化流线设置，畅通进出通道，实现客流的大进大出。以方便、舒适、温馨为标准，借鉴星级酒店和民航服务管理先进经验，创新服务理念，完善服务内容，规范服务程序，推行无干扰服务，塑造高端品牌的列车服务，满足不同旅客的个性化、差异化需求。

3. 创新售票组织方式

创新组织办法，改进售票方式，积极推行自助型、智能化售票。一是北京南、天津两站以实施封闭式管理、运用先进的引导标识系统为基本平台，采取旅客先进站后购票的方式，依托自动检票、自助查询、自主求助等现代化设备，构建了以设备为主、以人工为辅的自助服务新模式。大规模采用自动售检票设备，设置了磁介质制票机 157 台、自动售票机 53 台、自动检票闸机 117 台、自动售站台票机 15 台，进一步优化了售票组织流程，畅通了进出站通道，实现了大进大出，为旅客方便快捷地购票提供了条件。二是为适应短途客流公交化运输，推行“京津城际铁路快通卡”，旅客通过提前购卡储值，乘车时直接刷卡进出站，实现了售票方式的新突破。三是根据动车组的客流特点，列车席位采取集中管理、票额全程共用的策略，形成了一整套行之有效的客运专线售票组织办法，取得了很好效果。四是针对京津城际列车开行密度大、停靠站少、旅客随到随走等特点，制定了一套应对非正常情况的应急售票方案，采取启动车站应急售票系统脱网发售无座客票的办法，及时疏散旅客，保证非正常情况下车站旅客的组织有序。

4. 创新乘务担当模式

一是在北京、天津两个客运段间率先引入了竞争机制，两个段分别制定乘务组织形式，提出开行方案，采取“竞标、投标”的方式，进行比选择优，良性竞争，合理确定担当单位，确定担当对数，形成了比学赶帮、争先创优的良好局面。二是根据服务质量，随时调整乘务担当，以增强提高服务质量的压力和主动性。2009 年 7 月，北京客运段和天津客运段担当京津城际动车组对数分别为 14 对、45 对。三是天津客运段为减轻高速度、高密度带来的乘务员无法就餐、无法间休的实际问题，采取了灵活的乘务交路，创造性地实行替班就餐班组，既解决了乘务员值乘期间用餐问题，又缩短了值乘班组单班作业时间，有效降低了乘务员的劳动强度。

5. 优化劳动组织管理

针对北京南、天津两站旅客综合服务信息系统的优势和京津城际列车开行的特点，研究把握候车布局、旅客进出通道流向等规律，突破传统客运组织模式，改变客运班制和作业内容，以人员岗位工作满负荷为设计导向，将旅客综合服务信息系统作为指挥中枢，合理调整岗位班制，实现一人多岗、一人多责，及时流动服务。精心设计各部位作业流程、各岗位工作标准，根据列车开行高峰时段，合理配置客运、售票小班，使人员灵活调度，最大限度提高人员工时利用率。针对列车密集到发对传统乘降组织模式的挑战，组织站车以秒为单位，严格卡控站车作业时间，围绕旅客下车、列车技术作业、旅客放行、站台引导、发车条件确认等一系列连续作业，通过预先研讨、现场检验、分析总结，摸清了现场作业规律，制定了20 min 站折列车作业标准和站停 1 min 作业标准，对各项作业时间精确分解到秒，实现了各个环节的有机衔接、连续通畅。

6. 创新服务模式

京津城际铁路旅客成分高端化特点突出，商务流、学生流、旅游休闲、公务外出以及白领上班族居多。根据“旅客构成高端化、服务需求个性化、服务意识自主化”这一特点，坚持“四高”的一流服务原则，即：高定位，服务管理水平定位于国际一流客运站；高标准，服务流程、服务标准、人员素质瞄准同行业一流标准；高效能，实现管理和服务效能最大化；高品质，管理和服务细节充满人文关怀，使旅客享受高品质服务，大力改进和创新旅客服务工作。一是倡导旅客自助服务意识。借助现代化服务设施、自动化科技手段，辅助人工问询等方式，构建“人性化、无干扰、自助式、引导式”的崭新服务模式，方便旅客有序候车乘降，为旅客提供高品质服务。二是关注服务细节。组织编制了图文并茂的站车《旅客服务指南》，详细介绍客运站车各种服务设备设施的位置和使用方法、旅客乘车流程、乘车安全注意事项和温馨提示。借鉴宾馆、航空等行业作业标准，制定了岗位职责、服务标准、服务流程。规范服务人员着装、站姿、语言、微笑、声调、动作、淡妆、眼神等服务环节。要求各岗位实行站立式服务，服务人员必须用眼神与旅客交流，语气和蔼地回答旅客问题；在检票口、服务台的区域小广播使用统一的服务用语，做到音量适中、吐字清晰、语速适宜、内容亲切；对客运人员仪表提出严格要求，要求女客运员淡妆上岗，始终保持靓丽、热情、和蔼的服务形象；服务人员“优雅的形体动作、适度的服务距离、准确的语言表述、柔和的音色声调”让旅客充分享受到大方得体、亲切适度的人性化服务。三是注重信息服务。设置先进的导向揭示系统，通过动静态标识和区域无线广播，实时发布列车到发、售票检票、候车乘车、综合资讯、紧急疏散等信息；通过广播、电视、网络等主流媒体，广泛发布与旅客旅行关系密切、旅客十分关注的有关信息，最大限度为旅客出行提供便利的信息服务。借助信息系统，及时了解旅客需求，及时提供服务。内部完善了信息通报程序，通过乘务员手持电台、GSM—R 专用手机网络等，实现了调度员与列车、列车与车队、列车与列车、列车工作人员间的零距离控制，保证行车指令准确快速下达。

7. 构建服务经营兼优的商业模式

为适应旅客多样化、个性化的消费服务需求及铁路客运专线建设和现代化客运站的运营管理需要，明确了北京南站和天津站的商业发展定位，即：立足于两站现代化综合交通枢纽地位优势，着眼未来京沪高速、普速场开行后，客流猛增的巨大消费需求，凭借强大的旅客发送能力和周边发达的市政交通网，构筑以车站为中心，涵盖休闲购物、旅游文化等内容的完善发达的新型商业经济圈。全面推行“品牌化、连锁化、精品化、高档化、多样化”经营战略。在商业品类和项目规划上，提高准入门槛，引进国内外知名品牌，经营项目涵盖商务宾馆、餐饮、超市、银行、名优特专卖等，满足商务洽谈、团队旅游，以及旅客饮食、休闲等消费需求。根据站房布局和旅客候车进出站流向特点，将车站各层合理规划为餐饮区、名优特专卖区、休闲服务区，满足未来商务客流和旅游团队的入住需求。建立商业经营一体化管理模式，对北京站、北京南站的商业经营实行一体化管理，商业经营规划、布局、招商、商业经营基础设施等由公司统一负责，确保引进商户的经营项目、品牌形象、商户装修风格、服务品质与现代化客运站建筑风格、经营服务理念、功能设施相匹配。这种宏观管理一体化、日常管理分层化的模式，形成了车站商业经营的规范化、规模化、品牌化的全新格局。

8.强化列车保洁专业化管理

加强动车组列车保洁工作，实行了社会化、专业化保洁，对动车组保洁像作美容一样细心保养，保持星级宾馆的水平。增加了动车组外皮的车站折返保洁，实行一趟一擦拭、一天一美容，确保动车组整体光洁明亮；对车内的洗面间和卫生间采取一人一洗刷、一人一消毒，为旅客创造整洁舒适的乘车环境。

9.创建部门协调会商机制

针对动车组列车餐饮、保洁面向社会投标，实行市场化运作的新变化，为解决餐饮、保洁在站车上四位一体的管理问题，建立定期例会协调机制和联合办公、联合派班的会商机制。在动车段内，实行由车辆部门牵头，每日提报平行作业计划表，保证在有限的时间内，各工种能有效联动。每周由客运处牵头召开客运段、车站、餐饮、保洁公司四家单位负责人参加的协调会，通报会期内发生的问题，研究制定解决办法，落实工作措施的执行情况。

10.强化非正常情况下应急处置

制定了列车晚点、临时停车、线路中断、治安案件、火灾爆炸、车辆故障、售票系统故障等应急预案，并组织"六乘"人员进行了列车中途发生火灾的模拟演练，对现场扑救、疏散旅客、关闭防火隔断门、启动救援列车、运动员转乘汽车赶赴比赛场地等真实情况进行模拟演练，通过演练提高遇突发事件迅速反应和处理能力。列车开行后，对各类突发事件进行细致的搜集、分类和整理，然后根据案例，研究制定各种情况下的正确处置方法，形成了列车长培训教材。建立了动车组热备制度。每天安排一组动车组和人员在车站热备，保证发生问题随时启动备用动车组。运营第一年里，共处置晚点、售票系统故障、空调故障、倒换车底以及因各类原因造成旅客投诉乃至不下车等突发事件28起，启动热备班组担当乘务105次。

京津城际铁路
主要管理办法

京津城际铁路技术管理暂行办法

铁科技〔2008〕99号

第一章 总 则

第1条 为规范京津城际铁路的技术管理，确保行车安全，提高运输效率，根据《中华人民共和国铁路法》、《铁路运输安全保护条例》、《铁路技术管理规程》(以下简称《技规》)等法律、法规和规章有关规定，制定本办法。

第2条 本办法规定了京津城际铁路的技术设备、行车组织和信号显示，京津城际铁路的技术管理必须符合本办法的规定。本办法未规定的事宜按《技规》、《铁路200～250 km/h既有线技术管理暂行办法》等有关规定执行。

第3条 本办法适用于京津城际铁路(北京南站城际场至天津站城际场)。涉及两端延长线和其他车场的内容在条文中明确规定。

第二章 技术设备

第一节 基本要求

第4条 京津城际铁路为双线电气化铁路。全线设北京南、亦庄、永乐、武清、天津5个车站和南仓线路所。

第5条 最高运行速度为(350+5) km/h。最小追踪列车间隔时间为3 min。

天津站至塘沽站间为客货列车共线运行。

第6条 建筑限界符合《技规》中客运专线铁路建筑限界的规定。

第7条 线路允许速度300 km/h及以上路段的区间正线间最小距离为5 000 mm。其他路段的正线间最小距离采用与行车速度相适应的线间距。

第8条 车站到发线有效长度为700 m，站台长度为450 m，站台面距钢轨顶面高度为1 250 mm，站台边缘距线路中心线距离不小于1 750 mm。中间站正线侧不设旅客站台。

第9条 线路全封闭、全立交。

第10条 地震设防烈度北京地区八度、天津地区七度，桥梁、路基、房屋建筑等设施应满足抗震设防要求。

第二节 线路、桥梁

线路平纵断面

第11条 线路允许速度大于300 km/h路段的最小曲线半径一般为

7 000 m、特殊条件下为 5 500 m；线路允许速度 300 km/h 路段的最小曲线半径为4 500 m。最大曲线半径为 12 000 m。

其他路段采用与行车速度相适应的曲线半径，最小曲线半径为 400 m。

第 12 条 缓和曲线采用三次抛物线型，线路允许速度 300 km/h 及以上路段区间正线的曲线超高顺坡率小于 1/11 v_{max}。其他路段采用与行车速度相适应的曲线超高顺坡率。

第 13 条 线路允许速度 300 km/h 及以上路段区间正线的圆曲线和夹直线的最小长度为 400 m；其他路段区间正线的圆曲线和夹直线的最小长度不小于 0.4 v_{max}，个别圆曲线最小长度为 30 m。

正线道岔（直向）至曲线超高顺坡终点间的直线段长度不宜小于0.4 v_{max}。线路允许速度 300 km/h 及以上路段为 210 m、困难条件下140 m，北京南站、天津站为 20 m。

第 14 条 线路允许速度300 km/h 及以上路段区间正线的最大坡度为 6‰，最小坡段长度为 900 m。其他路段的最大坡度为 18.5‰。车站站坪坡度不大于 1‰。

第 15 条 线路允许速度 160 km/h 及以上路段的相邻坡段坡度代数差大于等于 1‰时，线路允许速度 160 km/h 以下路段的相邻坡段坡度代数差大于等于 3‰时，采用圆曲线型竖曲线连接。最小竖曲线半径根据线路允许速度按表 1 设置，最大竖曲线半径为 40 000 m。

表 1 最小竖曲线半径设置标准

v(km/h)	$v \geqslant 300$	$300 > v \geqslant 250$	$250 > v \geqslant 160$	$v < 160$
R_{sh}(m)	25 000	20 000	15 000	10 000

路 基

第 16 条 路基主要类型有软土及松软土地基路堤、浸水路堤。

第 17 条 线路允许速度 300 km/h 及以上路段正线路基宽度不小于13.6 m。

第 18 条 一般路基地段，根据地质和环境条件，采用 CFG 桩或 PHC 管桩等刚性桩，一般为 1.5 m×1.5 m 矩形布置，桩径为 0.4～0.5 m，CFG 桩长一般 8.5～28.3 m 不等，PHC 管桩长 22～30 m。

软土及松软土地基分别采用 CFG 桩、管桩、钻孔灌注桩等复合地基和桩网、桩板结构等处理措施。

第 19 条 无砟轨道路段路基基床表层不小于 0.4 m 范围填筑级配碎石，基床底层及以下填筑 A、B 组填料或改良土，并按照要求进行分层压实。具体技术要求见表 2～4。

表 2　基床表层压实标准

填料	压实标准			
	地基系数 K_{30}(MPa/m)	动态变形模量 E_{vd}(MPa)	变形模量 E_{v2}(MPa)	孔隙率 n
级配碎石	≥190	≥50	≥120	<18%

表 3　基床底层压实标准

填料	压实标准	改良	砂类土	碎石类
A、B组填料及改良土	地基系数 K_{30}(MPa/m)	≥110	≥130	≥150
	变形模量 E_{v2}(MPa)	≥60		
	压实系数 K	≥0.95	—	—
	孔隙率 n	—	<28%	<28%

表 4　基床以下路堤填料及压实标准

填　料	压实标准	改良细粒土		砂类土及细砾土		碎石类及粗砾土	
		无砟轨道	有砟轨道	无砟轨道	有砟轨道	无砟轨道	有砟轨道
A、B、C组(不含细粒土、粉砂及易风化软质岩块石土)填料及改良土	地基系数 K_{30}(MPa/m)	≥90		≥110		≥130	
	压实系数 K	≥0.92	≥0.9	—	—	—	—
	变形模量 E_{v2}(MPa)	≥45	—	≥45	—	≥45	—
	孔隙率 n	—	—	≤31%			

第 20 条　正线路基与桥梁、横向结构物等连接处设置过渡段。过渡段路堤基床表层填料及压实标准应满足一般地段要求,涵洞两侧及与桥台连接的 20 m 范围内基床表层的级配碎石内掺入 3%～5%的水泥。表层以下过渡段范围内采用级配碎石掺入适量水泥分层填筑,填筑压实标准应满足 $K_{30} \geqslant 150$ MPa/m、$E_{vd} \geqslant 50$ MPa 和 $n < 28\%$。桥台后混凝土垫块与级配碎石间设置 0.1 m 厚无砂混凝土渗水板,渗水板下部设置 ϕ0.1 m 横向软式排水管。

第 21 条　无砟轨道路段路基工后沉降一般不应超过扣件允许的沉降调高量 15 mm。沉降比较均匀、长度大于 20 m 的路基,允许的最大工后沉降量为 30 mm,并且调整轨面高程后的竖曲线半径应满足:

$$r_a \geqslant 0.4 \times v_e^2$$

式中:r_a——轨面圆顺的竖曲线半径(m);

v_e——设计最高速度(km/h)。

路桥交界处的差异沉降不应大于 5 mm,过渡段沉降造成的路基与桥梁的折角不应大于 1/1 000。

桥　　涵

第 22 条　桥梁梁部以 32 m 简支箱梁为主导梁型。孔跨型式采用简支箱梁和不同跨度的预应力混凝土连续梁、刚构连续梁。

全线还设有7座不同跨度的框构桥、13座涵洞。

长度超过3 km的特大桥，每隔2.5～3.5 km设置1处紧急疏散通道。

第23条 桥涵孔径能正常通过1/100频率的洪水。对技术复杂、修复困难或重要的特大、大桥能通过1/300的校核频率的洪水。

第24条 梁部结构在ZK活载静力作用下，梁体的竖向挠度满足表5所列数值。

表5 梁体的竖向挠度限值

项目＼跨度	$L\leqslant 24$ m	24 m$<L\leqslant 80$ m	$L>80$ m
单跨	$L/1\,300$	$L/1\,000$	$L/1\,000$
多跨	$L/1\,800$	$L/1\,500$	$L/1\,000$

第25条 梁部结构在ZK活载静力作用下，无砟轨道桥梁梁端竖向转角不大于：桥台与桥梁之间，$\theta=1‰$；相邻两片梁之间，$\theta=2‰$。

第26条 $L\leqslant 80$ m简支梁竖向自振频率不低于：

$$n_0=\begin{cases}\dfrac{120}{L}, & L\leqslant 40\text{ m}\\ 23.58L^{-0.592}, & 40\text{ m}<L\leqslant 80\text{ m}\end{cases}$$

式中：n_0——简支梁竖向自振频率限值(Hz)；

L——简支梁跨度(m)。

第27条 无砟桥面强振频率不大于20 Hz的竖向振动加速度$a\leqslant 0.50\,g$。

第28条 梁部结构弯矩动力系数乘以列车静荷载不大于$\dfrac{1.494}{\sqrt{L_\phi}-0.2}+0.851$(小于1.0时取1.0)乘以ZK活载。

式中：L_ϕ——加载长度(m)，其中$L_\phi<3.61$ m时按3.61 m计；简支梁时为梁的跨度；n跨连续梁时取平均跨度乘以下列扩大系数：

$n=2$时，1.20；

$n=3$时，1.30；

$n=4$时，1.40；

$n\geqslant 5$时，1.50。

当计算L_ϕ小于最大跨度时，取最大跨度。

第29条 活载作用下梁体扭转引起的轨面不平顺限值：以一段3 m长的线路为基准，ZK静活载作用下，一线两根钢轨的竖向相对变形量$t\leqslant 1.5$ mm；实际运营列车静载作用下，一线两根钢轨的竖向相对变形量$t\leqslant 1.2$ mm。

第30条 桥上无砟轨道铺设后，跨度24 m、32 m常用跨度桥梁的梁体残余徐变上拱度不大于 10 mm；跨度 $L \geqslant 50$ m 桥梁的梁体残余徐变上拱度不大于$L/5\ 000$ 或 20 mm。

第 31 条 无砟轨道桥梁墩台基础的沉降量按恒载计算，其工后沉降量不大于下列允许值：

墩台均匀沉降量为 20 mm；相邻墩台沉降量之差为 5 mm。

第 32 条 无砟轨道地段涵洞工后沉降不应大于相应地段路基的控制标准。

第 33 条 无砟轨道桥梁梁缝两侧的钢轨支点横向和竖向相对位移不大于 1 mm。

第 34 条 正线不允许上跨其他建设物，无砟轨道地段不允许下穿管道。特殊需要时须报铁道部批准。

轨　道

第 35 条 正线采用 CRTSⅡ型板式无砟轨道结构，由 100 m 定尺长60 kg/m 钢轨、弹性不分式扣件、轨道板、水泥沥青砂浆调整层、混凝土底座（或混凝土支承层）、桥上滑动层、弹簧板、挡块和端刺组成。

标准轨道板每块长 6.45 m、宽 2.55 m、厚 0.2 m；每块板设置 10 对承轨台，承轨台中心间距为 0.65 m；配备 20 套扣件，扣压力不小于 9 kN。

第 36 条 正线铺设跨区间无缝线路。

第 37 条 验收线路时，正线线路轨道及道岔静态几何尺寸允许偏差值应符合表 6、表 7 的规定。

表 6　正线轨道几何尺寸允许偏差值

	高低	轨向	水平	扭曲（基线长 6.25 m）	轨距
幅值（mm）	2	2	1	2	±1
弦长（m）	10		—		

表 7　正线道岔几何尺寸允许偏差值

	高低	轨向	水平	扭曲（基线长 6.25 m）	轨距
幅值（mm）	2	2	1	2	±1
弦长（m）	10		—		

第 38 条 无砟轨道路段到发线道岔和渡线道岔采用可动心轨、1∶40轨底坡、分动外锁闭的 18 号道岔，侧向允许通过速度为 80 km/h；南仓线路所采用 39 号道岔，侧向允许通过速度为 160 km/h。道岔的轨下基础由混凝土道床板（含岔枕）和混凝土支承层组成。

第 39 条 正线上道岔对向设置，当有列车同时通过两侧线时，应插入不小于50 m长度的钢轨；当受站坪长度限制时，可插入不小于33 m长度的钢轨。当无列车同时通过两侧线时或道岔顺向布置时，可插入不小于25 m长度的钢轨。

到发线上道岔顺向布置时，可插入不小于12.5 m长度的钢轨；对向布置时，可插入不小于25 m长度的钢轨。

上述插入短轨长度应满足无缝线路应力检算的要求。

第40条 到发线采用60 kg/m钢轨无缝线路、每公里配置1 667根Ⅲ型混凝土轨枕或1 760根混凝土宽轨枕、Ⅱ型弹条扣件的有砟轨道结构。道床采用一级碎石道砟、厚度为35 cm。

第41条 线路允许速度300 km/h及以上路段无砟轨道与有砟轨道间设有过渡段，铺设25 m标准轨的辅助轨，其中在无砟轨道上设5 m长，有砟轨道上设20 m长；根据轨道结构高度的不同，采用符合要求的过渡枕、特殊枕及配套扣件和垫板。

线路标志

第42条 线路标志包括公里标、半公里标、曲线标、桥梁标、坡度标等标志。

第43条 线路标志按如下规定设置：

1. 公里标、半公里标设置在最近的接触网立柱上。

2. 桥梁防护墙地段内，曲线标、桥梁标和坡度标标注在防护墙线路一侧。路基地段的曲线标和桥梁标设置在最近的接触网立柱上，坡度标按标准埋设在路肩上。

3. 涵渠标标注在涵渠两端帽石(或侧壁)上。

4. 在接触网立柱上的线路标志设置高度：公里标、半公里标底边距轨面3.0 m；曲线标、桥梁标底边距轨面0.5 m；曲线地段以内轨顶面为基准。

5. 公里、半公里和曲中点里程的实际位置标注在钢轨轨腰或无砟轨道支承层(底座)的侧面上。

6. 车站无接触网立柱的地段内，标注在站台侧面。

第三节 动 车 组

基本要求

第44条 采用交流传动、动力分散式，最大轴重不大于17 t的动车组。

第45条 动车组牵引系统具备功率冗余。

当一个牵引单元故障而丧失牵引力时，应能在20‰坡道上起动。

第46条 动车组具有列车运行安全监控功能，对重要的运行部件和功能系统进行实时监测、报警和记录。

第 47 条 300～350 km/h 动车组配备 CTCS-3D 列控车载设备(含轨道电路读取器 TCR)。上线运行的 200～250 km/h 动车组配备CTCS-2级列控车载设备及列车运行监控记录装置(LKJ)。

第 48 条 动车组配备机车综合无线通信设备(CIR)和 GSM—R 专用手持终端。

第 49 条 制动初速度为 350 km/h 时,列车紧急制动距离限值为6 500 m;制动初速度为 300 km/h 时,列车紧急制动距离限值为 3 800 m。

第 50 条 动车组采用计算机控制直通式电空制动系统。制动系统具备动力制动和空气制动的功能,当动力制动能力不足或丧失时,使用空气制动补充,仍须保证规定的紧急制动距离。

第 51 条 配备停放制动装置的动车组,应具有在 20‰坡道上无动力停放制动时不溜逸的能力。

第 52 条 动车组配备车载自动过电分相装置。300～350 km/h 动车组采用应答器方式过分相,上线运行的 200～250 km/h 动车组采用磁缸方式过分相。

第 53 条 动车组应有识别的标记:路徽、配属局段简称、车型、车号、定员、自重、载重、全长、最高运行速度、制造厂名及日期、定期修理的日期及处所,应有“高压危险禁止攀登”的标识。

第 54 条 动车组按规定随车配备行车备品和过渡车钩、专用风管及止轮器,并存放在固定位置。

第 55 条 动车组具有良好的密封性。动车组设集便装置和废水箱,污物应定点集中处理。

第 56 条 动车组设火警报警装置。

检修、整备

第 57 条 动车组实行计划预防修,分为五级修程,其中一、二级为运用检修,三、四、五级为定期检修。检修周期及技术标准,按铁道部检修规程执行。

第 58 条 动车组检修基地(动车运用所)设库线供动车组检修,配备地面电源及相应设备,对转向架、车下设备、车上及车顶设备进行检查、维护、更换、检修和清洗等作业。

第 59 条 动车组检修基地和动车运用所具备各型动车组一、二级检修,动车组临修,行车安全设备检修,客运整备能力及相应的存车条件;动车组检修基地还应具备特定动车组的三、四、五级检修能力。

第 60 条 动车组检修基地(动车运用所)设动车组司机派班室、候班室;配备列控车载设备、LKJ、CIR、TCR 等的检修、检测设备和数据转储、分析设备,并设相应检修处所。

第61条 动车组日常运用的整备、清洁、排污等作业原则上在动车组检修基地(动车运用所)完成。对于夜间不在动车组检修基地(动车运用所)停留的动车组,其停留地点要具备相应的条件。

第62条 动车组检修基地(动车运用所)应设有动车组检修运用管理信息系统。

第四节 信号系统

一般要求

第63条 信号系统由调度集中、计算机联锁、列车运行控制和信号集中监测等组成。

第64条 调度集中系统(CTC)控制范围:北京南站(不含普速场)至天津站城际场及动车走行线。其他区段采用列车调度指挥系统(TDCS)。

调度台安装TDCS终端,可以监视北京南站普速场、天津站普速场、动车组检修基地及相邻区段。

第65条 采用CTCS-3D列车运行控制系统。CTCS-3D列控系统是基于由轨道电路实现列车占用及空闲检查,由应答器和轨道电路传输列车行车许可并采用目标距离模式监控列车安全运行的列车运行控制系统,最高允许速度(350+5) km/h。

第66条 列控车载设备在实际速度超过列控设定速度2 km/h报警,超过5 km/h触发常用制动;在250 km/h及以下时超过列控设定速度10 km/h触发紧急制动,在250 km/h以上时超过列控设定速度15 km/h触发紧急制动。

第67条 北京南站城际场至天津站城际场及动车走行线,所有车站(场)设置CTCS-3D设备。

第68条 北京南站和天津站城际场采用车站计算机联锁,区间和亦庄、永乐、武清站及南仓线路所采用车站区间一体化的计算机联锁。

第69条 天津站至塘沽站地面设备由地面电子单元(LEU)控制区间有源应答器发送相应报文,LEU选择报文条件采用继电逻辑;由列控中心控制车站范围内的有源应答器,向列车提供限速和接发车进路信息等,满足配备CTCS-3D列控车载设备的动车组运行的要求。

第70条 设有信号设备集中监测系统。

第71条 信号电源系统采用两路独立的交流电源输入。

调度集中系统

第72条 CTC由调度所设备、车站设备以及调度所与车站之间的网络系统构成。

调度所设备包括：离线时刻表编辑系统（FALKO）；培训仿真系统；中心机房设备；调度台设备。调度台设置 CTC 操作终端；CTC 系统维护和管理终端；中心操作终端。

车站设备包括：调度命令与运行图终端（D&T）；本地操作员工作站（本地操作终端）；服务与诊断工作站（S&D）（亦庄、永乐、武清）；车站协议转换器。

网络系统包括：调度所和车站网络设备；双环光纤网络通道。

CTC 通过中心协议转换器系统提供京津城际铁路与外部系统进行信息交换的接口，包括：铁路数字移动通信系统（GSM—R），列车调度指挥系统（TDCS），防灾系统，客运服务系统，电力远动控制系统（SCADA）。

CTC 系统在调度所提取通信时钟，并通过 GSM—R 接口服务器与铁路数字移动通信系统（GSM—R）相连。

第 73 条 CTC 系统具备中心控制和车站控制模式，并设有控制模式转换功能按钮及状态表示灯。

第 74 条 通过交权和获权操作，各车站及区间的联锁可由调度所或车站控制。控制权转换时系统不影响已建立的列车进路和调车进路。

在中心控制模式下，车站本地操作终端及联锁上位机（北京南、天津站）除站控按钮外，其他按钮的操作均不起作用；在站控模式下，调度所 CTC 操作终端和中心操作终端的操作均不起作用。

第 75 条 调度员可由 CTC 通过 GSM—R 网络向列车司机发送调度命令。

第 76 条 CTC 具备如下功能：

1. 列车运行计划编制与列车运行模拟；
2. 离线时刻表编辑，在线时刻表加载；
3. 列车运行计划人工和自动调整，发生特殊情况能编制特定运行计划；
4. 列车运行图描绘与输出；
5. 列车监视与追踪、站场信息监视；
6. 进路自动与人工控制；
7. 联锁远程控制；
8. 设置与取消限速和封锁；
9. 安全相关命令由中心操作终端执行；
10. 向车站和列车发布调度命令，与其他调度台互传调度命令；
11. 生成统计报表；
12. 服务和诊断；

13. 培训与仿真；

14. 与 TDCS、防灾和 SCADA 等系统信息交换；

15. 车次号/机车号的自动/人工输入，车次追踪、自动校核及人工校正等。

第 77 条 用 CTC 下达的调度命令及系统自动记录的操作信息，保存不少于 24 个月。

列车运行控制系统

第 78 条 CTCS-3D 列控车载设备具有待机、完全监控、调车、引导、目视行车、机车信号、隔离等 7 种控制模式。

第 79 条 CTCS-3D 待机模式是列控车载设备上电后的默认模式，列控车载设备执行自检并和外部设备测试通过后，自动处于待机模式，并无条件输出制动。

司机输入司机身份和列车数据并通过校验后，选择目视行车模式或调车模式并按下“启动”键启动列车运行。

第 80 条 CTCS-3D 完全监控模式是列车运行的主要模式。当车载设备获得全部列车数据和完整的线路数据后，且未选择其他模式，系统将自动进入完全监控模式。列控车载设备向司机显示当前列车速度、允许速度、目标速度和目标距离。完全监控模式下，开口速度 20 km/h。

第 81 条 CTCS-3D 调车模式是动车组进行调车作业的固定模式，限速值为 40 km/h。列控车载设备通过地面应答器指令自动选择调车模式，在更改模式后 5 s 内由司机确认，否则设备触发制动。调车模式也可通过人工选择方式进入。

第 82 条 CTCS-3D 引导模式是在轨道电路故障，不能正常办理接发车进路，改为引导进路后，列控车载设备通过地面应答器指令自动进入的一种控制模式，限速值为 40 km/h。在引导模式下，列控车载设备按照动态速度曲线和目标距离，监控列车运行。在更改模式后 5 s 内由司机确认，否则设备触发制动。

对于配备 CTCS-2 级列控车载设备的动车组，在车站的进站、进路或出站引导信号开放、列控车载设备接收到轨道电路信息为 HB 码后，自动进入部分监控模式，限速值为 20 km/h。

第 83 条 CTCS-3D 目视行车模式是在区间或车站信号因故不能开放时，车载设备在停车状态下通过司机选择进入的一种控制模式，限速值为 40 km/h。需越过关闭的信号时，应使用越行功能，列车以目视行车模式运行至前方开放的信号并收到应答器发出的行车许可后，车载设备自动转入完全监控模式。

第 84 条 CTCS-3D 机车信号模式适用于地面未设置 CTCS-3D 列控系统的地段，TCR 输出机车信号显示，限速值为 45 km/h。

第 85 条 CTCS-3D 隔离模式是列控车载设备停用的模式。如果双套列控车载设备均故障，列车停车后，司机操纵系统开关选择该模式。在隔离模式下，车载设备不能执行任何监控。

第 86 条 CTCS-3D 列控车载设备 7 种模式之间的转换见表 8。

表 8 CTCS-3D 列控车载设备 7 种模式之间的转换

	完全监控模式	调车模式	引导模式	目视行车模式	机车信号模式	隔离模式	待机模式
完全监控模式		自动	自动	人工	人工	人工	人工
调车模式	—		—	—	—	人工	人工
引导模式	自动	自动		人工	人工	人工	人工
目视行车模式	自动	自动	自动		人工	人工	人工
机车信号模式	—	—	—	—		人工	人工
隔离模式	—	—	—	—	—		人工
待机模式	—	人工	—	人工	—	人工	

第 87 条 限速长度以闭塞分区为单位设置，速度共分 45 km/h、80 km/h 和 160 km/h 三档。

第 88 条 CTCS-3D 列控系统地面设置过分相预告和执行无源应答器，列控车载设备根据地面应答器提供的过分相区长度、位置等信息，结合动车组运行速度，向动车组提供自动过电分相信息。

第 89 条 CTCS-3D 列控车载设备具备线路坡度、公里标和车站名等信息显示功能，作为司机驾驶的辅助信息。

第 90 条 在轨道电路码序发生降级突变时，TCR 向列控车载设备注入信息，由车载设备输出最大常用制动停车。TCR 故障时列车最高允许速度250 km/h。

第五节 通 信 系 统

第 91 条 通信系统由传输系统、电话交换接入系统、数据网、GSM—R、调度通信系统、应急通信系统、同步及时钟分配系统、综合视频监控系统、动力与环境监控系统、综合布线、电源系统、通信线路、通信综合网管系统等组成。

第 92 条 GSM—R 在铁路沿线提供单网交织冗余无线覆盖，为运输调度指挥、维护及安全管理提供语音通信、短消息业务、电路域及分组域数据传输业务。

GSM—R在非连续基站故障条件下，服务质量（QOS）仍可满足列车运行控制信息传送业务的要求。

第93条 动车组机车综合无线通信设备（CIR），实现列车调度通信、调度命令信息无线传送等功能，并对各类通信过程和内容进行记录。

第94条 调度通信系统采用GSM—R固定用户接入系统，根据运输需要提供调度电话、站场电话、站间行车电话及其他专用电话业务。

第95条 调度所和各站设置录音设备，记录调度电话、站间行车电话等通话内容。

第96条 应急通信系统由应急通信中心接入系统、现场应急通信系统及传送网络组成，在处理突发性事件时，为应急现场与应急通信中心及应急现场内部提供语音、数据、图像等信息传输。

第97条 动力及环境监控系统监控所有通信、信号机房的温度、湿度、门禁、火灾报警和通信电源系统状况。

第98条 在调度所和各车站，时间同步及时钟分配系统为相关系统地面电子设备提供基准时间源。

第99条 设机车综合无线通信设备通信模式转换提示标志。标志一般设在始发站列车停车标内方或需要转换通信模式的相应地点，标志牌顶边距轨面2.5 m。

第六节 牵引供电及电力

第100条 正线及天津站城际场采用单相工频交流AT供电方式供电；北京南站采用带回流线直接供电方式供电。正常情况下牵引变电所通过4个供电臂向两侧上、下行区间供电，特殊情况下具备相邻变电所越区供电条件。

第101条 设有亦庄、武清牵引变电所，北京南、永乐、天津分区所；北京南、天津开闭所。

第102条 正线接触网采用全补偿简单链型悬挂，结构高度为1 600 mm。接触线悬挂高度为5 300 mm。接触网综合张力为48 kN，正线接触线张力为27 kN。

第103条 接触网分相装置采用带中性段的空气间隙的锚段关节形式。

第104条 正线接触网支柱内侧距线路中心距离一般不小于3 000 mm。悬挂于接触网支柱上的带灯停车标及线路标志牌等附属物满足建筑限界的要求。

第105条 接触线最大拉出值为±300 mm。接触线对线路中心线的最大允许风偏为400 mm。

第 106 条 牵引供电设备及其抢修设施满足《技规》第 153 条的规定，并具备恒张力放线功能。

第 107 条 由北京南、亦庄、永乐、武清、天津 14 处变配电所及沿线铺设的 2 路 10 kV 电缆贯通线构成的输配电网络为京津城际铁路所有用电负荷提供电源。

第 108 条 亦庄、永乐、武清配电所其中一所解列时，通过电力远动系统操作，调整运行方式，允许相邻所从两方向向停电所供电，并满足停电车站重要负荷供电。

第 109 条 调度所内设牵引供电及电力远动控制系统调度台（以下简称供电调度台）。

第 110 条 供电调度台负责京津城际铁路牵引供电设备、接触网开关、电力贯通线路开关、电力变配电设备的远程操作与运行状态的监视。

第 111 条 牵引供电、电力设备的正常停、送电（包括配合作业的停、送电）均通过远动系统操作完成。

第 112 条 改变、调整牵引供电、电力的运行方式应通过远动系统操作完成。

第 113 条 牵引供电、电力设备的运行状态通过远动系统进行监视。远动系统所记录的数据作为技术管理、故障分析的依据。

第七节　客运服务系统

第 114 条 客运服务系统由票务系统、旅客服务系统构成。

第 115 条 票务系统采用客票发售和预订系统，配置自动售检票系统，使用磁介质等车票。

票务系统纳入客票安全系统防护，并实行专网运行，不经铁道部批准严禁与其他信息系统或计算机网络物理连接。

第 116 条 旅客服务系统由集成管理平台、导向揭示、广播、监控、时钟、查询、求助、寄存、站台票发售子系统构成。

集成管理平台集成各子系统业务数据，实现旅服业务综合管控、信息共享和应急联动，对设备终端运营状况进行在线监控。

第 117 条 客运服务系统应具有高可用性和高可靠性，具备处理大规模数据、多用户并发请求和实时业务处理能力，能够保持 7×24 h 不间断运行。

对客运服务系统设备要实时监控，定时维护，及时维修。

第八节　养护维修及检测

第 118 条　利用综合检测列车对设备进行检测，每 10 天至少进行一次。检测项目包括轨道几何状态、车辆动力学性能和接触网、信号、通信设备状态。

第 119 条　每半年对线路静态几何尺寸，轨道板、砂浆层、底座板、线路外观、排水、CPⅢ控制点、无缝线路(道岔)观测桩等轨道部件和附属设备检查一次；每季对轨道零配件全面检查一次，重点地段需增加检查次数。

控制点每 2 年至少复测一次；线、桥沉降变形观测和深埋水准点，每年至少复测一次(对于存在区域地面沉降的区段，应根据沉降观测结果缩短观测周期)。运营前 3 年宜加密复测周期。

第 120 条　列控车载设备按照出入段检测、月度检修和年度检修等内容和标准进行日常维修。月度和年度检修应结合动车组二、三级检修进行。

第 121 条　列控车载设备和相关地面设备运用状态纳入动态检测系统。列控地面设备运用状态纳入信号集中监测系统。

第 122 条　车站列控中心、地面电子单元(LEU)、应答器实行设备状态修或故障修。

第 123 条　接触网动态检测实行等速检查。在确认车上安装车载式接触网动态检测装置，每日对接触网实施动态检测。

第 124 条　通信系统的维护、检修实行计划预防修和状态修。

机车综合无线通信设备按照出入段检测、月度检修和年度检修等内容和标准进行日常维修。

第 125 条　每年对综合接地系统进行一次检测，检查等电位连接线和接点的连接状态，测试接地电阻和钢轨电位。

第 126 条　保持轨道板承轨台和扣件的清洁状态，根据需要进行清洗。

第九节　防灾和安全防护

第 127 条　防灾安全监控系统由现场监测设备、监控单元、车站级网络设备、监控中心系统、调度所防灾安全监控设备及传输网络系统组成。主要对大风、落物侵限进行监测、监控报警，系统具备地震监测等扩展能力。

第 128 条　防风预警监测现场设备由安装在通信 GSM—R 基站铁塔或接触网立柱上的风速风向仪、通信接口等设备组成。

落物侵限监控现场设备由布放于水平金属防护网上的传感器、现场控制开关、通信接口等设备组成。检测到落物发生时，通过与地面联锁系统和列控中心设备的接口实现车载设备的制动。

第 129 条 防灾安全监控系统应为不间断运行的系统，应提供 7×24 h 技术支持与维护服务。

第 130 条 桥面两侧设置维修作业通道。维修作业通道宽度不小于 0.8 m。栏杆高度不小于 1.0 m，栏杆扶手内侧至线路中心的距离不小于 4.1 m。

第 131 条 桥梁上部结构采取防止落梁等抗震措施。

第 132 条 下穿铁路的交通桥涵，在靠近公路的桥墩设置防撞设施，桥下或涵洞净高小于等于 5 m 时应设置车辆通过限高标志及限高防护架。

第 133 条 路基地段两侧、基站和紧急疏散通道按规定设置防护装置。

第 134 条 根据有关技术标准设置不同结构形式、不同高度的声屏障。路基上声屏障采用 H 型钢立柱、混凝土单元板的插板式结构，高度3.5～5.0 m。桥上声屏障采用 H 型钢立柱、铝合金单元板的插板式结构。

第 135 条 全线设置综合视频监控系统，为运输指挥、公安、维修、客运服务系统等专业视频提供统一平台，对沿线通信、信号、变电所等机房内外、车站咽喉区、低路基地段、维修梯、客运服务重点区域、公跨铁地段等处所进行实时监视，对区间线路进行人工视频巡视。部分摄像机可安装在接触网立柱上。

第 136 条 采用综合接地系统，贯通地线接地电阻不大于 1 Ω。

第三章 行 车 组 织

第一节 基 本 要 求

第 137 条 实行天窗修制度，严格执行“施工不行车、行车不施工”的规定，对运行安全有影响的各类施工和维修作业必须全部安排在“天窗”内进行。北京局应明确天窗内实施的维修作业项目。

第 138 条 京津城际铁路设列车调度员、助理调度员，车站、线路所不设行车人员（车站值班员、助理值班员、信号员）。

1. 列车调度员主要职责

（1）列车调度员是本调度区段行车工作的统一指挥者，履行《铁路运输调度规则》规定的职责。

（2）调整列车运行计划和到发线使用，监视列车的运行情况，监控管辖各站列车进路和调车进路的排列情况。

（3）布置助理调度员通过 CTC 或中心操作终端正确操纵所辖区段内信号设备和设定除北京南站、天津站以外的联锁区域的限速。

(4)及时发布调度命令和口头指示。

(5)与相邻调度台交换列车运行计划。

(6)对需要人工排列的进路,与助理调度员执行“二人确认制度”。

2. 助理调度员主要职责

(1)接受列车调度员的领导。

(2)监视列车的运行情况,监控管辖各站列车进路和调车进路的排列情况。

(3)按照列车调度员的指示,通过CTC或中心操作终端人工排列或取消进路,封锁、锁闭或开通、解锁相关行车设备。设定除北京南站、天津站以外的联锁区域的限速。

(4)遇设备故障、施工、检修时,与设备维护人员办理登、销记手续,安排天窗施工及接触网停送电计划。

(5)对调度命令发布,与列车调度员执行“二人确认制度”。

第139条 京津城际铁路由列车调度员直接指挥和办理有关行车工作。非正常情况下转为车站控制模式时,由指派的车站值班员办理车站有关行车工作。

第140条 京津城际铁路仅限于配备了列控车载设备的动车组上线运行,需上线运行的救援列车及施工路用列车应配备LKJ、CIR和机车信号装置。

第141条 两列动车组重联时各升1架受电弓运行,只允许同时升前弓或升后弓。

第142条 300～350 km/h动车组在北京西站至北京南站间采用机车信号模式运行。

第143条 当行车设备发生故障时,列车调度员(助理调度员)必须及时登记,并通知设备维护人员。

第二节 行车闭塞、调度命令

第144条 正向列车按自动追踪运行;反向运行按站间行车。列车反向运行时,应发布调度命令。

第145条 动车组在完全监控模式(包括CTCS-2级部分监控模式)下,列车进入闭塞分区的行车凭证为列控车载设备显示的允许运行信号(允许运行的速度值,以下同)。反向运行时,CTCS-3D列控系统最高允许速度为300 km/h,CTCS-2级列控系统最高允许速度为250 km/h。

第146条 配备CTCS-3D列控车载设备的列车,在完全监控模式下,遇前方信号机(含带灯停车标)显示停车信号,行车许可终止(列控车载设备目标速度为0,以下同),列车停车后再开时,司机在确认前方信号机(带灯停车标)已开放白灯后，启动列车，以完全监控模式运行。

列车在始发站发车时，司机确认出站信号机已开放白灯后，启动列车，按目视行车模式运行至前方应答器组，列控车载设备自动转为完全监控模式。

第147条 车站接、发车进路出现红光带时，列车调度员确认接、发车进路上无列车占用后，排列进路、开放引导信号。配备CTCS-3D列控车载设备的列车通过地面应答器自动进入引导模式（配备CTCS-2级列控车载设备的列车收到HB码自动进入部分监控模式），司机要加强瞭望，并做好随时停车准备。列车凭引导信号进、出站不发调度命令。

第148条 当车站进路、进站、出站信号（含引导信号）因故不能开放时（有行车许可除外），列车须停车，列车调度员应确认前方进路无列车占用，将进路准备妥当并锁闭后（遇进路上道岔失去表示，列车调度员还应通知设备维护人员确认道岔位置正确并进行现场加锁）通知司机。司机以目视行车模式运行，在应答器之前使用越行功能，越过前方第一个信号机运行至次一信号机或带灯停车标，司机要加强瞭望，并做好随时停车准备。

第149条 当区间闭塞分区轨道电路故障出现红光带时，列车须停车，列车调度员确认前方进路上无列车占用后，通知司机以目视行车模式运行，在应答器之前使用越行功能，越过前方第一个信号机或带灯停车标运行至次一信号机或带灯停车标，司机要加强瞭望，并做好随时停车准备。当区间内有两个及以上闭塞分区轨道电路故障出现红光带时，列车调度员按站间区间放行列车。

第150条 遇CTC控制区域与非CTC控制区域间的出站或通过信号机故障时，CTC控制区域的发车凭证为调度命令。发布命令前，列车调度员必须确认发给调度命令的依据及附带条件。

第151条 列车调度员使用CTC终端向司机下达书面调度命令时，司机须及时签认接收。司机对其内容有疑问时，须立即向列车调度员询问。

第152条 向司机发布调度命令，原则上在列车进入关系地点前的停车站开车前交付（下达）。如来不及时，必须关闭关系地点前的信号机，待命令交付完成后，再按规定开放信号。

对接入京津城际铁路的列车，京津城际列车调度员可委托相邻调度台列车调度员提前向司机交付调度命令，受委托调度台应将受令情况向京津城际列车调度员通报，列车调度员在邻站列车预告时必须对受令情况进行确认，发现问题立即采取措施补交。

遇不能收发书面调度命令时，在通信记录装置良好的情况下，由列车调度员使用列车无线调度通信设备向司机下达调度命令，司机复诵无误后执行。

第三节 列车运行

列车运行计划

第 153 条 根据确定的列车开行方案(包括各种相关技术参数),列车运行图编制技术人员使用离线时刻表编辑系统编制生成逻辑时刻表(列车运行图),并对生成的列车运行图进行验证。

第 154 条 京津城际铁路采用分号运行图。列车运行图编制完成后,可将其作为一套备用方案统一保存在系统内。调度人员根据开行计划调用不同的备用方案导入 CTC,CTC 加载并激活,形成实际执行的列车运行图。

接发列车

第 155 条 列车运行中不进行车机联控。当列车以 LKJ 方式经前方车站侧线运行时,列车调度员提前向司机预告前方站的接车股道。

第 156 条 列车开车前司机要选定 CIR 通信模式,确认 CIR 和手持终端的车次号或机车号注册成功。

第 157 条 列车司机在确认出站(进路)信号机(含引导信号)已开放,确认开车时间,车门已关闭,即可起动列车;如须取消发车进路,列车调度员应与司机联系,确认列车尚未起动,再取消发车进路。

第 158 条 列车应按列车运行图规定的股道接发或通过。遇特殊情况需调整时,由列车调度员在列车运行图中进行调整。需人工排列进路时,通过 CTC 或中心操作终端进行操作。

第 159 条 由正线通过改为侧线接车,以及列车在车站停车改通过或通过改停车时,列车调度员应提前向司机预告,司机根据列控车载设备的显示运行。

第 160 条 在车站办理客运业务停车的列车,司机必须按列车运行图规定的停站操纵列车。遇出站信号提前开放时,列车不得通过。

第 161 条 列车临时停车,司机应立即与列车调度员联系,待停车原因消除需继续运行时,根据列车调度员的指示办理。

第 162 条 CTC 控制区域与非 CTC 控制区域间发车时,通过 CTC/TDCS 系统自动进行发车预告。

区间运行

第 163 条 配备 CTCS-3D 列控车载设备的列车,遇列控车载设备不能使用时,停车后司机应立即报告列车调度员。列车调度员确认该列车至前方站无列车占用后,发布调度命令改为隔离模式,按地面信号机(带灯停车标)的显示,以不超过 40 km/h 的速度运行至前方站。

配备 CTCS-2 级列控车载设备的列车，遇列控车载设备不能使用时（机车信号故障除外），司机根据调度命令，停车后转入 LKJ 方式，凭机车信号行车。

列车按 LKJ 方式行车时，应设定为目标距离连续速度控制模式，最高运行速度 165 km/h。

第 164 条 配备 CTCS-3D 列控车载设备的列车在天津站至塘沽站区段运行，列车在出站应答器组触发制动停车后、或在区间列控车载设备重新启动后（含主机倒备机），车载设备不能保留临时限速信息，司机应在停车后立即报告列车调度员核对确认至前方站范围（含前方站的离去区段）内的限速命令，由司机人工控制列车速度越过限速区。

第 165 条 长度不足调谐区长度的机车车辆，不准停在调谐区内。因故障停在调谐区内，司机应立即用短路铜线在调谐区两端进行短路防护，并向列车调度员报告。

第 166 条 列车在区间被迫停车须返回后方站时，列车调度员必须确认列车至后方站间无列车，方可发布调度命令。司机将列控车载设备转入隔离模式，按调度命令控制列车返回。

第 167 条 列车在区间遇停车信号，停车后列车头部越过带灯停车标前的应答器而未越过Ⅰ型调谐区标时，报告列车调度员。列车调度员排列进路后通知司机，司机按目视行车模式继续运行至前方应答器。

第 168 条 列车运行中出现故障时，司机按车载信息监控装置的提示，按步骤及时处理；需要由随车机械师配合处理时，司机通知随车机械师。经处置确认无法正常运行时，司机应按车载信息监控装置的提示和随车机械师的要求，选择维持运行或停车等方式，并及时报告列车调度员。

第 169 条 遇天气恶劣，司机需要确认白灯显示状态但无法确认时，向列车调度员报告，按列车调度员的指示办理。

第 170 条 动车组在环境风风速不大于 15 m/s 时，可以正常速度运行；风速不大于 20 m/s 时，限速 300 km/h；风速不大于 25 m/s 时，限速 200 km/h；风速不大于 30 m/s 时，限速 120 km/h；风速大于 30 m/s 时，严禁动车组进入风区。

限　速

第 171 条 北京南站上行进站（包括反向进站）信号机—天津站下行进站（包括反向进站）信号机之间限速由列车调度员设置和取消。北京南站城际场、天津站城际场限速由普速场车站值班员根据调度命令设置和取消。

第 172 条 限速应在未办理进路并且相应轨道电路没有占用的情况下设置。设置限速可以在 CTC 操作终端和中心操作终端上执行，取消限速操作属于安全相关操作，只能在中心操作终端上执行。

第 173 条 北京南站、天津站站内的限速由调度所集中管理，设置/取消限速由列车调度员向北京南站、天津站下达调度命令，普速场车站值班员接收并回执后凭调度命令在联锁控显分机终端上设置/取消限速。列车调度员在调度中心 CTC 操作终端上监视限速的状态。

第 174 条 北京南站城际场的限速分为四个区域，天津站城际场的限速分为两个区域(图 1)，每个区域设置一个限速按钮，限速值为 45 km/h。

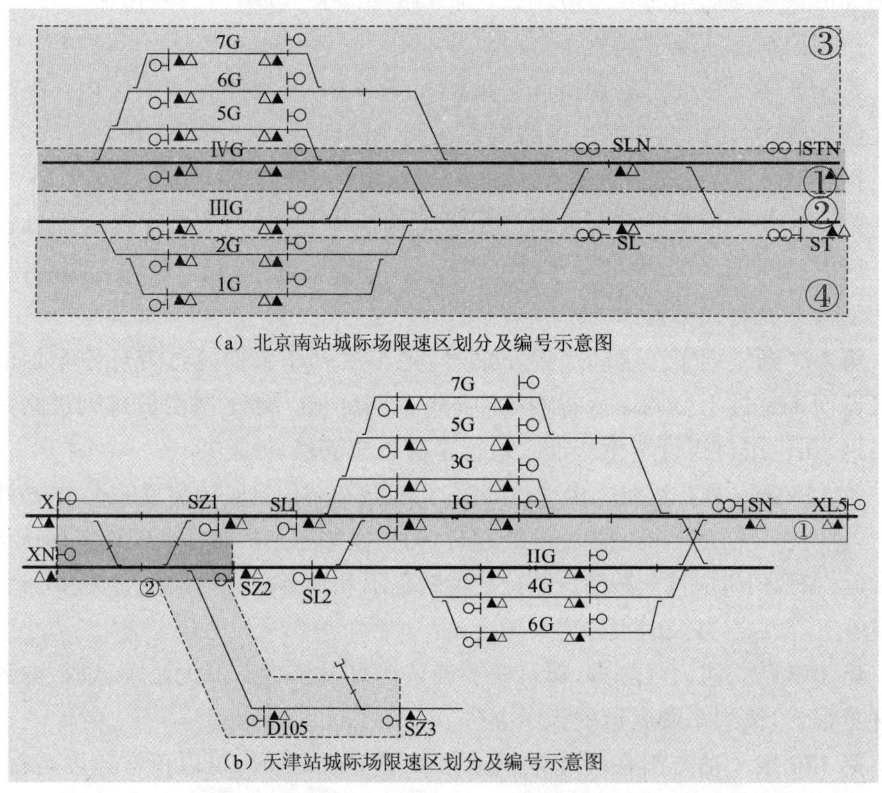

(a) 北京南站城际场限速区划分及编号示意图

(b) 天津站城际场限速区划分及编号示意图

图 1

每个限速区域设置一个限速表示灯。在没有限速时，表示灯显示白灯；当有限速时并设置成功后，显示黄灯；当执行了设置限速操作，但列控中心没有反馈执行成功，表示灯显示黄色闪光。

第 175 条 遇设备故障需设置限速时，设备维修部门必须向列车调度员提出申请，内容包括限速区间(起讫里程)、线名、行别或股道、道岔编号、限制速度等。当改变限速值或恢复正常速度时，应重新申请。

北京南站城际场、天津站城际场的限速,由设备维修部门在车站办理登记。

设置限速或变更限速值时,首先关闭防护该区段的信号,再进行相关操作。提高限速值时,原则上应不影响列车正常运行。限速设置完成,列车调度员应将限速地点和限制速度通知第一趟列车后,方可开放信号。京津城际铁路南仓线路所至武清间上行线出现限速时,应通知由京沪线接入的第一趟列车。

凡低于 45 km/h 的限速,均在设备上按 45 km/h 速度值设置限速,并由列车调度员向有关司机发布实际限速要求的调度命令,司机按调度命令的要求人工控制列车速度。

第 176 条 动车组运行揭示(LKJ 基础数据)管理严格按既有线有关规定执行。

非正常行车组织

第 177 条 遇 CTC 操作终端、中心操作终端不能办理接、发列车作业时,列车调度员应发布调度命令转为车站控制模式,指派胜任人员担任车站值班员、助理值班员工作。

第 178 条 在车站控制模式下,遇车站信号联锁设备故障停用时,改按电话闭塞法行车,列控车载设备转为隔离模式。

第 179 条 在车站控制模式下,车站值班员与司机应认真执行车机联控。

第四节 调 车 工 作

第 180 条 车站的调车工作,由列车调度员统一领导。

在北京南站城际场、天津站城际场进行调车作业时,列控车载设备置于调车模式。调车作业按调车信号显示运行。

动车组在亦庄、永乐(维修工区除外)、武清站进行调车作业时,按列车进路办理,司机将车载设备转入目视行车模式,根据列车调度员的指示和进、出站信号的显示进行调车作业。向有车线使用引导信号进行调车时,列车调度员应向司机说明。

司机如不能确认调车信号显示状态,应报告列车调度员,由列车调度员向司机预告信号开放状态。

第 181 条 动车组调车作业原则上采用自走行方式,司机必须在动车组运行方向的前端操作。

第 182 条 动车组检修基地(动车运用所)设动车组地勤司机,负责动车组在动车组检修基地(动车运用所)内调车、试运行等移动车组作业。

第 183 条 动车组调车作业遇调车信号不能开放时,列车调度员须在调车进路准备妥当的情况下,发布调度命令,司机按隔离模式进行调车作业,调车速度不得超过 20 km/h。

第 184 条 北京南站城际场、天津站城际场与普速场间调车应在进路空闲的情况下进行。由发车场提出申请，经接车场同意后，共同排列调车进路，司机按调车信号的显示调车。

遇特殊情况必须向有车线调车时，接车场应向司机说明。

第 185 条 采用机车调车作业时，动车组检修基地（动车运用所）人员或随车机械师负责过渡车钩、专用风管的连接和分解并打开车门，调车人员负责车钩摘解、软管摘结。

第五节 施工组织和应急救援

第 186 条 列车运行图安排垂直天窗，天窗时间固定，每日不少于 240 min。正常情况下天窗前后不得限速。

第 187 条 每日天窗结束后，开行动车组前，必须开行确认车。确认车的开行纳入列车运行图。

第 188 条 综合维修施工应确定施工主体单位，由施工主体单位指派胜任人员在调度所负责登记、销点和现场作业联系工作。

第 189 条 施工时，各单位应采取措施，保证行车及施工安全，并按规定设置防护。非施工时，严禁各类人员上道。

在天窗内施工作业和处理故障时，要在区间施工地点两端 20 m 处设置移动停车信号牌防护；要在距施工作业地点 800 m 处设现场防护员，手持停车手信号进行防护；两个以上单位作业时，要在距作业地点两端各 800 m 处增设防护员，并在距作业地点两端各 20 m 处增设移动停车信号牌。

当设备发生故障，需在双线区间的一条线上处理设备故障时，列车调度员根据设备维护单位的申请按规定对邻线设置限速 160 km/h（不设置移动减速信号、减速地点标和作业标），司机应加强瞭望。

第 190 条 在指定地点设事故救援列车、电线路修复车、接触网抢修车，配备应急通信设备，并处于整备待发状态，其工具备品应保持齐全整洁，作用良好。

应急救援中心配置相应的应急通信设备，确保事故现场的图像、话音及数据在规定的时限内传送至应急救援指挥中心。

第 191 条 列车在区间被迫停车时，司机应立即向列车调度员报告，随车机械师、客运乘务组均应在列车司机的统一指挥下处理有关事故救援等事宜。需下车进行检查处理或组织旅客疏散时，必须在列车调度员办理邻线列车停运后进行。

第 192 条 动车组被救援时，过渡车钩、专用风管的连接和分解由随车机械师负责，司机配合。具备升弓供电条件的，允许动车组升弓供电。

第 193 条 列车在区间被迫停车不能继续运行时，司机应立即向列车调度员报告。列车调度员应及时发布调度命令。

第 194 条 利用动车组进行救援的办法：

对故障动车组从前部救援时，负责救援的动车组可以按隔离模式进入区间，按调度命令的要求办理。

对故障动车组从尾部救援时，负责救援的动车组可以按完全监控模式进入区间，在行车许可终点停车后，再按调度命令的要求办理。

第四章 信号显示

第一节 地面信号

第 195 条 车站设置进站、出站、进路和调车信号机，其中进站、出站、进路信号机采用红、白二显示，调车信号机采用蓝、白二显示。

第 196 条 北京南站城际场、亦庄站、永乐站、武清站、南仓线路所和天津站城际场，进站、出站、进路及通过信号机均采用矮型三显示机构，中间灯位封闭，最上面为红色灯光，最下面为白色灯光。如图 2 所示。

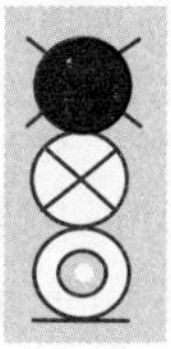

图 2 进站、出站及进路信号机

进站(进路)信号机显示含义：红灯点亮表示禁止列车或调车越过，白灯点亮表示允许列车越过。红、白灯同时点亮表示引导进站。灭灯时，对有列控车载设备的列车，以车载信号行车；对没有列控车载设备或列控车载设备故障的列车，视为红灯。

出站信号机显示含义：红灯点亮表示禁止列车或调车越过，白灯点亮表示允许列车或调车越过。红、白灯同时点亮表示引导出站。灭灯时，对有列控车载设备的列车，以车载信号行车；对没有列控车载设备或列控车载设备故障的列车，视为红灯。

第 197 条 北京南站城际场、永乐站、天津站城际场设置调车信号机，调车显示及功能与《技规》相同。

第 198 条 在北京南站至天津站城际场间区间正线和动车走行线上，每个闭塞分区设置一个如图 3 所示的带灯停车标。带灯停车标防护的进路建立后，即点亮白灯。

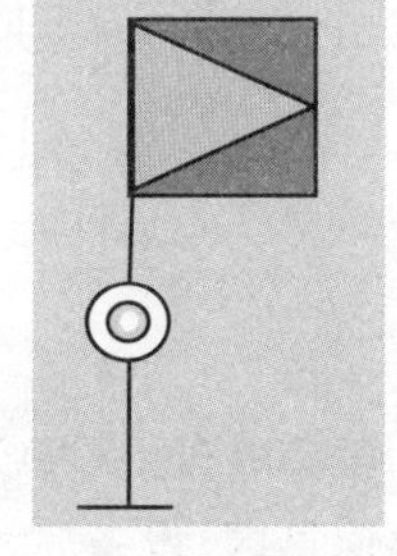

图 3 带灯停车标

带灯停车标对于配备 CTCS-2 级列控车载设备的列

车仅起停车位置作用。

在带灯停车标前方 5 m 处设置应答器组，在带灯停车标后方 104 m 处设置Ⅰ型调谐区标。具体设置如图 4 所示。

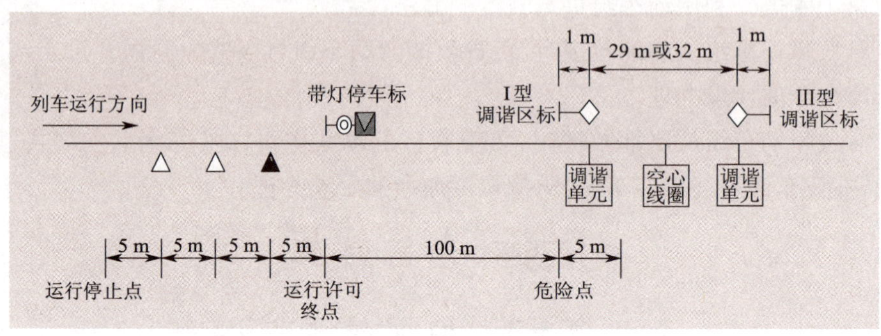

图 4

第 199 条 在每个轨道电路的电气绝缘分割处存在调谐区，路基地段 29 m，桥梁地段 32 m，调谐区两端外方 1 m 处各设置一个《技规》规定的调谐区标，闭塞分区边界处的轨道电路调谐区正向设置Ⅰ型调谐区标，反向设置Ⅲ型调谐区标。闭塞分区内轨道电路长度超过 1 200 m 的用电气绝缘进行分割，分割点调谐区正、反方向均设置Ⅲ型调谐区标。调谐区标设于线路外侧，采用如图 5 所示的标志。

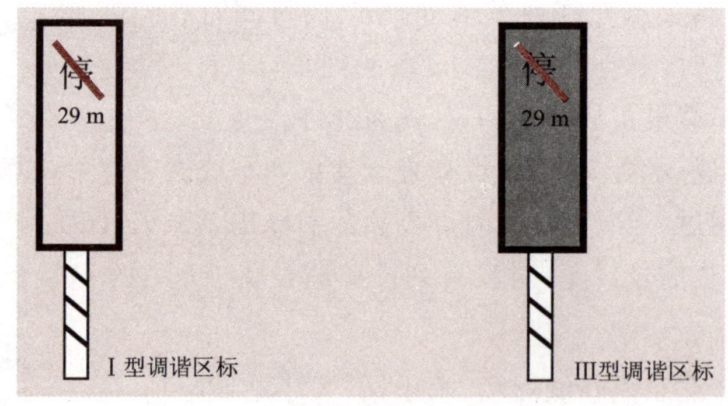

图 5

第二节 车载信号

第 200 条 CTCS-3D 列控车载设备人机界面(DMI)中，主要有速度信息区、距离信息区、设备状态区、功能键区、警示信息区和报警信息显示区等。具体表示方式见图 6。

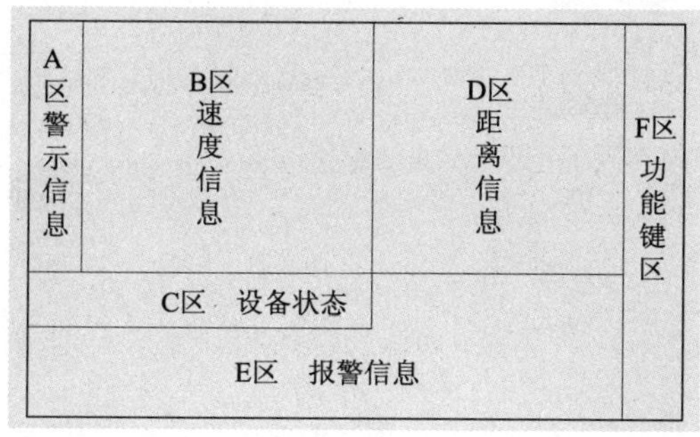

图 6

第 201 条 速度信号在速度表盘上以不同颜色的光带显示。速度信号显示包括列车当前速度、允许速度(列控车载设备允许列车在该时刻达到的安全运行速度)和目标速度(在该时刻列控车载设备提示列车在到达目标点的允许速度)。具体表示方式见图 7。

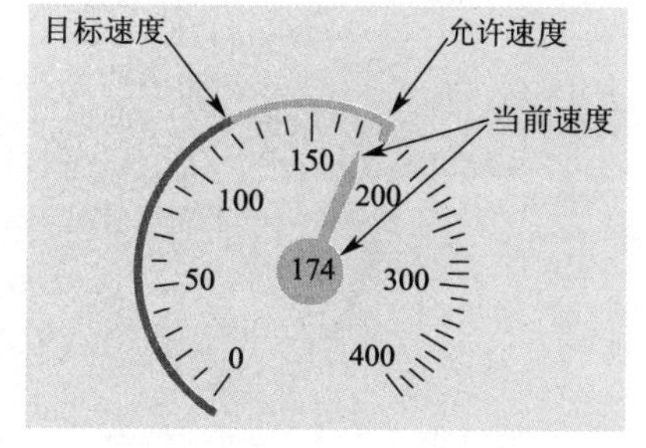

图 7

第 202 条 列车当前速度采用双重显示。一种是采用速度表表示方法,速度表的指针指向刻度盘的当前速度;另一种是数字表示方法,在速度表的中间区,以数字形式表示出当前速度值。

第 203 条 列车目标距离使用柱状光带表示法和数字表示法同时显示在警示信息区。柱状光带位于该区域的下部,光带正上方为数字表示区。柱状光带最大的显示范围是 1 000 m。当目标距离大于1 000 m 时,柱状光带的高度保持不变,只用数字标出最远距离为 8 000 m 的实际目标距离。具体表示方式见图 8。

1 120

图 8

第 204 条 距离信息区提供最远 16 000 m 范围内的线路最大允许运行速度、列车与前方第一个起模点(顶棚速度监视区和目标速度监视区的交界点)的距离以及从起模点到下一个最限制速度曲线起点的整个降速过程。

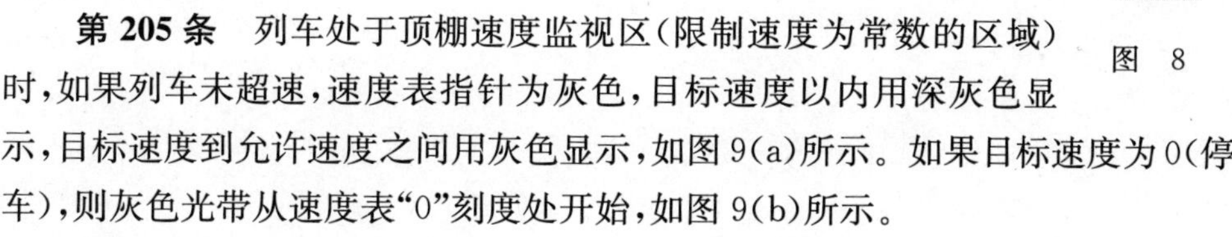

第 205 条 列车处于顶棚速度监视区(限制速度为常数的区域)时,如果列车未超速,速度表指针为灰色,目标速度以内用深灰色显示,目标速度到允许速度之间用灰色显示,如图 9(a)所示。如果目标速度为 0(停车),则灰色光带从速度表“0”刻度处开始,如图 9(b)所示。

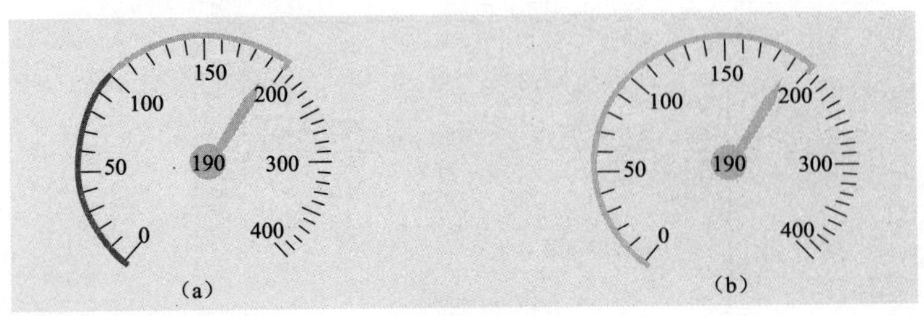

图 9

第 206 条 列车处于目标速度监视区(限制速度下降到另一个较低的限制速度值或目标点的区域)时,如果列车未超速,速度表指针为黄色,目标速度到允许速度之间用黄色显示,如图 10(a)所示。如果目标速度为 0,则黄色光带从速度表“0”刻度处开始,如图 10(b)所示。

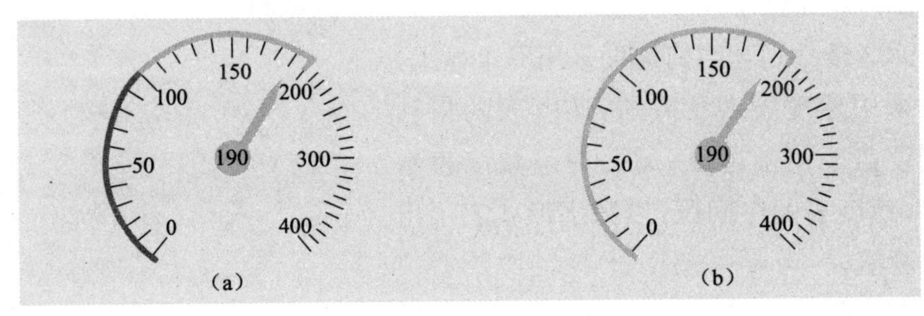

图 10

第五章 附 则

第 207 条 本办法由铁道部负责解释。

第 208 条 北京铁路局要根据本办法制定相应的实施细则,并报铁道部备案。

京津城际铁路施工管理办法(暂行)

京铁师〔2008〕158号

第一章　总　　则

第1条　为确保京津城际铁路开通运营后的行车和施工安全,加强京津城际铁路施工管理,在北京铁路局营业线施工及安全管理实施细则的基础上,制定本办法。

第2条　本办法适用于京津城际铁路北京南站京津城际场、动车段走行线、高速场,天津站京津城际场,北京南—天津间的施工。

天津—塘沽间,北京南、天津站其他车场,京津城际铁路联络线的施工按北京局铁路营业线施工及安全管理实施细则执行。

第二章　京津城际铁路施工范围

第3条　京津城际铁路施工系指所有影响京津城际铁路设备稳定、设备使用和行车安全的各种施工。主要项目如下:

1. 施工项目

(1)线路及站场设备技术改造施工。

(2)跨越、穿越线路、站场,架设、铺设桥梁、人行过道、管道、渡槽和电力线路、通信线路、油气管线等设施的施工。其中:穿越线路、站场以及架设油气管路的施工须经铁道部专业部门审查批准。

(3)在线路安全保护区内架设、铺设管道、渡槽和电力线路、通信线路、油气管线等设施的施工。

(4)在规定的安全区域内实施爆破作业,在线路隐蔽工程(含通信、信号电缆径路)上作业,影响路基稳定的各种施工。

(5)在信号、联锁、闭塞、CTC、列控等行车设备上的大中修施工作业。

(6)线路大中修,路基、桥隧大修及大型养路机械施工作业,接触网大修作业。

2. 维修项目:见附件1。施工开始前不需限速,结束后需达到正常放行列车条件。

第4条　京津城际铁路路基坡角10 m范围内(包括高空侵入限界)的不影响设备稳定、使用和行车安全的施工,须经设备管理单位、设备主管部门和项目管理部门审批后,方可施工。

第5条 京津城际铁路路基坡角以外、桥梁桥面以下、涵渠(框构)顶面以下不影响行车安全和基础稳定的检查、修理,可在天窗外作业。

第三章 施工等级的划分

第6条 施工等级分为三级

1. Ⅰ级施工:施工时间超过4 h的施工。

2. Ⅱ级施工:施工时间在4 h以内的大型站场改造、新线引入、信联闭改造、电气化改造施工,换梁、上跨铁路结构物施工。

3. Ⅲ级施工:上述以外的其他各类施工。

特殊情况下,施工等级由路局确定。施工等级在施工计划或电报中注明。

第四章 天窗管理

第7条 京津城际铁路严格执行"施工不行车、行车不施工"的施工组织原则,所有影响京津城际铁路设备稳定、设备使用和行车安全的各种施工必须纳入天窗。

第8条 京津城际铁路实行专业施工(检修)天窗制度,按照"两分开、三固定"的方式组织施工,即:专业分开、日期分开,固定时间、固定日期、固定专业。

1. 专业分开:按照工务、电务、供电三个专业,各专业施工(检修)作业分开管理。

2. 日期分开:按照工务、电务、供电三个专业,各专业施工(检修)作业日期分开管理。

3. 固定时间:列车运行图安排垂直天窗,天窗时间固定,每日不少于240 min。

4. 固定日期、固定专业:每旬逢0、1、4、7日为工务专业天窗,2、5、8日为电务专业天窗,3、6、9日为供电专业天窗。天窗日原则上只安排本专业施工项目。天窗内确需安排各专业综合施工项目时,在月度施工计划中公布。

第9条 每日天窗结束后,开行动车组前,必须开行确认车,确认车的开行纳入列车运行图。

第10条 京津城际铁路所有上线巡视、检查应在天窗内进行。

第五章 施工计划的编制与审批

第11条 京津城际铁路施工(检修)计划全部由路局审批,纳入局月度施工计划或施工电报。

第12条 施工计划提报前,施工单位应与各有关设备管理和配合单位签定施工安全协议，并报路局主管业务处备案，按照营业线施工管理要求办理有关施工手续。

第 13 条 月度施工计划的提报、编制、下达

1. 每月 5 日(遇双休日顺延下周一)，施工单位会同有关配合单位、北京站、天津共同制定次月施工计划，并由施工单位、配合单位和车站负责人签字并加盖公章。其中：

(1)武清站 X、XN 信号机—天津间的施工计划由天津站负责；其他区段施工计划由北京站负责。

(2)影响本施工管理办法规定范围以外设备的施工计划须单独注明。

(3)涉及运行揭示命令的施工(限速、影响信联闭使用以及 LKJ 基础数据变化等)须提前 10 天确定施工日期。

2. 每月 7 日前，施工单位将施工计划提交主管业务处审核，主管业务处审查，主管处长签字并加盖公章后，每月 10 日前向运输处提报。

3. 每月中旬运输处组织召开施工协调会，汇总形成次月施工计划，并于每月 25 日前以局文下达给各有关单位、部门。

第 14 条 施工计划的调整与变更

施工计划下达后，各单位应对施工内容进行逐一核对，凡经批准的施工，各单位、各部门不得擅自更改。

纳入计划的施工，原则上不准停止。因专特运、事故、自然灾害等原因停止施工时，须经主管运输副局长(总调度长)批准，并于施工前一日 14:00 前以调度命令通知有关单位。

第六章 施工组织与实施

第 15 条 施工计划或施工电报批准的施工，应按照《施工日计划、运行揭示、调度命令、施工调度命令管理实施细则》(京铁师〔2008〕215 号)规定的程序提报施工日计划。

第 16 条 施工登记

1. 京津城际铁路施工(检修)登记统一在调度所京津城际台办理，接触网停送电登记在京津城际供电调度台办理。

2. 施工登记、要、消点工作由各单位施工联络员及各主管业务处专人负责，并由各主管业务处负责把关、协调施工期间有关问题。工务专业由各工务段，电务专业由电务 CTC 维修中心，供电专业由供电设备维管单位指派驻调度所施工联络员。

施工登记须在施工前 2 h，在调度所“京津城际铁路行车设备施工登记簿”

(附件2)上,按规定内容登记。

第17条　施工要点

1. 京津城际台列车调度员在施工前,须将施工登记与施工日计划进行核对,确认无误并具备施工条件后,方可向施工联络员发布施工调度命令。施工联络员在得到施工调度命令后,方可通知现场进行不需接触网停电配合的施工。

2. 京津城际供电调度在接触网停电前,须对停电作业登记与日计划进行核对,确认无误后,向京津城际列车调度员提供停电范围,与京津城际列车调度员办理停送电签认手续。

列车调度员确认停电范围内无电力机车、电力动车组运行,具备停电条件后方可向供电调度员签字同意停电。

接触网停电后,停电区域将在CTC系统中显示,列车调度员停止向该处放行电力机车、电力动车组。

京津城际供电调度员在确认停电完毕后,书面通知供电设备维管单位施工联络员,并签认。

3. 配合停电的施工,供电设备维管单位施工联络员在得到现场安全防护措施完成后,书面通知施工单位联络员,并签认。施工单位联络员必须同时得到京津城际列车调度员的施工命令和供电设备维管单位施工联络员的书面通知后,方可通知现场开始施工。

第18条　施工消点

1. 施工及配合单位施工联络员得到施工完成的报告后,分别在调度所"京津城际铁路行车设备施工登记簿"(附件2)登记,注明开通时间。

2. 接触网停电配合的施工,施工单位联络员在施工结束后,应及时通知供电设备维管单位联络员,并书面签认,供电设备维管单位联络员通知现场配合人员,在得到施工现场具备送电条件后,向京津城际供电调度员消点,并书面签认。

3. 京津城际供电调度员在送电操作完毕后,与京津城际列车调度员办理签认手续。

4. 列车调度员逐个确认施工及配合单位全部消点,并与京津城际供电调度员办理签认手续后,方可恢复营运、放行列车。

第19条　施工现场组织与盯控

1. 现场所有施工人员必须听从施工负责人的统一指挥。驻调度所施工联络员应与现场施工负责人确保通讯畅通,及时通报施工情况。

2. 各单位应切实加强施工作业前、中、后的联系,加强施工现场的监控;施工结束后,所有人员必须下道,机具不得侵线,确保行车及人身安全。

3. 现场盯控

(1)Ⅱ级以上施工由路局按照《北京局铁路营业线施工及安全管理实施细则》(京铁师〔2008〕155 号)安排施工现场盯控;

(2)Ⅲ级施工由路局各业务处负责安排施工现场盯控;

(3)京津城际路基坡角 10 m 范围内(包括高空侵入限界)的不影响设备稳定、使用和行车的施工,由设备管理单位安排施工现场盯控。

第 20 条 京津城际铁路是我国第一条时速 300 km/h 以上的高速铁路,鉴于目前尚无管理经验,各站段在执行过程中,要注意收集问题,积累经验,随时上报,以便进一步修改、完善。

附件 1

京津城际铁路维修施工项目

工务:

1. 路基、桥梁(桥面以上)及轨道检查作业。

2. 轨道、道岔精调作业(指调整扣件及轨下垫板作业)。

3. 打磨钢轨、更换接头夹板。

4. 160 km/h 及以下地段更换钢轨(长度小于 100 m)。

5. 160 km/h 及以下地段单根更换轨枕。

6. 施工后能正常速度放行列车的作业。

电务:

1. 检修道岔转辙机、安装装置及部件更换。

2. 信号机集中检修,调整显示。

3. 轨道电路集中检修(电气特性测试、调整)。

4. 信号机械室、集装箱内各种电源检查测试。电源屏检修,倒路、倒屏试验、整治配线、器材和部件更换、相序检查及电源测试。UPS 蓄电池组放电试验。

5. 信号联锁试验。

6. 本地操作员工作站(含计算机联锁终端设备)、按钮推拉及开关和转换试验、检修。

7. 集装箱各种设备报警试验,电缆全程对地摇测,更换器材。

8. 电缆盒整修:电缆特性测试,电缆线及端子检查。

9. 防雷元件更换。

10. CTC/TDCS 设备检查、检修安装调试。

11. 影响道口及车站设备正常运用的检修及试验。

12. 检修车站列控中心设备（含 LEU）、应答器设备及尾缆、修改车站列控中心及应答器报文数据。

13. 在天窗内可以完成的其他作业项目。

供电：

1. 接触网上网电缆的检修。

2. 接触网隔离开关的检修。

3. 接触网分段、分相绝缘器及避雷器的检修。

4. 接触网的绝缘清扫。

5. 接触网支持、定位装置及支柱等的检修。

6. 接触网悬挂及附加悬挂的检修。

7. 接触网各种标志的检修。

8. 天窗内可完成的其他供电设备施工项目。

附件 2

京津城际铁路行车设备施工登记簿（样式）

请求施工登记								承认施工登记								施工消点签认						备注
本月施工编号	月日	施工项目	施工地点	施工影响使用范围	施工起止时间	施工单位及联络员签认	设备（配合）单位及联络员签认	施工命令号码	施工起止时间	列车调度员签认	停电命令号码	停电起止时间	供电调度员签认	施工单位及联络员签认	设备（配合）单位及联络员签认	施工单位消点时间（签认）	设备（配合）单位消点时间（签认）	开通时间	送电时间	供电调度员签认	列车调度员签认	

京津城际铁路无砟轨道线桥设备维修规则(试行)

京铁工〔2008〕238 号

第一篇 总 则

第一章 基本规定

第 1.0.1 条 线桥设备维修工作的基本任务是保持设备状态均衡完好,保证列车以规定的速度,安全、平稳和不间断地运行,并尽量延长设备使用寿命。

第 1.0.2 条 线桥设备维修应贯彻"预防为主,防治结合,检修并重"的原则,按线桥设备技术状态的变化规律和程度,安排线桥设备维修,有效地预防和整治病害。

第 1.0.3 条 线桥设备维修应积极采用新技术、新设备、新材料、新工艺,提高检测维修质量和劳动生产率。

第 1.0.4 条 线桥设备维修实行检养修分开的管理体制。

第 1.0.5 条 应运用信息技术,建立线桥设备维修管理信息系统,逐步实现维修管理信息化、智能化。

第 1.0.6 条 本规则适用于 1 435 mm 标准轨距、线路允许速度350 km/h及以下的京津城际铁路无砟轨道区段。本规则为试行规则,未涉及的内容按相关规定执行。

第二章 维修管理

第 2.0.1 条 工务段设立京津工务维修组,负责京津城际铁路工务设备的维修工作。

第 2.0.2 条 工务维修组下设技术室、线路维修队、桥梁维修队。

第 2.0.3 条 技术室负责技术管理、设备检查、动静态检查数据分析处理等工作,并制定修理计划。

第 2.0.4 条 线路维修队负责线路、路基的日常维护、临时补修和故障处理,桥梁维修队负责桥梁的日常维修工作。

第 2.0.5 条 钢轨(道岔)大机打磨等周期性工作和重点病害整治等工作委托有资质的专业公司负责。

第 2.0.6 条 应采用精密三维控制网,监测线桥设备的变化,指导线桥设备维修。沉降观测、线路和精测网复测工作委托有资质的专业公司负责,测量结果应及时提供给工务部门。

第 2.0.7 条 线桥设备维修实行天窗修制度,天窗不少于 240 分钟,每日安排,并应设置为垂直天窗。

第二篇 安 全

第三章 安全管理

第一节 施工(作业)组织与管理

第 3.1.1 条 施工(作业)必须把确保行车安全放在首位,坚持"安全第一,预防为主"的方针,工务段必须严格执行《中华人民共和国安全生产法》、《铁路运输安全保护条例》、《京津城际铁路技术管理暂行办法》等有关规定。各项影响设备稳定、使用、行车安全和人身安全的施工(作业)、设备巡检和故障处理均应在"天窗"或封锁时间内进行。

第 3.1.2 条 工务段应对施工(作业)加强组织领导,负责审定施工(作业)计划、方案和安全措施,协调并解决施工(作业)、运输、安全等问题,检查施工(作业)前的准备工作,检查各项安全措施的落实,掌握施工(作业)进度,解决施工(作业)中临时发生的问题。

第 3.1.3 条 多个单位综合利用天窗在同一区间施工(作业)时,应指定施工(作业)主体单位,要明确主体单位现场负责人。主体单位现场负责人负责施工(作业)现场的作业组织,协调各单位施工(作业),并对施工(作业)现场的安全负责。各单位必须服从现场负责人指挥,按时完成施工(作业)任务,确保达到规定的列车放行条件。

多个单位作业车进入同一个区间移动作业时,由现场负责人统一划分各单位作业车作业范围及分界点,作业单位必须按规定分别进行防护。

第 3.1.4 条 工务段要按照规定的程序上报施工(作业)计划,经审批后,按计划组织施工(作业)。施工(作业)单位在行车调度台或车站行车室设驻站联络员,于施工(作业)前,由现场负责人(或驻站联络员)在行车调度台或车站《行车设备施工登记簿》(运统 46)内登记;施工(作业)地点设现场防护员;施工(作业)单位应在实际施工(作业)调度命令的起止时间内完成施工(作业)任务,施工(作业)完成后,达到放行列车条件,由现场负责人(或驻站联络员)办理开通登记(施工消记)。

第 3.1.5 条 影响行车安全的施工(作业),放行列车运行速度按设计文件执行,轨道静态几何尺寸偏差不得超过相应列车放行速度的计划维修容许偏差管理值。

第 3.1.6 条 每日天窗结束后,开行动车组前,必须开行确认车。

第 3.1.7 条 利用封锁时间进行故障处理时,邻线通过列车速度不得大于 160 km/h。

第二节 施工(作业)防护条件及办法

第 3.2.1 条 施工(作业)、设备检查和故障处理均应办理封锁施工手续,现场设置停车信号防护。

第 3.2.2 条 利用天窗施工(作业)时,在行车调度台或车站设驻站联络员,并在行车调度台或车站登记;现场设防护员,并使用连接导线,使车载信号机显示停车信号。

第 3.2.3 条 在天窗内施工作业或封锁线路处理故障时,要在区间施工(或故障)地点两端 20 m 处设置移动停车信号牌防护;要在距施工作业(或故障)地点 800 m 处设现场防护员,手持停车手信号进行防护;两个以上单位作业时,要在距作业地点两端各 800 m 处增设防护员,并在距作业地点两端各 20 m 处增设移动停车信号牌。

当设备发生故障,需在双线区间的一条线上处理设备故障时,列车调度员根据设备维护单位的申请按规定对邻线设置限速 160 km/h(不设置移动减速信号、减速地点标和作业标)。

利用天窗施工作业时,防护办法如下:

一、双线区间一条线路施工(作业)或处理故障时,如图 1 所示。

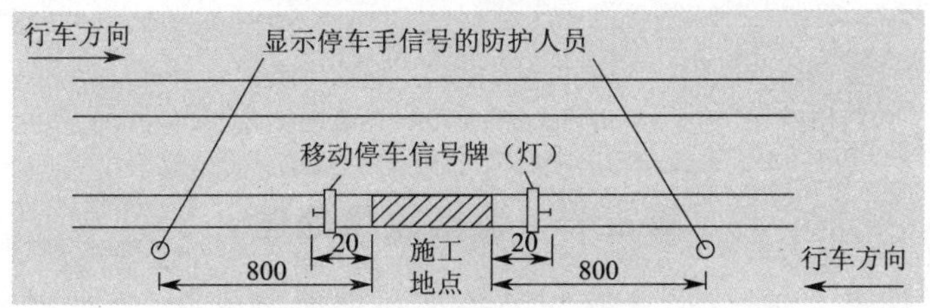

图 1 (长度单位:m)

二、双线区间两条线路同时施工(作业)时,如图 2 所示。

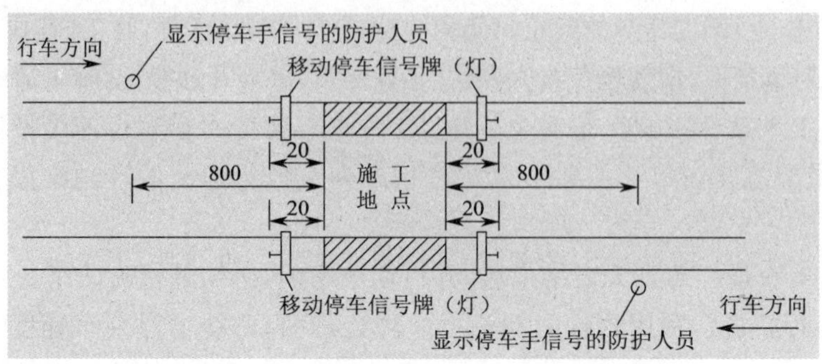

图 2 （长度单位：m）

三、在站内道岔上施工(作业)时，如图 3 所示。

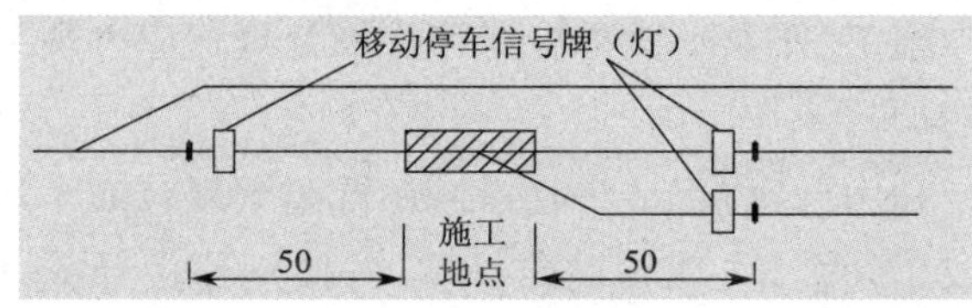

图 3 （长度单位：m）

第 3.2.4 条 利用天窗进行设备检查时，在行车调度台或车站设驻站联络员并在车站登记，现场设防护员。

第 3.2.5 条 设备故障处理后，限速防护办法如图 4 所示。

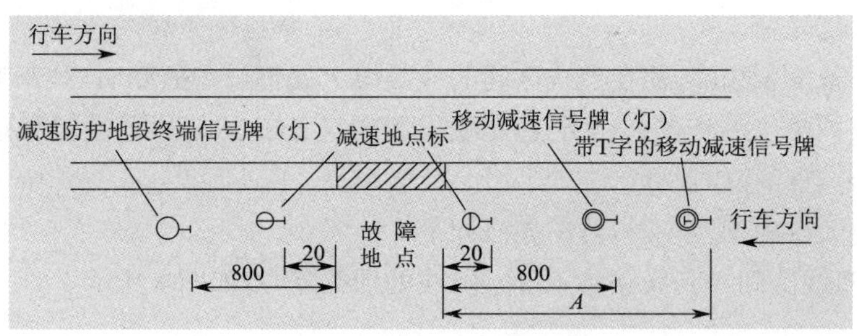

图 4 （长度单位：m）

注：图中“A”为 1 400 m 或大于 1 400 m 的通道口附近。

第三节 设备故障处理

第 3.3.1 条 建立、完善必要的设备故障监测系统，实现设备故障实时监测。

第 3.3.2 条 工务段要制定“设备故障应急预案”，发生设备故障后，工务段立即启动设备故障应急预案，派驻站人员驻站登记，待本线封锁、邻线慢行实施后，方可组织上道检查，确定故障原因，按有关规定组织处理，并将处理情况逐级上报。

故障处理后的放行列车条件由工务段现场负责人决定。

一、钢轨重伤和折断的处理

工务段应制定“钢轨重伤、折断应急处理预案”，处理要求、方法和放行列车条件见第 5.2.2 条和第 6.4.7 条。

二、车载Ⅳ级偏差的处理

发生车载Ⅳ级偏差，应立即封锁线路，检查整修，整修后，视现场情况确定放行列车速度。

三、胶接绝缘拉开或失效的处理

处理要求、方法和放行列车条件见第 6.4.8 条。

四、桥梁限高防护架被撞的处理

发现限高防护架被撞损坏，原则上当天损坏当天修复；如当天不能修复，必须 24 小时派人看守，待修复后方可撤销看守。

五、桥梁墩台沉降或路基沉降、溜坍的处理

发现桥梁墩台沉降或路基沉降、溜坍致使轨道发生变形，应及时通知车站限速或封闭区间，放行列车速度按有关标准确定。工务段要立即组织有关专家，赶赴现场，分析原因，确定整治方案及行车条件。

第四节　自轮运转特种设备

第 3.4.1 条　自轮运转特种设备除必须遵守《技规》有关规定外，还应遵守铁道部《自轮运转特种设备作业、运行管理办法》的规定，并按要求提报运行、作业计划，取得调度命令许可后，方可上线运行、作业。

第 3.4.2 条　自轮运转特种设备的三项设备（机车信号、列车无线调度电话、运行监控记录装置）必须齐全、完好。每次运行前，必须指定专人进行检查，确认完好。

第五节　材料装卸和堆放

第 3.5.1 条　天窗（或封锁时间）以外，内层防护栅栏（或桥面）以内不准放置任何机具（各种小车）、材料等物品。

第 3.5.2 条　施工车辆装载材料、工具应稳固，不偏载、不超载、不超限。施工车辆移动时不得装卸材料、机具。

第 3.5.3 条 备用轨料应存放在指定地点，易搬动的零散材料、工机具、轻型车辆应入库保管。对沿线堆放的施工用料（内层防护栅栏以外）应派人看守。

第六节 自然灾害预防

第 3.6.1 条 建立洪灾、雪灾监测预警系统，对雨量、积雪深度进行实时监测，将收集的数据通过网络传输到防灾监视系统中心，向调度指挥部门、工务段等提供监测信息。一旦发生灾害，及时发出停车报警，封锁线路。

第 3.6.2 条 对铁路沿线周边易燃、易爆物品，桥梁上下游采砂、围垦造田，抽取地下水，拦河筑坝、架设浮桥等环境变化进行检查，一旦发现情况，及时采取措施。

第 3.6.3 条 工务段要制定防洪、雪灾应急预案，加强员工的培训和演练，使员工熟练掌握应急处理程序，提高安全防范意识。

第 3.6.4 条 制定除雪预案，备齐除雪料具。遇降雪时，各单位应立即启动除雪预案，按责任区段迅速出动，并按规定设好防护，全力进行除雪，除雪时作业人员不准穿硬滑鞋，防止发生问题。

第 3.6.5 条 制定汛期设备检查专项措施，对检查发现防洪中存在的问题，及时尽早解决。对一时不能排除的危险处所，确定为重点处所，汛期采取看守、巡守、监视或限速等措施，并在每处危险处所设立警示标志。

第 3.6.6 条 制定防寒、防暑、消防安全措施，配齐防护备品、材料、工具，并按规定定期进行检查。

第七节 人身安全

第 3.7.1 条 天窗（或封锁时间）以外，任何人员禁止进入内层防护栅栏或桥面。

第 3.7.2 条 施工（作业）人员上道前，负责人应清点作业人员、作业机具及材料数量，并登记签认；作业结束后，负责人必须核对作业人员、作业机具及材料数量，确认无误签认后方可撤离。

第 3.7.3 条 遇有大雾、暴风雨（雪）、扬沙等恶劣天气，应停止日常线上作业和上道检查。如遇故障必需作业时，要采取特殊安全措施，并封锁邻线，确保作业人员人身安全。

第 3.7.4 条 处理故障邻线速度 $v_{max} \leqslant 160$ km/h 时，本线可不下道，但必须停止作业，且两线间不得停留人员和放置机具、材料，两线间必须设置临时防护栅栏。

第 3.7.5 条 装载机具、材料的施工(作业)平车不准搭载人员,施工(作业)人员必须站稳扶牢,车未停稳随车人员不得上下。

第 3.7.6 条 桥、涵、路基施工(作业)必须满足高空作业安全要求。冬季冰上施工(作业)必须制定相应的安全措施。

第 3.7.7 条 各种车辆、机具设备不得超过机车车辆限界,施工(作业)人员和工机具与接触网必须保持 2 m 以上距离,否则必须按规定办理接触网停电手续。

第 3.7.8 条 使用任何机具必须按规定穿戴劳动保护用品,带电机具按规定安装漏电保护装置。

第 3.7.9 条 夜间天窗施工应配有足够的照明设备。

第 3.7.10 条 大型或特殊施工应制定专项人身安全措施。

第八节　安全管理制度

第 3.8.1 条 工务段建立健全安全管理制度,落实逐级负责制和事故责任追究制度。按时召开安全会议,总结、分析重点问题,制定整改措施。

第 3.8.2 条 工务段应经常对员工进行安全教育,组织学习安全规章及有关操作技术。员工在任职、提职、改职前必须经教育培训、考试合格,并持证上岗。

第 3.8.3 条 从事轨道车驾驶、大型养路机械驾驶和操作、钢轨探伤、钢轨焊接工作和特种设备操作人员,必须经专业培训、考试合格,取得相应资格,方可上岗。

第 3.8.4 条 强化日常维修作业的计划管理,线路维修队、工务维修组每日应及时按规定将作业计划情况逐级上报。

第 3.8.5 条 线路维修队、工务维修组落实安全管理制度;细化各项安全措施;记录各项安全活动过程,包括:安全分析记录、专项安全活动记录以及通话记录等。

第三篇　线　　路

第四章　工作分类及工作内容

第一节　工 作 分 类

第 4.1.1 条 设备维修分为计划维修和临时补修。

一、计划维修

指根据线路变化规律和变化情况，以全面进行钢轨打磨、调整轨道几何尺寸和更换、整修伤损部件为重点，有计划地对线路进行修理，以恢复线路完好技术状态。钢轨打磨以打磨车为主要作业手段。

二、临时补修

指以垫板和改道为主要作业手段，及时对线路几何尺寸超过临时补修容许偏差管理值及其他不良处所进行的临时性修理，以保证行车安全和平稳。

第二节　工 作 内 容

第 4.2.1 条　计划维修基本内容

一、采用打磨车对钢轨、道岔进行预防性或修理性打磨。

二、调整线路、道岔各部尺寸。

三、打磨焊缝，矫直钢轨硬弯，更换伤损钢轨。

四、锁定线路、道岔。

五、整修、更换轨道部件，并有计划地对联结零件涂油。

六、根据位移和锁定轨温情况，有计划地对无缝线路进行应力调整或放散。

七、疏通排水设备。

八、修理、补充和刷新线路标志。

九、其他预防和整治病害工作。

第 4.2.2 条　临时补修主要内容

一、整修轨道几何尺寸超过临时补修容许偏差管理值的处所。

二、更换(或处理)折断、重伤钢轨。

三、更换失效的轨道板螺纹道钉、岔枕(道岔板)螺栓、可动心轨凸缘与接头铁连接螺栓、可动心轨咽喉和叉后间隔铁螺栓等。

四、其他需要临时补修的工作。

第三节　工 作 计 划

第 4.3.1 条　工务段、工务机械段应根据上级下达的年度计划编制年度分月维修计划；工务维修组根据工务段下达的年度分月维修计划和设备状态，编制旬检查和维修计划。

第 4.3.2 条　应根据线路设备条件和状态，结合季节特点，合理安排维修计划。

第五章　技术标准和维修要求

第一节　轨 下 基 础

第 5.1.1 条　轨下基础分为 CRTSⅡ型板式无砟轨道（区间）、双块式无砟轨道（区间与道岔过渡区）、长枕埋入式无砟轨道（道岔区）和道岔板式无砟轨道（道岔区）等类型。

第 5.1.2 条　CRTSⅡ型板式无砟轨道由预制轨道板、沥青水泥砂浆层、混凝土支撑层（路基区段）、底座板（桥梁）、滑动层（桥梁）、侧向挡块（桥梁）、硬质泡沫塑料板（桥梁）等部分组成。

第 5.1.3 条　双块式无砟轨道由双块式轨枕、道床板、混凝土支撑层等部分组成。

第 5.1.4 条　长枕埋入式无砟轨道由轨枕、道床板、混凝土支撑层等部分组成。

第 5.1.5 条　道岔板式无砟轨道由预制轨道板、底座板和混凝土找平层等部分组成。

第 5.1.6 条　维修作业时严禁撞击轨下基础，保持轨下基础的完好。对所有伤损及整修应做好记录，观察变化情况，分析伤损产生的原因，预测伤损发展趋势。

第 5.1.7 条　无砟轨道各部分应保持完好，伤损或失效时应及时修理或更换。

第 5.1.8 条　当无砟轨道部件出现下列伤损时应及时修复。

一、预制轨道板、双块式轨枕、长枕和道床板

1. 裂缝

预设裂缝区或连接缝区裂缝宽大于 0.5 mm，其他处裂缝宽度大于 0.2 mm 时，宜采用环氧树脂浸润、压注等方法全面封闭。

2. 掉块

(1)挡肩掉块

挡肩外表面掉块，深度大于 5 mm，面积达到 50 cm^2 及以上，且挡肩侧向支撑面未伤损时，宜采用环氧树脂砂浆进行修复。

挡肩侧向支撑面伤损，掉块面积不超过有效支撑面的 50%时，宜采用环氧树脂砂浆进行修复。

挡肩侧向支撑面伤损，掉块面积超过有效支撑面的 50%时，应安装代用承轨台修复。

(2)承轨台掉块

应采用环氧树脂砂浆修复或安装代用承轨台修复。

(3)轨道板表面边缘等部位掉块

应采用环氧树脂砂浆修复。

3. 预埋塑料套管失效

套管损坏、滑动或无法固定螺栓,应更换套管。

二、沥青水泥砂浆层

1. 裂缝:出现下列情况之一时,宜采用环氧树脂压注、轨道板上植入剪力筋等方法进行修复,全面封闭裂缝。

(1)裂缝宽大于 0.5 mm,深大于 100 mm。

(2)竖向有贯穿整个砂浆层的裂缝。

(3)在轨道板和砂浆层之间以及底座板和砂浆层之间,横向有贯穿整个轨道板长度的裂缝。

2. 掉块:出现下列情况之一时,宜采用沥青水泥砂浆等材料对脱落部分进行补浆修复。

(1)砂浆沿整个轨道板侧向脱落,深度大于 30 mm。

(2)砂浆脱落深度大于 100 mm。

三、底座板、混凝土支撑层、混凝土找平层及侧向挡块

1. 裂缝

裂缝宽度大于 0.2 mm 时,宜采用环氧树脂浸润、压注等方法全面封闭。

2. 掉块

混凝土掉块深度大于 25 mm,面积大于 50 cm^2 时,宜采用环氧树脂砂浆修复。

3. 侧向挡块内的弹性垫层损坏时,应清除侧向挡块后全面更换、修复。

四、硬质泡沫塑料板

硬质泡沫塑料板损坏时应更换,并采用压注环氧树脂或水泥浆填充缝隙。

第 5.1.9 条 无砟轨道失效——当由于外力等原因造成无砟轨道预制轨道板或其他部件碎裂等严重伤损,不能保持轨道状态良好时,应及时更换或处理。

第二节 钢 轨

第 5.2.1 条 应采用符合相应技术标准的 60 kg/m 100 m 定尺钢轨。

第 5.2.2 条 钢轨伤损按程度分为轻伤、重伤和折断三类。

一、钢轨轻伤和重伤标准见表 5.2.2—1、表 5.2.2—2 和表 5.2.2—3。

表 5.2.2—1 钢轨轻伤和重伤标准

伤损项目	伤损程度		备 注
	轻伤	重伤	
钢轨头部磨耗	磨耗量超过表 5.2.2—2 所列限度之一者	磨耗量超过表 5.2.2—3 所列限度之一者	
轨端或轨顶面剥离掉块	长度超过 15 mm 且深度超过 3 mm	长度超过 25 mm 且深度超过 3 mm	
钢轨顶面擦伤	深度超过 0.5 mm	深度超过 1 mm	
波浪形磨耗	谷深超过 0.3 mm	—	1 m 波长范围内
钢轨表面裂纹	—	有	包括螺孔裂纹、轨头下颚水平裂纹(透锈)、轨腰水平裂纹、轨头纵向裂纹、轨底裂纹等(不含轮轨接触疲劳引起轨顶面表面或近表面的鱼鳞裂纹)
钢轨内部裂纹	—	有	包括核伤(黑核、白核)、钢轨纵向裂纹等
钢轨变形	—	有	轨头扩大、轨腰扭曲或鼓包等,经判断确认内部有暗裂
钢轨锈蚀	—	经除锈后,轨底厚度不足 8 mm 或轨腰厚度不足 14 mm	

表 5.2.2—2 钢轨头部磨耗轻伤标准

总磨耗(mm)	垂直磨耗(mm)	侧面磨耗(mm)
9	8	10

注:①总磨耗=垂直磨耗+1/2 侧面磨耗。

②垂直磨耗在钢轨顶面宽 1/3 处(距标准工作边)测量。

③侧面磨耗在钢轨踏面(按标准断面)下 16 mm 处测量。

二、钢轨折断是指发生下列情况之一者:

1. 钢轨全截面断裂;

2. 裂纹贯通整个轨头截面;

3. 裂纹贯通整个轨底截面;

表 5.2.2—3 钢轨头部磨耗重伤标准

垂直磨耗(mm)	侧面磨耗(mm)
10	12

4. 钢轨顶面上有长度大于 30 mm 且深度大于 5 mm 的掉块。

发现钢轨折断立即封锁线路并处理；发现重伤钢轨应立即限速160 km/h及以下运行并处理，轻伤钢轨应及时进行更换或处理。

第 5.2.3 条 线路上临时插入的短轨不得短于 10 m，不得连续插入，且应及时焊复，不能及时焊复时，限速 160 km/h 及以下运行。相邻焊缝间距离不得小于 11 m。

第 5.2.4 条 钢轨钻孔位置应在轨腹中和轴上，且必须倒棱。两螺栓孔的净距不得小于大孔径的两倍。其他部门需在钢轨上钻孔或加装设备时，必须经工务段同意并委托工务段实施。

第 5.2.5 条 维修作业时严禁以下做法。

一、焊补钢轨。

二、使用火焰切割钢轨或烧孔。

三、使用剁子和其他工具强行截断钢轨和冲孔。

四、锤击轨底。

第 5.2.6 条 应做好钢轨养护维修工作，预防和整治钢轨病害，按周期采用钢轨打磨车进行预防性打磨，延长钢轨使用寿命。当钢轨出现表 5.2.6 的情况时，应及时处理。

表 5.2.6 钢轨病害整治限度

钢轨病害	限　度	测量方法
钢轨肥边	>1 mm	直尺测量
擦伤或剥离掉块	接近或达到轻伤	
硬弯	>0.3 mm	1 米直尺测量
焊缝凹凸	>0.3 mm	
钢轨母材轨顶面凹陷或接头马鞍型磨耗	>0.3 mm	
波浪型磨耗	达到轻伤	

第三节 道　　岔

第 5.3.1 条 道岔各部尺寸符合设计图相关要求。

第 5.3.2 条 导曲线支距按道岔设计图设置，在导曲轨与基本轨工作边之间测量。

第 5.3.3 条 道岔各部位间隙偏差超过表 5.3.3 所列限值时应及时处理。

表 5.3.3　道岔各部位间隙的容许偏差值

编号	检测点	容许误差及要求
1	尖轨、基本轨之间的顶铁离缝	间隙≤1 mm
2	直尖轨第一牵引点前与曲基本轨密贴	间隙≤1 mm
3	直尖轨其他竖切部分与曲基本轨密贴	间隙≤1 mm
4	曲尖轨第一牵引点前与直基本轨密贴	间隙≤1 mm
5	曲尖轨其他竖切部分与直基本轨密贴	间隙≤1 mm
6	尖轨非工作边与基本轨工作边的最小距离	≥65 mm
7	FAKOP 位置	允许偏差：±3 mm
8	心轨尖端至第一个牵引点处与翼轨密贴	间隙≤1 mm
9	心轨其他竖切部分与翼轨密贴	间隙≤1 mm
10	尖轨、心轨轨底与台板离缝	间隙≤1 mm，且不得连续离缝
11	叉跟尖轨尖端（100 mm）与心轨密贴	间隙≤1 mm
12	叉跟尖轨其他竖切部分与心轨密贴	间隙≤1 mm
13	心轨轨腰与顶铁离缝	间隙≤1 mm

第 5.3.4 条　连接曲线半径不应小于该道岔导曲线半径，超高不应大于 15 mm，顺坡率不应大于 2‰。

第 5.3.5 条　尖轨、可动心轨有下列伤损或病害，应及时修理或更换：

一、尖轨、可动心轨侧弯造成轨距不符合规定。

二、尖轨、可动心轨工作面伤损，继续发展，轮缘有爬上尖轨、可动心轨的可能。

三、尖轨、可动心轨顶面宽 50 mm 及以上断面处，尖轨顶面低于基本轨顶面、可动心轨顶面低于翼轨顶面 2 mm 及以上。

四、尖轨、可动心轨顶面宽 50 mm 及以下断面处，尖轨顶面高于基本轨顶面、可动心轨顶面高于翼轨顶面 2 mm 及以上。

五、其他伤损达到钢轨轻伤标准。

第 5.3.6 条　基本轨有下列伤损或病害，应及时修理或更换：

一、弯折点位置或弯折尺寸不符合要求。

二、垂直磨耗超过 6 mm。

三、其他伤损达到钢轨轻伤标准时。

第 5.3.7 条　道岔各种零件应齐全，作用良好，缺少时应及时补充。有下列伤损或病害，应及时修理或更换：

一、各种联结螺栓、顶铁和间隔铁损坏、变形或作用不良。

二、滑床板损坏、变形。

三、弹性基板、底盘弹簧、隔垫板、中间垫片、调节锥体、椭圆型套管、盘簧、拉簧、预压盖等损坏。

四、尖轨辊轮转动不灵活、破损或裂纹。

五、其他各种零件损坏、变形或作用不良。

第 5.3.8 条 心轨实际尖端至翼轨趾端的距离(简称尖趾距离),误差不得为负。

第 5.3.9 条 弹条的中部前端下颚与轨底离缝应为 0.1～1.0 mm 或螺栓扭矩保持 180～200 N·m。

第 5.3.10 条 固定弹性基板的螺栓扭矩应为 300～330 N·m。

第 5.3.11 条 禁止对滑床板涂油。

第 5.3.12 条 尖轨辊轮的上下部分连接螺栓不应少于 2 个。

第四节 联结零件

第 5.4.1 条 钢轨扣件应保持齐全,组合正确,作用良好。

第 5.4.2 条 弹条的中部弯管与轨距挡板离缝不大于 0.5 mm;螺栓扭矩应不大于 250 N·m。

第 5.4.3 条 扣件伤损达到下列标准,应及时更换:

一、螺纹道钉折断,严重锈蚀。

二、塑料调整垫、ZW 轨垫、钢制调节板压溃、损坏。

三、弹条损坏或不能保持应有的扣压力。

四、轨距挡板严重磨损。

五、套管失效。

第 5.4.4 条 应使用无腐蚀性的油脂定期对螺栓涂油,螺栓保持润滑状态。

第五节 无缝线路

第 5.5.1 条 全线应采用跨区间无缝线路,无缝线路必须有足够的强度和稳定性。

第 5.5.2 条 钢轨焊接接头质量应符合《钢轨焊接》(TB/T 1632.1～TB/T 1632.4)的规定,胶接绝缘接头质量应符合《钢轨胶接绝缘接头技术条件》(TB/T 2975)的规定。

第 5.5.3 条 无缝线路的维修管理,应以一次锁定的轨条为管理单元,无缝道岔应以单组或相邻多组一次锁定的道岔及其间线路为管理单元。

第5.5.4条 无缝道岔必须设在固定区。

第5.5.5条 位移观测桩必须设置牢固，在轨条就位或轨条拉伸到位后，应立即进行标记。标记应明显、耐久、可靠。

固定区累计位移量出现异常时（锁定轨温变化超过5℃），应及时上报工务段查明原因，采取相应措施。

第5.5.6条 无缝线路的锁定轨温必须准确、均匀，有下列情况之一者，必须进行放散或调整：

一、实际锁定轨温不在设计锁定轨温范围以内，或左右股轨条的实际锁定轨温相差超过5℃。

二、锁定轨温不清楚或不准确。

三、两相邻单元轨条的锁定轨温差超过5℃，同一区间内单元轨条的最低、最高锁定轨温相差超过10℃。

四、铺设或维修作业方法不当，使轨条产生不正常的伸缩。

五、固定区或无缝道岔出现严重的不均匀位移。

六、夏季线路轨向严重不良，碎弯多。

七、通过测试，发现温度力分布严重不匀。

八、因处理线路故障或施工改变了原锁定轨温。

九、低温铺设轨条时，拉伸不到位或拉伸不均匀。

第六节 线路平纵断面

第5.6.1条 曲线应保持圆顺，曲线正矢作业验收、计划维修和临时补修容许偏差管理值按表5.6.1规定。

表5.6.1 曲线正矢容许偏差管理值

项目	实测正矢与计算正矢差(mm)		圆曲线正矢连续差(mm)	圆曲线最大最小正矢差(mm)
	缓和曲线	圆曲线		
作业验收	2	3	3	5
计划维修	3	4	5	6
临时补修	4	5	6	8

注：曲线正矢用20 m弦在钢轨踏面下16 mm处测量。

第5.6.2条 线路纵断面应符合下列规定：

一、正线的最大坡度，不大于20‰。

二、正线宜设为较长的坡段，一般条件下不应小于900 m，困难条件下不小于600 m，同时应满足下列公式的要求，并取整为50 m的整倍数。

$$l_p = 2 \times \Delta i/2 \times R_{sh} + 0.4\ v_{max}$$

式中：l_p——最小坡段长度(m)；

Δi——相邻坡段最大坡度差；

R_{sh}——竖曲线半径，一般取30 000 m，个别取25 000 m；

v_{max}——最高行车速度(km/h)。

三、当相邻坡段坡度代数差大于或等于1‰时，应设置圆曲线型竖曲线。允许速度200 km/h的线路，竖曲线半径不小于15 000 m；允许速度250 km/h的线路，竖曲线半径不小于20 000 m；允许速度大于250 km/h的线路，竖曲线半径不小于25 000 m。最大竖曲线半径不应大于40 000 m。

竖曲线与缓和曲线、道岔及相邻竖曲线均不得重叠。

竖曲线与平面圆曲线不宜重叠设置，困难条件下，应满足表5.6.2的要求。

表5.6.2 竖曲线与平面圆曲线重叠设置的曲线半径最小值

最高行车速度(km/h)	350	300
平面最小圆曲线半径(m)	7 000	4 500
最小竖曲线半径(m)	25 000	25 000

第5.6.3条 线路纵断面不满足第5.6.2条要求时，应限速运行。

第七节 标志、栅栏和声屏障

第5.7.1条 线路标志包括公里标、半公里标、曲线标、桥涵标、坡度标和工务段管界标。

第5.7.2条 线路标志的式样应符合标准图的规定，并保持完整、位置正确、标志鲜明。

第5.7.3条 线路两侧必须设置隔离栅栏封闭，并保持完好。

第5.7.4条 声屏障应保持完好。

第六章 主要作业要求

第一节 钢轨打磨作业

第6.1.1条 对钢轨波浪型磨耗、肥边、马鞍型磨耗、焊缝凹凸及鱼鳞裂纹等病害应进行打磨。打磨作业后应达到表6.1.1标准。

表 6.1.1　钢轨打磨作业验收标准

钢轨病害	验收标准(mm)	测量方法
工作边肥边	≤0.2	直尺测量
焊缝凹凸	≤0.2	直尺测量(1 m)
钢轨母材轨顶面凹凸或马鞍型磨耗	≤0.2	
波浪型磨耗	≤0.1	

对绝缘接头轨端肥边应及时整修处理。可动心轨顶面不平顺，尖轨、可动心轨、翼轨工作边及尖轨非工作边出现肥边应打磨整修。

第 6.1.2 条　应采用钢轨打磨车对钢轨预防性打磨，宜一年安排一遍。

第 6.1.3 条　打磨车作业要求

1. 打磨作业前应清除轨道边易燃物品，避免打磨作业过程中引起火灾；

2. 为保证钢轨打磨满足打磨参数的要求，打磨作业前应消除影响打磨设备正常工作的各种不利因素；

3. 打磨前应调查待打磨地段钢轨的使用情况，根据钢轨表面状态、钢轨伤损和轮轨接触情况，由线路维修技术人员和打磨技术人员共同确定打磨方案。

第 6.1.4 条　打磨车打磨质量要求

1. 磨面的粗糙度不得大于 10 μm；

2. 钢轨轨面应无发蓝现象；

3. 采用便携式磁粉探伤仪检测无轨面裂纹；

4. 轨距角打磨符合规定要求(目测检查)，打磨廓面符合设计要求(采用廓面仪或模板对打磨廓面进行检查)。

第二节　改道和垫板作业

第 6.2.1 条　调整轨距和轨向时，应通过更换不同型号的轨距挡板实施，单侧钢轨的横向调整范围为±8 mm(轨距调整值和轨距挡板规格组合参考附件 1)。

第 6.2.2 条　调整高低、水平时，应通过更换不同型号的塑料调整垫、ZW692 轨垫和 AP20 钢制调节板实施，调整范围为＋56 mm～－4 mm。共有三种高度调整方式，严禁用其他方式调整高度。

一、－4 mm～＋2 mm 范围内的高度调整，通过更换轨垫实现，每步调节 1 mm(高度调程和 ZW692 轨垫组合参考附件 2)。

二、+3 mm～+28 mm 范围内的高度调整通过更换 AP20 塑料调整垫和 ZW692 轨垫实现，并根据高度调整量选择正确的轨道板螺栓（高度调程和 AP20 塑料调整垫、ZW692 轨垫及轨道板螺栓组合参考附件 3）。

三、+29 mm～+56 mm 范围内的高度调整通过更换 AP20 塑料调整垫、钢制调节板和 ZW692 轨垫实现，并根据高度调整量选择正确的轨道板螺栓（高度调程和 AP20 塑料调整垫、钢制调节板、ZW692 轨垫及轨道板螺栓组合参考附件 4）。

第三节 道岔作业

第 6.3.1 条 轨距、轨向调整，应通过更换不同规格的偏心调节锥体实现，单组扣件的横向调整范围为±12 mm，级差为 1 mm。

第 6.3.2 条 调整高低、水平时，应通过更换不同规格的道岔隔垫板实现。隔垫板厚度分为 2,3,6 和 10 mm 等规格，当隔垫板总厚度超过26 mm 时，需要更换加长螺栓。

第 6.3.3 条 尖轨或基本轨伤损时，尖轨与基本轨应同时更换；可动心轨辙叉伤损时，必须整组更换。

第四节 无缝线路作业

第 6.4.1 条 无缝线路地段应根据季节特点、锁定轨温和线路状态，合理安排作业项目。

第 6.4.2 条 在无缝线路地段要按照作业轨温条件进行作业，并执行“作业前、作业中、作业后测量轨温”制度。

第 6.4.3 条 无缝线路作业，必须遵守表 6.4.3 作业轨温条件。

表 6.4.3 无缝线路维修作业轨温条件

顺号	作业项目	按实际锁定轨温计算				
		－20℃以下	－20℃～－10℃	－10℃～+10℃以内	+10℃～+20℃	+20℃以上
1	改道、垫板	与普通线路同	与普通线路同	与普通线路同	与普通线路同	禁止
2	更换扣件或涂油	隔二松一，流水作业	同左	同左	同左	禁止

第 6.4.4 条 无缝线路胀轨的防治和处理。

一、当线路连续出现碎弯并有胀轨迹象时，应设置慢行信号防护，必须加强巡查或派专人监视；经处理，线路稳定后，恢复正常行车。

二、作业中如出现轨向、高低不良时，必须停止作业，并及时采取防胀措施。

第 6.4.5 条 无缝线路应力放散可根据具体条件采用滚筒配合撞轨法，或滚筒结合拉伸配合撞轨法。

应力放散时，应每隔 50～100 m 设一位移观测点观测钢轨位移量，及时排除影响放散的障碍，总放散量应达到计算数值，钢轨全长放散均匀，锁定轨温应准确。

无缝线路应力放散后，应按实际锁定轨温及时修改有关技术资料和位移观测标记。

第 6.4.6 条 无缝线路应力放散和调整施工前，应制订施工计划及安全措施，组织人力，备齐料具，充分作好施工准备。

第 6.4.7 条 无缝线路钢轨重伤和折断的处理。

一、检查发现钢轨重伤时，应及时切除重伤部分，实施焊复。检查发现钢轨焊缝重伤时，应及时组织加固处理或实施焊复。进行焊复处理时，应保持无缝线路锁定轨温不变，并如实记录两标记间钢轨长度在焊复前后的变化量。

二、钢轨折断的处理要求如下：

1. 临时处理——钢轨折损严重，不能立即焊接修复时，应封锁线路，切除伤损部分，两锯口间插入长度不短于 10 m 的同型钢轨，轨端钻孔，上接头夹板，用 10.9 级螺栓拧紧。在短轨前后各 50 m 范围内，拧紧扣件后，按不大于 160 km/h 的速度放行列车。

临时处理时，应先在断缝两侧轨头非工作边做出标记，标记间距离约为 12 m，并准确丈量两标记间的距离和轨头非工作边一侧的断缝值，作好记录。

2. 永久处理——对临时处理的处所，应及时插入短轨进行焊复，恢复无缝线路轨道结构。

钢轨折断宜直接进行永久处理，条件不具备时可进行临时处理。

三、放行列车时，焊缝轨温应低于 300℃。

第 6.4.8 条 应加强胶接绝缘接头的养护，做好轨端肥边打磨工作。

胶接绝缘接头拉开时，应立即复紧两端各 50 m 线路的扣件，并加强观测。当绝缘失效时，应立即更换，进行永久处理。如暂时不能永久处理，可更换为高强绝缘接头进行临时处理并限速（速度不超过160 km/h）。进行永久处理时，应保证修复后无缝线路锁定轨温不变。

第 6. 4. 9 条 道岔的辙叉、尖轨及钢轨伤损需要更换不能焊接时应临时处理并限速(速度不超过 160 km/h),并尽快恢复原结构。

第五节 作 业 验 收

第 6. 5. 1 条 每次作业完毕后,线路维修队要进行自验,自验合格后技术室复验,复验合格后方可开行确认车。

第七章 轨道不平顺管理

第一节 轨道静态几何尺寸容许偏差管理值

第 7. 1. 1 条 线路轨道静态几何尺寸容许偏差管理值按表 7. 1. 1 规定。

表 7. 1. 1 线路轨道静态几何尺寸容许偏差管理值

项 目	作业验收	计划维修	临时补修	限速 200 km/h
轨距(mm)	+1、-1	+4、-2	+5、-3	+6、-4
高低(mm)	2	4	7	8
轨向(mm)	2	3	5	6
水平(mm)	1	4	6	7
扭曲(mm/6. 25 m)	2	4	5	6

注:高低、轨向偏差为 10 m 及以下弦测量的最大矢度值。

第 7. 1. 2 条 道岔轨道静态几何尺寸容许偏差管理值按表 7. 1. 2 规定。

表 7. 1. 2 道岔静态几何尺寸容许偏差管理值

项 目		作业验收	计划维修	临时补修	限速 200 km/h
轨距(mm)	岔区	+1,-1	+4,-2	+5,-2	+6,-4
	尖轨尖	+1,-1	+2,-2	+3,-2	
高低(mm)		2	4	7	8
轨向(mm)	直线	2	3	5	6
	支距	2	3	4	—
水平(mm)		1	4	6	7
扭曲(mm/6. 25 m)		2	4	5	6

注:①支距偏差为实际支距与计算支距之差;

②导曲线下股高于上股限值,作业验收为 0,计划维修为 2 mm,临时补修为 3 mm。

第二节　轨道动态不平顺管理值

第 7. 2. 1 条　线路动态不平顺是指线路不平顺的动态质量反映，主要通过轨道检查车进行检测。

一、轨道检查车对轨道动态局部不平顺(峰值管理)检查的项目为轨距、水平、高低、轨向、扭曲、车体垂直加速度、车体水平加速度共七项。各项偏差等级划分五级：一为作业验收标准，Ⅰ级为计划维修标准，Ⅱ级为舒适度标准，Ⅲ级为临时补修标准，Ⅳ级为限速标准。各级容许偏差管理值见表 7. 2. 1—1。

表 7. 2. 1—1　轨道不平顺动态管理值

项目		作业验收	计划维修	舒适度	临时补修	限速 200 km/h
偏差等级		—	Ⅰ	Ⅱ	Ⅲ	Ⅳ
42 m 波长	高低(mm)	3	5	8	10	11
	轨向(mm)	3	4	5	6	7
120 m 波长	高低(mm)	4	7	9	12	15
	轨向(mm)	4	6	8	10	12
轨距(mm)		+3、−2	+4、−3	+6、−4	+7、−5	+8、−6
水平(mm)		3	5	6	7	8
扭曲(mm)		3	4	6	7	8
车体垂直加速度(m/s^2)		—	1.0	1.5	2.0	2.5
车体水平加速度(m/s^2)		—	0.6	0.9	1.5	2.0

注：①表中管理值为轨道不平顺实际幅值的半峰值。

②高低、轨向不平顺偏差管理值按照轨道实际情况评定。

③水平偏差管理值不包含曲线按照设计规定设置的超高量及超高顺坡量。

④扭曲基长为 2.5 m，偏差管理值包含缓和曲线超高顺坡造成的扭曲量。

二、轨道检查车检查线路区段整体不平顺(均值管理)的动态质量用轨道质量指数(TQI)评定。其管理值见表 7. 2. 1—2。

表 7. 2. 1—2　轨道质量指数 TQI 管理值

项目	高低	轨向	轨距	水平	扭曲	TQI
波长 1.5～42 m	0.8×2	0.7×2	0.6	0.7	0.7	5.0
波长 42～120 m	2.0×2	1.5×2				

注：①波长为 1.5～42 m 的单元区段长度为 200 m；

②波长为 42～120 m 的单元区段长度为 500 m。

第八章　设备监控、检查

第一节　静态检查

第 8.1.1 条　工务维修组应按规定对线路、道岔设备进行全面检查，并做好记录。

一、每月对道岔的轨道几何尺寸和结构全面检查一遍。

二、每半年对线路的轨道几何尺寸全面检查一遍。

三、每季对线路轨道结构全面检查一遍。

四、每季对无缝线路钢轨位移观测一遍。

五、对严重病害地段和薄弱处所应经常检查、观测。

第 8.1.2 条　工务段段长、副段长、指导主任、工务维修组主任应定期检查线路、道岔和其他线路设备，并重点检查薄弱处所，具体办法另行规定。

第 8.1.3 条　对检查结果应认真进行分析，对不良处所应及时处理。

第二节　动态检查

第 8.2.1 条　采用轨道检查车进行周期性检查，掌握线路局部不平顺（峰值管理）和线路区段整体不平顺（均值管理）的动态质量及钢轨磨耗情况，指导线路养护维修工作。

第 8.2.2 条　轨道检查车对线路局部不平顺（峰值管理）检查评定标准。

一、各项偏差等级扣分标准：Ⅰ级每处扣 1 分，Ⅱ级每处扣 5 分，Ⅲ级每处扣 100 分，Ⅳ级每处扣 301 分。

二、线路动态评定标准：

1. 线路动态评定以千米为单位。

2. 每千米扣分总数为各级、各项偏差扣分总和。

3. 每千米线路动态评定标准：

优良——扣分总数在 50 分及以内；

合格——扣分总数在 51～300 分；

失格——扣分总数在 300 分以上。

第 8.2.3 条　检测周期。

每 10 天检测一遍。

第 8.2.4 条　检测报告。

一、检测中发现的问题，应及时通知有关单位，检查后及时将检测报告提交有关单位，每月末（或年底）向铁道部提报月度（或年度）检测分析报告（含轨检车线路评分统计报告表）。

二、检测中发现Ⅳ级偏差，应立即通知铁路局工务调度，工务调度应立即通知行车调度限制行车速度 200 km/h 及以下运行，并通知工务段及时处理。

第 8.2.5 条 工务段应对Ⅲ级及以上偏差处所及时处理。对线路区段整体不平顺（均值管理）动态质量指标——轨道质量指数（TQI）超过管理值的线路，应有计划地安排维修。

第 8.2.6 条 应重视以下轨道不平顺的判别，并及时处理。

1. 周期性连续三波及多波的轨道不平顺：幅值为 4 mm 的轨向不平顺，6 mm 的水平不平顺，8 mm 的高低不平顺；

2. 50 m 范围内有 3 处大于以下幅值的轨道不平顺：5 mm 的轨向不平顺，6 mm 的水平不平顺，8 mm 的高低不平顺；

3. 周期性轨道短波不平顺；

4. 轨向、水平逆向复合不平顺。

第 8.2.7 条 机车车载式轨道动态监测装置每天应至少检查 1 遍，具体使用及管理办法另行规定。

第 8.2.8 条 工务段段长、副段长、指导主任和工务维修组主任每月应用添乘仪至少检查 1 遍线路，工务段每三天应用添乘仪添乘检查 1 遍线路。发现不良处所，应及时通知工务维修组进行确认、处理，并在段添乘检查记录簿上登记。

第三节 钢轨检查

第 8.3.1 条 应采用钢轨探伤车进行钢轨周期性探伤，探伤车检查发现的伤损应采用探伤仪进行复核。

第 8.3.2 条 道岔（包括尖轨尖端部分和心轨尖端部分的探伤检查）及其前后 60 m 应采用探伤仪对钢轨进行周期性探伤。

第 8.3.3 条 探伤车检查中发现问题，应及时向有关单位发出通知，并于每月末（或年底）向铁道部提报月度（或年度）检测、分析报告。

第 8.3.4 条 钢轨、道岔、焊缝探伤周期：

一、钢轨探伤车或探伤仪探伤每月不少于一遍。

二、现场焊焊缝除按钢轨探伤周期探伤外，应用仪器进行全断面探伤，每半年不少于一次。

第 8.3.5 条 对钢轨、道岔磨耗情况，每年结合秋检应全面检查 1 次。对磨耗接近轻伤的钢轨和道岔，每季至少应组织检查 1 次。每年对钢轨断面轮廓检查一次。

第 8.3.6 条 线路上的伤损钢轨应作标记，如表 8.3.6 所示。

表 8.3.6 钢轨伤损标记

伤损种类	伤损范围及标记		说 明
	连续伤损	一点伤损	
轻伤	|←△→|	↑△	用白铅油作标记
轻伤有发展	|←△△→|	↑△△	用白铅油作标记
重伤	|←△△△→|	↑△△△	用白铅油作标记

第 8.3.7 条 对钢轨焊接接头的表面质量及平直度，每年应检查 1 次，焊接接头应编号并建立检查台账。编号方法如下：

按公里＋号数＋左右股(L 或 R)(例 K12＋3L 为 12 公里的第 3 个焊接接头左股，插入短轨接头数量增加时可在原号数后加附属编号，如 K12＋3L—1)。

第四节 质 量 评 定

第 8.4.1 条 线路设备状态评定，是对线路设备质量基本状况的检查评定，是考核线路设备管理工作和线路设备状态改善情况的基本指标，是安排修理计划的主要依据。

每年 9 月末以前，铁路局应组织工务段进行秋季设备检查，并结合设备检查进行线路设备状态评定。每年 10 月 20 日前，由铁路局汇总和分析检查结果，报铁道部。

第 8.4.2 条 线路设备状态评定应以千米为单位，评定标准见表8.4.2，满分为 100 分，100～85 分为优良，85(不含)～60 分为合格，60 分以下为失格。

表 8.4.2 线路设备状态评定评分标准

编号	项目	扣分条件	计算单位	扣分(分)	说 明
1	慢行	线路设备不良(不含路基)	处	41	
2	轨道板	伤损率超过 1%	每增 1%	8	
3	水泥沥青砂浆层	伤损	处	0.5	
4	底座板	伤损	处	0.5	
5	侧向挡块	伤损	块	0.5	

续上表

编号	项目	扣分条件	计算单位	扣分(分)	说　明
6	钢轨	一年内新生轻伤钢轨(不含曲线磨耗)	根	2	长轨中2个焊缝间为1根
		现存曲线磨耗轻伤钢轨	每延长100 m	4	按单股计算
		一年内新生重伤钢轨(不含焊缝)	根	20	长轨中2个焊缝间为1根
		无缝线路现存重伤钢轨(不含焊缝)	根	20	同上
		无缝线路现存重伤焊缝	个	20	

第8.4.3条　线路、道岔保养质量评定，是考核线路、道岔养护质量的基本指标，也是编制维修计划的主要依据之一。

第8.4.4条　线路、道岔的保养质量评定，应由工务段组织，采取定期抽样的办法进行。具体组织办法另行规定。

第8.4.5条　线路保养质量评定应以千米为单位，评定标准见表8.4.5，满分为100分，100～85分为优良，85(不含)～60分为合格，60分以下为失格。

表8.4.5　线路保养质量评定标准

项目	编号	扣分条件	抽查数量	单位	扣分(分)	说　明
轨道几何尺寸	1	超过计划维修标准容许偏差	动静态全面检查	处	4	
	2	超过临时补修标准容许偏差		处	41	
	3	轨距变化率大于1‰		处	2	
钢轨	4	轨端肥边大于2 mm	全面查看，重点检测	处	4	胶接绝缘钢轨
	5	胶接绝缘接头的质量不符合《胶接绝缘钢轨技术条件》(TB/T 2975)	全面检测	处	8	
钢轨	6	无缝线路钢轨折断未及时进行永久性处理	全面查看	处	16	未及时指进入设计锁定轨温季节超过一个月未进行永久性处理
CRTSⅡ型轨道板、双块式轨枕、道床板。	7	裂缝达到第5.1.8条规定时	全面查看	块	4	
	8	掉块达到第5.1.8条规定时，挡肩或承轨台处/其他处	全面查看	块	16/4	
	9	预埋塑料套管失效/连续失效	全面查看	处	4/16	

续上表

项目	编号	扣分条件	抽查数量	单位	扣分(分)	说　明
沥青水泥砂浆层	10	裂缝达到第5.1.8条规定时	全面查看	处	1	
	11	掉块达到第5.1.8条规定时	全面查看	处	4	
底座板、混凝土支撑层及侧向挡块	12	裂缝达到第5.1.8条规定时	全面查看	处	1	
	13	掉块达到第5.1.8条规定时	全面查看	处	4	
	14	侧向挡块内的弹性垫层损坏	全面查看	块	8	
硬质泡沫塑料板	15	硬质泡沫塑料板损坏	全面查看	块	2	
无砟轨道	16	失效	全面查看	块	41	
联结零件	17	ZW轨垫、钢制调节板、塑料调整垫、轨距挡板、扣件失效/连续失效/其他联结零件失效	连续查看100头	块(个)	16/41/4	
	18	ZW轨垫、钢制调节板、塑料调整垫、轨距挡板、扣件缺少/其他联结零件缺少	全面查看	块(个)	41/16	一组扣件的零件不全，按缺少一个扣件计算
	19	未按规定使用调高垫板和轨距挡板	连续查看100头	块	4	
	20	扣件前、后离缝大于2 mm的超过8%	连续检测100头	每增1%	1	
	21	扣件扭矩(扣压力)不符合规定或弹条扣件中部前端离缝不符合规定，超过8%	同上	每增1%	1	
纵向位移	22	观测桩缺损、失效/位移观测无记录	全面检测	处/次	16	
排水设施	23	未疏通	全面查看	每10 m	1	单侧计算
标志	24	线路标志缺少或不规范、不清晰或错误	全面查看	个	1	

第8.4.6条　道岔保养质量评定应以组为单位，评定标准见表8.4.6，满分为100分，100～85分为优良，85(不含)～60分为合格，60分以下为失格。

表 8.4.6　道岔保养质量评定标准

项目	编号	扣分条件	抽查数量	单位	扣分(分)	说　明
轨道几何尺寸	1	超过计划维修标准容许偏差	动静态全面检查	处	4	同时检测岔后连接曲线,用10 m弦测量,连续正矢差超过4 mm,每处扣4分
	2	超过临时补修标准容许偏差		处	41	
	3	尖趾距离超过容许限度	全面检测	组	41	
钢轨	4	存在第5.3.3条第2项、第4项病害和第5.3.5条第二、三项病害之一	全面查看,重点检测	组	41	
	5	存在第5.3.5条一、四、五项和5.3.6条病害之一	全面查看,重点检测	组	16	
	6	胶接绝缘接头的质量不符合《胶接绝缘钢轨技术条件》(TB/T 2975)	全面检测	处	8	
	7	胶接绝缘钢轨轨端肥边大于2 mm,尖轨、可动心轨、翼轨工作边及尖轨非工作边肥边大于2 mm	全面查看,重点检测	处	4	
轨枕、道床板、道岔轨道板	8	裂缝达到第5.1.8条规定时	全面查看	块	4	
	9	掉块达到第5.1.8条规定时,挡肩或承轨台处/其他处	全面查看	块	16/4	
	10	预埋塑料套管失效/连续失效	全面查看	处	4/16	
底座板、混凝土支撑层、混凝土找平层	11	裂缝达到第5.1.8条规定时	全面查看	处	1	
	12	掉块达到第5.1.8条规定时	全面查看	处	4	
无砟轨道	13	失效	全面查看	块	41	
联接零件	14	尖轨、可动心轨与滑床板间缝隙大于1 mm	全面检测	块	2	
	15	顶铁螺栓、间隔铁螺栓松动、顶铁离缝大于1 mm	全面检测	个	8	
	16	顶铁、间隔铁缺少、失效	查看检测	个	41	一组扣件的零件不全,按缺少一个扣件计算
	17	顶铁螺栓、间隔铁螺栓缺少	全面查看	个	41	
	18	心轨凸缘螺栓缺少、松动	全面查看	个	41	
	19	滑床板损坏、变形	全面查看	个	16	
	20	弹性基板、底盘弹簧、隔垫板、中间垫片、调节锥体、椭圆型套管、盘簧、拉簧、预压盖缺少/失效	全面查看	个	41/16	
	21	尖轨辊轮转动不灵活,破损或裂纹	全面查看	个	16	
	22	扣件失效/缺少或连续失效	全面查看	个	16/41	
	23	其他各种零件失效/缺少	全面查看	个	4/16	

续上表

项目	编号	扣分条件	抽查数量	单位	扣分(分)	说 明
联接零件	24	未按规定使用道岔隔垫板调高	全面查看	块	4	一组扣件的零件不全，按缺少一个扣件计算
	25	扣件扭矩（扣压力）不符合规定或弹条扣件中部前端离缝不符合规定，超过8%	全面查看	每增1%	1	
	26	扣件前、后离缝大于2 mm的超过8%	全面查看	每增1%	1	
纵向位移	27	观测桩缺损、失效/位移观测无记录	全面检测	处/次	16	
标记	28	缺少、不清晰或错误	全面查看	处	1	

第四篇 路　　基

第九章 路基维修

第一节 基本技术条件

第9.1.1条 路基设备应满足轨道稳定性、高平顺性的要求，保证铁路运输的安全、舒适与畅通。

第9.1.2条 路基设备主要包括路基本体、基础桩板结构、路基防排水和路基支挡及防护结构等四部分。路基本体由基床、基床下路堤构成。

第9.1.3条 路基设备修理的基本任务是：经常保持路基本体及其防排水、防护、加固等设备的完好状态，延长设备使用寿命；加强变形监控，及时整治路基病害，预防病害的发生和发展；有计划地改善路基设备状态，提高路基抵抗长期连续降雨、洪水等自然灾害的能力。

第9.1.4条 路基基床部位的检测、监测、维修等作业应在天窗时间内进行。

第9.1.5条 铺设无砟轨道直线地段的路基面宽度不小于13.8 m，设置梯形路拱，两侧设4%的横向排水坡。

第9.1.6条 路基边坡坡度应不陡于1∶1.5。

第9.1.7条 路基基床由表层和底层组成。表层与混凝土支承层或混凝土底座总厚度不应小于0.7 m，底层厚度2.3 m。基床应有足够的刚度、强度、稳定性。

第9.1.8条 基床表层填筑级配碎石，级配碎石应符合下列要求：

一、碎石粒径、级配及材料性能应符合铁道部现行《客运专线基床表层级配碎石暂行技术规范》的规定。

二、与下部填土之间应满足 $D_{15}<4d_{85}$ 的要求。当不能满足时，基床表层应采用颗粒级配不同的双层结构。

第 9.1.9 条 基床表层压实标准应符合表 9.1.9 的规定。

表 9.1.9 级配碎石基床表层压实标准

填料	压 实 标 准			
级配碎石	地基系数 K_{30} (MPa/m)	动态变形模量 E_{vd} (MPa)	孔隙率 n	变形模量 E_{v2} (MPa)
	≥190	≥50	<18%	≥120

注：基床表层的 K_{30}、E_{vd}、n、E_{v2} 四项指标要求同时检测，均必须满足压实标准。

第 9.1.10 条 基床底层应采用 A、B 组填料或改良土，其压实标准应符合表 9.1.10 的规定，采用地基系数 K_{30}、动态变形模量 E_{vd}、变形模量 E_{v2}、压实系数 K 或孔隙率 n 等四项指标控制。

表 9.1.10 基床底层压实标准

填料	压实标准	改良细粒土	砂类土及细砾土	碎石类及粗砾土
A、B 组填料及改良土	地基系数 K_{30} (MPa/m)	≥110	≥130	≥150
	动态变形模量 E_{vd} (MPa)	≥35	≥35	≥35
	变形模量 E_{v2} (MPa)	≥60	≥60	≥60
	压实系数 K	≥0.95		
	孔隙率 n		<28%	<28%

注：压实系数 K 为重型击实标准(以下同)。

第 9.1.11 条 基床以下路堤应优先选用 A、B 组填料和 C 组碎石、砾石类填料，当选用 C 组细粒土填料时，应根据土源性质进行改良后填筑，其压实标准应符合表 9.1.11 的规定。

表 9.1.11 基床以下路堤填料及压实标准

填料	压实标准	改良细粒土	砂类土及细砾土	碎石类及粗砾土
A、B、C 组填料及改良土	地基系数 K_{30} (MPa/m)	≥110	≥130	≥150
	变形模量 E_{v2} (MPa)	≥45	≥45	≥45
	压实系数 K	≥0.95		
	孔隙率 n		<28%	<28%

第 9.1.12 条 正线路基基床范围内的地基比贯入阻力 P_s＜1.8 MPa 或允许承载力 σ_0＜0.2 MPa 时应采取地基加固处理等措施。

第 9.1.13 条 无砟轨道铺设完成后的工后沉降应不大于 15 mm；沉降比较均匀、长度大于 20 m 的路基，允许的最大工后沉降量为30 mm，并且调整轨面高程后的竖曲线半径应能满足下列要求：

$$R_{sh} \geqslant 0.4 v_{sj}^2$$

式中：R_{sh}——轨面圆顺的竖曲线半径(m)；

v_{sj}——设计最高速度(km/h)。

路桥交界处的差异沉降不应大于 5 mm，过渡段沉降造成的路基与桥梁的折角不应大于 1/1 000。

第 9.1.14 条 路堤与桥台、路基与横向结构物连接处应设置过渡段。

第 9.1.15 条 路堤与桥台、横向结构物过渡段设置应符合下列规定：

一、过渡段长度按下式确定：

$$L = 2(H - 0.7) + 6，且 L 一般不小于 20 m$$

式中：L——过渡段长度(m)；

H——台后路堤高度(m)。

二、过渡段路堤基床表层填料及压实标准应满足第 9.1.9 条、第9.1.10条的要求，并在与桥台连接的 20 m 范围内基床表层的级配碎石内掺入 3%～5%的水泥。表层以下过渡段范围内采用级配碎石掺入3%～5%水泥，填筑压实标准应满足 $K_{30} \geqslant 150$ MPa/m、$E_{vd} \geqslant 50$ MPa、$E_{v2} \geqslant 60$ 和 $n < 28\%$。

三、过渡段桥台基坑以混凝土回填。

四、过渡段采用沿线路纵向正梯形型式。

第 9.1.16 条 路基排水设备应布置合理，与桥涵、车站等排水设备衔接配套，形成完整的排水系统。排水设备应有足够的过水能力，保证水流畅通。

线间距较大的路基应设置线间排水沟。周边地形、地质条件、地下水状况及气候等发生变化，现有排水系统不能满足路基排水要求时，应对路基排水系统进行改造。排水设备应保持不堵不淤、不渗不漏、不冲刷、流水通畅。

第 9.1.17 条 无砟轨道路基面在两线间用不小于 15 cm 厚 C20 混凝土，路肩面用不小于 5 cm 厚沥青混凝土进行隔水封闭。封闭层纵向排水坡度不小于 2‰，横向排水坡度不小于 4%。

第 9.1.18 条 路基边坡应进行防护或加固。坡面防护类型应根据填料、水文气候条件及边坡高度等因素确定。应优先采用绿色植物防护与工程防护相结合的防护措施。植物防护宜采用植紫穗槐等根系发达的植物，工程防护宜采用设置带截水沿的拱形骨架护坡。

第 9. 1. 19 条 支挡结构宜采用轻型支挡结构。采用重力式挡土墙时，应采用片石混凝土或混凝土浇筑，地基处理采用与路基本体相同的方式。

第 9. 1. 20 条 通信信号电缆应设置在路肩专用的电缆槽内，在路肩设置通信信号基础及转辙机基础时，应进行结构设计，采取措施保证路基基床结构稳定和路基面防水设施的完整。

其他电缆应从路堤坡脚排水沟外侧 2 m 以外埋设。电缆管线横穿线路时，需采用顶钢管或钢筋混凝土管防护通过，管顶距路基面不得小于 1.5 m。

第 9. 1. 21 条 在路基上设置的电杆、接触网支柱等设备，其内侧距离线路中心线不应小于 3.0 m，声屏障、栏杆等设备基础应设置于电缆槽外侧，同时做好路基面的防排水。

第 9. 1. 22 条 禁止在影响路基安全的范围内进行挖沟、引水、储水、抽取地下水、耕种、取土、修路、开矿和开挖砂石等人为活动。

第二节　维 修 管 理

第 9. 2. 1 条 维修工作包括综合维修和经常保养。

第 9. 2. 2 条 综合维修范围：

一、整修路基各种排水设备。

二、修补边坡植被。

三、整修各种护坡、挡墙、加固设备。

四、整修路基面破损的沥青混凝土防水层。

五、超出轨道结构调整范围的沉降整修。

第 9. 2. 3 条 经常保养范围：

一、少量修补边坡缺损植被。

二、清除路肩杂物、积冰、积水。

三、修补路肩混凝土、沥青混凝土防水层裂缝。

四、清除砌体坡面及泄水孔的杂草、杂物；勾补局部脱落损坏的灰缝；修补挡墙、砌体等污工裂缝；夯填土质坡面冲坑、裂缝。

五、清除排水设备内的淤积物及杂草；勾补脱落损坏的灰缝；修补沟内及沟帮外缘的漏水部位；保持排水设备畅通。

六、路基设备的防冻工作。

七、其他路基设备的经常保养。

第 9. 2. 4 条 设备检查分为定期检查、一般检查、汛期检查、特殊检查和沉降观测。

一、定期检查

分为春季(防洪)检查和秋季(设备)检查。春季(防洪)检查,应于每年春融或汛期以前进行,对管内路基设备进行全面检查,通过检查确定汛期重点危险地段,修订防洪预案,落实渡汛措施;秋季(设备)检查,应于每年秋季进行,对管内路基设备进行全面检查,通过检查全面掌握管内路基病害情况,并按照《铁路路基大修维修规则》中规定的评定办法,有关项目按路基设备状态评定扣分补充标准(表 9.2.4),对路基设备状态进行评定,分析路基病害产生的原因和发展的趋势,研究制定病害整治计划方案;更新"路基状态评定"数据库。

表 9.2.4 路基设备状态评定扣分补充标准

编号	病害种类	状态评定扣分标准		
		扣分内容	单位	扣分
1	路堤边坡溜坍	坡面表层溜坍	10 m^2	2
		边坡严重裂缝	2 m	2
		边坡轻裂缝	4 m	2
		加固设备局部损坏	m^3	2
2	基床下沉外挤	路基下沉小于 15 mm	单线 m	2
		路基下沉大于等于 15 mm	单线 m	41
		路桥交界处差异沉降大于 5 mm	处	41
3	基床翻浆冒泥	基床泥浆翻冒	单线 m	2
4	水浸路基	护坡、护道局部损坏或缺乏	20 m^2	2
5	排水不良	地面排水设备不良	20 m	2
		地下排水设备不良	10 m	2
6	冻害	一般冻害(冻起高度小于或等于4 mm)	处	2
		严重冻害(冻起高度大于 4 mm)	处	41
7	其他	砌筑路肩破损、阻水或不平	单侧 10 m	2
		基床防水层开裂,缝宽大于 1 mm	单侧 m	2
		基床防水层破损	处	5

二、一般检查

每月检查一次,重点做好以下几个方面的检查:

1. 路肩沥青混凝土和两线间混凝土面是否存在开裂、破损和漏水情况。

2. 路肩沥青混凝土和两线间混凝土与支撑层边缘之间是否存在开裂渗水现象。

3. 路肩上电缆沟槽和 PVC 排水管排水是否畅通，是否存在淤堵情况，出口是否顺畅，路基边坡有无被冲刷影响稳定。

4. 路基边坡上的防护设施是否存在破损、变形、开裂等情况，支挡结构是否存在外倾、开裂或不均匀沉降等情况。

5. 在影响路基稳定的范围内是否有挖沟、引水、储水、抽取地下水、耕种、取土、修路、开矿和开采砂石等各种活动。

三、汛期检查

汛期当降雨量达到注意或危急警戒值时，应按规定进行雨中、雨后检查，发现危及行车安全的水害，采取限速、封锁等临时措施。

四、特殊检查

对一般检查中难以判断需要进一步查明确认的隐患，应通过物探等新技术进行探测、检测，或邀请专家现场检查咨询等方式，查明原因，研究整治对策。

五、沉降观测

铺设无砟轨道地段的路基应进行沉降观测。应根据工程单位竣工验交时提供的沉降观测设施和观测资料，在投入运营后的一定时期内做好后续的沉降观测。必要时，可重新建立或完善路基设备变形监控网。

1. 应委托具有相应资质的测量单位对施工单位移交的竣工观测资料进行复核，评价其观测资料的准确性、可靠性。

2. 利用施工单位竣工后移交的经复核的沉降变形观测资料，做好后续观测工作。

3. 根据路基设备实际变化情况，完善、加密观测设施。

4. 路基沉降观测周期，应根据实测路基沉降速率确定和调整，开通初期的一年内不应长于 6 个月，但软土或松软土地基地段不应长于 3 个月；若沉降速率正常，一年后可延长至 6 个月。总观测时间不宜少于 10 年。

5. 开通初期的一年内，当遭遇连续降雨时，应及时增加观测次数，发现变化异常情况应立即采取限速或封锁的临时措施。

第 9. 2. 5 条　定期检查、一般检查和汛期检查由工务段实施，特殊检查和沉降观测可由工务段委托具有相应资质的单位实施。

第 9.2.6 条 资产管理单位应在铁路沿线建立健全雨量监测网，工务段应运用雨量监测网，及时掌握沿线降雨情况，分析雨情与铁路成灾的关系，完善降雨量警戒制度。

第 9.2.7 条 工务段应编制路基维修计划，纳入线路维修计划中，并上报铁路局和资产管理单位批准。

第 9.2.8 条 路基维修作业执行铁道部颁布的《工务作业标准路基作业》(TB/T 2658.6)。应结合无砟轨道路基设备的结构特点，积极探索新的作业方法和施工工艺。

第 9.2.9 条 路基维修验收应符合《铁路路基大修维修规则》有关规定。

第五篇 桥 涵

第十章 基本技术标准

第一节 荷 载

第 10.1.1 条 列车竖向活载采用 ZK 活载，桥梁结构的检算荷载应按《新建时速 300～350 公里客运专线铁路设计暂行规定》6.2 节办理。

第 10.1.2 条 桥梁承载能力按《铁路桥梁检定规范》进行检算，以检定承载系数“K”表示。K 为结构所能承受的活载相当于 ZK 活载的倍数。

承载能力不足($K<1$)的桥梁，应根据其技术状态确定采取加固、更换或改建措施。

第二节 限 界

第 10.2.1 条 桥梁限界应满足《铁路技术管理规程》客运专线铁路建筑限界规定，建筑限界的基本尺寸及轮廓线如图 10.2.1。曲线地段限界应考虑因超高产生车体倾斜对曲线内侧的限界加宽。

第三节 孔径与净空

第 10.3.1 条 桥涵的洪水频率标准，应符合现行《铁路桥涵设计基本规范》(TB 10002.1)中Ⅰ级铁路干线的规定。

第 10.3.2 条 在铁路下面通过机动车辆的立交桥涵，道路路面以上净空不足 5 m 时，应设置限高防护架，限高防护架的形式，按部颁标准执行。

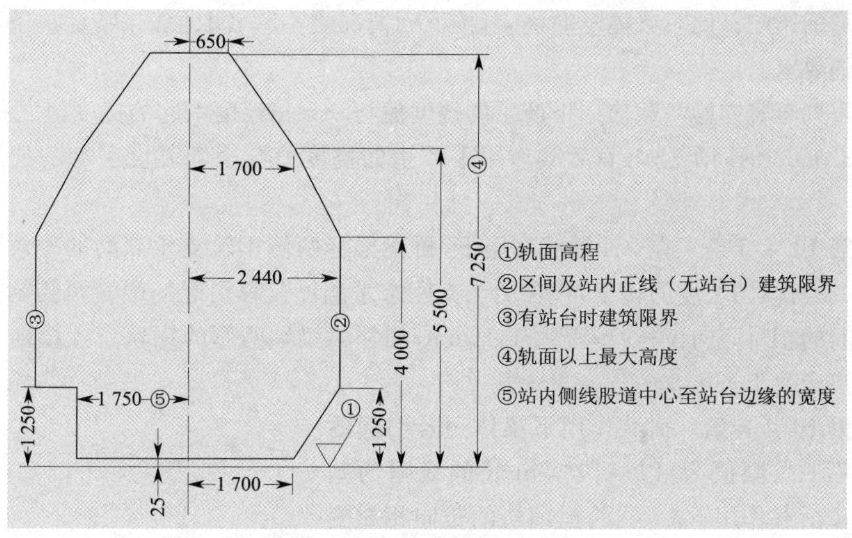

图 10.2.1　客运专线铁路建筑限界(单位:mm)

第四节　刚　　度

第 10.4.1 条　桥涵设备应具有足够的刚度、良好的动力性能及耐久性,满足轨道稳定性、平顺性和高速列车运行安全性、旅客乘坐舒适性的要求。

第 10.4.2 条　梁体竖向挠度的限值应符合下列规定:

一、梁部结构在列车竖向静活载作用下,梁体的竖向挠度不应大于表 10.4.2 所列数值。

二、梁部结构在列车竖向静活载作用下,桥梁梁端竖向转角 θ 不应大于 1‰。梁端竖向转角如图 10.4.2 所示。

表 10.4.2　梁体的竖向挠度限值

跨　度 / 项　目	$L \leqslant 24$ m	24 m$< L \leqslant 80$ m	$L > 80$ m
单　跨	$L/1\ 300$	$L/1\ 000$	$L/1\ 000$
多　跨	$L/1\ 800$	$L/1\ 800$	$L/1\ 000$

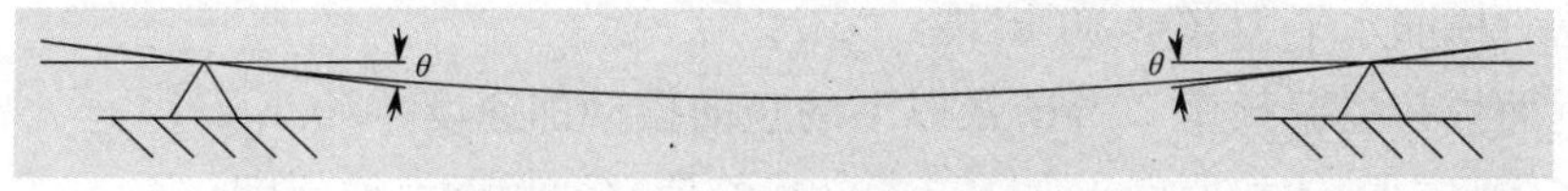

图 10.4.2　梁端转角示意图

三、拱桥和刚架桥的竖向挠度,除考虑列车竖向静活载作用外,尚应计入温度变形的影响。此时梁体竖向挠度，按下列情况之不利者取值，并满足本条所列限值的要求。

1. 列车竖向静活载作用下产生的挠度值与 0.5 倍温度引起的挠度值之和；

2. 0.63 倍列车竖向静活载作用下产生的挠度值与全部温度引起的挠度值之和。

第 10.4.3 条 在 ZK 活载作用下，桥梁梁缝两侧钢轨支承点间的相对竖向位移（设有纵向坡度的桥梁，包含活动支座水平温度位移引起的梁缝两侧钢轨支承点间的相对竖向位移）不宜大于 1 mm；相邻梁梁端两侧的钢轨支点横向相对位移不应大于 1 mm。

第 10.4.4 条 活载作用下梁体扭转引起的轨面不平顺限值为：以一段 3 m 长的线路为基准，ZK 活载作用下，一线两根钢轨的竖向相对变形量 $t \leqslant 1.5$ mm；实际运营列车作用下，一线两根钢轨的竖向相对变形量 $t \leqslant 1.2$ mm。如图 10.4.4所示。

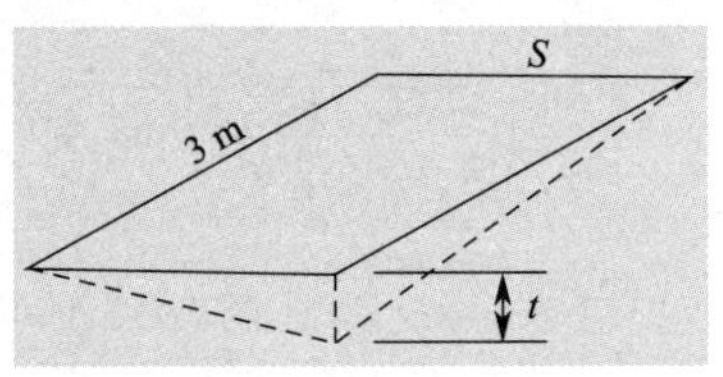

图 10.4.4 桥面允许扭转变形示意图（S 为钢轨中心距）

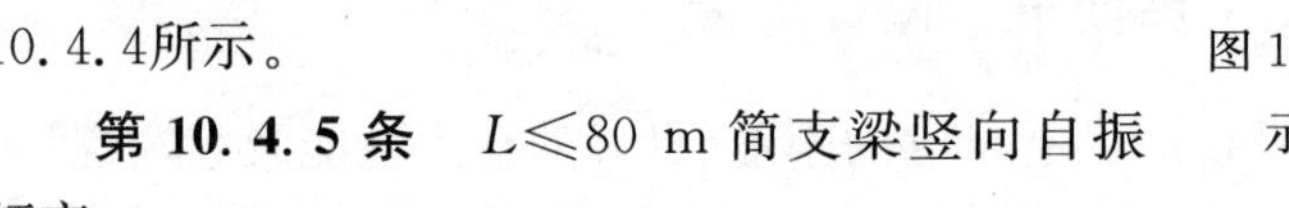

第 10.4.5 条 $L \leqslant 80$ m 简支梁竖向自振频率

简支梁竖向自振频率不应低于下列限值：

$L \leqslant 40$ m 时　　$n_o = 120/L$

$40 < L \leqslant 80$ m 时　　$n_o = 23.58L^{-0.592}$

式中：n_o——简支梁竖向自振频率限值（Hz）；

L——简支梁跨度（m）。

第 10.4.6 条 除静力满足有关规定的要求外，按实际运营客车通过桥梁的车桥耦合动力响应分析结果中的脱轨系数、轮重减载率、轮对横向水平力、车体竖、横向振动加速度、旅客乘坐舒适度指标及桥面板竖向振动加速度，应满足以下要求：

脱轨系数：$Q/P \leqslant 0.8$

轮重竖向减载率：$\Delta P/P \leqslant 0.6$

轮对横向水平力：$Q \leqslant 80$ kN

桥面板在强振频率 20 Hz 及以下的竖向振动加速度：$\leqslant 0.5\ g$

车体竖向振动加速度：$\alpha_z \leqslant 0.13\ g$（半峰值）（$g$ 为重力加速度）

车体横向振动加速度：$\alpha_y \leqslant 0.10\ g$（半峰值）

斯佩林舒适度指标：一般情况 <2.5（优），困难条件 2.5～2.75（良）

第 10.4.7 条 在 ZK 活载、横向摇摆力、离心力、风力和温度的作用下，墩顶横向水平位移引起的桥面处梁端水平折角应不大于 1.0‰。梁端水平折角如图 10.4.7 所示。

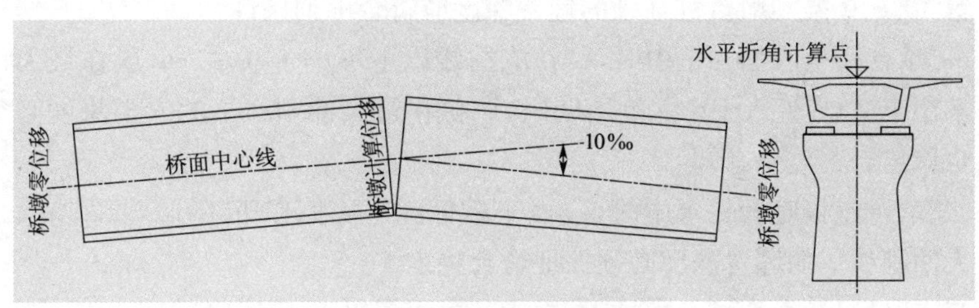

图 10.4.7 水平折角示意图

第 10.4.8 条 安装无砟轨道后，收缩及徐变引起的梁体垂直变形不得大于下列值：

跨度 $L \leqslant 50$ m　　10 mm

跨度 $L > 50$ m　　$L/5\,000$，也不大于 20 mm

第 10.4.9 条 运营桥梁梁跨实测竖向挠度（换算到 ZK 活载时）、竖向自振频率、桥面竖向振动加速度应满足第 10.4.2 条至第 10.4.6 条有关限值的规定。如超过限值，则应检查分析桥梁的技术状态，采取限速或加固、改造措施。

第五节 基础埋置深度与沉降

第 10.5.1 条 墩台明挖基础和沉井基础的基底埋置深度应符合下列条件：

一、冻胀、强冻胀土，在冻结线以下不小于 0.25 m；弱冻胀土，不小于冻结深度的 80%。

注：冻胀土及强冻胀土中的基础埋设深度必须满足冻胀力计算的要求。

二、无冲刷处或设有铺砌防护时，在地面下不小于 2.0 m。

三、有冲刷处，在墩台附近最大冲刷线下应不小于表 10.5.1 所列安全值。

表 10.5.1 基底埋置安全值

冲刷总深度(m)			0	5	10	15	20
安全值(m)	一般桥梁		2.0	2.5	3.0	3.5	4.0
	特大桥(或大桥)，属于技术复杂、修复困难、重要者	设计流量	3.0	3.5	4.0	4.5	5.0
		检算流量	1.5	1.8	2.0	2.3	2.5

注：冲刷总深度为自河床面算起的一般冲刷深度与局部冲刷深度之和。

四、对于不易冲刷磨损的岩石，墩台基础应嵌入基本岩层不小于0.2 m～0.5 m(视岩层抗冲性能而定)。如嵌入风化、破碎、易冲刷磨损岩层，按未嵌入岩层计。

第 10.5.2 条 墩台桩基础的埋置深度应符合下列条件：

一、承台座板底面在土中时，应在冻结线以下不小于 0.25 m，或在最大冲刷线下不小于 2 m(桩入土中深度不明时)。桩在最大冲刷线下的入土深度必须保证墩台稳定。

二、承台座板底面在水中时，应位于最低冰层底面以下不小于0.25 m；或桩在最大冲刷线下的埋置深度必须保证墩台稳定。

三、钻(挖)孔灌注桩为柱桩时，嵌入基本岩层以下不小于 0.5 m。

第 10.5.3 条 基础埋置深度不符合前款规定条件之一的墩台即为浅基墩台，应进行防护、加固或改建。

第 10.5.4 条 墩台基础工后沉降量不应超过下列容许值：

墩台均匀沉降量：　　　　　20 mm

静定结构相邻墩台沉降量之差：5 mm

双线梁分离式桥墩沉降量之差：2 mm

超静定结构相邻墩台沉降量之差应满足设计规定。

第 10.5.5 条 涵洞工后沉降量不应大于 30 mm。

第六节　抗　　震

第 10.6.1 条 桥梁抗震检算，须满足国家现行《铁路工程抗震设计规范》的要求。

第 10.6.2 条 桥梁在多遇地震、设计地震、罕遇地震下应分别满足抗震性能Ⅰ、Ⅱ、Ⅲ的设防目标。

一、对简支梁桥的混凝土桥墩应设有护面钢筋，多遇地震下，应检算墩身及基础的强度、偏心、稳定性；设计地震下，应检算桥梁上、下部结构的连接构造强度。

二、对简支梁桥的钢筋混凝土桥墩，多遇地震下，应检算墩身及基础的强度、稳定性；设计地震下，应检算桥梁上、下部结构的连接构造强度；罕遇地震下，应按延性设计简化计算方法检算非线性位移延性比 μ_u，且满足 $\mu_u < 4.8$。

三、对跨度大于等于 48 m 的预应力混凝土简支梁桥、主跨大于等于80 m 的预应力混凝土连续梁桥，跨度大于等于 64 m 的简支钢梁桥、主跨大于等于 96 m 的连续钢梁桥，墩高大于等于 40 m 的桥梁，以及其他技术复杂、修复困难的桥梁,多遇地震下,应检算墩身及基础的强度、偏心、稳定性;设计地震下,应检算桥梁上、下部结构的连接构造强度;罕遇地震下,应按非线性时程反应分析法进行钢筋混凝土桥墩的延性检算,且满足 $\mu_u < 4.8$。

第 10.6.3 条 墩梁之间应设有防落梁挡块。

第七节 耐 久 性

第 10.7.1 条 桥涵结构应具有足够的耐久性,桥涵主要承重结构应满足 100 年正常使用的要求。

第十一章 技术要求

第一节 桥 面

第 11.1.1 条 桥上不设护轮轨,采用设置防撞墙的形式作为预防列车脱轨后的安全措施。防撞墙高度应根据最小曲线半径时墙顶不低于外轨顶面计算确定,直线、曲线上高度等高。

第 11.1.2 条 直曲线上桥面采用相同的布置。桥面两侧应设置维修作业通道,宽度应不小于 0.8 m。通道外侧必须设置栏杆或声屏障。栏杆的高度不小于 1.0 m。作业通道或栏杆在梁的活动端处不得影响梁的伸缩。

第 11.1.3 条 桥面宽度应符合下列要求:

一、桥面线间距为 5.0 m。

二、线路中心线距防撞墙内侧最小距离不应小于 2.2 m。

三、线路中心线距接触网支柱内侧最小距离不应小于 3.0 m。

四、线路中心线距作业通道栏杆或声屏障内侧最小距离不应小于4.1 m。

桥梁桥面布置见图 11.1.3。

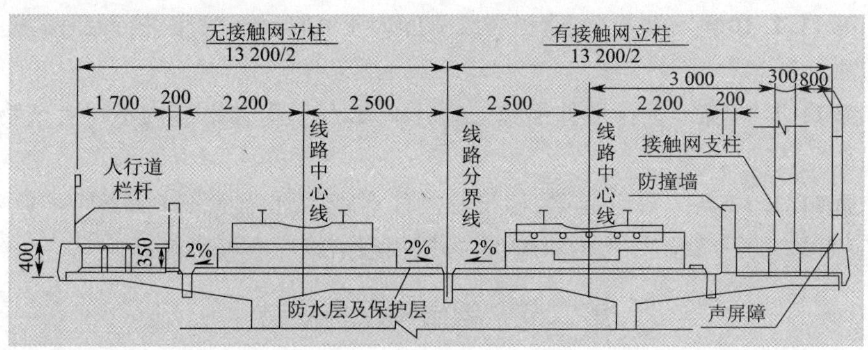

图 11.1.3 桥面布置图(设置维修作业通道)(单位:mm)

第 11.1.4 条 接触网支柱可设在桥墩上，也可设在桥面上。曲线地段接触网支柱内侧边缘至线路中心净距应满足建筑限界加宽的要求。当接触网支柱设置在桥面上时，不宜设在梁跨跨中。

第 11.1.5 条 主梁翼缘悬臂板端部应设钢筋混凝土遮板，防止雨水等流经梁体，遮板受损后可以局部更换。

第 11.1.6 条 桥面必须设置性能良好的防、排水设施。

桥面上铺设的防水层应密闭有效，在桥梁纵向伸缩缝处应设防水伸缩缝。客运专线桥梁混凝土桥面防水层修补工艺见附件 5。

桥面横向应设置排水坡，坡度不得小于 2%。排水管道宜设于防撞墙的内侧或桥梁中心处，管道内径应根据实际排水量要求确定，一般不宜小于 150 mm，排水管出水端须伸出梁体，长度要保证排水不污染梁体、墩台。穿越居民区和道路的桥梁，应设横向排水管，将桥面排水集中排放。

框构桥顶面应做成向线路两侧的排水坡，不得将框构桥顶面的水排向路基以内。

梁体防排水设施出现以下问题应及时处理：

一、梁端伸缩缝破损、渗漏水，排水管、伸缩缝渗漏水。

二、过水孔堵塞。

三、排水管破损、堵塞。

四、箱梁箱室内积水。

第 11.1.7 条 防撞墙每 2 m 设 10 mm 断缝，并以橡胶或弹性嵌缝胶填塞，防撞墙下端设过水孔，并做防水处理。

第 11.1.8 条 电缆槽内不得有易堵塞排水孔的杂物，以利排水畅通。

第 11.1.9 条 桥上设置的声屏障应有足够的高度，其底部与桥面结构之间不应留有缝隙，其纵向亦应连续设置不留缝隙。梁缝处的声屏障结构应能适应梁的伸缩变化。

第 11.1.10 条 防撞墙、遮板裂纹宽度大于 0.3 mm 时应进行处理，防止钢筋锈蚀。

第 11.1.11 条 防撞墙伸缩缝失效后应及时处理，伸缩缝内不得有杂物、不得积水。

第 11.1.12 条 进行起梁、移梁及拨移支座、捣垫砂浆、整治支座作业等施工，应考虑对桥上轨道结构的影响，并采取相应措施后方可实施。

第二节 钢结构保护涂装

第 11.2.1 条 结合梁、钢管拱、疏散通道、吊篮及围栏、防落梁设施、限高防护架等钢结构都应保护涂装，防止钢结构生锈。

第 11.2.2 条 在涂装底漆前，应将表面的污泥、油污、铁锈、旧漆皮和氧化皮彻底清除干净。清除方法：结合梁、钢管拱采用喷砂、喷丸清理；疏散通道、吊篮、围栏、防落梁装置、限高防护架等附属钢结构可采用手工清理，严禁使用腐蚀性物质清理钢表面。

第 11.2.3 条 清理标准达到《涂装前钢材表面锈蚀等级和除锈等级》(GB 8923)相应清理等级的要求。

第 11.2.4 条 钢梁板层之间大于 0.5 mm 的缝隙须将缝内污垢和铁锈清除干净，在第一道底漆干燥后，用石膏腻子填塞，待腻子表面干燥后，方可继续进行涂料涂装。小于 0.5 mm 的缝隙可用涂料封闭。

第 11.2.5 条 运营中的钢结构重新涂装，按《铁路钢桥保护涂装》(TB/T 1527)标准执行。

第三节 钢 结 构

第 11.3.1 条 钢结构应具有要求的刚度、强度和稳定性。运营中应根据钢结构形式，加强对各部联结节点、杆件、螺栓、焊缝的检查养护，使其经常处于良好状态。对承载力或刚度不足、结构不良的钢梁，应进行加固或更换，确保行车安全。

第 11.3.2 条 钢结构应保持清洁，要经常清扫污垢、尘土。钢梁上的存水处所应设直径不小于 50 mm 的泄水孔，钻孔前须对杆件强度进行检算。

第 11.3.3 条 当钢梁杆件伤损容许限度超过规定值时，应及时进行整修、加固或更换(经检定不影响钢梁正常使用者除外)。

第 11.3.4 条 结合梁钢梁部分有下列状态之一时，应及时处理：

1. 受拉翼缘边裂纹长度≥5 mm，焊缝处裂纹长度≥10 mm。

2. 纵梁受压翼缘板件断面削弱达 20%以上。

第 11.3.5 条 对于结合梁，若在焊缝上及其附近发现裂纹，可根据裂纹位置、性质、大小及数量，采取以下相应措施：

一、在裂纹的尖端钻圆孔，孔的直径大致与钢板厚度相等，但最大不超过 32 mm，裂纹的尖端，必须落入孔中。

二、用高强度螺栓连接拼接的方法进行加固。加固前裂纹尖端处凡能钻孔者均应钻孔。

三、抽换杆件或换梁。

第 11.3.6 条 结合梁的竖向加劲肋焊缝开裂应重新加固。

第 11.3.7 条 对于系杆拱，应加强拱肋及横撑焊缝的检查，发现焊缝有裂纹时，应妥善处理。采用钻孔法处理时，应对钻孔进行防水处理。

第 11.3.8 条 禁止使用电焊加固或采用电焊联结钢结构主梁的方式增加检查和安全设备。

第 11.3.9 条 相邻钢梁间及梁端与桥台挡砟墙（胸墙）间的净距，必须满足梁跨的正常伸缩。

第四节 钢筋混凝土和预应力混凝土梁

第 11.4.1 条 钢筋混凝土和预应力混凝土梁应具有要求的强度、刚度、抗裂、抗渗和整体稳定性，并经常保持状态良好。如发现下列状态，应及时处理：

一、防排水设施失效，梁体表面泛白浆。

二、混凝土保护层中性化大于 20 mm。

三、钢筋混凝土梁沿主筋裂纹流锈水。

四、钢筋混凝土梁碱—集料反应导致梁体产生裂纹。

五、钢筋混凝土梁和预应力混凝土梁恒载裂缝宽度大于表 11.4.1 规定的限值。

表 11.4.1 钢筋混凝土和预应力混凝土梁恒载裂缝宽度限值

梁别	裂缝部位	最大裂缝限值(mm)
预应力混凝土梁	下缘竖向及腹板主拉应力方向	不允许
	纵向及顺主筋方向	≤0.2
	横隔板竖向裂缝	不允许
钢筋混凝土梁及框构	主筋附近竖向	≤0.25
	腹板竖向及斜向	≤0.3

六、相邻跨梁端或梁端与桥台胸墙间顶紧，或相邻跨作业通道栏杆顶紧，影响梁跨自由伸缩。

七、意外事故造成梁体混凝土局部溃碎或钢筋变形、折断。

八、封锚混凝土脱落，锚头锈蚀。

第 11.4.2 条 钢筋混凝土梁或预应力混凝土梁严重裂损，可采用修补、灌浆、表面封闭、加固等办法处理。若病害严重、危及行车安全，应进行更换或改建。

第 11.4.3 条 箱形梁应符合下列要求：

一、应根据需要设置进人孔，进人孔宜设置在两孔梁梁缝处或梁端附近的底板上。

二、梁内净空高度不宜小于1.6 m。

三、底板应设排水孔，在排水孔周围应配置补强钢筋。梁室内不得积水。

第11.4.4条 预应力混凝土梁的封锚及接缝处，应在构造上采取防水措施，防止雨水渗入。

第11.4.5条 墩台上相邻钢筋混凝土梁间、梁端与墩台挡砟墙（胸墙、异型墩帽）间的间距，应能保证梁体自由伸缩。

第11.4.6条 发现梁体表面有湿润渗水、流锈水白浆时，应查明防水层、泄水管状态，如有破损应进行修理，必要时予以更换或增设。

第五节　其他结构形式的桥梁

第11.5.1条 钢-混凝土结合结构应符合下列规定：

一、钢结构部分，按结构物类型应符合现行《铁路桥梁钢结构设计规范》（TB 10002.2）的有关规定。

二、结合梁应预设上拱度，但当静活载产生的总挠度不超过跨度的1/16 000或3 mm时可不设上拱度。

第11.5.2条 系杆拱应符合下列规定：

一、吊杆及锚具防水措施良好，不得锈蚀。

二、吊杆在梁上的锚固部位混凝土裂纹大于0.2 mm时应及时处理。

三、梁端封锚混凝土裂纹大于0.3 mm时应及时处理，避免锚具锈蚀。

四、拱脚与拱肋、拱脚与梁体连接部位混凝土裂纹不得大于0.25 mm。

五、系杆拱梁部技术要求参照本章第四节。

第六节　支　　座

第11.6.1条 支座的构造和布置应符合下列规定：

一、采用可调高盆式橡胶支座，简支梁采用TGPZ或KTPZ调高盆式橡胶支座，连续梁采用ALGATMT调高盆式橡胶支座。

二、盆式橡胶支座按其使用性能分为：多向活动支座、单向活动支座、固定支座、抗震型固定支座。其质量应满足《铁路桥梁盆式橡胶支座》（TB/T 2331）的要求。

三、横向宽度较大的梁，其支座部分必须能横向移动及转动。

四、对斜交梁，支座中心连线与梁轴斜交，支座纵向位移方向应与梁轴线一致。

五、支座应满足检查、维修和更换的要求。

第11.6.2条 固定支座应设在纵向水平作用力的前端，一般规定：

一、在坡道上，设在较低一端。

二、在车站附近，设在靠车站一端。

三、在区间平道上，设在重车方向的前端。

如遇上述条件不一致时，按水平力作用影响较大的情况设置，一般应先满足坡道的要求。

四、除特殊设计外，不应将顺桥方向相邻两孔的固定支座安设在同一桥墩上。

第 11.6.3 条　支座安装及使用应满足如下要求：

一、应满足梁跨最大转角及水平位移的需要。

二、梁底与墩台间净高度不得小于 30 cm。

三、固定支座、横向活动支座顺桥向及纵向活动支座横桥向所承受的水平力不小于支座竖向承载力的 10%；抗震型固定支座不小于 20%。

四、支座位置安装正确，支座与梁底及垫石间必须密贴无缝隙，水平各层部件间应密贴无缝隙。活动支座滑动面应保持洁净滑润，保证梁跨自由伸缩、转动。

五、支座锚栓直径应符合设计规定，但不小于 25 mm，锚栓埋入墩台深度不得少于 300 mm。支座预留锚栓孔必须填满捣实。

六、钢质部分防腐涂装应采用 TB/T 1527 规定的第 6 套涂装体系。

七、聚四氟乙烯板的厚度不得小于 7 mm。其背面需经表面活化处理后，镶嵌并粘结在基层钢板中，嵌入基层钢板中的厚度不应小于板厚的 1/2。

八、铸钢件上支座板、下支座板、盆环外径以外底板裂纹长度与所在面沿裂纹方向长度之比≤1/3，深度不大于所在板厚的 1/2，整件上裂缝个数不超过 1 个；下支座盆环不允许出现裂纹。

九、安装、使用允许偏差应满足表 11.6.3 的规定。

表 11.6.3　安装、使用允许偏差

序号	项　目		允许偏差(mm)
1	支座下座板中心与墩台上支座设计中心纵向错动量	墩台高度<30 m	20
		墩台高度≥30 m	15
2	支座下座板中心与墩台上支座设计中心横向错动量	墩台高度<30 m	15
		墩台高度≥30 m	10
3	同端支座中心横向距离	偏差与桥梁设计中心对称时	+30 −10
		偏差与桥梁设计中心不对称时	+15 −10

续上表

序号	项　目		允许偏差(mm)
4	支座板四角高差		1
5	上下座板中心十字线扭转		1
6	同一梁端两支座高差		1
7	一孔箱梁四个支座中,一个支座不平整限值		3
8	固定支座上下座板及中线的纵、横向错动量		1
9	活动支座中线的纵、横向错动量(按设计气温定位后)		3
10	聚四氟乙烯板的外露高度	直径或对角线 $\phi\leqslant600$	+0.5 0
		直径或对角线 $600<\phi\leqslant1\,200$	+0.6 0
		直径或对角线 $\phi>1\,200$	+0.7 0

第 11.6.4 条　盆式橡胶支座出现下列状态之一时,应及时处理:

一、盆环开裂或脱焊。

二、聚四氟乙烯板磨耗严重,外露厚度不足 0.2 mm。

三、位移或转角超限,位移量超过设计值 10 mm,转角超过设计值的 20%。

四、锚栓剪断数量超过 25%。

五、聚四氟乙烯板滑出不锈钢板达 10 mm。

六、橡胶密封圈脱落或外翻。

第七节　桥梁墩台

第 11.7.1 条　桥梁下部结构一般采用混凝土或钢筋混凝土墩台,不得采用柔性结构。选用的墩台类型应能保证桥梁和轨道结构的安全、舒适、耐久和良好的动力性能。结合桥梁所处的地域、地形、水文、立交等条件,桥墩类型宜成段统一,桥梁上、下部结构整体应适应景观协调要求。

第 11.7.2 条　桥墩台顶面尺寸应满足架设、养护和支座更换及顶梁的要求,并应设排水坡。

第 11.7.3 条　桥梁墩台在列车动活载作用下应具有足够的刚度,实测墩顶横向最大振幅和最低频率应满足《铁路桥梁检定规范》限值的规定。如超过限值规定,应查明桥墩的技术状态,必要时进行加固或采取保安措施。

第 11.7.4 条　桥梁墩台应具有要求的强度、刚度、抗裂、抗渗和整体稳定性，并经常保持状态良好。如发现下列状态，应及时处理：

一、混凝土保护层中性化大于 20 mm。

二、桥梁墩台恒载裂缝宽度大于表 11.7.6 规定的限值。

三、意外事故造成墩台混凝土局部溃碎或钢筋变形、折断。

四、位于盐碱区的墩台，水中或土中部位腐蚀深度大于 20 mm。

第 11.7.5 条 桥梁墩台严重裂损，可采用修补、灌浆、表面封闭、加固等办法处理。墩台倾斜、下沉、冻害等病害，可采用地基加固、加深或扩大基础等办法处理。

第 11.7.6 条 桥梁墩台恒载裂缝宽度限值如表 11.7.6 所列。

表 11.7.6 桥梁墩台恒载裂缝宽度限值

<table>
<tr><th>墩 别</th><th colspan="2">裂缝部位</th><th>最大裂缝限值(mm)</th></tr>
<tr><td rowspan="5">墩 台</td><td colspan="2">顶 帽</td><td>≤0.3</td></tr>
<tr><td rowspan="3"></td><td>经常受侵蚀性环境水影响</td><td>有筋 0.2，无筋 0.30</td></tr>
<tr><td>常年有水但无侵蚀性</td><td>有筋 0.25，无筋 0.35</td></tr>
<tr><td>干沟或季节性有水河流</td><td>≤0.4</td></tr>
<tr><td colspan="2">有冻结作用部分</td><td>≤0.2</td></tr>
</table>

第 11.7.7 条 易积水的混凝土表面，均应设不小于 3% 的排水坡。

第 11.7.8 条 连续梁活动支座墩上防震设施与梁体之间应留有缝隙，缝隙大小按设计规定执行。

第 11.7.9 条 空心墩设检修门并加锁。

第 11.7.10 条 桥墩结构加固混凝土强度等级不低于原设计的标准。

第 11.7.11 条 对有冻害的桥墩应予以整治，在未彻底整治前须采取防冻措施。

第八节 涵 洞

第 11.8.1 条 涵洞宜采用钢筋混凝土矩形框架涵。涵洞顶至轨底的填料厚度不宜小于 1.20 m。

第 11.8.2 条 涵洞必须保持状态完好，如发现下列状态之一时，应及时处理：

一、钢筋混凝土结构裂缝宽度 $b \geqslant 0.3$ mm。

二、涵身破损变形、错位、拉开造成漏土或排水不畅。

三、因涵顶防水黏土冻害引起线路变形。

四、涵身、端、翼墙基础冲坏、基底全部或局部冲空。

五、涵洞基底冒水潜流，洞内渗漏水，影响路基稳定。

六、涵洞严重腐蚀风化、脱落深度≥20 mm，面积≥0.5 m^2。

七、涵洞淤积严重影响排洪。

八、进出口护锥及防护设施冲毁。

第 11.8.3 条 排洪涵洞的最小孔径不应小于 1.25 m，且全长不超过 25 m。当全长超过 25 m 时，为便于养护，孔径应相应加大。无淤积的灌溉涵孔径应不小于 0.75 m，且 h<1.0 m 时，长度不宜超过 10 m；当h≥1.0 m时，长度不宜超过 15 m。城市或车站范围内涵洞的孔径，需酌情加大。

第 11.8.4 条 涵身应铺设防水层，并做好沉降缝、伸缩缝的防水工作，确保不漏水。

第 11.8.5 条 涵洞如有满流情况时，可采用在入口处抬高管节及增砌漏斗形进口的办法处理，必要时应进行改建或扩孔。涵管裂损严重或管节离缝过大，如孔径容许，可在洞内加筑衬环或套环。

第九节 河道、防护设备及调节河流建筑物

第 11.9.1 条 为了保证洪水和流冰的正常通过，必须清除桥涵附近河道的淤土等杂物。

第 11.9.2 条 有流冰的河流，在墩台前应设有破冰棱和其他防冰设施。

第 11.9.3 条 对经常遭受车船碰撞，或有碰撞可能的桥墩台和梁跨应采取防护措施。

第 11.9.4 条 对桥长大于 50 m，且跨度大于等于 16 m 埋深不足的桥梁基础，宜采用钻孔桩托换的方法进行加固。

第 11.9.5 条 遇有下列情况时，应修建或加固防护设备和调节河流建筑物，也可根据具体情况，对河道作适当的截弯取直。

一、水流威胁桥台、桥头路基及淘刷桥头路基的堤脚。

二、河道变迁，水流流向不顺，造成集中冲刷，影响局部墩台的稳定。

三、防护设备或调节河流建筑物位置不当，数量不够，强度不足，可能造成冲毁或损坏。

第十节 安全检查设备

第 11.10.1 条 为便于桥涵的检查及养护，应根据桥涵结构特点，设置必要

的安全检查设备。

第 11.10.2 条 为便于对涵洞、护锥、桥下进行检查，当路堤边坡高度大于 3 m 时，宜设置台阶。

第 11.10.3 条 旱桥、高架桥下应有便道可到达各桥孔，高度低于 15 m 的桥梁，可采用移动升降式桥梁检修车进行检修作业；旱桥、高架桥无便道到达各桥孔的桥梁、高度高于 15 m 的桥梁以及桥下长期有水无法到达的桥梁，可采用走行在桥面上的桥梁检修车进行检修作业。

第十一节 其 他

第 11.11.1 条 桥涵建筑物上安装高压电缆、电线、各种管路等设备，应有可靠的安全措施，并经公司和铁路局批准。任何情况下，上述设备的安装，必须限于桥涵承载力容许范围内，并不得侵入限界及妨碍桥涵的检查修理工作。

原则上，路基下不得增设立交桥涵，特殊情况应进行综合研究论证，并应与工务段协商，报公司和铁路局批准后，按有关规定实施。

第 11.11.2 条 桥涵建筑物上安装的各种设施，穿越铁路修建桥涵设备，应按有关规定明确产权归属，并与工务段签订养护管理协议，明确安全责任。

第十二章 检 查

第一节 检查制度

第 12.1.1 条 桥涵检查包括：水文观测、经常检查、定期检查、临时检查、专项检查、检定试验等。各项检查必须建立相应考核制度，保证各项检查工作的落实。

第 12.1.2 条 工务段、工务维修组、技术室应建立检查登记簿、病害观测记录簿，并按规定认真填写，保证数据准确可靠。

第 12.1.3 条 为保证检查的精度，应配备必要的检查工具和仪器、仪表，并定期标定，统一计量标准。

第 12.1.4 条 根据检查工作量及技术难度可委托具有相应资质的单位完成检查任务。

第二节 水文观测

第 12.2.1 条 凡需要了解墩台基础冲刷、河床变化、河道变迁、流量、冰凌等情况的桥梁，均应进行河床断面、水位、洪水通过时流速、流向、结冰及流冰情况的观测。

其他有洪水通过的桥梁和涵洞，只需观测最高洪水位。

第 12.2.2 条　河床断面测量：

一、测量时间——至少每年洪水后测量一次。

二、测量地点——一般在桥下及桥梁上下游各 25 m 的三个断面上进行，每次测量的断面应固定。

三、测量范围——应在桥梁全长或河道范围内进行。

四、测点位置——应能明确表示出河床断面，每隔 10 m 左右一个测点，必要时应增加测点；每次测量应在固定的测点上进行。

五、在必须了解墩周冲淤变化时，应以桥墩中心为圆心，一定距离为半径，测量该范围内的水下地形。

六、为了解翼墙、护锥的冲刷情况，应在其周围另加测点或潜水摸测。

七、每次测量结果，应绘在图纸上，用不同色笔绘制历年冲刷总图，每五年更换一次。图上应绘有各种水位、轨底、墩台顶、基底、河床的标高以及水深、墩台中心线及河床断面。

第 12.2.3 条　凡有洪水通过的桥涵，应在上游设置稳固而垂直的水标尺或用涂料画在墩台侧面的上游处或涵洞的进口端。

水标尺的起点须与国家水准基点高程相联系，应标出历史最高洪水位和发生年月日。

第 12.2.4 条　排洪桥涵应记录当年最高洪水位。

第 12.2.5 条　洪水通过情况的观测：

一、洪水通过时，应观测水位变化，以及有无旋流，斜流、流木、漂浮物等情况，同时应监视墩台、调节河流建筑物、防护设备和桥头路基是否正常。对排洪能力不足和墩台稳定有疑问的桥涵，应特别加强观测。

二、对冲刷严重的墩台，可在该处设置自动记录的测深装置或在洪水通过时使用铅鱼进行测深，必要时使用仪器测深。

三、洪水过后，须立即检查河道、河床、防护设备、调节河流建筑物和桥头路基的状态。

第三节　经常检查

第 12.3.1 条　桥涵建筑物的经常检查管理责任部门为工务段，由工务维修组技术室负责经常检查工作。

第 12.3.2 条 技术室每季应对拱桥、结合梁桥和其他重要桥涵设备(由工务段规定)检查一遍;每半年对桥面全面检查一遍;每年所有桥涵设备进行一次全面检查。

第 12.3.3 条 技术室对每次检查情况,应认真填写《桥隧检查记录簿》(工桥—1),发现重要病害或病害发展较快时,应及时逐级上报,必要时绘制病害示意图,记入桥隧登记簿或桥隧卷宗内。

第 12.3.4 条 工务维修组应编制检查计划,经工务段批准后,由技术室执行。

第 12.3.5 条 技术室应配备检查工具、仪器及仪表等检查设备,并按规定进行计量检定。

第 12.3.6 条 工务段主管领导及工务维修组组长每年应有计划地检查技术复杂及有严重病害的桥涵设备。

第四节 定期检查

第 12.4.1 条 定期检查工作由工务段根据铁路局的要求组织进行。技术复杂的桥涵设备,工务段主管领导必须亲自检查,铁路局应有重点地进行检查。

第 12.4.2 条 春融及汛前,应对桥涵设备的排水、泄洪及度汛防护设施进行一次检查。秋季(三季度),应对桥涵设备进行全面检查,据以拟定病害整治措施、安排设备改善计划,确保行车安全。

第 12.4.3 条 对桥涵设备的检查,根据需要,必要时用仪器检测或试验,以查明各种病害情况及发生原因。

第五节 临时检查

第 12.5.1 条 临时检查由工务段组织进行,必要时由铁路局组织进行。

第 12.5.2 条 临时检查是当设备遭受地震、洪水、台风、火灾及车船撞击等紧急情况或发生突发性严重病害时,为及时得到结构物状态的信息而进行的检查。

第六节 专项检查

第 12.6.1 条 专项检查工作由工务段组织进行。

第 12.6.2 条　选择重点有代表性的桥梁孔跨进行挠度、上拱度测量，开始运营后第一年，每季进行一次观测，第二年每半年进行一次观测，第三年起每年进行一次观测或根据情况确定观测周期。

测量挠度时，可先测动活载所产生的挠度，必要时复测静活载所产生的挠度。上拱度的测量应使用桥面上的预设测点，在恒载、气温比较恒定的夜间或阴天条件下进行。

第 12.6.3 条　墩台变形测量、上拱度测量、梁体与轨道底座板相对位移测量根据本规则测量篇相关章节实施。

第 12.6.4 条　判断墩台及基础是否存在严重病害，可通过测量墩台顶水平横向振动，与同类型墩台相比较，观测其波形、振幅和频率来进行。

判断桥墩水下墩身和基础有无裂损、冲空时，可使用水下摄影、摄像或摸探进行。

第七节　检定与试验

第 12.7.1 条　桥梁检定工作按铁道部有关规定执行。

第八节　检 查 重 点

第 12.8.1 条　钢管拱、结合梁的钢结构部分应重点检查以下内容。

一、杆件及其联结螺栓、焊缝的伤损状态及其发展情况；要特别注意严寒季节发生杆件裂纹和断裂。

二、钢梁角落隐蔽部位锈蚀情况。检查可使用探伤仪器和手工结合等方法进行。

三、主梁与横梁联结处母材、焊缝、高强螺栓。

四、主梁、横隔板的对接焊缝。

五、受拉及受反复应力杆件上的焊缝及临近焊缝热影响区的钢材。

六、杆件断面变化处焊缝。

七、加劲肋、横隔板及支座焊缝。

八、桥面板混凝土与钢梁联结部位的共同作用是否良好，并检查受拉部位和接合部位有无裂纹、流锈和滑动。

九、系杆拱吊杆、锚具防护及锈蚀状态检查。

十、钢管拱肋内混凝土填充情况以及与钢管脱空情况，可采用敲击或超声波检查。

第 12.8.2 条 钢筋混凝土桥梁和墩台应重点检查观测以下内容。

一、检查桥面防水层是否有破损和开裂、泄水孔是否堵塞、梁端止水带是否脱落破损、防撞墙是否开裂掉块，人行道板是否损坏缺少、遮板和栏杆是否端部挤死、桥面是否积水等，并要检查轨道底座板和桥面接缝处、轨道支撑挡块和桥面接合处的状态。

二、箱梁内应检查排水管是否破损漏水、梁内是否积水、封锚混凝土是否开裂脱落、异形墩梁端与桥墩是否挤死。

三、系杆拱拱脚与拱肋、拱脚与梁体连接部位以及吊杆在拱梁上的锚固混凝土是否有裂纹。

四、梁体应检查是否有渗水、流白浆情况，梁体外排水管有无破损和漏水。

五、桥墩应进行裂缝、腐蚀、倾斜、滑动、下沉、冻融、空洞等病害。

六、混凝土中性化检查。

七、铁路跨公路立交桥应检查限高防护架是否存在缺少、变形和损坏。

八、桥下河床冲淤情况。

第 12.8.3 条 盆式橡胶支座应重点检查以下内容。

一、盆式橡胶支座锚栓有无剪断，支座的橡胶密封件有无老化、外翻现象。

二、检查活动支座的相对位移值是否均匀。

三、检查支座高度变化情况。

四、检查并注意保护支座的调高预留孔，防止调高预留孔的损伤给支座调高带来的困难。

五、检查盆式橡胶支座钢件裂纹、脱焊、锈蚀，聚四氟乙烯板磨损，支座滑动面脏污，位移转角超限。

六、检查防尘围板或防尘罩的防尘性能。

七、检查支撑垫石是否有裂损、积水。

第 12.8.4 条 涵洞应重点检查以下内容。

一、涵身是否变形、裂损、露筋、漏水、漏土。

二、涵内是否淤积。

三、基底是否冒水、潜流造成基底淘空等。

四、铺砌、河调等防护设施完好程度。

五、涵洞两侧排水是否畅通。

第九节　检查设备配置

第 12.9.1 条 技术室应配备必要的检查工具、仪器、设备。工务段应制定桥梁检查工具、仪器、设备管理办法和操作规程，定期维护和标定，确保状态良好。

第十节　状态评定

第 12.10.1 条　为了切实掌握并改善设备状态，合理安排修理计划，工务段每年秋季根据检查结果，对每座桥涵建筑物按照《铁路桥隧建筑物状态评定标准》进行一次状态评定，填写《铁路桥隧建筑物状态评定记录表》及《桥隧建筑物状态评定明细表》，并汇总填写《桥隧建筑物状态报告表》，提出病害发生原因、增减情况等状态分析报告，报公司及铁路局，铁路局审查汇总后于 10 月底报铁道部。

第十一节　技术文件

第 12.11.1 条　桥涵设备管理、修理和防灾工作要全部实行信息化管理，实现对桥涵设备状态、灾害的有效监控。

第 12.11.2 条　桥涵登记簿。每座桥涵设备均应建立登记簿，记载主要病害及检查监测结果、设备改善情况以及建筑物上发生的重要事件（如水害、撞击等）。桥涵登记簿由技术室填写和保管。

第 12.11.3 条　桥涵设备图表和秋检报告。主要记载桥涵设备的基本特征和技术状态，由工务段编制，建立数据库，分存工务段、铁路局和铁道部运输局，并根据设备变化情况，实行动态修正。为便于查阅和使用，工务段可将桥涵设备的基本技术特征编制成概况表，分存于工务维修组、工务段和铁路局。

第 12.11.4 条　桥涵卷宗。桥涵设备应建立专门的卷宗，汇集桥涵的历史、设计、施工、检定、水害等有关的图纸、照片、文件等技术资料，由铁路局、工务段分别建立和保管。

第十三章　维修管理

第一节　维修组织

第 13.1.1 条　桥涵建筑物的维修采取综合维修与经常保养相结合的方式进行，维修管理工作由工务段负责。工务段应根据实际情况确定综合维修和保养周期，制定相应的考核制度，确保桥涵设备维修工作的落实。

第 13.1.2 条　工务段编制年度分月维修计划，经铁路局批准后实施；工务维修组根据规定的检查、保养、维修周期和管辖的桥涵建筑物实际状态，编制月度保养、检查、维修计划，经工务段批准后下达给相应桥梁维修队实施。

第 13.1.3 条 工务段每月应对工务维修组、维修队经常保养和综合维修质量进行现场检查考核；工务维修组对维修队也应进行相应的考核。

第 13.1.4 条 桥涵换算长度(m)的计算标准如下：

一、跨度 40 m 及以上结合梁、钢管拱桥维修长度每米折合 1.5 桥涵换算米。

二、跨度 40 m 以下结合梁维修长度每米折合 1.0 桥涵换算米。

三、无砟轨道混凝土箱形梁桥维修长度每米折合 0.35 桥涵换算米。

四、涵洞维修长度每米折合 0.2 桥涵换算米。

五、调节河流建筑物及桥涵上下游防护设备每 1 m^3 体积折合 0.025 桥涵换算米。

六、天桥比照桥梁，地道按维修长度每米折合 0.4 桥涵换算米。

七、“铁跨公”立交桥涵限高防护架：钢管或型钢防护架——每吨钢材折合 1 换算米；钢轨防护架——每吨钢材折合 0.5 换算米；混凝土防护架——每米(按跨度)折合 0.2 换算米。

注：1. 维修长度指需要维修的桥涵建筑物长度。单线桥梁等于全长，双线或多线桥梁等于各线全长之和；单孔涵洞等于全长，双孔及以上涵洞等于各孔轴长之和；

2. 桥梁全长指两桥台边墙外端(包括托盘及基础)间的距离，两边墙不相等时以短边计，曲线桥为中心线上墩台之间各段折线之和；涵洞全长指两端墙外端间的中心轴线长度。

第二节 综合维修

第 13.2.1 条 桥涵建筑物综合维修应全面推行状态修，按照年度维修计划分月组织实施。

第 13.2.2 条 综合维修工作范围：

一、梁部：结合梁桥、拱桥钢结构局部维护性涂装、死角防锈、更换失效螺栓，进人孔盖板更换；混凝土梁裂纹露筋修补、修理局部失效防水层、排水系统局部整修、梁端伸缩缝整修。

二、支座：整治空吊翻浆，处理折断锚栓，整修防尘装置，支座钢质部分涂装，整修墩顶排水坡等。

三、墩台基础：病害墩台整治，裂纹缺损修补，顶面排水处理，基础防护整修等。

四、涵洞:裂纹整治、砌体勾缝、抹面、小量喷浆和压浆,排水设备的修理和部分增设。接缝渗漏处理,淤积清理疏通,进出口铺砌整修等。

五、附属设备:

1. 桥梁防护设备及河调建筑物整修;

2. 各种防护设备的砌体勾缝修补;

3. 防撞墙、作业通道、安全检查设备、抗震设施局部整修;

4. 各种桥涵标志的增设、修理和更换;

5. 桥涵上下游各 30 m 河道范围内清理;

6. 桥涵限高防护架整治修复。

第 13.2.3 条 综合维修计划编制与实施。

一、桥涵综合维修年度计划(工桥－7)由工务段编制,经铁路局和公司批准后实施。其完成情况由工务维修组和工务段按月统计,逐级上报(工桥－8)。

二、每座设备的月度维修计划(工桥－9),由工务维修组根据年度计划的安排,以工作量调查结果为依据编制,经工务段批准后执行,由工务维修组组织实施。

第 13.2.4 条 综合维修作业应执行相关的作业标准,实行质量控制,保证达到规定的质量要求。

第 13.2.5 条 综合维修作业质量验收。

一、桥涵综合维修作业质量的验收,由工务段组织进行。

二、作业过程中,维修队每天应在作业中及收工前进行质量自检、互检和回检,发现不符合标准的项目应组织返修达标。维修队要加强对钢梁涂装和隐蔽工程项目的检查,检查情况都应填记在日计划完成表或施工记录上。

三、当月综合维修项目全部完工后,应按《桥涵维修作业验收标准》(表 13.2.5)的有关规定,进行质量验收评定。质量验收评定执行三级验收制度,先由维修队组织全面检查,初检合格后,报请工务维修组复验,复验合格后,报请工务段验收。如发现不合格处所,由工务维修组继续组织整修,整修合格后再报请工务段复验。

四、每月进行维修项目验收时,维修队、工务维修组、工务段均应将验收情况记录在《桥涵综合维修验收证》(工桥－11)内,填写验收质量评定结果。

五、综合维修作业质量评定分为优良、合格、不合格三个等级。全部项目一次验收达到合格及以上,主要项目均达优良即评为“优良”;全部项目达到合格及以上，可评为“合格”，否则为“不合格”。若出现不合格处所，经返修复验合格，只能评为“合格”。

表 13.2.5 桥涵维修作业验收标准

分类	工作项目	质量标准		附注
		优良	合格	
一、桥面整修	1. 防水层	(1)基面平整无坑洼； (2)防水层涂膜平均厚度不得小于2.0 mm，无裂纹或起泡脱皮现象； (3)新旧防水层连接良好	(1)基面平整无坑洼； (2)防水层涂膜平均厚度不得小于2.0 mm，无裂纹或起泡脱皮现象； (3)新旧防水层连接良好	
	2. 防撞墙	(1)伸缩缝填充完好； (2)无露筋掉块、裂纹； (3)过水孔通畅、防水完好	(1)伸缩缝填充完好； (2)裂纹小于 0.3 mm； (3)过水孔通畅、防水完好	
	3. 栏杆	(1)栏杆平直，联结牢固，无扭曲，10 m弦矢度小于 10 mm； (2)栏杆构件无缺少、裂损； (3)梁端断开，活动端处能与梁体共同移动； (4)螺杆、螺帽及垫圈除锈彻底，沾油厚度适宜； (5)螺杆无不满帽现象； (6)各种垫圈符合标准无缺少	(1)栏杆平直，联结牢固，无扭曲，10 m弦矢度小于 10 mm；，矢度小于 20 mm； (2)栏杆构件无缺少、裂损； (3)梁端断开，活动端处能与梁体共同移动； (4)螺杆、螺帽及垫圈除锈彻底，沾油厚度适宜； (5)螺杆无不满帽现象； (6)各种垫圈符合标准无缺少，缺少垫圈不超过 5%	
	4. 人行道	(1)钢筋布置、混凝土强度符合要求； (2)步板尺寸符合要求，四角整平，连接牢固，混凝土板平整无裂无损，边缝填塞饱满； (3)电缆槽防水完好，各过水孔通畅	(1)钢筋布置、混凝土强度符合要求； (2)步板尺寸符合要求，四角整平，连接牢固，混凝土板平整无裂无损，边缝填塞饱满； (3)电缆槽防水完好，各过水孔通畅	
	5. 梁间横向伸缩缝	(1)伸缩缝无渗漏水； (2)排水管与橡胶板连接可靠，排水管畅通，排水管出水口伸出墩台顶帽	(1)伸缩缝无渗漏水； (2)排水管与橡胶板连接可靠，排水管畅通，排水管出水口伸出墩台顶帽	

续上表

<table>
<tr><th rowspan="2">分类</th><th rowspan="2">工作项目</th><th colspan="2">质量标准</th><th rowspan="2">附注</th></tr>
<tr><th>优良</th><th>合格</th></tr>
<tr><td rowspan="4">二、钢结构保护涂装维护</td><td>1. 钢表面清理
(1)电弧喷锌、铝或涂装环氧富锌底漆时;
(2)附属钢结构涂装红丹底漆或维护涂装红丹底漆</td><td>(1)达到Sa3.0级;
(2)达到St3级</td><td>(1)达到Sa3.0级;
(2)达到St3级</td><td></td></tr>
<tr><td>2. 涂膜粉化清理</td><td>涂层表面打磨、污垢清除彻底,不损伤底漆</td><td>涂层表面打磨、污垢清除彻底,不损伤底漆</td><td></td></tr>
<tr><td>3. 腻缝</td><td>作业范围内,凡能积水的缝隙内的旧漆污垢除净无漏腻,腻子填实压平,无开裂积水</td><td>作业范围内,凡能积水的缝隙内的旧漆污垢除净无漏腻,腻子填实压平,无开裂积水</td><td></td></tr>
<tr><td>4. 涂装涂层</td><td>(1)涂装体系、层数、厚度符合规定;
(2)涂层表面平整均匀,新旧涂层衔接平顺,色泽不匀不超过5%;
(3)无剥落、裂纹、附着力不小于3 MPa;
(4)无起泡、气孔</td><td>(1)涂装体系、层数、厚度符合规定;
(2)涂层表面平整均匀,新旧涂层衔接平顺,色泽不匀不超过5%;不超过10%;
(3)无剥落、裂纹、附着力不小于3 MPa;
(4)每平方米不超过两个5 cm×5 cm缺陷</td><td></td></tr>
<tr><td rowspan="3">三、整修钢筋混凝土梁拱及墩台</td><td>1. 抹面</td><td>抹面压实,裂纹、空响面积不超过1%,砂浆符合规定</td><td>抹面压实,裂纹、空响面积不超过1%,砂浆符合规定,裂纹空响面积不超过2%</td><td></td></tr>
<tr><td>2. 压浆</td><td>(1)注浆孔位置、深度及灰浆配合比、水灰比符合要求;
(2)不因钻孔而损坏原圬工,裂纹和空隙内经压水冲洗,并注满浆;
(3)注浆孔用砂浆填实,无裂纹,淌出灰浆清除干净</td><td>(1)注浆孔位置、深度及灰浆配合比、水灰比符合要求;
(2)不因钻孔而损坏原圬工,裂纹和空隙内经压水冲洗,并注满浆;
(3)注浆孔用砂浆填实,无裂纹,淌出灰浆清除干净</td><td></td></tr>
<tr><td>3. 修补</td><td>(1)材料配合比、工艺符合要求;
(2)槽宽度误差不超过±3 mm,深度不少于8 mm;
(3)勾缝平实,凸凹不超过±2 mm,与圬工结合牢固,无断道;
(4)色泽协调均匀</td><td>(1)材料配合比、工艺符合要求;
(2)槽宽误差不超过±5 mm,深度不少于8 mm;
(3)凸凹不超过±3 mm;
(4)色泽协调均匀</td><td></td></tr>
</table>

续上表

<table>
<tr><th rowspan="2">分类</th><th rowspan="2">工作项目</th><th colspan="2">质量标准</th><th rowspan="2">附注</th></tr>
<tr><th>优良</th><th>合格</th></tr>
<tr><td rowspan="2">三、整修钢筋混凝土梁拱及墩台</td><td>4. 整修排水系统</td><td>(1)管道畅通,无杂物堵塞;
(2)排水不污染梁体、墩台;
(3)管件联结良好,不渗漏水;
(4)箱梁箱室内不积水</td><td>(1)管道畅通,无杂物堵塞;
(2)排水不污染梁体、墩台;
(3)管件联结良好,不渗漏水;
(4)箱梁箱室内不积水</td><td></td></tr>
<tr><td>5. 混凝土及钢筋混凝土</td><td>(1)混凝土配合比、水灰比、各部尺寸符合要求;
(2)钢筋的品种规格应符合设计要求,无出厂合格证时应试验合格;
(3)钢筋的锈蚀、油污清除干净、加工正直,组配及弯曲尺寸符合设计要求。在“同一截面”内,受力钢筋闪光接触对焊接头在受拉区不得超过50%,电焊接头应错开,主筋横向位置偏移不大于±7.5 mm,箍筋位置偏移不大于±15 mm,其他钢筋位置偏移不大于±10 mm;
(4)新旧混凝土连接按规定凿毛并埋设牵钉(牵钉直径、间距及埋深符合设计要求),冲洗干净;
(5)混凝土拌合均匀,分层灌筑,捣固密实,施工接缝连接牢固;
(6)混凝土表面平整无裂纹、麻面、蜂窝、露石子及突出条痕</td><td>(1)混凝土配合比、水灰比、各部尺寸符合要求;
(2)钢筋的品种规格应符合设计要求,无出厂合格证时应试验合格;
(3)钢筋的锈蚀、油污清除干净、加工正直,组配及弯曲尺寸符合设计要求。在“同一截面”内,受力钢筋闪光接触对焊接头在受拉区不得超过50%,电焊接头应错开,主筋横向位置偏移不大于±7.5 mm,箍筋位置偏移不大于±15 mm,其他钢筋位置偏移不大于±10 mm;
(4)新旧混凝土连接按规定凿毛并埋设牵钉(牵钉直径、间距及埋深符合设计要求),冲洗干净;
(5)混凝土拌合均匀,分层灌筑,捣固密实,施工接缝连接牢固;
(6)表面有微小的蜂窝和龟裂,但不得露主筋</td><td></td></tr>
<tr><td rowspan="2">四、整修支座</td><td>1. 整修支座</td><td>(1)支座位置平整密实,各部分相互密贴;
(2)锚栓无松动、缺少;
(3)排水良好,无翻浆、流锈;
(4)支座各构件符合相关技术标准;
(5)支座钢质部分保护涂装符合钢结构涂装要求;
(6)防尘罩安装符合设计要求</td><td>(1)支座位置平整密实,各部分相互密贴;
(2)锚栓无松动、缺少;
(3)排水良好,无翻浆、流锈;
(4)支座各构件符合相关技术标准;
(5)支座钢质部分保护涂装符合钢结构涂装要求;
(6)防尘罩安装符合设计要求</td><td></td></tr>
<tr><td>2. 凿埋锚栓</td><td>锚栓直径及埋入深度符合规定,位置偏差小于3 mm,螺栓杆正直无松动,周围砂浆填实、无裂纹</td><td>锚栓直径及埋入深度符合规定,位置偏差小于3 mm,螺栓杆正直无松动,周围砂浆填实、无裂纹,位置偏差小于5 mm</td><td></td></tr>
</table>

续上表

分类	工作项目	质量标准		附注
		优良	合格	
四、整修支座	3. 支座捣垫砂浆	(1)原圬工面凿毛洗净。水灰比、砂浆配合比符合规定,拌合均匀,捣固密实,周围抹面平整,无裂纹、空响; (2)与座板间缝隙小于0.5 mm,深度小于30 mm; (3)排水良好	(1)原圬工面凿毛洗净。水灰比、砂浆配合比符合规定,拌合均匀,捣固密实,周围抹面平整,无裂纹、空响;抹面少量有轻微空响; (2)缝隙小于1 mm,深度小于30 mm; (3)排水良好	
五、整修涵渠		(1)勾缝无脱落,节缝无漏水、漏土; (2)清除淤积,排水通畅	(1)勾缝无脱落,节缝无漏水、漏土; (2)清除淤积,排水通畅	混凝土部分标准与梁拱墩台相同
六、整修加固防护及河调建筑物	1. 浆砌料石或块石	(1)砌体尺寸、砂浆等级符合设计要求,石质无风化、裂纹,耐久性、抗冻性符合要求; (2)旧砌体损坏部分清除彻底、清洗干净,并且砂浆抹平,新旧砌体联结牢固; (3)分层砌筑,丁顺相间,石块间砂浆饱满密实,无松动及空隙; (4)缝宽:块石不大于20 mm,料石10~15 mm,垂直灰缝无贯通,错缝间距离块石不少于80 mm,如有超限,每10 m^2 不超过1处	(1)砌体尺寸、砂浆等级符合设计要求,石质无风化、裂纹,耐久性、抗冻性符合要求; (2)旧砌体损坏部分清除彻底、清洗干净,并且砂浆抹平,新旧砌体联结牢固; (3)分层砌筑,丁顺相间,石块间砂浆饱满密实,无松动及空隙; (4)超限部分每10 m^2 不超过3处	
	2. 浆砌片石	(1)砌体尺寸、砂浆等级符合设计要求,石质无风化、裂纹、水锈、泥土、清洗干净; (2)基底应符合设计要求,岩石基底表面无风化及松软土石。非基底夯实平整,表面无浮土杂物,土质基底铺有砂石垫层; (3)分层填筑(每层约1 m左右找平),大面向下咬接密实,石块间砂浆饱满,缝宽不大于40 mm,不小于20 mm,垂直无空缝,错缝距离不小于80 mm,三块石料相砌,内切圆不大于70 mm,灰缝超限处所每10 m^2 不超过2处	(1)砌体尺寸、砂浆等级符合设计要求,石质无风化、裂纹、水锈、泥土、清洗干净; (2)基底应符合设计要求,岩石基底表面无风化及松软土石。非基底夯实平整,表面无浮土杂物,土质基底铺有砂石垫层; (3)分层填筑(每层约1 m左右找平),大面向下咬接密实,石块间砂浆饱满,缝宽不大于40 mm,不小于20 mm,垂直无空缝,错缝距离不小于80 mm,三块石料相砌,内切圆不大于70 mm,灰缝超限处所每10 m^2 不超过2处,灰缝超限处所每10 m^2 不超过5处	

续上表

分类	工作项目	质量标准		附注
		优良	合格	
六、整修加固防护及河调建筑物	3. 干砌片石	(1)砌体尺寸符合要求； (2)石质无风化、裂纹，片石中部厚度不少于 15 cm； (3)碎石垫层夯实平稳，厚度不小于 10 mm； (4)大块在底层，大面向下，咬接密实，支垫稳固； (5)砌石面坡平顺，用2 m弦线丈量凹陷矢度不超过 40 mm	(1)砌体尺寸符合要求； (2)石质无风化、裂纹，片石中部厚度不少于 15 cm； (3)碎石垫层夯实平稳，厚度不小于 10 mm； (4)大块在底层，大面向下，咬接密实，支垫稳固； (5)砌石面坡平顺，用2 m弦线丈量凹陷矢度不超过 40 mm，凹陷矢度不超过 50 mm	
	4. 勾缝	(1)勾缝无脱落； (2)勾缝深度不小于30 mm，新旧缝相接良好，砂浆符合规定，勾缝压实。断道空响处所不超过 3%	(1)勾缝无脱落； (2)勾缝深度不小于30 mm，新旧缝相接良好，砂浆符合规定，勾缝压实。断道空响处所不超过 3%，断道空响处所不超过 5%	
七、整修其他设备	1. 修理及增设水位标尺	位置、式样符合要求，尺寸准确，描绘整齐鲜明，并标出历史最高洪水位及发生年、月、日	位置、式样符合要求，尺寸准确，描绘整齐鲜明，并标出历史最高洪水位及发生年、月、日	
	2. 整修或增设其他标志	位置、式样符合要求，尺寸字样准确，标志清晰	位置、式样符合要求，尺寸字样准确，标志清晰	
	3. 整修或增设安全检查设备	位置、式样符合要求，质量参照钢结构、混凝土部分标准	位置、式样符合要求，质量参照钢结构、混凝土部分标准	

第三节 经常保养

第 13.3.1 条 经常保养分重点保养和一般保养。重点保养项目根据当月检查情况逐月编制，次月消灭。一般保养项目按 6 个月周期安排处理。

第 13.3.2 条 桥涵设备经常保养工作范围。

一、重点保养工作

1. 排水系统的疏通；
2. 梁缝伸缩缝清理；
3. 少量补充作业通道步板，整修危及人身安全的检查设备；
4. 桥面各部位过水孔疏通；
5. 各种标志的刷新和补充。

二、一般保养工作

1. 结合梁钢梁和作业通道补充，拧紧少量高强度螺栓，小量油漆涂装；

2. 修补混凝土梁及墩台勾缝；

3. 支座清扫、涂油，整修排水坡；

4. 涵洞少量清淤，管节修补勾缝；

5. 砌体修理。

第 13.3.3 条 维修队编制保养月计划，经工务维修组、工务段批准后实施，实施情况记录在日计划(工桥一10)内。

第 13.3.4 条 桥涵建筑物保养质量评定工作。

一、通过维修队自评，工务维修组定期评定和工务段抽查评定的方式进行。工务维修组定期评定每年一次。

二、每座设备的保养质量评定是根据该设备各部分存在的问题，按照《桥涵建筑物保养质量评定标准》(表 13.3.4)的规定，根据扣分的情况来评定保养质量的优劣。每座设备扣分的总和，除以该设备的维修长度(取整数)即为该设备的保养质量平均分(取小数点后一位)。保养质量每米平均分在 5 分及以下且无单项质量扣 10 分者为合格，否则为不合格。

三、每次评定的情况，均应填写《桥涵建筑物保养质量评定记录表》(工桥一12)，以备抽查。

表 13.3.4 桥涵建筑物保养质量评定标准

项目	保养标准	扣分条件	单位	扣分
1. 桥面	1—1 步行板无缺少，无翘头，无失效	步行板缺少，翘头、失效	块	5
	1—2 排水孔篦子无缺少	篦子缺少	个	5
	1—3 过水孔通畅	过水孔堵塞	个	5
2. 螺栓	2—1 各种螺栓齐全，无折断，无松动，无锈蚀	各种螺栓缺少、折断、松动	个	5
		各种螺栓锈蚀超过 10%	个	5
3. 钢梁(结合梁、钢管拱)	3—1 涂层无大于 25 cm^2 的局部锈蚀	局部锈蚀大于 25 cm^2	处	5
	3—2 高强度螺栓无松动	高强度螺栓松动、缺少	个	5
	3—3 腻缝无开裂、流锈	腻缝开裂、脱落、流锈	处	5
	3—4 梁体各部清洁	梁体有灰渣，尘土堆积	m	5
4. 梁拱及墩台	4—1 梁拱及墩台裂缝注浆饱满	注浆不饱满	处	5
	4—2 排水管通畅	排水管失效	个	5
	4—3 表面无缺损、露筋	掉块露筋	处	5

续上表

项目	保养标准	扣分条件	单位	扣分
5. 支座	5—1 支座排水良好，无翻浆、流锈	支座积水、翻浆、流锈	个	5
	5—2 支座清洁、润滑良好	支座不洁，活动部分摩擦副有灰尘或污物		5
	5—3 支座螺帽无缺少、松动、折断	支座螺帽缺少、松动、折断		5
	5—4 上下座板与梁体及支承垫石间密贴	不密贴，用 1 mm 塞尺插入深度超过 50 mm		10
6. 涵渠	6—1 涵内淤积轻微，不影响排洪	涵内淤积，影响排洪		10
	6—2 涵洞内管节接缝完好	接缝脱落		5
		漏土		10
	6—3 混凝土表面无缺损	剥落掉块致使露筋		5
7. 其他	7—1 河道排水通畅	桥涵上下游规定范围内泥石淤积影响排洪		10
	7—2 防护砌体状态完好	局部损坏，影响设备稳定		10
		勾缝脱落		5
	7—3 栏杆、人行道板、安全检查设备完好	栏杆、人行道板、安全检查设备严重失修，危及人身安全		10
	7—4 抗震设施完好	失修损坏		5
	7—5 限高防护架完好	被撞损坏		10
	7—6 限高防护架涂装完好	涂装失效		5
	7—7 各种标志齐全、完好、清晰	桥涵标、水位标、限高防护架限高标志、涂装大修年度标志，病害观测标等缺少、破坏，不清晰		5

第 13.3.5 条 维修队应配备相应的交通运输工具、动力机械和专用作业机具，以利于检查保养及抢险作业，实现主要作业项目机械化。养桥机械的运用情况应建立相应台账，并按月统计（工桥—6）。

第六篇 测 量

第十四章 测量工作

第一节 一般规定

第 14.1.1 条 运营维护阶段的测量工作主要包括控制网测量、构筑物变形测量、线路全面复测及日常测量工作。

一、控制网测量主要是监测原有控制网各等级控制点的变化和复核更新前期测量成果，为线桥设备维修提供坐标基准，包括平面控制网测量和高程控制网测量。

二、构筑物变形测量主要是对铁路线下构筑物及其地基的位移所进行的测量工作，主要包括桥梁（墩台、有代表性的孔跨上拱度、有代表性的梁体与轨道底座板相对位移等）、路基本体及地基的水平位移观测和垂直位移观测。

三、线路复测主要是对线路纵断面、平面进行有计划的周期性测量，以取得正确反映线路纵断面、平面现状的技术资料，包括线路里程丈量、设备调查、中线测量、纵断面测量、站场测量、地形测量。

四、日常测量主要是及时监测线路、桥梁和路基等设备状态，为线路、桥梁和路基等设备的检查评定、维修提供参考。日常测量可采用综合检测车、轨道检查车、轨道检查小车、全站仪、水准仪、弦绳、道尺等多种测量手段，也包括线路局部平纵断面的测量。

第 14.1.2 条 测量的平面、高程控制网，按施测阶段、施测目的及功能可分为勘测控制网、施工控制网和运营维护控制网。勘测、施工及运营维护阶段的平面控制测量应共同使用同一个 GPS 基础平面控制网，在运营维护阶段，应及时对 GPS 基础平面控制网进行复测。

第 14.1.3 条 运营维护阶段的测量工作由线桥工务段进行管理。线桥工务段应重视测量工作，安排专人负责。

第 14.1.4 条 测量工作的技术标准、精度要求、测量方法及标识规格等按《客运专线无砟轨道铁路工程测量暂行规定》和《全球定位系统（GPS）铁路测量规程》（TB 10054）中的相应规定执行。

第 14.1.5 条 平面控制测量应采用工程独立坐标系统，并引入 1954 年北京坐标系；纵断面测量采用 1985 年黄海高程系统；中线测量宜与平面控制测量采用同一坐标系统。

第 14.1.6 条 在运营维护阶段，应综合采用各种仪器、设备、测量器具监测线桥设备技术状态，及时提交线桥设备测量成果和分析线桥设备变形规律。

第 14.1.7 条 平面控制网在框架网点（CP0）的基础上按分级布网的原则分三级布设，第一级为基础平面控制网（CPⅠ），第二级为线路控制网（CPⅡ），第三级为基桩控制网（CPⅢ）。各级平面控制网的作用为：

一、CP0、CPⅠ主要为勘测、施工、运营维护提供坐标基准；

二、CPⅡ主要为勘测和施工提供控制基准；

三、CPⅢ主要为铺设无砟轨道和运营维护提供控制基准。

第14.1.8条 在运营维护阶段，为方便检查维修和提高维修精度，宜加密运营维护控制网，在基桩控制网（CPⅢ）基础上测设维护基桩，应根据运营养护维修方法确定其设置位置，作为无砟轨道养护维修时所需要的永久性基准点。

第14.1.9条 构筑物的变形监测宜充分利用CPⅠ、CPⅡ和水准基点作为水平和垂直位移监测的基准点或工作基点，建立独立的变形监测网。

第14.1.10条 为适应无砟轨道检查维修的高精度要求，在充分利用传统测量技术的基础上，积极采用精密三维控制网和其他测量新技术、新设备。

第14.1.11条 测量记录，计算成果和图表，应标记清楚、填写齐全、签署完善，并复核验算，未经复核和验算的资料不得使用。

第14.1.12条 施测前，应根据本次测量的工作内容、工作量，完成期限和应交成果等各项要求，收集必要资料。

第14.1.13条 测量工作应配备必要的测量仪器、设备（含配套软件）、移动照明、通信及交通工具。

第14.1.14条 应采取防护措施，妥善保护测量网点。

第二节 测量周期

第14.2.1条 平面控制网、高程控制网运营头三年的复测周期应按如下频率进行：

一、基础平面控制网（CPⅠ）和线路平面控制网（CPⅡ）宜2年复测一次。

二、基桩平面控制网（CPⅢ）宜一年复测一次。

三、高程控制网宜半年复测一次。

第14.2.2条 CPⅢ控制点高程测量和轨道观测点高程测量，宜半年复测一次，沉降速率较大地段、连续降雨时期等特殊时段宜按照三个月一次的频率进行监测。

第14.2.3条 构筑物变形测量应采用独立坐标系统，一般每半年观测一次，运营第一年、沉降速率较大地段、连续降雨等特殊时期应根据实际情况缩短测量周期。

第14.2.4条 运营三年后，各项测量工作应结合复测成果重新确定复测周期。复测精度不低于原测精度。控制网测量、构筑物变形测量的复测应由具备相应资质的测绘单位进行。

第14.2.5条 全面复测每五年进行一次。

第14.2.6条 日常测量没有统一的固定周期，具体测量周期在满足设备检修实际需要的前提下，遵循本规则线路、桥梁和路基部分中的检查评定和维修周期规定。本阶段的日常测量应由工务段的测绘人员或委外进行。

第三节 测量成果

第14.3.1条 各项测量成果应纳入线桥设备维修管理信息系统。

第14.3.2条 控制网测量完成后，应提交下列成果资料：

一、施测方案与技术设计书；

二、控制点平面布置图；

三、控制点点之记；

四、标石、标志规格及埋设图；

五、仪器检验与校正资料；

六、观测记录手簿；

七、平差计算、成果质量评定资料及测量成果表；

第14.3.3条 构筑物变形测量完成后，应提交下列成果资料：

一、施测方案与技术设计书；

二、控制点与观测点平面布置图；

三、标石、标志规格及埋设图；

四、仪器检验与校正资料；

五、观测记录手簿；

六、平差计算、成果质量评定资料及测量成果表；

七、变形过程和变形分布图表；

八、变形分析成果资料；

九、变形测量技术报告。

第14.3.4条 线路复测完成后，应提交的成果为：

一、线路平面图(带状地形图)；

二、线路纵断面图；

三、线路诸表(含车站表、股道表、道岔表、水准点表、桥梁表、涵渠水管表、立体交叉表、曲线表、坡度表、新旧里程对照表、线路坐标表、信号机位置表等。)

第14.3.5条 运营维护阶段的日常测量应按线桥设备检查评定和维修作业需要提交测量成果。

附件 1

轨距调整量和轨距挡板号码配合表

左股钢轨		轨距调整量	右股钢轨		备注
钢轨外侧	钢轨内侧		钢轨内侧	钢轨外侧	
wfp15a－8	wfp15a＋8	＋16	wfp15a＋8	wfp15a－8	
wfp15a－3	wfp15a＋3	＋6	wfp15a＋3	wfp15a－3	
wfp15a－3	wfp15a＋3	＋5	wfp15a＋2	wfp15a－2	
wfp15a－2	wfp15a＋2	＋4	wfp15a＋2	wfp15a－2	
wfp15a－2	wfp15a＋2	＋3	wfp15a＋1	wfp15a－1	
wfp15a－1	wfp15a＋1	＋2	wfp15a＋1	wfp15a－1	
wfp15a－1	wfp15a＋1	＋1	wfp15a	wfp15a	
wfp15a	wfp15a	1435＋/－0	wfp15a	wfp15a	实行标准
wfp15a＋1	wfp15a－1	－1	wfp15a	wfp15a	
wfp15a＋1	wfp15a－1	－2	wfp15a－1	wfp15a＋1	
wfp15a＋2	wfp15a－2	－3	wfp15a－1	wfp15a＋1	
wfp15a＋2	wfp15a－2	－4	wfp15a－2	wfp15a＋2	
wfp15a＋3	wfp15a－3	－5	wfp15a－3	wfp15a＋2	
wfp15a＋3	wfp15a－3	－6	wfp15a－3	wfp15a＋3	
wfp15a＋8	wfp15a－8	－16	wfp15a－8	wfp15a＋8	

附件 2

高度调程和 ZW 轨垫组合表

高度调程（mm）	塑料调整垫 组合型号：AP20－x(1＋r) 厚度:6 或 10 mm	钢制调节板 组合型号：AP20 s 厚度:20 mm	ZW 轨垫 组合型号：ZW692－x 厚度:20 mm	轨枕螺栓 组合型号:SS36 长度:230～280 mm
＋2			1×8 mm	2×230 mm
＋1			1×7 mm	2×230 mm
0—标准设计			1×6 mm	2×230 mm
－1			1×5 mm	2×230 mm
－2			1×4 mm	2×230 mm
－3			1×3 mm	2×230 mm
－4			1×2 mm	2×230 mm

附件 3

高度调程和塑料调整垫、ZW 轨垫及轨道板螺栓组合表

高度调程（mm）	塑料调整垫组合型号：AP20－x(1＋r) 厚度：6 或 10 mm	钢制调节板组合型号：AP20 s 厚度：20 mm	ZW 轨垫组合型号：ZW692－x 厚度：2～8 mm	轨枕螺栓组合型号：SS36 长度：230～280 mm
＋28	2×10 mm＋1×6 mm		1×8 mm	2×250 mm
＋27	2×10 mm＋1×6 mm		1×7 mm	2×250 mm
＋26	2×10 mm＋1×6 mm		1×6 mm	2×250 mm
＋25	2×10 mm＋1×6 mm		1×5 mm	2×250 mm
＋24	2×10 mm＋1×6 mm		1×4 mm	2×250 mm
＋23	2×10 mm＋1×6 mm		1×3 mm	2×250 mm
＋22	2×10 mm		1×8 mm	2×250 mm
＋21	2×10 mm		1×7 mm	2×250 mm
＋20	2×10 mm		1×6 mm	2×250 mm
＋19	2×10 mm		1×5 mm	2×250 mm
＋18	1×10 mm＋1×6 mm		1×8 mm	2×240 mm
＋17	1×10 mm＋1×6 mm		1×7 mm	2×240 mm
＋16	1×10 mm＋1×6 mm		1×6 mm	2×240 mm
＋15	1×10 mm＋1×6 mm		1×5 mm	2×240 mm
＋14	2×6 mm		1×8 mm	2×240 mm
＋13	2×6 mm		1×7 mm	2×240 mm
＋12	1×10 mm		1×8 mm	2×240 mm
＋11	1×10 mm		1×7 mm	2×240 mm
＋10	1×10 mm		1×6 mm	2×240 mm
＋9	1×10 mm		1×5 mm	2×240 mm
＋8	1×6 mm		1×8 mm	2×230 mm
＋7	1×6 mm		1×7 mm	2×230 mm
＋6	1×6 mm		1×6 mm	2×230 mm
＋5	1×6 mm		1×5 mm	2×230 mm
＋4	1×6 mm		1×4 mm	2×230 mm
＋3	1×6 mm		1×3 mm	2×230 mm

附件 4

高度调程和塑料调整垫、钢制调节板、ZW 轨垫及轨道板螺栓组合表

高度调程（mm）	塑料调整垫 组合型号：AP20－x(1＋r) 厚度:6 或 10 mm	钢制调节板 组合型号：AP20 s 厚度:20 mm	ZW 轨垫 组合型号：ZW692－x 厚度:2～8 m	轨枕螺栓 组合型号:SS36 长度:230～280 mm
＋56	1×10 mm＋1×6 mm	2×20 mm	1×6 mm	2×280 mm
＋55	1×10 mm＋1×6 mm	2×20 mm	1×5 mm	2×280 mm
＋54	2×6 mm	2×20 mm	1×8 mm	2×280 mm
＋53	2×6 mm	2×20 mm	1×7 mm	2×280 mm
＋52	3×10 mm	1×20 mm	1×8 mm	2×280 mm
＋51	3×10 mm	1×20 mm	1×7 mm	2×280 mm
＋50	3×10 mm	1×20 mm	1×6 mm	2×280 mm
＋49	3×10 mm	1×20 mm	1×5 mm	2×280 mm
＋48	2×10 mm＋1×6 mm	1×20 mm	1×8 mm	2×270 mm
＋47	2×10 mm＋1×6 mm	1×20 mm	1×7 mm	2×270 mm
＋46	2×10 mm＋1×6 mm	1×20 mm	1×6 mm	2×270 mm
＋45	2×10 mm＋1×6 mm	1×20 mm	1×5 mm	2×270 mm
＋44	2×10 mm＋1×6 mm	1×20 mm	1×4 mm	2×270 mm
＋43	2×10 mm＋1×6 mm	1×20 mm	1×3 mm	2×270 mm
＋42	2×10 mm	1×20 mm	1×8 mm	2×270 mm
＋41	2×10 mm	1×20 mm	1×7 mm	2×270 mm
＋40	2×10 mm	1×20 mm	1×6 mm	2×270 mm
＋39	2×10 mm	1×20 mm	1×5 mm	2×270 mm
＋38	1×10 mm＋1×6 mm	1×20 mm	1×8 mm	2×260 mm
＋37	1×10 mm＋1×6 mm	1×20 mm	1×7 mm	2×260 mm
＋36	1×10 mm＋1×6 mm	1×20 mm	1×6 mm	2×260 mm
＋35	1×10 mm＋1×6 mm	1×20 mm	1×5 mm	2×260 mm
＋34	1×10 mm＋1×6 mm	1×20 mm	1×4 mm	2×260 mm
＋33	1×10 mm＋1×6 mm	1×20 mm	1×3 mm	2×260 mm
＋32	×10 mm	×20 mm	1×8 mm	2×260 mm
＋31	1×10 mm	1×20 mm	1×7 mm	2×260 mm
＋30	1×10 mm	1×20 mm	1×6 mm	2×260 mm
＋29	1×10 mm	1×20 mm	1×5 mm	2×260 mm

附件 5

客运专线桥梁混凝土桥面防水层修补工艺

防水层主材料喷涂聚脲弹性防水涂料(简称 SPUA)。

喷涂聚脲弹性防水涂料是一种双组分、不含溶剂、快速固化型。A 组分由预聚物与异氰酸酯反应制得,B 组分由端氨基树脂和端氨基扩链剂组成。A 组分和 B 组分在专用喷涂设备的喷枪内混合喷出,快速反应固结成灰色的弹性体膜。

涂料应储存在温度 15 ℃～40 ℃通风、干燥的库房内,储存和运输途中严禁雨淋、日光暴晒,并应隔绝火源,远离热源,在未启封包装条件下储存期自生产之日起为 6 个月。涂料应置于清洁、干燥、密闭的铁桶中,A、B 组分开封后如有剩余,应密封保存。包装容量可为 20 kg/桶或 180～200 kg/桶。

涂层表面平整光滑,无流挂、无针孔、无起泡、无开裂。

防水层施工

1. 喷涂防水层

防水层涂膜平均厚度不得小于 2.0 mm,每平方米涂料用量约2.3 kg 左右。

2. 基层处理

新建混凝土桥面至少应有 7 天养护期。基面应彻底清除油脂、灰尘、污物、脱模剂、浮浆和松散的表层(应采用机械打磨或机械抛丸处理)等,确保基面清洁、干燥和平整。基面必须具有良好的平整度,不得有明显的坑洞或凸起。如果有明显的坑洞,必须提前 3～7 天,使用早强聚合物修补砂浆进行修补。

施工前,表层应干燥。使用喷涂设备或者刷涂、辊涂方式进行基面底胶施工,应均匀、不漏涂、不堆积,也不宜太厚,用量约 0.20 kg/m²。如果基面过于潮湿,需要进行烘干处理。

3. 防水层施工

底胶固化后,可进行防水层施工。一般在 2 小时后 24 小时之前。施工采用专用喷涂设备。

施工前,使用气动搅拌器对涂料的 A、B 组分分别进行搅拌,低温施工时需采取对物料的预加热措施,严禁加入任何稀释剂。喷涂前先对设备进行调试,各系统运转正常后,按照喷涂设备的要求开始进行施工,涂膜厚度 2 mm,为保证防水层质量,分两次喷涂,每次厚度约 1 mm,每次一次成型到位,两次间隔时间越短越好。涂膜施工完毕 24 小时内,应避免重物碾压。风力超过三级时禁止施工,或采取必要的防护措施。

4. 连接与修补

在自然中断点如伸缩缝、墙角、墙边等处可以自然中断。已涂装的区域如果未形成自然中断，需预先切出宽度和深度至少为 6 mm 的锯齿，然后再施工涂料，使涂膜在锯齿处中断。将锯齿周围的临近边缘用胶带清除掉喷涂过多的涂膜，使表面光滑清洁。

在已施工的聚脲防水层交界处或需要修补处，先用带钢丝圆盘的机械砂轮、钢丝刷或其他工具把需修补的表面打毛，增强机械粘合力。用专用处理剂处理打毛的表面，从而除去所有灰尘或其他污染物，并软化现有表面。用手工聚脲或喷涂聚脲施工于所需区域。

5.冬季施工注意事项

严格按照作业要求，包括高空作业安全以及设备操作安全。所有电缆连接必须专人负责，并在每次作业前进行检查。施工过程中必须穿工作服，戴护目镜、手套、防毒面具等劳保用品。

注：桥面防水层的修补还应按照相关规范、要求办理。

京津城际铁路大风预警监控系统运用管理办法

京铁师〔2008〕463号

第一章 总 则

第1条 为加强京津城际铁路大风预警监控系统的管理，有效发挥其在京津城际铁路中的防灾作用，确保列车安全运行，特制定本办法。

第2条 京津城际铁路大风预警监控系统是京津城际铁路防灾安全监控系统的子系统，路局电务处是本系统的归口管理部门，铁通公司是本系统的第三方维护单位。

第二章 系统组成

第3条 京津城际铁路大风预警监控系统由现场监测设备、GSM—R基站内监控单元、车站级网络设备、永乐综合维修保养点防灾安全监控中心、京津城际调度控制中心(OCC)防灾安全监控设备以及传输网络设备组成。

1. 现场监测设备由风速风向仪、现场接线盒和传输线缆组成，防风现场监测点共设12处，监测点编号及里程见表1。

表1 防风现场监测点编号及里程

序号	监测点编号	监测点里程	序号	监测点编号	监测点里程
1	JJF0007	JJK6+531	7	JJF0066	JJK65+846
2	JJF0012	JJK12+397	8	JJF0076	JJK76+494
3	JJF0025	JJK25+833	9	JJF0091	JJK91+088
4	JJF0036	JJK36+643	10	JJF0097	JJK97+394
5	JJF0044	JJK43+657	11	JJF0103	JJK102+404
6	JJF0058	JJK57+141	12	JJF0112	JJK112+123

其中11处的风速风向仪采用专用托架安装在GSM—R铁塔上，JJK102+404处风速风向仪采用专用托架安装在接触网支柱上。

2. GSM—R基站内监控单元主要包括监控单元主机、电源模块、UPS、防雷设备、接线端子等。全线共有12处GSM—R基站内安装有该监控，其中WQ-TJ04基站内与防灾安全监控系统异物侵限监控子系统监控单元合设于同一机柜，位于 JJK97＋394。

3. 车站级网络设备包括：亦庄站、武清站、天津站防灾安全监控机柜内的 CISCO CE500 型 24 口交换机主备各一台，标准 1U 结构。

4. 永乐综合维修保养点防灾安全监控中心包括：应用服务器主备各一台、数据库服务器主备各一台、磁盘阵列、综合调度终端、综合维护终端、交换机、UPS 等。

5. 调度控制中心（OCC）防灾安全监控设备由放置在信号集成监测设备机房内的通信服务器、串口服务器主备各一台、CISCO CE500 型 24 口交换机主备各一台及 UPS 和放置在调度大厅内的监控终端组成。

第三章　运用管理

第 4 条　风级风速换算表（表 2）

表 2　风级风速换算表

风级	风速（m/s）	风级	风速（m/s）	风级	风速（m/s）
0	不足 0.3	6	10.8～13.8	12	32.7～36.9
1	0.3～1.5	7	13.9～17.1	13	37.0～41.4
2	1.6～3.3	8	17.2～20.7	14	41.5～46.1
3	3.4～5.4	9	20.8～24.4	15	46.2～50.9
4	5.5～7.9	10	24.5～28.4	16	51.0～56.0
5	8.0～10.7	11	28.5～32.6	17	56.1～61.2

第 5 条　限速规定（表 3）

表　3

风速范围	限速（km/h）	风速范围	限速（km/h）
$v<15$ m/s	正常运行	25 m/s$\leqslant v<30$ m/s	120
15 m/s$\leqslant v<20$ m/s	300	30 m/s$\leqslant v$	严禁进入风区
20 m/s$\leqslant v<25$ m/s	200		

第 6 条　调度所工务调度每日 18:00、8:00 须分别抄收天气预报，及时传达（传送）给调度所京津城际台。遇 7 级及以上大风天气，应在局交班会上进行通报。

第 7 条　列车调度员对调度大厅的监控终端进行 24 小时监控，当发现本系统工作异常时，应立即通知路局电务调度。当京津城际大风监控系统发出报警信息后，列车调度员应立即向相关列车司机发布调度命令（限速区段为报警监测点的两端监测点之间，如报警监测点一端为端点则为车站至另一端监测点间），对来不及发布调度命令的列车，立即使用 CIR 通知司机。列车司机按相应的限速要求运行。当大风监控系统发出的禁止运行报警信息后，列车调度员应及时关闭相关信号并通知司机。司机接到通知或调度命令后，应立即采取措施。当大风预警系统报警系统解除后，列车调度员向相关列车发布恢复正常运行的调度命令。

第 8 条 当列车司机发现晃车时，要果断采取减速或停车措施，并及时报告列车调度员。如京津城际铁路大风预警监控系统无报警信息，列车调度员提示后续列车注意运行。

第 9 条 当京津城际大风监控系统故障时，如遇天气预报 7 级及以上大风天气，列车调度员按照天气预报的最大风级与《风级风速换算表》换算的限速要求对相关列车司机发布调度命令。大风监控系统故障解除后，按京津城际大风监控系统提示要求运行。

第 10 条 各有关单位要制定大风天气应急预案。当列车因大风被迫减速或停车，有关部门及时启动应急预案，调度所、车站做好后续列车的调整工作，客运部门要及时向旅客说明情况，做好旅客的稳定工作。

第四章 维护管理

第 11 条 维护单位应充分参考设备厂商提供的竣工资料和维护建议制定相应的维护管理办法并报京津城际铁路有限责任公司和路局电务处审核备案。

第 12 条 路局电务处负责监督京津城际大风监控系统的维护管理工作，定期检查设备维护质量，发现问题督促维护单位及时解决，确保设备状态良好。

第 13 条 京津城际铁路大风预警监控系统的设备检修、停用及软件升级等日常工作或故障修复可能影响运输使用时，必须按照施工管理的有关规定，提出施工要点申请，经电务处审批后，纳入施工日计划或临时抢修计划。

第 14 条 对安装在接触网支柱上的风速风向仪、专用托架、现场接线盒的维护必须与供电维护单位落实配合方案后方可在天窗内进行。

第 15 条 维护单位要保证技术措施全面、应急预案完善、安全制度到位，坚决杜绝无要点施工。

第五章 故障处理

第 16 条 维护单位应将故障受理电话及时向相关业务部门公布，保证 24 小时值班受理，并建立故障记录本。

第 17 条 当设备发生故障时，相关业务部门应及时通知维护单位，同时做好记录。

第 18 条 维护单位受理故障后，应立即采取必要措施，避免故障范围扩大，同时应立即向其主管领导和上级主管部门报告，确保设备尽快恢复使用。处理故障时间清、原因清、地点清、影响范围清、处理过程清，并进行详细记录。

第 19 条 维护单位应按照路局有关规定，整理故障信息并上报相应的电务段，各电务段负责将故障情况统计汇总，月底前报电务处。

第 20 条 维护单位应制定完善的管理制度，确保设备处于良好运用状态。应建立健全设备检修运用质量及相关管理资料，备有京津城际铁路防灾安全监控系统网络结构图、调度使用手册、产品操作维护手册及本系统工程竣工资料等技术文件，建立备品备件管理、故障处理及软硬件变更等台账。

第 21 条 设备维护应急预案分为三级：

1. 一级预案：

(1)调度控制中心(OCC)防灾安全监控设备故障；

(2)永乐综合维修保养点防灾安全监控中心应用服务器或数据库服务器主备同时故障；

2. 二级预案：

(1)GSM—R 基站内监控单元传输端口主备同时中断；

(2)GSM—R 基站内监控单元设备主备同时故障。

(3)室外设备硬件或电源故障。

3. 三级预案：

(1)GSM—R 基站内监控单元传输端口主备中断一侧；

(2)GSM—R 基站内监控单元设备主备故障一侧。

第 22 条 设备维护应急预案响应：

1. 一级预案响应：

启动一级应急预案时，已影响京津城际铁路防灾安全监控系统的全部业务。

维护单位应立即上报其分公司调度，并到京津城际调度台登记停用，同时立即组织紧急抢修，通知设备厂商技术人员到现场协助处理，保证尽快恢复。

2. 二级预案响应：

启动二级应急预案时，已影响京津城际大风预警监控系统一处或数处监测点的大风预警监测业务。

维护单位应立即上报其段调度，并在京津城际调度台登记停用，通过网管配合对故障设备进行及时修复。

3. 三级预案响应：

启动三级应急预案时，尚未对京津城际大风预警监控系统的正常运行构成影响。维护单位应立即上报其段调度，当需要时在京津城际调度台登记停用，通过网管配合对故障设备进行及时修复。

京津城际铁路动态检测数据和沉降观测数据运用管理办法

运基线路〔2008〕444 号

第一章 总 则

第一条 京津城际铁路动态检测数据和沉降观测数据是反映京津城际铁路线桥设备实际状况，指导现场运营维护的重要资料和依据。

第二条 为及时掌握京津城际铁路线桥设备的实际状况和变化规律，指导工务部门做好设备养护维修工作，各单位要认真做好京津城际铁路动态检测和沉降观测的数据收集、传递、处理、分析和反馈，各项数据、报告必须及时、准确、可靠。

第三条 为进一步规范动态检测数据和沉降观测数据的收集、传递、处理、分析和反馈，保证京津城际铁路线桥设备良好和动车组持续安全、平稳的运行，特制定本办法。

第二章 职责与分工

第四条 铁道部第三勘察设计院（以下简称“铁三院”）负责京津城际铁路三处沉降区域（以下简称“沉降区”）的设标网、轨面和承轨台高程复测，对数据进行统计分析，并提供分析报告。

第五条 铁道部基础设施检测中心（以下简称“部检测中心”）负责京津城际铁路轨道动态检测，分析京津城际铁路轨道动态几何状态和变化情况，并提供分析报告。

第六条 北京铁路局负责京津城际铁路线桥设备状态的综合分析和整修计划编制工作，并提供相应的设备整修资料。

第三章 具体要求

第七条 铁三院每月应对沉降区的设标网高程、轨面高程和承轨台高程观测一次。

第八条 铁三院应对观测数据进行详细分析，提供具体沉降情况和详细分析报告，重点分析沉降变化规律和发展趋势，对线桥设备状态和动车组运行的影响等，并提出处理的建议方案。

第九条 每月25日前，铁三院将本月沉降观测数据和沉降分析报告分别报部运输局基础部、部检测中心和北京铁路局(同时提供电子版和纸质文件)。

第十条 观测发现沉降异常、影响行车安全时，铁三院应立即将有关情况报部运输局基础部和北京铁路局，北京铁路局应立即启动应急预案，采取相应措施及时处理、整修，并将处理情况报部运输局基础部。

第十一条 部检测中心每10天对京津城际铁路进行一次动态检测，并及时将轨道几何尺寸、动力学性能检测资料提供给北京铁路局。

第十二条 检测发现TQI值大于5、动力学指标超限或其他异常，影响行车安全时，部检测中心应立即将有关情况报部运输局基础部和北京铁路局，北京局应立即启动应急预案，采取相应措施及时处理、整修，并将处理情况报部运输局基础部。

第十三条 部检测中心应对检测结果进行详细分析，提供检测分析报告，重点分析京津城际铁路的轨道状态和变化规律。

第十四条 部检测中心应在每旬检测结束后三日内将检测分析报告分别报部运输局基础部和北京铁路局(同时提供电子版和纸质文件)。

第十五条 部检测中心要结合沉降资料和设备整修资料，对沉降区的动态检测资料进行详细分析，提供沉降区轨道状态分析报告，重点分析沉降区的轨道状态及变化规律，沉降对动态轨道状态的影响，并提出处理建议。

第十六条 每月5日前，部检测中心应将上月沉降区轨道状态分析报告分别报部运输局基础部和北京铁路局(同时提供电子版和纸质文件)。

第十七条 每月末北京铁路局应将沉降区的设备整修资料提供给部检测中心。

第十八条 北京铁路局要根据沉降观测资料、动态检测资料及相应的分析报告，结合现场实际情况，对设备状态进行综合分析，提出整修方案和处理措施，做好设备维护工作。

第十九条 各单位要妥善保管相关数据，做好资料的积累工作。

第四章 附 则

第二十条 本办法自发布之日起实行。

第二十一条 本办法由铁道部运输局负责解释。

京津城际铁路信号设备维护管理办法(试行)

京铁电〔2008〕252号

第一章 总 则

第1条 京津城际铁路信号系统是指挥列车运行,保证行车安全,实现列车运行控制现代化的重要技术装备,必须纳入严格的联锁管理,严格执行电务安全生产规章制度、技术标准和操作规程,认真落实标准化作业,确保京津城际铁路信号设备的安全可靠运用。

第2条 京津城际铁路最大设计速度为350 km/h,满足正向3分钟的列车运行间隔设计要求。正线全长119.6 km,包括北京南城际场、亦庄、永乐、武清、天津城际场五个车站(场)。

京津城际铁路采用CTCS-3D列车运行控制系统。CTCS-3D列车运行控制系统通过有源应答器向列车发送移动授权(行车许可),列控车载设备根据移动授权、线路数据、临时限速信息控制列车安全运行。CTCS-3D列车运行控制系统兼容CTCS-2级列控系统功能。

第3条 京津城际铁路信号系统由调度集中(CTC)子系统、计算机联锁子系统、列车运行控制子系统和信号集中监测子系统等组成。

1. 调度集中控制系统(CTC)由CTC中心设备、CTC车站设备及CTC网络等组成。CTC中心设备包括:各类服务器、人机界面(MMI)、中央本地操作员工作站(C-LOW)、服务与诊断工作站(S&D)、时刻表验证编辑工具(FALKO)、模拟与培训系统(T&S)、协议转换器等。CTC车站设备包括:调度命令与运行图终端(D&T)、本地操作员工作站(LOW)、服务与诊断工作站(S&D)等。

2. SIMIS W联锁子系统(用于亦庄、永乐、武清三个站及区间)室内设备包括中央控制计算机、区域控制计算机(包括区间中继站)、电源设备等。室外设备包括道岔转辙设备及SIWES2多机控制器、信号机、轨道电路等。

北京南城际场、天津城际场采用DS6-K5B联锁子系统。

3. 列车运行控制子系统包括车载设备和地面设备。车载设备由车载安全计算机(EVC)、人机界面(DMI)、仲裁记录单元(JRU)、轨道电路接收单元(含天线)、应答器接收天线、GPS接收单元(含天线)、速度传感器、雷达传感器等组成。地面设备由MSTT单元(通用现场单元控制器)、SMB(停车标志板)、CTCS-3D列控中心、轨旁电子单元(LEU)、应答器等组成。

4. 信号集中监测子系统由中心设备和车站设备组成。中心设备包括:服务器、维护工作站、监测终端、磁盘阵列、网络设备等。车站设备包括:站机、采集机、协议转换设备、网络设备等。

5. 系统设备间联系及控制见附件 1。

第 4 条 本办法参照《铁路信号维护规则》(铁运〔2006〕127 号)、《京津城际铁路技术管理暂行办法》(铁科技〔2008〕99 号)、《京津城际铁路技术管理实施细则(暂行)》(京铁师〔2008〕233 号)、《北京铁路局〈铁路信号维护规则(业务管理)〉补充规定》(京铁电〔2007〕136 号)、《北京局CTCS-2级列车运行控制系统维护管理办法(暂行)》(京铁电〔2007〕90 号)制定。

第 5 条 本办法适用于京津城际铁路(北京南站京津城际场至天津站城际场)信号设备。

第 6 条 本办法及相关条文的解释权归北京铁路局电务处。

第二章 基本管理制度

第 7 条 京津城际铁路信号系统维护工作应实行安全责任制、岗位责任制和质量验收制,以计划管理、质量管理、技术管理、设备管理和成本管理为重点,以安全管理为核心,以现代化管理为手段,实行统一指挥、分级管理、分工负责、密切协作的制度,做好各项基础工作,不断提高维护管理水平。

第 8 条 京津城际铁路信号系统维护人员须经专业技术培训,使其具备必要的安全生产知识,熟悉有关安全生产规章制度和维护技术标准,掌握本岗位的安全操作技能,考试合格,方准上岗作业。

第 9 条 京津城际铁路设备维护工作涉及运输、机务、工务、车辆等部门,其维护工作技术要求高,既相对独立,又相互联系,因此,为加强京津城际铁路结合部管理,现场电务维护单位应严格执行电务与运输、机务、工务、车辆等结合部的有关规定,明确分工,落实责任,定期进行联合检查整治,提高设备的运用质量。

第 10 条 京津城际铁路信号设备必须按照系统的技术标准进行调试、试验,并由维护单位进行验收后,方可正式投入使用。

第 11 条 在京津城际铁路信号系统投入使用后,现场维护单位必须具备完整的系统设备技术资料。主要内容包括:使用说明和施工图纸,硬件设备配置说明,系统静、动态测试试验报告,维护说明等。

第 12 条 除应急处理故障和非正常情况下的上道作业(需审批同意),京津城际铁路的所有电务设备维护和施工作业必须在综合天窗内进行。

第 13 条 为保证京津城际铁路信号系统设备的正常运行和满足应急抢修的需要,应配备满足日常维护及应急故障处理所需的备用设备和器材,并保证性能良好。备用设备、器材数量应执行《铁路信号维护规则》的相关规定。

第14条 京津城际铁路列控系统报文数据维护管理执行《北京局CTCS-2级列车运行控制系统维护管理办法(暂行)》(京铁电〔2007〕90号)的相关规定。

第15条 京津城际铁路信号系统软件的修改、升级由设备生产厂家提供并负责。设备开通使用后,未经铁路局许可,任何人无权修改、添加、删除或更换系统设备中的软件和数据。严禁在系统设备中使用与系统无关的任何软件,防止计算机病毒的干扰。一旦发现病毒或其他侵入,要及时将有关情况汇报铁路局电务处。因故需修改或更换软件和数据时,必须报铁路局电务处批准。

第三章　组织机构与职责

第16条 京津城际铁路信号系统维护工作实行铁路局、现场维护单位分级维护管理,铁路局电务处负责专业技术管理,现场维护单位负责设备维护管理,日常作业实行值、检分开的管理方式。北京南城际场、天津站城际场信号设备维护工作分别由北京、天津电务段负责;北京工务机械段分别成立CTC维护室、信号维修工区和信号值班工区,负责CTC中心设备,亦庄、永乐、武清三个站及区间信号设备的维护工作;列控车载设备的维护工作由北京电务段负责。

第17条 铁路局电务处是京津城际铁路信号设备的主管部门,主要职责是:

1. 负责贯彻落实铁道部有关京津城际铁路信号系统技术政策。
2. 负责京津城际铁路信号设备维护管理工作。
3. 负责制定京津城际铁路信号系统的维护管理办法、作业标准及规章制度。
4. 参与京津城际铁路信号系统建设方案的研究。
5. 指导、监督、检查京津城际铁路信号系统的维护工作。
6. 组织京津城际铁路信号系统测试试验和施工配合工作,参加工程验交。

第18条 路局电务检测所主要职责:

1. 负责京津城际铁路电务设备测试管理工作。
2. 指导和参与京津城际铁路信号设备疑难故障的处理。
3. 参加京津城际铁路信号系统工程验收、测试试验和相关施工配合等工作。
4. 负责应答器数据报文的管理,测试、试验、验收应答器设备和数据报文,确保数据报文的准确。
5. 指导维护单位配合应答器用户数据表编制单位进行基础数据采集,并校核应答器用户数据表。
6. 监督现场维护单位对应答器数据报文的维护。
7. 定期运用检测车对京津城际铁路信号设备进行动态检查测试,并对系统运用情况进行统计分析。

8. 负责列车运行监控记录装置(只限安装 CTCS-2 级列控车载系统动车组)数据的归口管理。

第 19 条 现场维护单位是京津城际信号系统设备维护和管理的责任主体。其主要职责：

1. 认真贯彻执行部、局有关京津城际铁路的管理规章制度。

2. 负责京津城际铁路信号设备的维护管理及故障处理工作。

3. 负责制定京津城际铁路信号设备的维护管理实施细则、作业程序和应急预案。

4. 负责京津城际信号系统的施工配合、测试试验、工程验收等工作。

5. 定期添乘检查京津城际铁路信号设备的运用情况。

第 20 条 CTC 维护室实行 24 小时值班制，主要职责是：

1. 负责京津城际铁路 CTC 中心设备的维护工作。

2. 负责京津城际铁路区间及中间站电务作业的登记、联系要点工作。

3. 负责指导现场维护工区的故障处理和抢修工作。

4. 负责集中监测系统、维护与诊断系统和防灾系统等异常信息的监视和分析工作，并及时通知现场维护单位及相关单位进行处理。

第 21 条 现场信号维修工区负责管区信号设备的日常养护、天窗集中检修、各项施工、季节性重点整治、配合相关单位施工等生产工作。现场信号值班工区实行倒班制度，负责管辖范围内室内设备巡视、微机监测分析、配合检修工区检修作业和应急故障处理等生产工作。

第 22 条 车载设备检修工区负责 CTCS-3D 列控车载设备的集中检修工作及列控系统车载设备的出入库检测工作，实行 24 小时值班制度。

第四章 信号设备修程、修制

第 23 条 京津城际铁路的信号设备维护工作实行天窗修和状态修两种模式。

第 24 条 结合京津城际铁路的实际情况，本着日常养护和集中检修相结合的原则，信号设备的维护分为日常巡视、测试分析、日常养护、集中检修四种形式。室外信号设备的日常养护和室内、外设备的集中检修工作必须在综合天窗内进行，在天窗之外只进行设备的日常巡视、测试分析工作。

第 25 条 信号设备的日常巡视、测试分析每日 1 次，无人值班车站(含区间中继站)每月不少于 2 次；室外设备的日常养护工作每周不少于 1 次。

第 26 条 京津城际铁路信号设备维护及测试工作内容及周期表如下：

1. 道岔转辙设备及 SIWES2 多机控制器维护工作内容及周期(附件 2)。

2. 色灯信号机(含带有白色越行指示灯的停车标志板〔SMB〕)维护工作内容及周期(附件 3)。

3. 轨道电路维护工作内容及周期(附件 4)。

4. MSTT 单元(通用现场单元控制器)、应答器维护工作内容及周期(附件 5)。

5. 室内(含区间中继站)设备维护工作内容及周期(附件 6)。

6. 电缆线路维护工作内容和周期(附件 7)。

7. 信号设备电气特性测试项目及周期表(附件 8)。

8. CTC 设备、CTCS-3D 列控车载设备的维护工作内容及周期执行《京津城际铁路调度集中控制系统(CTC)维护管理办法(暂行)》、《京津城际铁路 CTCS-3D 列控系统车载设备维护管理办法(暂行)》的相关规定。

第 27 条 集中监测系统及服务与诊断系统分析工作要求:

1. 利用集中监测系统及计算机网络,由 CTC 维护室信号人员在集中监测计算机、服务与诊断计算机上完成日常系统监测和分析工作;车站(含区间中继站)的监测和分析工作由现场信号人员在各站站机上完成。并分别转储记录数据,系统分析数据的保存期不少于两年。

2. 对信号设备如信号机、轨道电路、道岔转辙设备、电缆、电源、列控及联锁冗余体系等的监测和分析内容见附件 9。

3. 车载设备维护单位对列控车载设备进行动态监测,对车载仲裁记录仪中的 CF 卡数据定期读取分析,并保存数据。

4. CTC 维护室和现场维护单位应及时对报警信息进行分析,在确认报警后,按照报警信息级别进行处理,建立监测信息档案,对报警处理过程进行登记和备案。

第 28 条 京津城际铁路地面和车载信号设备的电路板、模块实行换板、换块修。

第 29 条 京津城际铁路信号设备的大修周期如下:

1. CTC 设备、车站联锁设备、列控中心系统设备、LEU 和车载设备等电子系统设备的大修周期为 10 年。

2. 应答器的大修周期为 15 年。

3. 其他一般信号设备的大修周期参照《信号维护规则》(业务管理)的有关规定。

4. 显示器、打印机、电源系统(含 UPS)等设备的大修周期应满足系统使用性能的要求。

第五章 信号联锁管理

第 30 条 京津城际信号联锁设备是保证行车安全,提高运输效率的基础设施。保证信号设备联锁关系正确是电务工作人员的根本职责。各级干部和职工必须牢固树立安全第一的思想,不断增强法制观念和安全责任意识。认真落实联锁管理逐级负责制,严禁违章指挥,杜绝违章作业。信号设备的各种联锁电路均必须符合“故障—安全”的原则。信号设备的联锁关系必须满足安全行车的需要。

第31条 CTC维护室、现场维护单位应按照联锁表对联锁关系每年进行一次检查、核对、试验。每次试验由检查人员按设备技术条件和试验方法进行，并填写联锁试验记录，由试验人和联锁负责人签认，现场维护单位由段长（主任）签署后存档备查（保留两年）。联锁试验中发现的问题、原因及处理结果应做详细记录。

第32条 发现信号联锁电路问题应及时处理，无权处理的问题应及时上报路局电务处。维护人员发现信号联锁设备隐患危及行车安全时，应立即通知CTC维修中心值班人员登记停用，同时采取安全措施，防止设备误动，积极进行处理，确保行车安全。

第33条 未按规定程序审批不准任意改动信号联锁电路和进行联锁软件的修改。运用中的计算机联锁软件、硬件需要修改时，须由系统提供厂家提出修改申请，并提出修改方案，说明修改原因、修改内容、影响范围、联锁试验要求等，经电务处审批方可实施。

第34条 在信号设备上进行试验或采用革新项目、变更联锁图表、电路图、信号显示方式以及器材规格，按《信号维护规则》的有关规定执行。

第35条 凡涉及联锁的施工作业，施工完后必须由联锁负责人负责联锁试验并做好记录，确认联锁关系正确完整后，方能交付使用。

第36条 信号联锁电路技术资料和图纸应有专人管理，保持准确、清楚、完整并与实际相符，不得随意改动。

第37条 联锁电路检查试验中的安全事项：

1. 联锁检查试验前要制定安全措施，组织周密，分工明确。

2. 年度联锁检查试验需在综合天窗内进行，开始前须在《行车设备检查登记簿》内登记，经CTC调度员（或车站值班员）签认后，方可开始工作。

3. 联锁试验过程中要听从一人统一指挥，按分工负责的内容认真确认，互相间联系要使用规定的工作用语。

4. 联锁试验告一段落或结束时，按分工负责的设备范围，认真复查确认是否恢复正常状态。

5. 严禁利用行车人员办理使用的进路进行联锁试验。

第六章 人身安全管理

第38条 确保京津城际铁路现场作业人员人身安全是各级管理、维护单位的共同责任和重要工作内容。各级领导和广大干部、职工必须认真学习贯彻《安全生产法》，高度重视人身安全工作。

第39条 现场维护单位每月召开一次安全分析会，对京津城际铁路人身安全防护工作进行定期分析和总结。根据本系统不同时期、不同任务、不同作业等情况进行安全预想，制定人身安全防护措施，并抓好落实。

第 40 条 在京津城际铁路上岗的电务人员必须经过维护单位的人身安全培训和考试，成绩不合格者不准上道作业；对身体有明显缺陷，不适合现场作业的人员不能在京津城际铁路岗位工作。

第 41 条 如遇京津城际铁路电务设备故障或其他非正常情况必须上道作业时，现场维护单位必须设专人防护，严禁电务人员单人上道作业，CTC 维护室值班人员应及时掌握列车运行情况，及时通知现场作业人员及时下道避车。

第 42 条 现场维护单位班前碰头会必须进行人身安全预想，并制定人身安全防护措施。作业人员要认真落实《铁路信号维护规则》中的有关技术作业安全要求，自觉地实施安全自控和互控，杜绝人身伤亡事故的发生。

第 43 条 维护单位各级干部要经常深入现场检查人身安全防护措施的落实情况，对违反有关规定的要及时进行批评教育，并追究现场管理者的责任，造成不良后果的要追究单位领导的责任。

第 44 条 各维护单位要根据京津城际铁路 300～350 km/h 区段列车运行的特点，进一步研究制定确保现场作业人身安全的实施细则。

第 45 条 各维护单位要加强日常检查，确保京津城际铁路人身安全防护措施的落实。

第 46 条 路局电务处应定期深入现场，检查人身安全防护措施的执行情况，并纳入对有关维护单位的考核。

附件 1

京津城际铁路主要信号设备结构框图

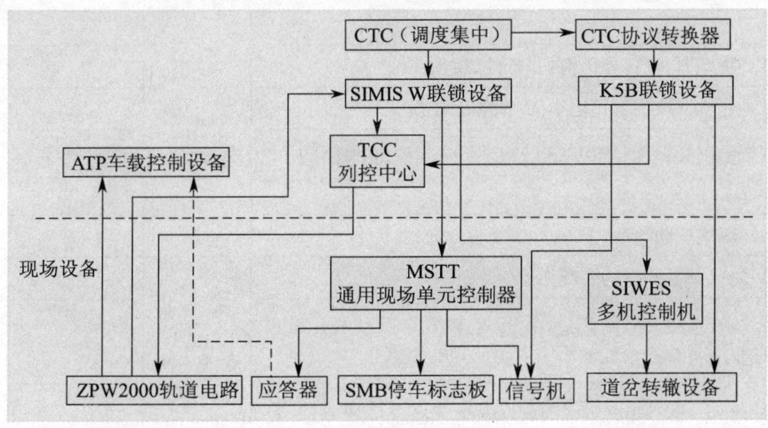

注：虚线箭头为无线连接。

附件 2

道岔转辙设备及 SIWES2 多机控制器维护工作内容及周期

修程	工作内容及质量标准	周期	备 注
日常养护	1.检查道岔密贴和肥边情况，尖轨爬行不超标	半月一次	爬行不超过 20 mm
	2.检查安装装置有无损伤、变形		
	3.检查表示杆缺口标志有无变化，表示杆螺栓紧固、不松动		
	4.检查设备有无外界干扰和异状，检查加锁装置是否良好		
	5.检查斥离轨和基本轨间无异物，各部件无破损		
	6.道岔密贴状态良好，尖轨、基本轨、心轨、翼轨竖切部分无肥边		
	7.尖轨、心轨爬行不超标，各种拉杆距其他部位有 10 mm 以上间隙		
	8.安装装置和外锁闭装置的紧固件、开口销、连接销、连接轴压板、表示杆和动作杆防松螺母无脱落、不松动		
	9.转辙机动作杆、表示杆、密贴检查器表示杆伸出端，外锁闭及安装装置的各连接销、摩擦面应油润无锈蚀		
	10.锁闭框两侧导向销应有效插入锁闭杆两侧导向槽内，不得脱落		
	11.检查转辙机、密贴检查器及箱盒无损伤，加锁装置良好		
	12.基础面、设备外部清扫，杆件、螺丝注油		
	13.心轨下拉装置锁定牢固，油管无破损		
	14.多机控制器(SIWES)外观检查清扫，电缆引入口检查		
	15.道岔振动试验		
集中检修	1.完成日常养护的各项内容	每季一次	
	2.检查连接头之间旷量，尖轨、心轨各牵引点的开程和锁闭量应符合技术标准		
	3.振动试验 4 mm 不得锁闭，表示接点不得接通，试验 2 mm 锁闭，测试溢流压力(半年一次)		

续上表

修程	工作内容及质量标准	周期	备　注
集中检修	4. 检查密贴段牵引点处有 4 mm 及以上间隙时，道岔不得锁闭和接通道岔表示；密贴检查器处有 5 mm 及以上间隙时，道岔不能接通表示	每季一次	
	5. 转辙机、密贴检查器机内无积水、尘土等异物、不锈蚀，动作灵活、稳定无异状；机内配线无破损；机内零部件动作正常、无损坏		
	6. 检查各种电气端子、接点紧固、接触良好，不旷动，接点无损伤		
	7. 转辙机滑动或转动部分适当注油或均匀涂润滑油		
	8. 转辙机及密贴检查器表示缺口指示标对中，左右偏差小于 0.5 mm		
	9. 检查心轨下拉装置驱动器油位标，检查液压系统是否有漏缝和漏油		
	10. 检查多机控制器(SIWES)外观及通风、防潮、防水、防尘状况，不良整修，内部各控制单元、线缆、插件、接线端子安装、接触良好		
	11. 检查多机控制器(SIWES)继电器动作良好，接点接触良好，检查多机控制器(SIWES)与室内联锁设备通信良好，表示灯状态良好，各转辙机监测信息与总监测信息状态一致		
	12. 检查接地漏泄电流不超标		查看 60 V 漏电流检查模块的读数
	13. 用专用仪器检查时间模块的参数(每年一次)		1.5 s，0.1 s
	14. 安装装置、外锁闭装置、密贴检查器及箱、盒除锈、油饰、书写符号	两年一次	
	15. 更换锈蚀的紧固件、防护件	按需要	
	16. 检查、测试钢枕固定螺栓绝缘、外锁闭装置和各种杆件的绝缘性能，不良更换	每年一次	
	17. 心轨下拉装置更换液压油和软管	六年一次	
	18. 按工厂保修周期更换到期的易损件	按需要	
	19. 配合工务整治道岔	按需要	

附件 3

色灯信号机(含带有白色越行指示灯的停车标志板〔SMB〕)维护工作内容及周期表

修程	工作内容及质量标准	周期	备　注
日常养护	1. 检查机构、机柱、基础外观完好、稳固、粉饰良好，限界标记、设备符号清晰，机构加锁良好	每月一次	
	2. 擦净透镜玻璃，设备外部和基础面清扫、螺栓注油		
	3. 检查区间停车信号标志板齐全、完好		
集中检修	1. 进行日常养护内容	每年一次	
	2. 各部螺栓、开口销检查、紧固		
	3. 测试各部电压并记录(包括灯泡号及更换日期)，试验主副灯丝转换和报警		灯端电压为额定电压的 85%～95%
	4. 机构内部防尘、防水检查、清扫		
	5. 硬面化、基础不良整修、整正、稳固		
	6. 区间信号标志板检查整治		安装高度(2 054 mm)
	7. 用测试软件测试并调整灯丝电流，检查双灯丝灯泡工作良好		在 MSTT 处进行，软件自动调整工作电流
	8. 测量建筑限界		
	9. 测试引入线全程对地绝缘		
	10. 检查、调整信号显示距离		
	11. 系统地线测试、整治		小于 1
	12. 箱盒、机构书写符号	两年一次	

附件 4

轨道电路设备维护工作内容及周期

修程	工作内容及质量标准	周期	备　注
日常养护	1. 检查钢轨绝缘外观良好，轨缝标准，扣件与鱼尾板无封连	每月一次	
	2. 检查各种引接线、接续线、跳线、横向连接线、吸上线完好、防混固定良好		

续上表

修程	工作内容及质量标准	周期	备　注
日常养护	3. 检查箱盒无破损，加锁装置良好，外部螺栓良好，基础面、设备外部清扫、注油	每月一次	
	4. 检查调谐区 BA、BP 及平衡线圈的钢包铜引接线及附加线完好		
	5. 检查补偿电容及卡具完好		
	6. 检查调谐区标志、禁停标良好		
	7. 引接线防护罩固定良好		
集中检修	1. 完成日常维护项目	每半年一次	
	2. 检查钢包铜引接线及附加线的安装及固定符合要求，不良整治		
	3. 检查塞钉头上的固定螺帽是否松动，冷压铜端头与轨面间接触电阻是否超标，冷压铜端头根部是否有裂纹，不良整治或更换		冷压铜端头与轨面间电压≤1 mV
	4. 箱、盒开盖检查、内部清扫、端子螺丝紧固、不良设备整修。电缆固定牢固		A. 调谐单元、匹配单元、平衡线圈固定良好。B. 各部螺丝紧固，无锈蚀，备帽齐全，中止漆完好。C. 防雷单元劣化指示窗正常为绿色，变红说明已失效需更换
	5. 检查补偿电容引线断股不超标，不良更换。		
	6. 检查、测试各部绝缘，不良更换。		
	7. 防护盒限界测量		A. 防护盒顶距轨面≤200 mm。B. 防护盒内侧边缘距最近钢轨外沿≥1 500 mm，特殊情况下≥900 mm
	8. 调谐区标志、禁停标检查、整修		
	9. 补偿电容在线测试并记录		
	10. 各种引接线除锈、涂油、整修		
	11. 检查箱盒内部通风、防潮、防水、防尘状况，不良整修	每年一次	
	12. 轨道电路分路残压测试		在轨道电路任意一处轨面用 0.15 Ω 无砟轨道标准分路线分路，轨出 1 分路电压不大于 153 mV
	13. 检查箱盒内电气端子、配线、液压断路器及各种器材良好		
	14. 按周期进行轨道电路测试并记录		

续上表

修程	工作内容及质量标准	周期	备　注
集中检修	15. 检查补偿电容的安装和固定符合要求，不良整治	每年一次	标准：A. 补偿电容应装在靠轨枕边的两端牢固固定于钢轨上的支架内（或专用轨枕护板内）。B. 连接电容引接线的塞钉，应从钢轨外侧打入，与塞钉孔紧密接触，塞钉头露出轨腰 1～4 mm并用油漆封堵。C. 两塞钉头引线的卡具应安装牢固，在离塞钉头15 cm左右将引线压于钢轨底部的上斜面
	16. 调谐区标志、禁停标检查、整修		
	17. 各箱盒地线测试，不良整治		小于 1
	18. 箱、盒油饰，书写符号	两年一次	

附件 5

MSTT 单元（通用现场单元控制器）、应答器维护工作内容及周期

修程	工作内容及质量标准	周期	备　注
日常养护	1. 检查 MSTT 外观无破损，加锁装置良好，基础面、设备外部清扫	每月一次	
	2. 应答器外观良好，连接电缆无破损		
	3. 检查应答器及连接电缆外观良好，各部安装、连接紧固良好，如有松动紧固固定螺栓		
	4. 应答器的组成（包括应答器、安装装置及有源应答器的尾缆）应完整，应答器本身不能有破损		
	5. 应答器表面清扫，不能有覆盖物，如石块、金属件、粉尘等		
	6. 距应答器四周不能有金属杂物，如有进行清理		周边 0.3 m 范围内
集中检修	1. 进行日常维护工作内容	每半年一次	
	2. 检查 MSTT 外观及通风、防潮、防水、防尘状况，不良整修		
	3. 检查箱内电气端子、配线、液压断路器、防雷模块及各种器材良好，插入式连接牢固，线缆无破损		

续上表

修程	工作内容及质量标准	周期	备　注
集中检修	4. 检查 MSTT 各部工作状态良好、指示灯显示良好	每半年一次	参照 MSTT 表示灯含义
	5. 检查 MSTT 与应答器及信号机(停车标志板)通信良好		参照 MSTT 表示灯含义
	6. 检查 MSTT 与 ISDN 线路通信良好,指示灯显示正确		参照 MSTT 表示灯含义
	7. 应答器连接电缆应固定防护良好,胶皮护管不能有穿透性损伤和明显老化,如有则进行更换		
	8. 用专用工具检测 MSTT 与应答器间的通信良好		每年一次
	9. 用专用工具检测地址连接器工作良好		
	10. 用专用工具读出和校验应答器的报文、MD4 码		根据需要

附件 6

室内(含区间中继站)设备维护工作内容及周期

修程	工作内容及质量标准	周期	备　注
日常巡视、测试分析	1. 集装箱外部无破损、变形	每日一次(无人值班站每月不少于两次)	
	2. 检查室内(集装箱内)通风、防潮、防水、防尘良好		
	3. 箱内温度正常,空调设备工作正常,机柜内风扇工作正常		
	4. 检查设备各部有无报警,如有进行处理		参照各部设备表示灯含义
	5. 检查服务与诊断系统有无报警,如有进行处理		
	6. 利用集中监测系统进行测试和分析,检查集中监测系统有无报警,如有进行处理		
	7. 检查联锁机柜、列控中心机柜内各模块、板卡工作正常;标志灯状态正确;各系同步工作良好;检查列控中心与 LEU、联锁总线、局域网等通道状态良好,冗余通道状态正常		参照各部设备表示灯含义
	8. 检查电源系统表示灯、断路器状态良好,各模块输出电流、电压不超标,电源系统散热良好		参照电源系统表示灯含义
	9. 蓄电池外观良好、无破损,检查蓄电池液体指示正确		
	10. 检查防雷单元外观良好,系统接地良好,接地端子连接无松动		
	11. 检查行车室内 LOW、D&T 及相关设备状态良好		

续上表

修程	工作内容及质量标准	周期	备　注
集中检修	1.进行日常巡视、测试分析内容	每年一次	
	2.机械室(集装箱)内清扫,机柜防尘网清洁		每季一次
	3.集装箱防尘网清理		每周一次
	4.检查机柜内模块、板卡固定良好,螺丝无松动		
	5.用专用电脑对DIMO模块信息进行在线监测,并存储状态数据		根据需要进行
	6.DIMO模块信息的监控与固件升级		按实际发生
	7.检查备用插接件、板卡、机笼完好		
	8.测试系统专用地线接地电阻		小于1
	9.用专用系统对电源系统进行测试和维护		
	10.定期对防灾(落物)系统进行试验		
	11.对蓄电池进行放电试验,不良蓄电池更换	半年一次	
	12.按周期更换继电器	按需要	

附件7

电缆线路维护工作内容和周期

修程	工作内容及质量标准	周期	备　注
日常养护	1.电缆经路及电缆盒外观检查(重点检查电缆径路的各种电缆埋设标、警示牌,过桥、过涵电缆防护、施工及其他外界干扰)	每月一次	
	2.检查箱盒、基础有无破损、裂纹		
	3.检查电缆埋设标、警示牌是否齐全完好		
	4.外部安装螺栓检查紧固		
	5.基础面、箱盒外部清扫		
	6.室内电缆沟(槽)封堵检查		
集中检修	1.箱盒、基础整修	每年一次	
	2.检查、核对各种标牌、图表齐全正确,电缆贯通端子标志清晰		
	3.检查各种箱盒通风、防尘、防潮良好		
	4.检查、整修箱盒内部配线及电气端子		
	5.按规定周期进行电缆全程对地摇测		
	6.配合铁通部门检查、试验光缆线路		
	7.电缆盒油饰、书写符号	两年一次	
	8.电缆绝缘不良查找及处理	按需要	
	9.补齐电缆埋设标及警示牌		

附件 8

信号设备电气特性测试项目及周期

序号	设备名称		测试项目	周期	备　注
1	色灯信号机及停车标志板		1. 主、副灯丝点灯端电压	每年一次	在信号机处测量
			2. 主、副灯丝输入电压		在 MSTT 处测量
2	电动（液）转辙机		1. 工作电流（工作压力）	每季一次	
			2. 故障电流（溢流压力）		
			3. 动作电压		
			4. 绝缘电阻		
3	轨道电路	室内	1. 接收器轨出 1、轨出 2（主接入、调接入）电压	每年一次	
			2. 接收器、发送器电源电压		
			3. 发送器功出电压、移出电压		
			4. 模拟网络盒特性测试		
			5. 衰耗滤波器特性测试		
			6. 载频		
			7. 轨道继电器端电压		
		室外	1. 发送端匹配变压器 E1、E2，V1、V2 间电压		
			2. 接收端匹配变压器 E1、E2，V1，V2 间电压		
			3. 发送端轨面电压		
			4. 发送端调谐单元 BA 端电压		
			5. 接收端轨面电压		
			6. 入口电流		
			7. 发送端、接收端分路电压		
			8. 补偿电容测试		
			9. 调谐单元、空心线圈、匹配变压器阻抗测试		
4	电源系统		1. 两路交流输入电压、电流	每年一次	
			2. 两路电源相序测试		
			3. 各输出电源电压、电流		
			4. 各种电源接地测试		
			5. 利用维护工具（系统）进行测试		
5	电缆		全程对地绝缘电阻	每年一次	
6	综合地线		测量综合地线电阻	每年一次	小于 1

附件 9

集中监测、服务与诊断系统测试及分析项目表

<table>
<tr><th rowspan="2">分类</th><th rowspan="2" colspan="2">测试、分析内容</th><th colspan="2">要求</th><th rowspan="2">备注</th></tr>
<tr><th>CTC 维护室</th><th>现场维护单位</th></tr>
<tr><td rowspan="25">集中监测系统</td><td rowspan="11">日常测试、分析</td><td>1. 列车信号机点灯回路电流</td><td>每周对日报表进行远程分析</td><td>每周实测模拟量</td><td rowspan="7">有关管理部门可远程分析</td></tr>
<tr><td>2. 道岔动作电流曲线、道岔表示电压</td><td>每周对日报表进行远程分析</td><td>每周实测模拟量</td></tr>
<tr><td>3. ZPW2000 接收设备、发送设备</td><td>每周对日报表进行远程分析</td><td>每周实测模拟量</td></tr>
<tr><td>4. 电源系统监测</td><td>每周对日报表进行远程分析</td><td>每周实测模拟量</td></tr>
<tr><td>5. 外电网电源监测</td><td>每周对日报表进行远程分析</td><td>每周实测模拟量</td></tr>
<tr><td>6. 电缆绝缘测试</td><td></td><td>每年实测一次</td></tr>
<tr><td>7. 电源漏电流测试</td><td></td><td>每年实测一次</td></tr>
<tr><td>8. 列控中心、列控中心轨道柜通信检查</td><td>每日远程检查</td><td>每日检查，外站每月不少于2 次</td><td>冗余系统状态、各轨道柜状态监测</td></tr>
<tr><td>9. 列控中心线路边界状态、LEU 状态检查</td><td>每日远程检查</td><td>每日检查</td><td>外站每月不少于 2 次</td></tr>
<tr><td>10. 一、二级报警检查</td><td>每日远程检查</td><td>每日检查</td><td>外站每月不少于 2 次</td></tr>
<tr><td>11. 三级报警检查</td><td>每日远程检查</td><td>每日检查</td><td>外站每月不少于 2 次</td></tr>
<tr><td rowspan="6">统计报表</td><td>1. 道岔动作次数统计</td><td rowspan="6">每季远程统计</td><td rowspan="6">每月统计</td><td rowspan="6">转存数据记录并上报</td></tr>
<tr><td>2. 轨道区段占用情况</td></tr>
<tr><td>3. 列车、调车开放次数统计</td></tr>
<tr><td>4. 列车、调车按钮使用统计</td></tr>
<tr><td>5. 设备故障统计</td></tr>
<tr><td>6. 其他数据统计</td></tr>
<tr><td rowspan="4">故障分析</td><td>1. 分析“日常分析”的相关内容</td><td rowspan="4">远程分析</td><td rowspan="4">发生站分析</td><td rowspan="4">有关管理部门可远程分析</td></tr>
<tr><td>2. 电务设备动作回放</td></tr>
<tr><td>3. 开关量历史状态检查</td></tr>
<tr><td>4. 报警统计检查</td></tr>
</table>

续上表

分类	测试、分析内容与程序	要求	备注
服务与诊断系统	1. 查看服务与诊断系统的树形结构	维护室与现场维护单位每日查看	有关管理部门可远程分析
	2. 自上至下查看有无红色报警项目		
	3. 查看报警项目对应的详细报警信息		
	4. 受理故障、报警	现场维护单位上报 CTC 维护室	
	5. 调用报警、故障帮助系统	CTC 维护室进行指导	
	6. 进行报警、故障处理		
	7. 消除报警、故障信息	维护室与现场维护单位分别进行	
	8. 填写报警、故障日志		

京津城际铁路 CTCS-3D 列控系统车载设备维护管理办法(暂行)

京铁电〔2008〕250 号

第一章　总　　则

第 1 条　CTCS-3D 车载设备是保证动车组运行安全的重要行车设备,为做好其维护管理工作,特制定本办法。

第 2 条　为保证车载设备可靠运用,在认真执行《铁路技术管理规程》、《铁路信号维护规则》的基础上,应严格实行安全生产责任制、岗位责任制和质量验收责任制。

第 3 条　CTCS-3D 车载设备的维护工作涉及运输、机务、车辆等部门,维护工作要与动车组开行时刻表、动车组运用维修规程紧密结合,在加强日常运用数据统计分析(运行日志数据、动态检测数据、微机监测数据)的基础上,实行一级(库检测、日接送)、二级、三级检修,以及故障应急处理的维护工作制度。

第 4 条　采用周期计划修与状态修相结合的方式。现场维护工作要在加强设备检测、运用质量跟踪的基础上,实行换板换件状态修。动车组运用所必须配备满足日常维护及应急故障处理所需的仪器仪表及备品备件。

第 5 条　从事 CTCS-3D 车载设备维护管理的人员必须经过岗位技能培训,熟悉设备技术标准、工作模式和管理界面,掌握维护测试方法、作业流程、日常故障处理、数据汇总分析和板件更换技能,获得车载设备维护资质后,做到持证上岗。

第 6 条　生产厂商对 CTCS-3D 车载设备进行软件升级或硬件改造必须获得铁道部批准。

车载软件升级或硬件改造由生产厂家负责具体实施,在实施前一周向路局电务处提出申请,说明软件升级或硬件改造的内容、实施计划及动态试验纲目,由电务处组织审核。库内作业由电务段组织并配合。

每列动车组车载设备软件升级或硬件改造后,必须经过静、动态试验,确认升级改造后的设备状态良好。动态试验由生产厂商、电务处、电务段技术人员参加,按照试验纲目要求逐项试验并确认。设备改造后第一次上线运行,生产厂家和北京电务段均须派技术人员人员添乘,确保设备运用稳定。

实施软件升级或硬件改造后的首列动车组,需经过 3 天的实际上线运行,确认性能稳定后，方可实施其他动车组软件升级或硬件改造工作。

第二章　维护工区、检测设备及备品备件

第 7 条　负责车载设备维护电务段要成立维护工区，负责 CTCS-3D 车载设备维护管理、出入库检测和应急故障处理。实行三班倒工作制，每班人数视工作量进行设置，以适应京津城际动车组集中到、发的运用要求。

第 8 条　CTCS-3D 车载设备维护工区应配置与车载设备制式相适应的测试设备、仪器仪表和维护工具。测试设备和仪器仪表主要包括室内综合测试仪，机车信号测试环线，移动应答器，移动测定（诊断）设备等，满足检修以及故障应急处理的维护工作需要，维护工具要满足拆装和维护设备要求。

第 9 条　CTCS-3D 车载设备维护工区应配备与运用设备一致的备品备件。备品备件包括整套车载设备（含 TCR 及天线）、常用组匣、易损备板配件、DMI、插接件等。配备原则如下：

1. 整机备件：每种型号的车载设备整机备件应按实际运用设备的 20%配备，但整机备件最低不少于 2 套。

2. 常用组匣：根据维护需要可以在整套设备之外增加一套。

3. 易损备板配件：根据维护需要可以每种型号增加 2 个（台）。

4. DMI：按型号每处备用不少于 2 个。

5. 插接件及各种传感器、接收天线：每处备用不少于每种型号 2 个。

第 10 条　对 CTCS-3D 车载设备、器材（含备品备件）逐台建立台账（附件 9），准确反映设备类型、数量、安装位置、使用年限、更换时间、生产厂商、出厂时间及编号，并做到动态跟踪管理。

第三章　数 据 分 析

第 11 条　为加强 CTCS-3D 车载设备运用质量跟踪和数据统计分析，CTCS-3D 车载设备维护工区，须配备车载设备运行日志数据下载装置和动态检测地面接收及数据分析系统。

第 12 条　CTCS-3D 车载设备维护工区工作人员，负责下载动车组动态检测装置数据、下载 CTCS-3D 车载设备运行数据并进行分析管理，对数据建档管理、汇总分析，下载数据分析结果要在《车载设备数据管理簿》上进行登记。

第 13 条　为保证数据分析系统的安全性，必须严格执行《铁路信号维护规则》中“软件管理”、“计算机与网络安全”的规定。在下载、传输数据以外的时间，数据分析系统计算机禁止连接公共网络。

第 14 条 列控车载设备记录数据下载和转储必须使用专用的读出工具和软件，以保证数据安全性。

第 15 条 数据下载时机：

1. 当司乘人员反映运行中存在故障时立即下载；

2. 检测中发现表示灯显示有故障记录信息时立即下载；

3. 无故障情况下随二级检修修程和列控系统维护需要进行下载。

第 16 条 车载设备运行日志数据必须分类、分时有序存放，妥善保管。无故障信息的数据保留 6 个月，有故障信息的数据至少保留 1 年。

第 17 条 当班检测人员负责读取数据，并在《车载设备数据管理簿》上登记日期、车次、车号、卡号等内容。

第 18 条 每日对车载设备数据进行分析，分析内容包括：

1. 车载设备工作状态、故障原因分析；

2. 地面设备工作状态、故障信息分析。

第 19 条 维护工区通过车载数据分析发现地面设备问题时，立即填报《车载设备数据分析报告单》(附件 1)，并立即上报电务段技术科(列控室)和调度，电务段调度上报路局列控室和电务调度。由电务处、电务段主管科室立即组织有关单位对问题进行处理，做到件件抓落实，件件有结论。

第 20 条 电务段主管科室、车间、工区对每件问题的分析、通知、处理结果都要有详实、完整的文本记录(附件 10)。

第四章 维护工作方式

第 21 条 车载设备各项维护工作，要结合动车组检修修程进行，要同各单位检修作业有机结合、协调动作，有效利用检修时间。

第 22 条 遇有故障处理等特殊情况，ATP 需要单独作业时间时，应于当日班前碰头会上向车辆、厂家等有关部门提报《ATP 车载设备检修作业申请单》(附件 2)，写清工作内容及要求，以便完成检修任务。

第 23 条 CTCS-3D 车载设备一级检测与动车组一级检修结合进行，内容及质量标准要符合《CTCS-3D 列信维表 2－1》(附件 3)的规定。每日动车组到达动车所后，对 ATP 车载设备进行检测；动车组上线运行前，要进行 ATP 出库联检；ATP 设备检测合格后，检测人要在联检单上签字确认。作业步骤如下：

1. 参加动车所班前碰头会，掌握动车组当日检修计划，并提出电务当日 ATP 检修工作计划。

2. 动车组入库后，访问执乘人员，查看《动车组行车安全装备检查证和动车组运行技术状态交接》单，了解 ATP 的运用情况。

3. 根据情况下载车载设备运行数据(根据第 15 条规定)。

4. 检查 ATP 车载设备各部分安装牢固,外观无破碎、倾斜和腐蚀现象,各部连接电缆固定良好,连接紧固,无破损、松动现象,检查各种天线、传感器外观安装高度符合要求。

5. 上电自检测,确认 DMI 无故障信息,选择 ATP 检测功能进行检测,确认没有故障信息,两个 DMI 要切换进行测试,Ⅰ、Ⅱ系进行同样的测试和检查。

6. 检查 ATP 机柜各单元表示灯显示正确,无故障显示。

7. 检查 ATP 机柜各开关在正常位置,加封完整。

8. 动车组上线运行前进行出库联检,重复 5～7 项检测。

9. 每日对每辆 ATP 设备的检测情况,都要在《列控车载设备检查记录本》上进行登记。

第 24 条 CTCS-3D 车载设备二级检修与动车组二级检修结合进行,二级检测要使用专用测试设备对车载设备各项参数,按照标准进行全面测试检查。检修内容及质量标准要符合《CTCS-3D 列信维表 2－2》的规定。

第 25 条 CTCS-3D 车载设备三级检修与动车组三、四、五级修结合进行,充分利用车辆检修时间,按标准做好 ATP 三级检修的各项内容。三级检修的作业内容及质量标准应符合《CTCS-3D 列信维表 2－3》的规定。

第 26 条 二级、三级检修工作中,要确认轮径参数设置与实际轮径相符,当轮径发生变化时,要依据有关部门的正式书面文件进行调整,由厂家调整完成的,电务段要对调整结果进行检查确认,并保留相关的文件资料。

第 27 条 “日接送检测”主要用于简易动车所(或存车线)的动车组到达、出发时的 ATP 的检测作业,采用 CTCS-3D 车载设备上电自检方式进行,应核对车载设备主机各模块指示灯显示,确认设备工作状态良好。作业步骤:

1. 动车组到达后,访问执乘人员,了解 ATP 的运用情况;

2. 检查 ATP 车载设备的车上设备各部安装紧固良好;

3. 上电自检测,确认 DMI 无故障信息,选择 ATP 检测功能进行检测,确认没有故障信息,两个 DMI 要切换进行测试,Ⅰ、Ⅱ系进行同样的测试和检查;

4. 检查 ATP 机柜个单元表示灯显示正确,无故障显示;

5. 检查 ATP 机柜各开关在正常位置,加封完整;

6. 动车组上线运行前进行出库联检,重复 5、6 项检测;

7. 每日对每辆 ATP 设备的检测情况,都要在《列控车载设备检查记录本》上进行登记。

第五章　应急故障处理

第 28 条 电务段应根据 CTCS-3D 车载设备及运用特点,制定设备故障应急处理预案，针对各种车载设备故障分别制定详细、切实可行的处理方法、故障信息传达及有关作业程序。建立与厂家售后维护部门的热线联系渠道以便及时获得技术支持。故障处理流程见附件 8。

第 29 条 CTCS-3D 车载设备单系故障不影响行车的，原则上应回到动车运用所内进行处理。车载设备维护工区应结合执乘人员的描述以及 DMI 故障提示、各部表示灯显示、运行数据分析等有效途径，迅速判断故障原因并处理，努力压缩故障时间，迅速恢复设备正常使用，对于不能修复的疑难故障，应按照紧急处理预案的相关规定，迅速联系厂家售后服务和相关人员获得技术支持，尽快恢复设备使用。

第 30 条 电务段主管科室、车间、工区必须建立设备故障记录簿(附件 10)，对每件故障的处理过程都要有详实、完整的文本记录。

第六章 作 业 纪 律

第 31 条 车载设备维护人员必须按照检测流程执行检测，不得简化作业程序。一级、二级、三级检修流程见附件 4(附件 5)、附件 6、附件 7。

第 32 条 禁止带电插拔 CTCS-3D 车载设备的各种板卡及接插件。

第 33 条 不得随意更改 CTCS-3D 车载设备的车种、轮径、雷达参数等参数。因轮径发生变化需要修改轮径参数时，必须按照车辆或相关部门书面提供的书面技术数据文件进行。

第 34 条 车载设备运行数据转储下载应采用专用的下载工具按规定程序进行操作。

第七章 结合部管理

第 35 条 电务部门负责列控车载设备的主机、人机界面(DMI)、速度传感器、轨道电路读取器(TCR)及天线、应答器接收天线、雷达天线及相互之间连接电缆的维护和管理。

第 36 条 车辆部门进行二级及以上检修时，应及时通知电务部门，以便同步安排对 ATP 车载设备进行检修。

第 37 条 动车组安装速度传感器轮对的轮径尺寸发生变化后，车辆部门应及时书面通知电务部门按照新的轮径修正 CTCS-3D 车载设备参数。

第 38 条 动车组雷达传感器故障恢复或故障更换后必须进行动态校验，以确定参数设置的正确性，维护工区要及时向动车所调度提出动态试验的申请。雷达传感器的动态校验，原则上安排在客车整备场 D1、D2 道进行。

附件 1

车载设备数据分析报告单

______电务段______工区　　　　　　填报日期______年____月____日

运行日期	线别	车次/车号	司机	数据下载人
故障信息性质(车/地)		所属电务段	数据接收人	数据分析人
故障、错误信息概况				
故障、错误信息分析结论				
报告单转达确认				
审核人	本段调度	路局调度	路局列控室	外转接受单位

附件 2

ATP 车载设备检修作业申请单

(第 yy-mm-dd-xx 号)

______电务段______工区　　　　　　填报日期______年____月____日

主送	
抄送	
ATP 作业内容	
作业时间	
作业条件要求	
作业单位及作业人	
配合单位及配合作业内容	
备注	

附件 3

列控系统车载设备维修工作内容及质量标准

车载设备检修工作内容及质量标准(一)

CTCS-3D 列信维表 2—1

序号	工作项目	结合动车组一级修程同步检修和日接送作业 工作内容及质量标准	备　注
1	TCR 接收天线	1. 安装牢固,外观无异状; 2. 连接电缆固定良好,无破损	
2	BTM 接收天线	1. 安装牢固,外观无异状; 2. 连接电缆固定良好,无破损	
3	速度传感器 雷达传感器	1. 安装牢固,外观无异状; 2. 连接电缆固定良好,无破损	
4	主机柜	1. 主机柜及各部安装牢固,外观无异状; 2. 插接件紧固,无破损; 3. 连接电缆固定良好,无破损; 4. 各种控制开关处于正常位置; 5. 按要求转储故障信息	
5	DMI TCR 显示屏	1. 安装牢固,外观无异状; 2. 屏幕显示正确,显示内容符合规定; 3. 按键及功能键作用良好; 4. 提示音输出清晰、良好; 5. 2 个 DMI 切换正常,显示正确	
6	测试	对 ATP 车载设备Ⅰ、Ⅱ系,TCR 设备 A、B 机进行同样的测试和检查。 1. 上电后设备自动进行检测,DMI 显示无故障信息,TCR 循环码序显示正常; 2. CTCS-3D 手动进行的测试项目; 3. 各模块工作正常,指示灯显示正确	
7	签认	检测人在《动车组行车安全装备检查证、动车组运行状态交接》单上签字确认	
8	记录	将检测的车次、车号、检测人,设备状态等信息,在工区《列控车载设备检查记录》中进行登记	

车载设备检修工作内容及质量标准(二)

CTCS-3D 列信维表 2－2

序号	工作项目	结合动车组二级修程同步检修 工作内容及质量标准	备　注
1	TCR 接收天线	1. 安装牢固,无碰伤,无变形; 2. 连接电缆固定良好,无破损,无磨卡; 3. 各部件密封及防水、防潮作用良好; 4. 传感器下表面距轨面高度符合标准	
2	BTM 接收天线	1. 安装牢固,无碰伤,无变形; 2. 连接电缆固定良好,无破损,无磨卡; 3. 各部件密封及防水、防潮作用良好; 4. BTM 天线下表面距轨面高度符合标准	
3	速度传感器 雷达传感器	1. 各部安装螺丝紧固无松动;外观无异状; 2. 连接电缆固定良好,无破损; 3. 确认轮径参数设置与实际轮径相符	
4	主机柜	1. 主机柜安装牢固,外观无倾斜、龟裂、损伤、腐蚀现象; 2. 组匣安装螺丝紧固,无松动; 各接插件紧固,无破损; 3. 连接电缆固定良好,无破损; 4. 机柜内风扇运行正常,无报警; 5. 各控制开关切换良好	
5	DMI TCR 显示屏	1. 安装牢固,外观无异状; 2. 屏幕显示正确,显示内容符合规定; 3. 按键及功能键作用良好; 4. 提示音输出清晰、良好; 5. 2 个 DMI 切换正常,显示正确	
6	测试	使用专用测试设备对车载设备进行测试,测试内容参照检查测试标准的静态测试内容,Ⅰ、Ⅱ系进行同样的测试和检查	使用专用 测试设备
7	记录	将检测的车号、检测人,设备状态等信息,在工区《列控车载设备检查记录》中进行登记	

车载设备检修工作内容及质量标准(三)

CTCS-3D 列信维表 2—3

序号	工作项目	结合动车组三级及以上修程同步检修	备　注
		工作内容及质量标准	
1	TCR 接收天线	1. 安装牢固,无碰伤,无变形; 2. 连接电缆固定良好,无破损,无磨卡; 3. 各部件密封及防水、防潮作用良好; 4. 安装几何尺寸符合标准; 5. 传感器下表面距轨面高度符合标准	
2	BTM 接收天线	1. 安装牢固,无碰伤,无变形; 2. 连接电缆固定良好,无破损,无磨卡; 3. 各部件密封及防水、防潮作用良好; 4. 安装几何尺寸符合标准; 5. BTM 天线下表面距轨面高度符合标准	
3	速度传感器 雷达传感器	1. 安装牢固,外观无异状,安装几何尺寸符合标准; 2. 连接电缆固定良好,无破损; 3. 确认轮径参数设置与实际轮径相符	
4	主机柜	1. 设备主机柜内部分解清扫; 2. 设备主机柜内部及各插件螺丝检查,内部安装及电器螺丝紧固无松动; 3. 设备主机柜内部配线检查,配线布线、绑扎良好,无破损,线头不松动,布线及元器件间距符合要求,器材外观无老化变形; 4. 主机柜安装牢固,外观无倾斜、龟裂、损伤、腐蚀现象; 5. 组匣安装螺丝紧固,无松动;各接插件紧固,无破损; 6. 连接电缆固定良好,无破损; 7. 机柜内风扇运行正常,无报警; 8. 各控制开关切换良好	
5	DMI TCR 显示屏	1. DMI 内部分解清扫; 2. DMI 内部螺丝检查,内部安装及电器螺丝紧固无松动; 3. 安装牢固,外观无异状;	

续上表

序号	工作项目	结合动车组三级及以上修程同步检修 工作内容及质量标准	备　注
5	DMI TCR 显示屏	4. 屏幕显示正确，显示内容符合规定； 5. 按键及功能键作用良好； 6. 提示音输出清晰、良好； 7. 2 个 DMI 切换正常，显示正确	
6	器材更换	按照器材寿命管理的要求执行	
7	测试	使用专用测试设备对车载设备进行测试，测试内容参照检查测试标准的静态测试内容，Ⅰ、Ⅱ系进行同样的测试和检查	使用专用测试设备
8	记录	将检测的车号、检测人，设备状态等信息，在工区《列控车载设备检查记录》中进行登记	

附件 4

列控车载设备检测流程(出入库检测)

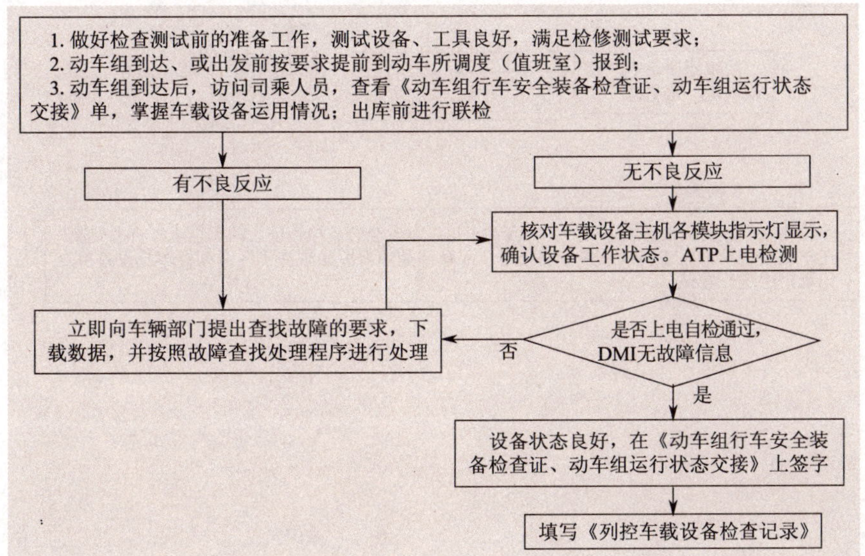

附件 5

列控车载设备检测流程(一)

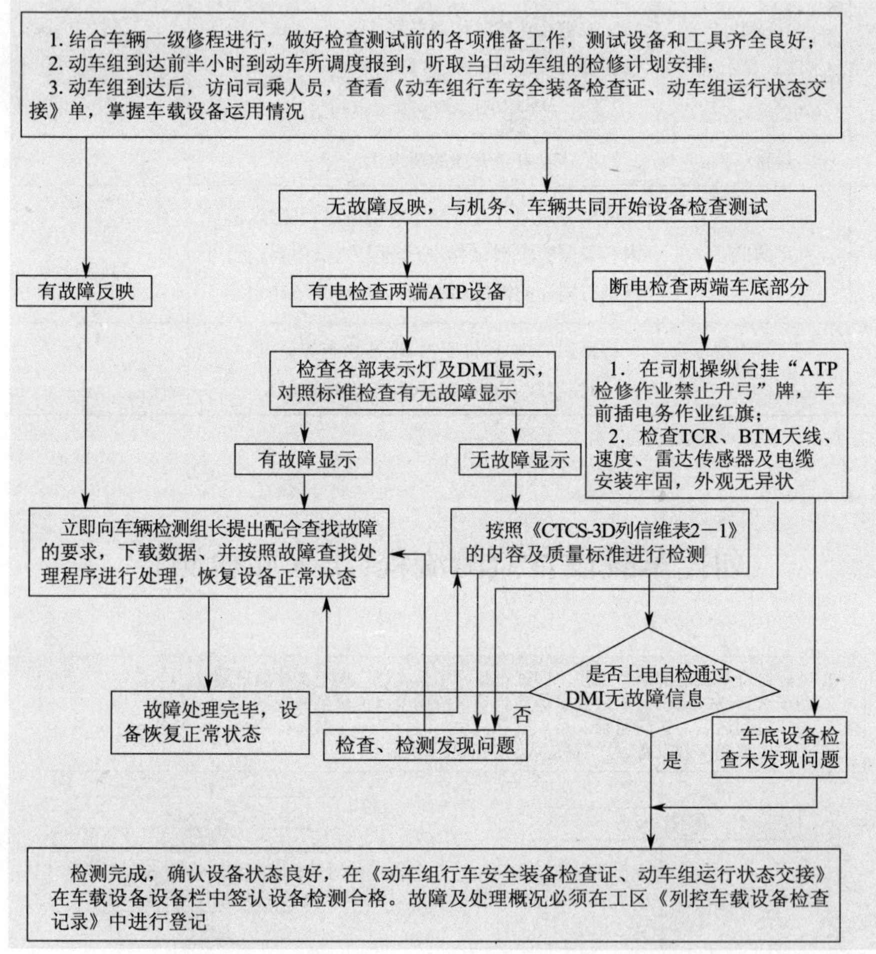

附件 6

列控车载设备检测流程(二)

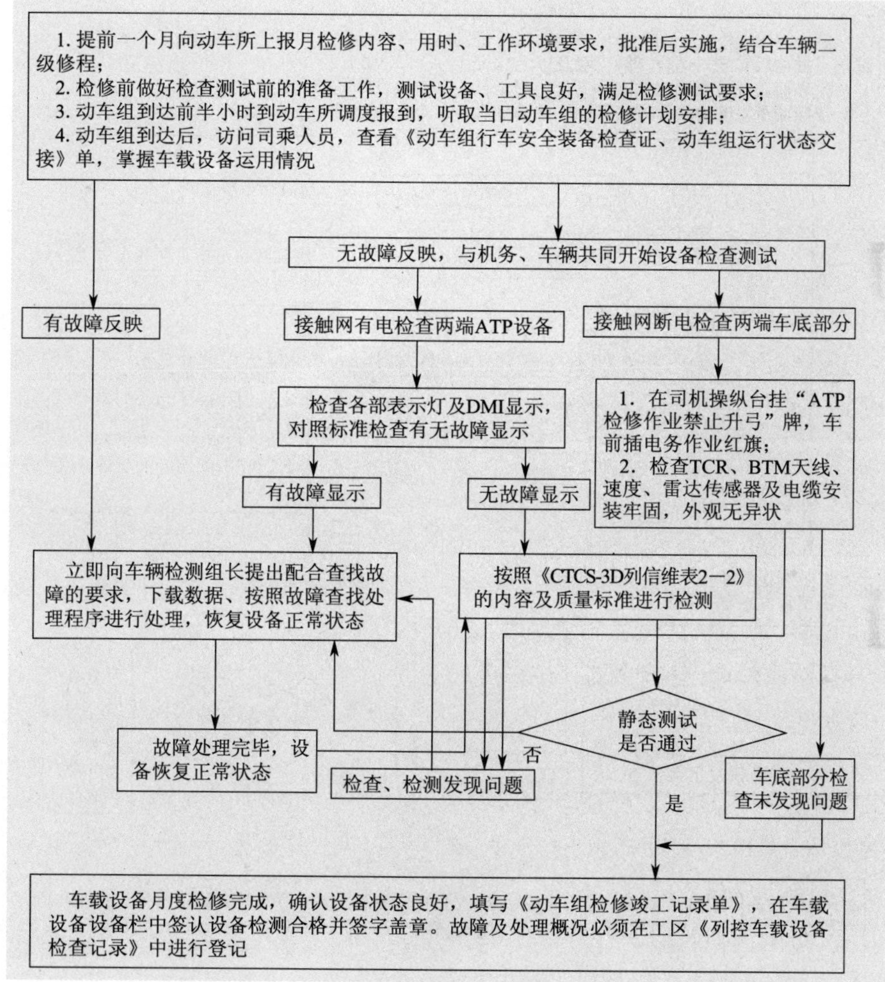

附件 7

列控车载设备检测流程(三)

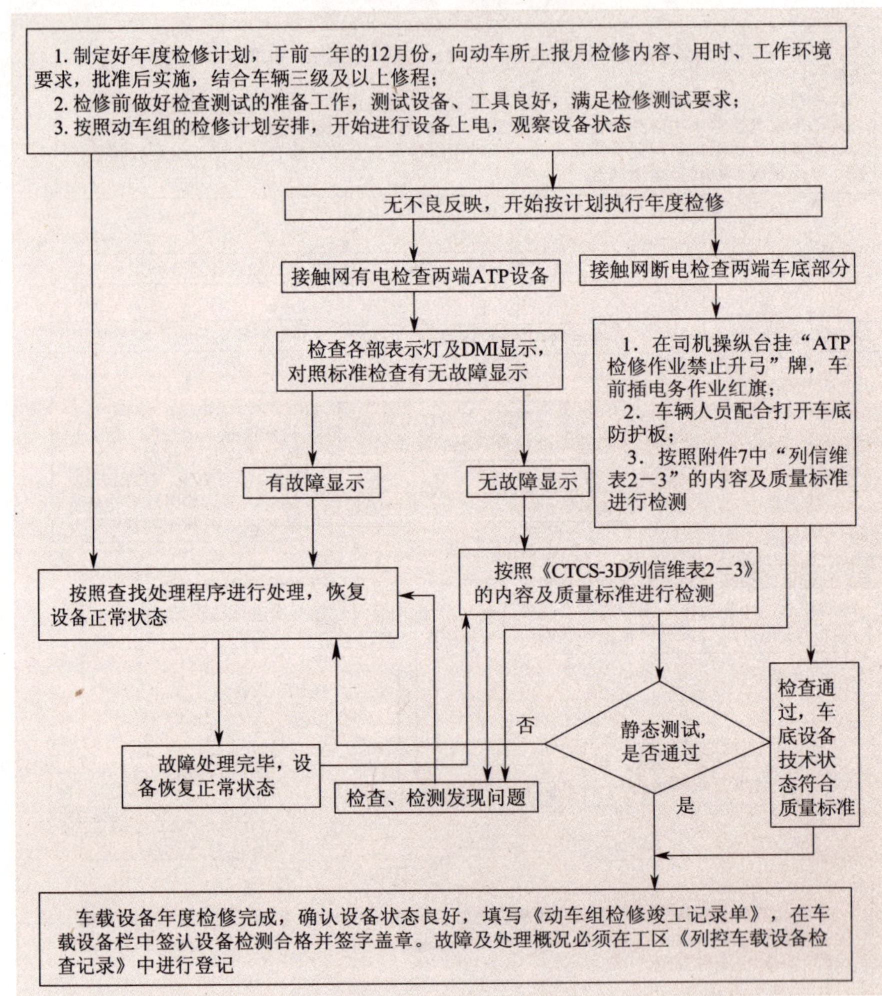

附件 8

列控车载设备故障处理流程

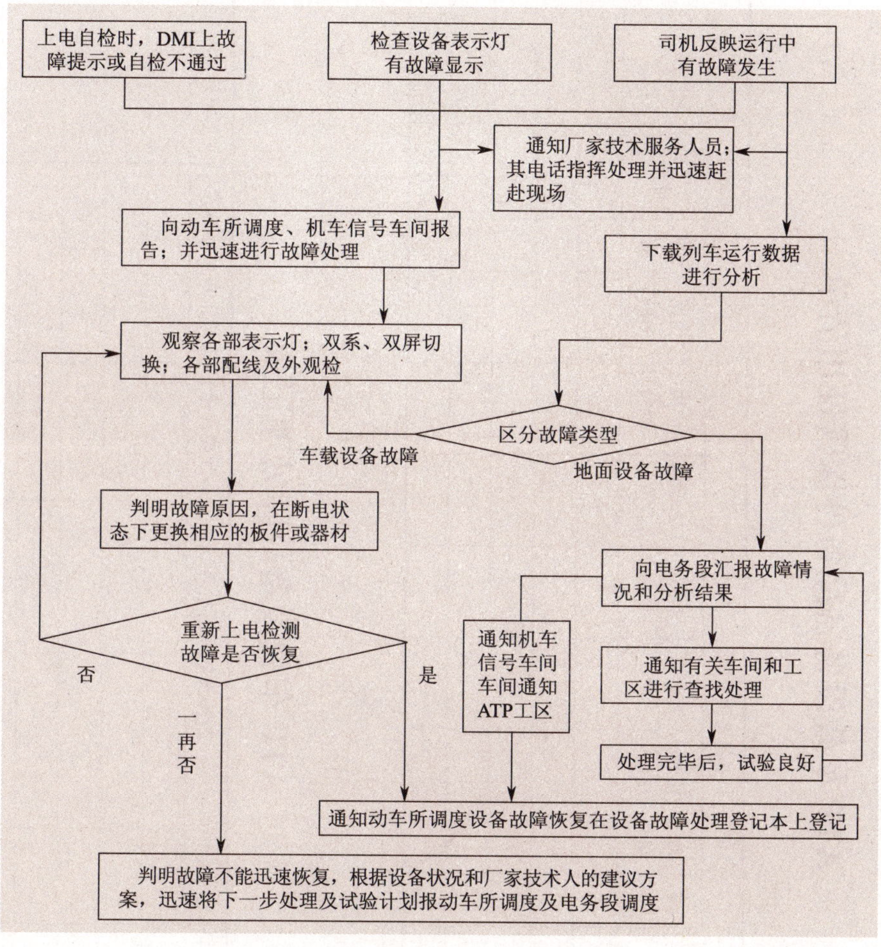

附件 9

ATP 车载设备备品备件保管使用清单

________电务段______车间____工区

顺号	关联序号	型号	备品备件名称	编号	备品备件来源						备品备件使用							
					来源	数量	接收日期	交付人签字	接收人签字	存放位置	使用原因	使用时间	数量	批准人	使用人签字	交付人签字	使用处所

附件 10

ATP 车载设备故障处理记录

顺号	日期	车次	车号	司机	故障及处理概况	故障部位	维护单位处理人	厂家处理人	备注

京津城际铁路调度集中控制系统(CTC)维护管理办法(试行)

京铁电〔2008〕251号

第一章 总 则

第1条 京津城际铁路采用了调度集中控制系统(Centralized Traffic Control,以下简称CTC)。CTC是实现京津城际铁路列车调度透明指挥、集中控制的现代化自动控制系统,是保证京津城际铁路列车行车安全和运输效率的重要行车设备。

第2条 CTC系统由CTC中心设备、CTC车站设备及CTC网络等组成。CTC中心设备包括:管理服务器(ADM)、通信服务器(COM)、人机界面(MMI)、中央本地操作员工作站(C-LOW),服务与诊断工作站(S&D)、通信前置机(FEP)、协议转换器、交换机、路由器、防火墙、电源设备、打印设备、时刻表验证编辑工具(FALKO)、模拟与培训系统(T&S)等。CTC车站设备包括:调度命令与运行图终端(D&T)、本地操作员工作站(LOW)、服务与诊断工作站(S&D)、协议转换器、交换机等。

CTC网络结构为局域网方式,CTC中心各设备之间通过中心交换机相连接,CTC车站设备以及联锁上位管理机之间通过车站交换机相连接,中心交换机和各车站交换机之间通过双环光纤网络通道实现远程连接。

CTC中心直接控制亦庄、永乐、武清3个车站SIMIS W系统,通过协议转换器控制北京南(不含普速场)、天津站城际场K5B联锁系统。

CTC局域网与北京局TDCS中心局域网通过2M通道相连接,实现CTC与TDCS信息交换。

CTC通过GSM—R网络,可向动车组发送无线调度命令。

第3条 为规范京津城际铁路CTC设备的维护管理,确保系统正常运行,提高系统的稳定性、可靠性,特制定本管理办法。本办法依据铁道部《铁路技术管理规程》、《铁路信号维护规则》、《京津城际铁路技术管理暂行办法》(铁科技〔2008〕99号)、《京津城际铁路技术管理实施细则(暂行)》(京铁师〔2008〕233号)等规章制定,解释权归北京铁路局电务处。

第二章 组织机构和职责

第一节 组织机构

第4条 京津城际铁路CTC维护室实行24小时值班制度,实时掌握系统运行情况，负责保证京津城际铁路 CTC 系统安全运行。

第 5 条 CTC 维护室工作人员应具备较高的计算机、网络、信号专业技术知识水平，掌握相应的通信专业知识；熟悉 CTC 设备的性能、原理、技术标准和检修方法；熟练掌握 CTC 系统各种应用软件操作。

CTC 维护室工作人员要掌握京津城际铁路信号设备的结构原理、检修方法及故障处理方法，掌握各区域联锁的控制范围，能够熟练运用服务与诊断系统、集中监测系统的各项功能。

CTC 维护室工作人员经主管部门考核合格后，方准上岗工作。

第 6 条 CTC 维护室应配备必要的专用工具、仪器、仪表、备品备件。

第二节 工作职责及要求

第 7 条 电务处是京津城际铁路 CTC 的业务主管部门，其主要职责：

1. 负责铁道部、铁路局有关 CTC 规章政策、技术标准的贯彻落实；

2. 负责京津城际铁路 CTC 管理办法、应急预案、保密制度等规章的制定；

3. 负责与其他部门之间有关 CTC 工作的协调处理。

第 8 条 CTC 维护室工作职责

1. 负责制定京津城际铁路 CTC 设备的维护管理实施细则、应急预案实施细则、CTC 设备软硬件管理、日常维护管理、值班制度、设备停用登销记制度、设备故障处理程序、防火制度、保密制度等规章制度，并严格执行。

2. 负责京津城际铁路 CTC 中心设备的日常维护及故障处理，保障 CTC 系统良好运行，保障 CTC 与联锁、TDCS、GSM—R 等其他相关系统之间的数据交换畅通。

3. 实行 24 小时值班制度，负责京津城际铁路信号设备施工、检修和故障处理的联系要点工作。

4. 值班人员实时掌握全线信号设备的运用状况，发现信号设备故障及时组织处理。

5. 定期转储有关行车的各类日志数据；定期转储 CTC 的周期性日志信息；设备出现异常后根据需要下载故障和错误信息并进行分析。

6. 定期组织 CTC 设备质量鉴定，根据鉴定提出设备改造、大修的建议计划。

7. 配合 CTC 设备的升级改造、大修工作。

8. 配合涉及 CTC 的 GSM—R、TDCS、光通道等设备的施工、检修和故障处理工作。

第 9 条 CTC 维护室工作要求

1. CTC 维护室工作人员必须牢固树立一切为运输生产服务的思想，在以预防为主的原则下，认真做好 CTC 设备维护管理工作，保证系统良好运用。

2. CTC 维护室工作人员应严格遵守有关规章制度和作业纪律，努力学习相关技术知识，熟练掌握系统工作原理和性能，提高故障处理能力。

3. 值班人员应坚守岗位，实时掌握京津城际铁路信号设备的运用情况，及时发现和处理信号设备故障，按规章办理设备停用的登记、销记，并向电务处调度报告。

4. 严格按照规定周期做好设备巡视、监测、测试、维护和清洁工作。保证 CTC 机房安全，保证 CTC 设备工作状态良好。

第 10 条　京津城际铁路各车站的电务维护机构负责车站 CTC 设备的维护及故障处理。

第三章　维 护 管 理

第一节　设备维护分工及分界

第 11 条　CTC 设备维护分工

1. CTC 维护室负责 CTC 中心各个服务器、工控机、交换机、路由器、防火墙、电源设备、网络设备的维护管理。主要工作内容包括：设备软硬件维护，各种日志数据的保存，软件的备份，日常值班，设备巡视及测试，设备清扫，设备故障处理，配合处理 CTC 通道、GSM—R 故障。

2. 在 CTC 维护室的指导下，各车站信号工区负责车站 CTC 设备的维护、故障处理工作。

3. CTC 光通道和 GSM—R 设备由通讯部门负责维护管理。

4. 系统软硬件升级由生产厂家负责。

第 12 条　CTC 与其他部门设备分界

1. CTC 设备与通信设备的分界：接至 CTC 交换机的光纤（包括接头）、接至 CTC 协议转换器的 2M 小同轴电缆（包括 BNC 接头）以及 CTC 与 GSM—R 连接的以太网线由通信部门负责维修。

2. CTC 中心电源设备分界：引入 UPS 配电箱的电力电缆由电力部门负责维护，配电箱及引出部分由 CTC 维护室负责维护。

3. CTC 系统的打印机、绘图仪由电务部门负责维护，打印纸、墨盒、硒鼓等耗材由使用部门管理。

第二节　设备维护制度

第 13 条　CTC 设备实行天窗修和状态修结合的维修方式，日常工作以巡视、监测、测试为主。CTC 维护室人员和各车站电务维护人员每日巡视 CTC 各项设备及网络的工作状态，保持设备清洁，并访问调度员 CTC 设备使用情况。

第 14 条　CTC 维护室和各车站电务维护机构根据 CTC 设备鉴定结果和维护工作项目编制年度维修工作计划，CTC 设备维护具体工作项目见附表 1。

第 15 条　电务部门在车站及区间进行作业，需要进行扳动道岔或联锁试验等工作时，可向调度员申请将 CTC 设备转换到站控模式，以便于电务人员进行作业。作业完成后，及时交还控制权。

第 16 条　京津城际铁路 CTC 设备使用寿命为：各类电线电缆、网线、配电箱、机柜、计算机桌使用寿命为 10 年；服务器、工控机、交换机、路由器、UPS 使用寿命为 8 年。根据设备使用寿命、设备现状和运输需要，编制设备大修建议计划。

第 17 条　服务器、工控机、交换机、路由器、打印机、绘图仪、UPS 电池等 CTC 设备，应有能够满足故障处理要求的备用；显示器、键盘、鼠标、网卡、显卡、硬盘等设备，应有不少于 20％的备用。

第三节　故障处理

第 18 条　设备故障处理的规定

1. CTC 维护室值班人员处理信号设备故障的程序：

①发现故障或接到调度员的故障通知后，立即在服务与诊断系统和集中监测系统上查询故障信息，确认故障；

②在《设备故障登记簿》上核对故障时间、地点、概况并签认，当设备故障危及行车安全时，停用相关信号设备；

③通知相关信号工区前往处理故障，同时调用服务与诊断系统或集中监测系统与故障相关的信息及数据，将有关监测数据和信息及时通报故障处理人员；

④向有关电务段或工务机械段调度报告故障，并向电务处调度汇报；

⑤故障修复后，在《设备故障登记簿》上销记，写明故障原因及恢复时间，并将故障处理经过报告电务段或工务机械段调度；

⑥在故障登记表和值班日志上记录设备故障相关内容，包括时间、地点、设备名称、影响范围、故障原因等内容，故障登记表见附表 2。

2. 故障涉及通信或其他部门时，应及时联系和通知相关部门。

3. 遇有复杂、疑难的 CTC 设备故障，CTC 维护室难以解决时，应及时上报电务处，通知研制单位协助解决。

第四章　安全管理

第 19 条　严禁在 CTC 设备中接入任何其他设备，未经批准严禁在 CTC 设备中插入任何存储介质。CTC 不得与互联网、办公网等其他网络相连接。未经铁路局批准，不得在CTC网络中增加设备。严禁使用CTC设备做与工作无关的事情，禁止擅自关机、关闭操作系统、退出应用程序。

第20条 CTC软件的修改、升级由系统研制单位负责。设备开通后，未经铁路局电务处许可，禁止在CTC设备中修改、添加、删除、更换任何软件，禁止修改网络配置的密码和参数。

第21条 各个服务器和工控机的光驱及USB口应做加封处理，维护人员因工作需要，经电务处同意后才可以打开。

第22条 除了CTC使用和维护人员外，严禁其他人员操作、使用CTC设备。用户密码和系统管理员密码是使用人员和维护人员身份识别的依据，CTC使用单位和维护单位必须设专人对各种密码进行严格管理。

第23条 CTC设备的供电为一级负荷，不得随意停电。未经批准，禁止任何单位或个人将非CTC设备接入CTC电源或随意停电。

第24条 CTC机房须符合CTC设备环境条件及安全管理的要求，并安装消防报警安全设施。

第25条 严格遵守保密制度，加强对CTC有关信息、资料的安全管理。严禁修改CTC各项设备的IP地址，所有设备IP地址配置、用户名和密码要做好备份并妥善保管，不得泄密。

第五章 技术管理

第26条 CTC技术资料管理

CTC设备开通办理交接手续，必须验收交接完整的技术资料。技术资料应包括各种软件、各设备技术图纸、设备硬件配置说明、软件设置说明、技术标准、操作规程、使用说明、维护要求等。CTC设备更改后应及时更新相关技术资料。技术资料的书面文档由CTC维护室保存，电子文档文件由电务处保存。

第27条 CTC设备软件管理

CTC系统研制单位应提供全部设备的最终版软件，包括系统软件、应用软件、数据软件、配置数据等。如遇软件更改，CTC维护室必须及时得到最新软件，过期软件封存保管。保存的软件标明软件的使用地点、设备名称、安装路径、软件版本号、更新日期以及相关说明。软件备份以刻录光盘的形式保存于CTC维护室和电务处。

第28条 CTC维护室应建立完整的设备台账和软件台账，主要包括：

1. 设备台账：每台设备的名称、型号、更换记录等；

2. 软件台账：软件名称、安装设备、安装路径、使用日期、用途等内容；

3. 备用器材台账；

4. 仪器仪表台账。

第 29 条 CTC 维护室应具备以下设备技术资料：

1.《技规》、《维规》、《行规》、CTC 相关技术规范标准；

2. 软硬件技术手册、使用手册和维护手册；

3. 系统软件和应用软件备份，包括软件配置说明；

4. 网络拓扑图，包括各网络节点名称及 IP 地址；

5. 系统结构图、设备布置图、电源配线图；

6. 京津城际铁路各车站及区间信号设备平面布置图、ACC 区域划分图、电缆布置图、电源连接图、联锁原理图、单项设备电路图；

7. 故障处理流程图；

8. 故障登记表；

9. 仪器仪表使用说明书；

10. 设备质量鉴定资料；

11. 各种测试资料，日志文件。

附表 1

京津城际铁路 CTC 设备维护项目及周期

设备名称	工作内容及质量标准	周期	备　注
	1. 检查每台服务器上的文件/var/adm/messages，查看如下消息： ①足够的存储容量； ②是否存在的未授权的系统访问； ③操作系统消息； ④VICOS 故障消息。 2. 检查 CTC 状态(spv sh se all)	每天	在线数据库备份应在天窗时间内进行
	1. 备份记录及回放数据； 2. VICOS 在线数据库备份； 3. 检查时间同步； 4. 备份 SPECTRUM 存档文件； 5. 有关行车执行数据备份	每月	存档文件完成备份之后，必须将原文件从中手动删除

续上表

<table>
<tr><th>设备名称</th><th>工作内容及质量标准</th><th>周期</th><th>备　注</th></tr>
<tr><td>LOW</td><td>1. 测试语音；
2. 存储安全相关的操作记录(关于行车的日志)；</td><td>每月</td><td>中心和车站 LOW</td></tr>
<tr><td>S&D</td><td>1. 转存故障数据库数据；
2. 备份服务与诊断系统日志；
3. 保存历史数据</td><td>每月</td><td>中心和车站 S&D</td></tr>
<tr><td>中心</td><td>1. 检查风扇、开关、电池状态；
2. 检测风扇出口、开关、电池柜温度并作记录；
3. 在 UPS 监控软件上查看并记录 UPS 各项电源信息、事件记录、历史数据等维护数据，分析处理异常信息</td><td>每月</td><td>中心设备</td></tr>
<tr><td>中心</td><td>1. UPS 电源设备的输入、输出电压、频率测试；
2. UPS 功耗测试；
3. UPS 电池放电测试，蓄电池放电电压分块测试；
4. 备份监测数据</td><td>每季</td><td></td></tr>
<tr><td rowspan="2">配电柜</td><td>1. 检查螺丝松动；
2. 检测各接点和开关温度，发现异常的温度升高及时处理</td><td>每月</td><td rowspan="2">电源线对地绝缘测试不可使用绝缘电阻表</td></tr>
<tr><td>3. 电源线对地绝缘测试</td><td>每季</td></tr>
<tr><td>机柜</td><td>1. 布线检查，电源插座是否松动；
2. 柜门、风扇检查；
3. 地线连接检查</td><td>每月</td><td>中心设备</td></tr>
<tr><td>计算机设备</td><td>1. 检查鼠标、键盘、显示器连接线、网线、数据线、电源线是否连接良好，设备是否有异常声响；
2. 口、光驱加封检查；
3. 磁盘空间占用情况检查</td><td>每月</td><td>中心和车站所有计算机、服务器</td></tr>
<tr><td>网络设备</td><td>1. 检查网线、数据线、电源线是否连接良好，设备是否有异常声响</td><td>每月</td><td>中心和车站所有网络设备</td></tr>
<tr><td>其他</td><td>1. 电缆径路防火、防鼠封堵检查；
2. 防雷元件测试；
3. 设备鉴定；
4. 备用器材检测；
5. 各部位地线检查测试</td><td>每年</td><td>中心设备</td></tr>
</table>

附表 2

京津城际铁路信号设备故障登记表

发生时间：	恢复时间：	年　　月　　日
故障设备：		故障原因：
故障延时：		影响列车：
故障现象描述：		
故障影响范围：		
情况了解(最近有过的施工、调整、操作、故障处理后的改动情况)：		
故障处理过程：		
设备损坏情况：		
为避免问题的再次发生所采取的调整措施、建议和注意事项：		

注：故障原因分为：违章、设备不良、自然灾害、通道、社会治安、其他等原因。

京津城际铁路通信运营管理办法(试行)

京铁电〔2008〕258 号

第一章 总 则

第一条 为规范通信业务管理,更好地发挥通信系统在京津城际铁路运输安全生产中的重要作用,确保通信系统的安全畅通,特制定本管理办法。

第二条 根据铁道部《关于合宁线、京津城际客运专线通信设备委托维修工作的指导意见》(运基通信〔2008〕143 号)和《京津城际铁路委托运输管理协议》,电务处作为路局通信及无线电管理的归口单位和维护单位签订《京津城际铁路通信设备委托维修合同》,负责通信运营管理工作。

电务处负责办理京津城际铁路通信业务;负责受理京津城际铁路用户的故障申告及投诉;负责核查、检查设备维护单位提供的通信设备维护质量和服务质量,并确认通信业务量,协调通信代维和通信服务费用的清算工作;负责京津城际铁路的无线电管理工作;负责与京津城际公司就通信设备的大修、更改、新增等事项的协调工作。

北京、天津电务段受路局委托,负责京津城际铁路通信设备质量的监管工作,负责自动电话业务办理及费用的核定工作。

第二章 维护界面划分

第三条 京津城际通信系统包括:GSM—R 系统(含机车综合无线通信设备 CIR、手持终端)、传输系统、数据网系统、调度系统、电话接入网系统、同步及时钟监控系统、综合网管系统、电源系统、动力和环境监控系统、视频监控系统、通信线路、救援指挥系统、综合布线系统、防灾系统。

第四条 通信专业与相关专业维护界面划分

一、电力引入

1. 开闭所、自动变电所、牵引变电所、信号集装箱内的通信电源引入,以电力交流配电箱出线端子为界,端子(不含)以下部分由通信专业负责维护。

2. 基站、通信机房交流电源引入,以电力交流配电柜进线端子为界,端子(含)以下部分由通信专业负责维护。

二、光纤及传输通道

1. 通信专业为信号专业提供光纤时,以 ODF 架为分界,ODF 架及出线端子由通信专业负责维护，端子以下部分由信号专业负责。

2. 通信专业为信号集装箱、开闭所、自动变电所、牵引变电所等其他专业提供传输通道时，以通信配线架为分界点，通信配线架及出线端子由通信专业负责，端子以下部分由其他专业负责。

三、数据网维护界面

数据网系统设备由通信专业负责维护，以应用系统用户端接入点分界，接入点端口以内包括数据网网络设备由通信负责，端口（不含）以外由使用单位负责。

四、同步时钟分配系统维护界面

同步时钟分配系统以通信协议转换器端口为界，协议转换器端口以内由通信负责，协议转换器端口（不含）以外由使用单位负责。

五、客服系统维护界面

客服系统维护界面以通信端口为界，即客服用户终端以综合布线端口为界；客服系统服务器（路由器），以通信机房 DDF/RJ45 配线架端口分界，通信端口（含）以内由通信负责，通信端口（不含）以外由客服系统负责。

六、通信设备保管

1. 通信专业在信号集装箱、开闭所、变电所等其他专业机房装有设备时，所安装的通信设备由通信专业负责维护，设备保管由相关专业负责。

2. 机车综合无线通信设备 CIR、手持终端由通信专业负责维护，设备保管由使用单位负责。

第三章 日 常 管 理

第五条 京津城际铁路通信设备的运用管理

一、机车综合无线通信设备

1. 在京津城际铁路运行的机车均装备机车综合无线通信设备（CIR）。

2. 司机负责机车 CIR 机车号、车次号参数的注册、注销及确认工作。

3. 机车号、车次号是呼叫司机及调度命令信息发送的基础数据。当机车增减、车次号变更时，车辆、机务、运输处应提前 48 小时将变更信息以书面形式通知路局电务调度。电务调度应及时将车次号、机车号及 IP 地址变更信息书面通知维护单位。

4. 维护单位按机车号、车次号变更通知按时限修改 GSM—R 网络数据、GRIS 数据以及 CIR 数据，并将数据修改情况反馈给电务调度。

5. 严禁使用 CIR 呼叫调度用户（调度员、车站值班员）以外的自动电话及 GSM—R 手持终端。

二、GSM—R 手持终端设备

1. 在京津城际铁路 GSM—R 手持终端配备原则和申领程序执行《北京铁路

局京津城际铁路 GSM—R 手持终端及 SIM 卡使用管理办法(暂行)》。

2. 车站助理值班员、机车司机、列车长、随车机械师、救援列车主任使用的 GSM—R 手持终端可以拨叫列车调度电话(调度员、车站值班员),其他 GSM—R 移动用户不得拨打列车调度电话。

3. 列车调度员、车站助理值班员、机车司机、列车长、随车机械师、救援列车主任可使用 GSM—R 手持台呼叫 CIR,其他 GSM—R 移动用户不得拨叫 CIR。

4. 机车司机、车站助理值班员、救援列车主任可通过短号码呼叫列车调度员和车站值班员,其他 GSM—R 移动用户(CIR 除外)不得使用短号码拨叫列车调度员和车站值班员。

5. 机车运行期间 CIR 发生故障时,司机可使用 GSM—R 手持终端作为应急通信手段进行通信联络。

三、调度电话

1. 京津城际铁路调度台设置:列车调度台、助理列车调度台、供电调度台、综合维修调度台、客服调度台、动车调度台。

2. 列车调度员、车站值班员可使用调度(值班)台通过拨叫功能号(车次号、机车号)或移动台号码(MSISDN)呼叫车载综合无线设备(CIR)。

3. 其他调度电话原则上禁止呼叫 CIR。

4. 调度电话故障时,可用自动电话作为应急通信手段进行通信联络。

四、自动电话

1. 京津城际铁路自动电话的拆、装、移等相关业务按照《北京铁路局通信业务管理办法》(京铁电〔2005〕186 号)执行。

北京电务段负责受理北京南至武清(含)之间的自动电话业务。天津电务段负责受理武清(不含)至天津间的自动电话业务。发生的相关电话费各电务段单独计列。

2. 京津城际铁路自动电话设备是铁路专网电话的组成部分,可拨打铁路专网电话、GSM—R 手持终端和根据权限拨打公网电话。

3. 正常时,严禁使用自动电话呼叫 CIR,紧急情况下允许行车调度用户、车站值班员用户使用自动电话呼叫 CIR。

五、业务数据终端

承载业务的数据终端增减时,由相关单位提报申请,经路局主管部门审批后报电务处,电务处提出 IP 地址分配方案,信息处审核。

六、同步时钟分配系统

同步时钟分配系统将为整个京津城际铁路运输系统提供同步时间信号。各单位需增减时间信号采集点时,由相关单位提报申请,经路局主管部门审批后报电务处批准实施。

第四章　维护费用核定

第六条　用于京津城际铁路运输的安全生产、经营管理所发生的通信设备代维护费用和通信业务费用由路局负责核查核定，电务处核定的维护单位提供的通信设备质量、运用质量以及通信业务量和服务质量作为清算依据。

对于新增业务需求，由各运用单位提报申请，经路局主管部门审批后报电务处。如各单位提出的需求和既有运用变化较大时，电务处将根据需求计划洽京津城际公司同意后实施。

第七条　京津城际铁路各维护、运营单位将本单位上月 21 日～本月 20 日期间发生的通信设备故障情况报相应的电务段。电务段负责将通信故障情况汇总报电务处。

路局将通信运用质量纳入费用清算考核。

第八条　路局电务处应根据《京津城际铁路委托运输管理协议》，定期向京津城际公司递交核定的代维护费用和通信服务费用。京津城际公司将此作为结算费用的依据。

第五章　通信设备维护管理

第九条　施工要点管理

电务处负责受理中国铁通北京、天津分公司的影响京津城际铁路运输通信使用的检修停机、临时性停机等施工要点申请。

京津城际通信设备检修、停用及软件升级等日常工作或故障修复可能影响运输使用时，必须遵守铁路局施工管理的有关规定，提前上报要点。

软件升级、较大施工或不能立即影响运输使用的故障修复，一并纳入路局天窗。施工要点办法按照北京铁路局《关于公布〈营业线施工及安全管理实施细则〉的通知》(京铁师〔2008〕155 号)办理。

关于其他施工，在受理后，本着对运输通信影响最小的原则，认真核查影响范围、时间以及迂回倒代方案和措施。检修停机申请的审批，一般应在 2 日内以调度命令的形式批复；临时性停机等施工申请的审批，应在 24 小时内以调度命令的形式批复。

根据通信检修停机对运输通信的影响范围和时间，必要时向运输部门或重点用户通报停机时间和影响范围等。影响铁路运输通信的重大停机，提前 3 日通知有关用户或公告。

铁通公司要保证技术措施全面、应急预案完善、安全制度到位，坚决杜绝无要点施工。

第十条 数据维护管理

一、铁路局电务处负责京津城际 GSM—R 网络数据的日常管理。日常维护工作涉及网络互联以及与鉴权、切换、漫游、功能寻址、位置寻址、呼叫限制、基站频率、QOS 等参数发生调整时，需向铁路局电务处提出申请，经批准后按程序组织实施。

二、根据运用情况变化，网络路由组织方案或 IP 地址发生较大调整变更时，维护单位需向电务处提出申请，经批准后按程序组织实施。

三、维护单位必须严格按照电务处审批核定的用户号码和 IP 地址分配方案进行实施。

四、CIR 的 IP 地址，SIM 卡的 ICCID 号和 MSISDN 号的数据由铁路局电务处统一管理，维护单位负责实施，并将具体数据实施情况上报路局 GSM—R 手持终端维护管理中心（电务调度）。

第十一条 故障管理

一、通信设备维护单位应将故障受理电话及时向京津城际铁路运营、管理、维护人员公布，保证 24 小时值班受理，并建立故障申告记录本。一旦通信设备发生故障，各运营、管理单位应及时申告同时做好记录，并按照《北京铁路局通信业务管理办法》（京铁电〔2005〕186 号）的规定，整理上报相应的电务段。电务段负责将通信故障情况汇总，于月底前报电务处。

二、维护单位受理故障后，应立即采取必要措施，避免故障范围扩大，同时应立即向其主管领导和上级主管部门报告，确保运行设备及早恢复使用。

三、维护单位故障处理要做到“五清”，即时间清、原因清、地点清、影响范围清、处理过程清，并进行详细记录。

第十二条 业务技术资料管理

维护单位应制定完善的管理制度，确保通信设备处于良好运用状态。各维护单位应建立健全设备检修运用质量及相关管理资料，应备有机房平面图、网络结构拓扑图、系统中继方式、竣工资料、设备说明书等技术文件，建立备品备件管理、局数据管理、故障处理及软硬件变更等台账。

第六章 附 则

第十三条 本办法由电务处负责解释。

第十四条 本办法自印发之日起施行。

京津城际铁路 GSM—R
手持终端及 SIM 卡使用管理办法(试行)

京铁电〔2008〕301 号

第一条 根据铁道部《关于合宁线、京津城际客运专线通信设备委托维修工作的指导意见》(运基通信〔2008〕143 号)和《关于对〈京津城际铁路 GSM—R 手持终端及 SIM 卡使用管理办法(试行)〉的复函》(运基通信〔2008〕413 号),为确保京津城际铁路 GSM—R 网络运行安全,规范 GSM—R 手持终端及 SIM 卡使用、管理,特制定本办法。

第二条 GSM—R 手持终端及 SIM 卡是运输生产的专用行车设备。GSM—R 手持终端分作业台(OPH)和通用台(GPH)两种类型,手持终端按工作岗位配置。

作业台主要供直接参与行车的运输人员使用,如:车站助理值班员、机车司机、动车组列车长、动车组随车机械师、救援列车主任等。

通用台主要供与运输有关的其他人员使用,如:电务、工务、供电维护人员、公安人员,路局运输、机务、工务、电务处,安监室等管理部门。

第三条 GSM—R 手持终端及 SIM 卡的编号、数据管理等工作由电务处归口管理。为加强京津城际铁路 GSM—R 手持终端及 SIM 卡的维护管理,路局设 GSM—R 手持终端维护管理中心,为电务处直属生产机构,行政上由电务处领导,业务上受铁道部 SIM 卡管理中心指导。

GSM—R 手持终端维护管理中心主要职责:

1. 负责 GSM—R 手持终端及 SIM 卡的分配、管理和维护工作。

2. 负责 GSM—R 手持终端及 SIM 卡的质量追踪。

3. 负责 GSM—R 手持终端的大修、更改、新增计划的提报工作。

4. 负责 GSM—R 手持终端的故障维修、更新和旧手持终端的回收报废等工作。

5. 负责 SIM 卡的购置、发卡、补卡、报失、报损、更换、停用等工作。

6. 负责京津城际铁路 GSM—R 网络及 SIM 卡数据资源的集中管理等工作。

第四条 GSM—R 手持终端及 SIM 卡申请及管理。

1. GSM—R 手持终端及 SIM 卡使用单位须本着“实事求是”的原则,将实际需要、更换等数量以及岗位等信息如实填写《GSM—R 手持终端及 SIM 卡申领/停用/更换/报损表》(见附件 1),经路局主管部门批准后,报电务处。CIR 所用的 SIM 卡由维护单位直接向电务处办理申领、停用等手续。

2. 经电务处批准后,申领单位持《GSM—R 手持终端及 SIM 卡申领/停用/更换/报损表》到路局 GSM—R 手持终端维护管理中心办理领取等手续。

3. GSM—R 手持终端及 SIM 卡使用单位应制定保管使用制度,建立、健全《GSM—R 手持终端及 SIM 卡使用管理台账》(见附件 2)。

4. GSM—R 手持终端及 SIM 卡为运输生产专用行车设备,只准在运输生产中按规定权限使用,不准超权限和挪做他用,不得随意转借、互换 GSM—R 手持终端和 SIM 卡。

如发生丢失、人为损坏、故障等情况,应填写《GSM—R 手持终端及 SIM 卡丢失、损坏、故障登记表》(见附件 3),并及时上报电务处。

5. GSM—R 手持终端及 SIM 卡维护管理中心应按照电务处的批示及时进行 GSM—R 手持终端及 SIM 卡故障处理、电台更新和补发工作,以免对行车安全造成影响。

6. 因人为原因造成 GSM—R 手持终端及 SIM 卡故障、丢失、损坏,影响行车安全将追究使用单位领导和有关人员的责任,并按照规定予以赔偿。

7. GSM—R 手持终端及 SIM 卡日常维护和管理(含手机充电)由使用单位负责。

第五条 GSM—R 手持终端维护管理中心应有一定的手持终端机 SIM 卡备用量,备用数量按照铁道部相关规定:作业台备用数量为实际运用数量的 20%;通用台和 SIM 卡备用数量为运用数量的 10%。

GSM—R 手持终端的大修周期为 3 年。

第六条 电务处根据 GSM－R 手持终端及 SIM 卡的状态和修程的规定以及运输生产新增需要于每年 9 月底前向京津城际公司提出设备大修、更改建议以及新增和备品、备件补充计划,京津城际公司应根据大修建议计划或购置申请及时批准,并委托北京铁路局实施。

第七条 外局进入京津城际铁路运行的列车需使用的 SIM 卡的申请和领取由电务处归口办理。

第八条 本办法由北京铁路局电务处负责解释。

第九条 本办法自发布之日起实施。前发《北京铁路局 GSM—R SIM 卡使用管理办法(暂行)》(京铁电〔2007〕122 号)同时废止。

附件 1

GSM—R 手持终端及 SIM 卡申领/停用/更换/报损表

申请单位：			
使用 GSM—R 手持终端岗位/SIM 卡信息			
申请理由			
设备类型及数量			
申请单位领导意见	（签字并加盖公章） 年 月 日		
经办人		联系电话	
路局主管业务部门意见	（签字并加盖公章） 年 月 日		
批准单位（电务处）意见	年 月 日		

注：1. 设备类型分为 OPH 和 GPH。

2. 申领/停用/更换/报损可选其一划“√”。

附件 2

GSM—R 手持终端及 SIM 卡使用管理台账

序号	使用部门	手持终端类型	手持终端编号	手持终端 MSISDN 号	使用人	发放时间	备注
1							
2							

附件 3

GSM—R 手持终端及 SIM 卡丢失、损坏、故障登记表

序号	使用单位	手持终端类型	设备编号	丢失、损坏、故障原因	经办人	日期
1						
2						

注：丢失手持终端时，请将“损坏、故障”字样抹掉，损坏手持终端时，请将“丢失、故障”字样抹掉，手持终端故障时，请将“损坏、丢失”字样抹掉。

京津城际铁路通信系统维护管理办法(暂行)

中国铁通铁业〔2008〕20号

第一章　总　　则

第1条　京津城际铁路通信系统是铁路专用通信系统，是直接为铁路运输生产和铁路信息化服务而设计、建设并使用的系统设施。为确保系统运行安全、畅通，更好地为铁路运输及发展服务，满足铁路运输需求，依据《铁路GSM—R数字移动通信系统维护管理办法(试行)》和相关文件，特制定京津城际铁路通信系统维护管理办法(暂行)。

第2条　京津城际铁路通信系统维护范围依据合同相关规定执行。

第3条　京津城际铁路通信系统维护管理工作的基本原则是：

1. 建立适应铁路运输服务，符合专业化发展要求的运行维护体系。

2. 贯彻以网络管理为龙头，以设备维护为保障的方针，强化全程全网的统一协调配合，全面提高系统运行质量和服务水平。

3. 实行预防性维护为主、障碍性维护为辅的运行维护管理原则。充分发挥网管系统的作用，强化集中监控，坚持多巡少动，保证设备不间断使用。

4. 强化网络安全运行，不断完善网络优化管理及数据的维护工作。

第4条　京津城际铁路通信系统维护的目标是保证设备处于可靠、稳定、安全、高效地运行，使其运行服务质量能够满足京津城际铁路运输通信业务的需求。

第5条　京津城际铁路通信系统维护管理工作的基本任务是：

1. 保证设备的完好，设备的电气性能、机械性能、维护技术指标及各项服务指标符合标准。

2. 强化通信系统的运行维护管理，充分利用各种技术手段，实时监控，迅速准确地排除各种通信障碍，压缩障碍延时。

3. 定期对网络性能、运行质量进行测试、统计分析，并逐级上报结果。搞好网络优化，保证良好的通信质量。

4. 定期对通信系统的运行及维护情况进行分析总结，积累经验，进一步提高维护工作质量，更好地为铁路运输生产服务。

第6条　京津城际铁路通信系统设备为北京铁路局委托代理维护的通信设备，设备维护管理应严格按照相关代维协议执行。本办法如有与代维协议不符之处,以代维护协议为准。

第二章　运行维护组织和职责

第一节　运行维护组织机构和职责

第7条　京津城际铁路通信系统的维护管理以集中统一领导和逐级负责管理为原则。中国铁通北京铁道通信事业部,北京、天津分公司接受中国铁通集团公司的领导,受铁道部、北京铁路局的业务指导,北京高速铁路通信段、天津通信段具体负责京津城际铁路通信系统的运行维护、技术管理和质量管理。

第8条　北京铁道通信事业部的职责是:在北京铁路局范围内行使京津城际铁路通信系统维护管理职能,发挥业务指导、监督检查作用,并负责与北京铁路局进行GSM—R网络相关业务的协调工作。

第9条　中国铁通北京、天津分公司网络运行部作为京津城际铁路通信系统的业务主管部门,其主要职责是:

1. 贯彻执行铁道部和铁通公司关于铁路GSM—R以及其他各个通信系统质量管理等方面的方针、政策、规定,组织制定管内通信系统维护管理实施细则、作业程序,监督检查基层维护单位工作完成情况。

2. 组织协调处理管内通信系统障碍和故障,及时总结经验教训,组织制定防范措施。

3. 建立质量监督检查制度,定期对系统运用质量和维护工作进行监督检查,掌握通信系统的通信质量状况,发现问题后应组织相关维护单位及时采取措施解决。

4. 负责通信网络QoS和场强测试工作。提报网络优化方案,组织网络优化工作,督促、检查落实情况。

5. 提报通信网络的扩容、更新和技术改造方案。做好工程的配合、测试验收工作。

6. 负责备品备件、仪器仪表、维护工器具的调配管理工作,障碍电路板的返修管理工作。

7. 负责管内通信系统设备台账、软硬件版本和数据的归口管理。

8. 指导通信段的技术管理、设备运行管理和质量管理工作。

9. 负责上报管内通信系统网络运行质量情况。

第10条　北京高速铁路通信段、天津通信段是负责京津城际铁路通信系统运行的具体维护单位,其主要职责是:

1. 贯彻执行铁道部和中国铁通集团公司关于铁路GSM—R以及其他各个通信系统专业技术、设备和质量管理等方面的方针、政策、规定，组织制定京津城际铁路通信系统运行维护管理办法，监督检查基层单位执行情况。

2. 建立质量监督检查制度，定期对系统运用质量和维护工作进行监督检查，形成通信生产过程的闭环管理。掌握京津城际铁路通信系统质量状况，发现问题，及时采取措施解决，保证设备运行完好，电路合格畅通，系统运行正常。

3. 掌握管内通信系统设备运用情况，负责技术履历修建等工作。

4. 根据用户需求和总部规划，负责制定管内通信系统建设规划，提报管内大修、更新改造建设计划。负责审批管内通信系统设备维修费用计划。并监督检查资金到位、任务完成及质量情况，组织管内开展设备维修工作。

5. 负责组织京津城际铁路通信系统网络优化工作，审核优化实施方案，督促、检查方案实施的落实情况。

6. 负责管内通信系统的安全生产，贯彻安全措施并监督执行。

7. 组织处理影响铁路运输生产的各类通信障碍和通信行车事故，及时总结经验教训，组织制定防范措施，确保网络安全和通信畅通。

8. 负责备板备件、仪器仪表、网优和维护用具的配置管理工作。

9. 负责全网软件版本和局数据的归口管理。

第11条 京津城际铁路通信系统网管调度中心设于京津核心网机房，受北京高速铁路通信段领导，既是具体负责核心网机房设备维护管理的一线生产部门，又是负责京津城际铁路通信系统监控、技术维护支持的业务指挥中心。其主要职责是：

1. 执行维护管理办法，制定维护作业计划，按时、按质、按量完成各种维护测试，负责核心网机房设备和调度台维护工作，发现问题及时处理，保证所维护设备的技术指标符合要求，努力提高设备完好率。

2. 实行7×24 h值班制，利用各专业网管系统实时监控京津城际铁路通信系统所有设备和网络的运行情况，收集各类告警信息，发现障碍及时组织指挥并配合相关单位进行处理，对障碍进行闭环跟踪，确保网络运行畅通。

3. 每日对系统运行质量、网络负荷进行观察分析，每月上报网络运行质量报表和发布网络运行情况通报，及时提出网络优化、网络资源调整方案等方面的建议，并做好相关实施及配合工作。

4. 负责京津城际铁路通信系统局数据、用户数据的管理、修改和实施，对现场设备进行远程测试、诊断和控制、统计及修改现场设备数据。

5. 负责京津城际铁路通信系统的软件升级操作、软件“补丁”的输入和系统数据的管理工作。

6. 负责技术资料、图纸、技术文件的收集、归档保存等管理工作。

7. 负责督促、指导有关维护单位进行正常维护和障碍处理工作，提供技术支持，参与工程设计会审、工程质量的监督、验收工作。

8. 负责核心网机房设备备品备件、维护仪表的维护管理工作，并负责障碍电路板的返修管理工作。

第 12 条 在北京南、天津设置通信维护车间，受相关通信段的领导，维护车间的主要职责是：

1. 负责管内所有通信设备的日常巡视、日常检修和定期检修。

2. 负责管内通信设备的技术管理、维护生产组织和实施。

3. 负责管内故障处理、分析及安全管理工作。

4. 负责网络优化工作的具体实施。

5. 负责配合、实施各类施工。

6. 负责编制管内应急预案，并具体落实。

7. 负责管内仪器仪表、备板备件的管理。

8. 负责管内通信机房安全管理。

第二节　运行维护的业务领导关系

第 13 条 北京铁道通信事业部，北京、天津分公司网络运行部是京津城际铁路通信系统维护业务的指导部门；北京高速铁路通信段和天津通信段运行维护部为业务管理部门；北京网管调度中心按网管业务管辖范围执行指挥调度任务，负责网络监控，组织故障处理等维护工作，遇有通信障碍和通信事故立即报告上级调度及领导。

各维护单位在组织和保证通信任务时，除服从上级业务领导的指挥调度外，根据维护为业务、业务为客户、上一环节为下一环节服务和短途保长途的原则，内部各专业建立相互间的业务领导关系：

1. 业务与维护之间以业务为业务领导。

2. 网管与维护各专业系统单位间，以网管为业务领导。

3. 交换维护与传输维护间以交换维护为业务领导。

4. 基站维护与传输维护之间以基站维护为业务领导。

5. 传输设备维护与线路维护之间以传输设备维护为业务领导。

6. 与本系统外通信网之间的业务处理关系，可参照上述规定，同对方商议制定相互间的“业务处理细则”予以明确。

第 14 条 在全程全网的协作配合中各级业务领导单位应负如下责任：

1. 各运行维护业务单位要认真履行自己的职责，掌握本区域内网络运行情况和各类设备、电路质量情况，加强组织管理，统一指挥调度，解决好网络运行中的质量问题，确保全程全网通信的畅通。

2. 贯彻执行维护管理办法和各项规章制度，协调全程全网技术维护工作，分析交流全程全网运行维护情况，对存在的问题及时采取有效措施加以改善和提高。有计划地开展巡视活动和维护经验交流，进行技术指导及维护质量检查考核，不断提高全程全网的维护管理水平。

3. 各业务领导单位要特别注意从全程全网的角度进行通信生产和技术维护的组织协调工作，建立正常的管理秩序和生产秩序，要切实做好工程管理、通信组织和技术维护之间的衔接工作。

4. 制定电路、通道和设备故障时的应急调度顺序并指挥电路的开放、停闭、调度和故障的修复。

第三章　维护责任划分

第 15 条 京津城际铁路通信系统北京、天津分公司维护管界界面的划分：

武清站至天津站的第一个基站(JJK85＋301)是铁通北京分公司与铁通天津分公司的维护分界点。北京南站至 JJK85＋301(包括 JJK85＋301)通信设备及线路由铁通北京分公司负责维护；JJK85＋301 至天津站的所有通信设备及线路由铁通天津分公司负责维护。

第 16 条 电力引入的维护界面的划分：

1. 开闭所、自动变电所、牵引变电所、信号集装箱内的通信电源设备引入，以电力交流配电箱出线端子为界。端子(不含)以下部分由通信部门维护。

2. 基站、通信机房电源引入，以电力交流配电柜进线端子为界。端子(含)以下部分由通信专业负责维护。

第 17 条 光纤及传输通道维护界面的划分：

1. 通信专业为信号专业提供光纤时，以 ODF 架为分界，ODF 架及出线端子由通信专业负责维护，端子以下部分由其他专业负责。

2. 通信专业为信号集装箱、开闭所、自动变电所、牵引变电所等其他专业提供传输通道时，以通信配线架为分界点，通信配线架及出线端子由通信专业负责，端子以下部分由其他专业负责。

第 18 条 数据网维护界面：

数据网系统设备由通信专业负责维护，以应用系统用户端接入点分界，接入点端口以内包括数据网网络设备由通信负责。端口(不含)以外由使用单位负责。

第19条 同步时钟分配系统维护界面:

同步时钟分配系统除为京津客运专线通信、信号、牵引供电、运营调度、旅客服务、公安等各专业提供时间同步信号,以通信协议转换器(含HDSL)端口为界,协议转换器端口以内由通信负责,协议转换器端口(不含)以外由使用单位负责。

第20条 客服系统维护界面:

客服系统维护界面以通信端口为界,即客服用户终端以综合布线端口为界;客服系统服务器(路由器),以通信机房DDF架/RJ45配线架端口分界,通信端口(含)以内由通信负责,通信端口(不含)以外由客服系统负责。

第21条 通信设备保管

1. 通信专业在信号集装箱、开闭所、变电所等共用机房时,所安装的通信设备由通信专业负责维护,设备保管由相关专业负责。

2. 机车综合无线通信设备CIR、手持终端由通信专业负责维护,设备保管由使用单位负责。

第四章 维护工作的基本管理制度

第一节 值班与交接班制度

第22条 值班制度:

1. 负责京津城际铁路通信系统维护的各岗位均实行上岗合格证制度,值班人员必须经过相应的专业培训和考核,取得合格证后才能上岗,无证人员不得单独承担值班工作和对运行中的设备独立操作。

2. 值班人员必须严格遵守值班人员工作职责、通信纪律、机房管理制度、机房安全制度、网络安全保密制度及其他规章制度。

3. 值班人员在值班时间内要坚守岗位,不得空岗。值班期间按规定的时间和频次认真巡视、监视机房内各种设备的运行情况,发现问题,及时处理。并将设备故障处理情况,记入工作日志。如无法处理,应立即向上级汇报。

4. 遵守业务和障碍处理的相关流程规章,准确迅速地处理业务和障碍,及时查询、传报、汇报和核对,不得以任何理由或借口推诿、拖延业务和障碍处理。

5. 在维护终端和监控终端工作时,不得进行与规定作业内容无关的操作,不得运行外来没有经过检查的软件。不得随意关闭设备软件防火墙以及告警装置，不得人为切断和私人占用业务电话，不得做与工作无关的事情。

6. 保持值班现场的清洁卫生和整齐规范，每个班次要清洁值班现场一次。

7. 及时、准确、完整地填写值班日志以及其他指定填写的记录。

8. 值班人员在值班期间要对进出机房的人员进行管理，严禁无关人员进入机房，严禁将违禁物品及与工作无关的物品带入机房。

9. 有两人及以上人员同时值班时，应指定一人负责值班期间的全面工作。

交接班制度：

1. 交接班的主要内容包括：机房环境、温湿度情况；主、备用设备及系统运行情况；维护终端各项数据显示以及告警装置告警情况；维护作业执行情况和通信障碍处理情况；上级指示、业务通知的执行以及传达情况；维护工具、仪器仪表、资料、紧急备用材料、单板使用消耗情况；消防器材是否齐备完好；外来人员进入机房情况；未完待办事项和其他由接班人继续处理的问题。

2. 值班人员应在下班前对机房设备进行一次全面巡视（含对基站机房进行远程监视），并按规定内容作好纪录日志的填写等交班前准备工作。

3. 接班人员应在接班前提前进入机房等待接班，并查阅值班记录、障碍记录和业务通知等有关记录。

4. 只有交班人和接班人都在情况下，交接班工作才能进行。在交接班的过程中，双方应共同对机房环境和设备进行巡检，查明设备的运行状态，以及在上一班期间发生的各种情况（包括已经处理的）与值班记录、交班记录是否一致。其中不清楚的，应由交班者进行必要的解释，尤其要注意对正在测试和处理的电路、数据以及正在进行的工作进行重点交接，以确保工作的连续性。

5. 如果交班人存在例行工作未完成、问题解释不清、记录不清楚的情况，接班人有权要求交班人完成应做的工作并拒绝接班。

6. 交班者正在处理障碍，以及在交接班过程中发生的告警或障碍时，不能进行交班，以交班者为主进行处理，接班者协助，至通信恢复或处理告一段落后再进行交接班。

7. 因漏交或错交而产生的问题由交班人承担责任。因漏接或错接而产生的问题由接班人承担责任。交接双方均未发现的问题，由双方共同承担责任。

8. 对仪器仪表和工具、消防器材等设备数量、状况进行实物交接。

9. 交接班完成后，双方必须在交接班记录上签字，交班人才能离岗。

第二节　网管操作和软件的管理制度

第 23 条　网管系统的软件以及相关数据应有备份，未经批准，不得随意变更其参数。需要变更参数时，须严格按程序进行，影响铁路运输时，必须向铁路有关部门申请要点。

第 24 条 操作网管系统注意事项如下：

1. 未经批准不得进行可能导致业务中断（包括瞬间中断）的操作。

2. 不得进行与设备维护无关的操作。

3. 利用网管系统对设备进行主、备用倒换等重要操作时，均应有二名值班人员在场。

4. 进行业务处理时，按业务处理流程制度进行。业务处理完毕后，应对业务运行情况进行核实，并进行相关纪录。

5. 对历史告警信息不得随意清除，保存期不少于一年。

6. 通信系统监控和网管（含本地操作终端）应进行分级管理，各级维护人员只能在相应的级别进行操作。各级口令须控制知晓人员范围并报上一级主管单位备案。未经批准，不得随意更改登录口令、扩大授权范围。

7. 不得随意关停网管系统设备，以确保维护不间断地进行。

8. 未经批准，日常维护中不得使用除网管终端以外的其他终端直接连接系统设备进行操作。

第三节　维护作业计划

第 25 条 为确保京津城际铁路通信系统的正常运行，提高运用质量，依据铁通集团公司和北京铁道通信事业部，北京、天津分公司关于设备维护工作计划的要求，并结合北京高速铁路通信段和天津通信段的实际情况制定年度维护工作计划，由通信段运维部组织落实，并经北京、天津分公司审核批准后执行。

第 26 条 编制计表的基本要求：

1. 应将管内全部运用和备用设备，根据设备类型、分布状况以及人员技术条件合理分工，做到每项设备都有人负责。

2. 在编制计表时，作业时间应尽量集中，并留有适当的机动，以便配合系统测试、处理障碍和完成临时性工作。

3. 单位工时应根据上级制定的工时定额执行，无工时定额的工作项目，结合实际确定。

4. 生产会议、政治业务学习等工时，由北京高速铁路通信段和天津通信段自定，技术业务学习，以每周 4 小时为宜。

第 27 条 为进一步落实计表工作，各维护单位应在月初根据月表、年表工作计划、上级工作安排等编制“年表月份工作计划与完成情况统计表”并落实到人，经北京、天津分公司审批后执行。

第28条 月表检修日和年表月份工作计划经核准下达后，要保质、保量按时完成，不得随意更改，如遇特殊情况需要变表时，一日由工长批准，二日内由北京高速铁路通信段、天津通信段批准，三日内由北京、天津分公司审批，变表日期最多不准超过三日。

第29条 维护作业计划的执行和检查：

1. 维护作业计划确定后，应严格执行，认真检查。

2. 涉及行车通信设备的维护作业，严格遵守、执行铁路行车设备"三不动、三不离"等设备检修规章制度，填写行车设备检修登记簿并经行车人员确认后实施。

3. 北京分公司、天津分公司及通信段应掌握执行情况，并定期检查年月表执行质量。

第四节 维护技术档案和资料管理

第30条 各类技术资料和原始记录是制定检修工作计划的依据，是做好设备维护运行工作的前提，网管调度中心、通信车间应具备如下维修技术资料。

1. 网管调度中心

1.1 网络总体资料：

(1)开局资料。

(2)各机房的地理图，机房平面图。

(3)机房设备布置图，走线图。

(4)中继链路图，发射频率配置表。

(5)传输线配置。

(6)本系统网络结构框图，局数据资料。

(7)电源系统，电缆分布图，地线系统图。

(8)天馈线系统图。

(9)系统备份数据。

1.2 设备技术资料及原始记录：

(1)各类设备，仪器说明书，原理图及布线图。

(2)各类设备安装，测试，检修，返修记录。

(3)设备检修流程图。

(4)维护测试规定。

(5)维护作业计划。

(6)各种维护规章制度和维护手册。

1.3　系统运行及值班原始记录：

(1)值班日志。

(2)业务联系及通知记录。

(3)系统运行记录。

(4)突发事件处理流程图。

(5)障碍汇总记录。

(6)软件修改记录。

(7)数据修改记录。

(8)硬件更换记录。

(9)设备(系统)备份更换及相关信息汇总记录。

(10)重要人机命令使用登记表。

(11)网络优化资料及各种统计报表。

(12)质量统计、话务统计、维护作业、年度设备统计等上述相关资料均要归档。

(13)各类技术培训资料。

2.通信车间

2.1　各类原始数据资料：

(1)开局资料。

(2)网络优化资料及各种统计报表。

(3)各机房的地理图,机房平面图。

(4)机房设备布置图,走线图。

(5)中继链路图,频率表。

(6)传输线配置。

(7)电源系统,电缆分布图,地线系统图。

(8)天线系统配置资料。

(9)场强测试资料。

2.2　设备技术资料及原始记录：

(1)各类设备,仪器说明书,原理图及布线图。

(2)各类设备安装,测试,检修,返修记录。

(3)设备检修流程图。

(4)维护测试规定。

(5)维护作业计划。

(6)各种维护规章制度和维护手册。

2.3　系统运行及值班原始记录：

(1)值班日志。

(2)业务联系及通知记录。

(3)系统运行记录。

(4)突发事件处理流程图。

(5)设备检修记录。

(6)设备障碍处理登记本。

第31条　各类技术资料和原始记录由各级维护管理单位整理成册，妥善保管。如有丢失应查明原因及时上报，过保存期需要销毁的应报上级批准后方可销毁。

第32条　保证资料与实际相符，当设备变动时，资料应随之变动。

第33条　备份的系统文件，应在适宜的环境中，由专人妥善保管。

第五节　仪表和工具管理

第34条　仪表管理：

1.各级维护管理部门设立专人负责仪表的管理、日常检修和说明书图纸资料的保管工作。

2.仪表应配置仪器仪表柜，并按规定的摆放要求做到定位摆放。仪表存放地点的环境应注意防潮、防晒、防磁、防尘、防震。测试仪表和附件均应建立履历表、说明书和有关技术资料要妥善保管，防止丢失和损坏。建立借用仪表登记本。

3.贵重仪表要严格管理，要指定专人负责。仪表发生障碍后要及时送修，做好记录。

4.不常用的仪表至少每季度加电检验一次，所有仪表都要定期检验计量校准。

5.建立仪表登记制度，机房仪表外借必须经通信段负责人审批同意，并履行借出、还回登记检验手续。

6.维护人员必须遵照说明书和有关操作规程，正确使用仪表，确保人身和设备安全。

7.仪表损坏要认真查明原因，总结经验教训，情节严重的，要严肃处理。

第35条　各维护单位可按需配置的主要仪表设备(表1)：

表 1　主要仪表设备

序号	仪器仪表名称	用　途
1	信令分析仪	中心机房网络信令监测
2	A/Abis/PRI 接口监视仪	接口监测
3	GSM—R/GPRS 无线网络路测仪	GSM—R/GPRS 网络测试
4	GSM—R QoS 测试系统	GSM—R/GPRS 网络 QoS 测试
5	干扰测试仪	无线网络干扰测试
6	GSM—R 场强测试仪	GSM—R 网络场强覆盖测试
7	频谱分析仪	基站发射频谱
8	通过式功率计	基站发射功率
9	驻波比测试仪	天馈线测试
10	基站综合测试仪	基站综合测试
11	GSM—R/GPRS 测试手机	GSM/GPRS 网络测试
12	天馈线测试仪	天馈线测试
13	GPS 定位仪	GSM—R 网络测试
14	2B+D 通道测试仪	FAS 系统 2B+D 通道测试
15	IP 网络协议分析仪	IP 网络协议分析
16	流量分析仪	交换机房流量分析
17	电池容量测试仪	蓄电池检修
18	SDH 传送分析仪	SDH 传输通道测试
19	2 M 误码测试仪	2 M 电路测试
20	PCM 话路特性分析仪	PCM 电路测试
21	OTDR 测试仪	光缆线路测试
22	光电缆外皮故障及路由探测仪	光电缆线路测试
23	电缆故障测试仪	
24	嵌型电流表	电源测试
25	交流稳压电源	机车综合通信设备检修
26	直流稳压电源	机车综合通信设备检修
27	接地电阻测试仪	机房地线测试
28	数字兆欧表	机车综合通信设备检修
29	光时域反射仪	光缆线路测试
30	光缆线路路由探测器	光缆线路测试
31	自动光纤熔接机	光缆接续
32	数字万用表	机车综合通信设备检修
33	机车综合通信设备出入库设备	机车综合通信设备电特性测试

续上表

序号	仪器仪表名称	用　途
34	望远镜	天馈线检修
35	方位仪	天馈线检修
36	角度仪	天馈线检修
37	电子经纬仪	铁塔检修
38	光功率计	光传输通道测试
39	光源	光传输通道测试
40	光电缆应急抢修器材	光缆线路故障处理应急
41	光衰减器	光缆线路测试
42	射频信号发生器	光纤直放站测试
43	基站系统时钟校准仪	基站检修测试
44	普通手持终端	网络及终端检修
45	便携式网管	基站、直放站检修
46	数字信号发生器/电平表	FAS系统检修
47	蓄电池容量测试仪	蓄电池检修
48	FAS专用工具	FAS系统检修
49	光缆常用工具	光缆线路检修
50	屏蔽室	机车综合通信设备检修

第36条　工具管理

1.工具是做好维护工作不可缺少的物质基础，必须管理好、维护好，要做到合理分配、便于使用。

2.分发给个人保管的维护工具，均应填写登记卡，建立工具登记卡制度，维护中心(工区)应定期进行检查。维护人员应爱护和正确使用工具，保证工具完整良好。

3.机房公用工具应指定专人管理并建立档案资料，备有工具柜，定位存放。使用后及时归还原处，交接班时进行清点。非工作需要，一律不得带出机房。未经上级主管部门批准，不得擅自改变工具结构和性能。

4.维修用专用工具应指定专人维护和保管。特殊工具应专柜存放，确保工具质量良好。

第37条　测试手持台及测试用SIM卡管理

1.测试手持台及电池应在《工具台账》中登记，维护人员应爱护和正确使用，保证手持台和电池完好。

2. 手持台使用后及时归还，交班时进行清点，非工作需要，一律不得带出机房。

3. 测试用 SIM 卡及手持台应有专人保管，不得挪作他用。

第六节　备板备件和抢修器材管理

第 38 条　为缩短障碍延时，网管调度中心、各通信车间（工区）应配备必要的维护用备板备件和抢修器材，设专人负责管理，建立登记卡，定期检查清理，做到账物相符。

第 39 条　网管调度中心、各通信车间（工区）应配备维护用备板备件柜和抢修器材箱，实行定置化管理，存放于安全可靠、固定、合理的地方，确保应急抢修时使用方便。

第 40 条　若运行中设备有障碍，且已查明障碍部位时用备板代替。在未查明设备障碍原因时，不得任意插入备板试验。障碍单板应做明显标志并及时送修。

第 41 条　检查备板时，要检查备板与现用单板的各项硬件参数位置是否一致，如不一致时，应在校正好参数设置以后，方能替换。

第 42 条　建立备板使用登记和障碍单板送修记录卡。应密切跟踪障碍单板的返修情况，修复后应进行必要的检验并及时入库。

第 43 条　对抢修、维护中消耗的器材、材料要及时补充。

第七节　数 据 管 理

第 44 条　京津城际铁路通信系统数据包括信令接续、话路接续、路由选择、中继和信令链路、编号计划、信令点编码、IP 地址、用户数据等。

第 45 条　京津城际铁路通信数据管理采用统一领导、分级管理、专业分工的原则。根据北京铁路局业务主管单位下发的业务工单，北京网管调度中心负责具体数据的实施制作，并将实施结果及时反馈至铁路局业务主管单位和上级业务主管部门。

第 46 条　京津城际铁路通信系统数据变更，必须按批准权限经主管部门审核批复后方可进行，任何人、任何单位都无权任意变动数据。通信段、网管中心在紧急情况下可依据上级业务主管单位传真文件或电话通知进行数据修改、制作工作，但事后必须补充正式书面材料。

第 47 条　数据管理必须遵循严谨的管理流程，从数据的申请到数据的启用可分为申请、审批、转发、修改、检查、启用六大步骤，数据管理应重视数据文件的备份、保存与归档、保密等工作。

第 48 条 数据修改工作要求：

1. 数据修改设定权限管理。

2. 数据修改文件应由专人管理，根据发文的先后顺序存档。每次数据修改的相关文件须保存齐全、准确，不得缺项、漏项。

3. 数据修改、制作、审核工作必须按操作权限由双人实施，其他人员不得进行此类操作。

4. 涉及数据修改的各级单位必须建立严格的反馈制度，应在规定时间内将数据修改情况及测试结果反馈上级主管部门。

第 49 条 数据备份工作要求：

1. 重大数据修改或局数据大量修改、软件升级前后，必须制作系统后备文件并试验完好后，才能将数据导入使用中设备。

2. 日常数据备份按照检修作业周期定期备份，按照保密等级标准保存在离线的存储介质上，如光盘、磁带、硬盘等，禁止保存在运行设备的硬盘上。

3. 数据备份工作必须严格按照流程执行，局数据备份尽量在现场执行，数据备份应实行一人操作一人检查制，避免操作失误。

4. 数据备份过程中如发生问题，操作人员无法解决，应该保护现场，并立即向上级汇报。

5. 数据备份工作完成后，应在存储体上贴好标签，放置在规定的位置，并填写相关记录。

6. 数据备份存储体应防磁、防潮、防静电、防震，必须保存在设备现场，由专人管理，保持整齐干净，不得随意取放，不得随意自行销毁。

7. 以上工作应认真填写记录，要字迹清晰、内容完整，管理人员应定期检查。

第 50 条 通信系统网管系统的操作权限为：

1. 一级操作权限：对核心网络、设备有完全的访问权，可以浏览、修改该网络运行数据及设备配置参数，并可管理其他各级用户。

2. 二级操作权限：对核心网络、设备有完全的访问权，在一级网络管理员授权下可以浏览、修改网络运行和设备配置数据。

3. 三级操作权限：可以浏览本地网络运行和设备配置数据。

4. 网络管理工程师拥有一级操作权限。专业维护、技术支持工程师拥有二级操作权限。运行监控以及远程终端值班人员拥有三级操作权限。各级用户只能作自己权限内的操作，严禁越权操作。

第五章　系统设备管理和维护

第 51 条　设备管理的基本要求：

1. 通信设备均应有专人负责维护。

2. 通信设备质量应符合技术标准。

3. 无论现用、备用设备，均应处于良好状态。

4. 应保证通信设备技术档案、原始资料完整齐全。

5. 新建、扩容的设备和电路，均应按有关规定经试运行后进行验收，验收合格方可正式投入运行。

第 52 条　维护检测由相关维护人员执行，按其维护的范围和设备进行定期检测。

1. 维护人员应熟悉设备的检测方法，能对障碍进行初步分析、跟踪定位、检查测试、更换备件等，以便能在定期维护检测和应急维修检测时，准确、迅速地恢复系统设备的正常工作。

2. 定期维护检测工作应按系统通信设备的技术规范及各部件或单元的技术要求，定期、有计划地用规定的各种人机操作命令或使用必要的仪器、仪表，按照规定的操作步骤和方法进行。对设备的运行情况、应具备的各种功能、交换系统重要数据的正确完整情况以及设备硬件的完好情况等进行例行检查和测试。

3. 定期检查要求对设备及附属设备的硬件部分逐一检查，观察其机械部分、设备的外观完好情况，硬件连接的可靠程度，面板、盖板状态是否正常，电缆头、接插件是否异常，紧固件是否发生松动，告警板或重要单元的指示器件工作是否正常，打印设备的油墨、色带、供纸情况是否良好等，若发现问题，立即予以调整、补正或更换，以确保设备的硬件完好。对设备中某些防尘要求高或活动、易损的部件，应进行定期的维护保养及清洁工作，尤其对影响数据准确度的防尘、防污要求高的设备，应使用指定的清洁剂，按照规定的操作方法定期进行清洁，以确保读写数据准确。其他外围设备的重要部件，应定期进行清洁，保证运行正常。对某些易磨损的机械活动部位，应定期加油润滑和清洁灰尘，保证其运转灵活，延长使用寿命。

第 53 条　维护手段

1. 告警系统：各种设备的告警系统实时以声光等方式传送告警。

2. 监控手段：24 小时监控，随时掌握设备运行情况。

3. 统计分析手段：能以直观的图文方式对设备运行的性能具体描述。

4. 数据维护手段：对设备的数据配置、修改等能方便快速准确的进行。

5. 技术支持的渠道包括：电话支持、远程登陆支持、现场支持等。

第六章　铁路数字移动通信系统网络优化管理

第 54 条　铁路数字移动通信系统网络优化是指对正式投入运行的GSM—R网络进行参数采集、数据分析，找出影响网络运行质量的原因，并且通过参数调整和采取相应技术手段对网络进行系统、动态地调整，使网络达到最佳运行状态，实现网络资源配置的最优化，为铁路运输提供良好的通信服务。

第 55 条　网络优化主要包括：无线网络优化和交换网络优化。GSM—R 网络优化侧重于无线网络优化，即：覆盖优化、干扰分析和优化、切换性能优化。

第 56 条　网络优化工作由北京分公司牵头，天津分公司配合实施。

第 57 条　网络优化基本流程：

1. 系统性能收集：

通过进行用户申告汇总分析、网络测试、网络规划数据核查、系统数据检查及统计数据分析等进行相关数据的收集。

2. 数据分析及处理：

对通过数据收集得到的数据进行分析，确定存在的问题。

3. 制定网络优化方案并实施：

根据通过数据分析所发现的问题，有针对性地制定和实施相应的优化调整方案。

4. 优化效果的评估：

优化方案实施后，要加强测试、统计与分析，注意进行方案实施前后效果的比较。如果完全达到预期目的，则本次优化工作结束并进行总结，否则应继续进行优化调整，直到完全达到预期目的。

第 58 条　在实施网络优化工作时，应确保网络的安全、正常运行。对于影响较大的调整要谨慎实施，应避开话务忙时，并事先征得北京铁路局技术主管部门的确认，以免对网络的正常运行造成影响。同时，对于网络新功能参数及设置比较固定的重要参数的修改必须十分谨慎，修改时一定要按照“特定范围修改→效果比较→小范围修改→效果比较→大范围修改”的流程进行。

第 59 条　在网络优化工作中，在进行系统参数的修改前，应做好相关的备份工作。同时，对于在优化过程中的每一次参数修改均应做好记录，以便在出现问题后能够及时恢复。

第 60 条　在每次优化工作完成后，均应对优化全过程进行总结，写出优化总结报告,并以书面材料的形式保存、归档并上报。

第 61 条 网络优化资料包括:

1. 各类网络统计数据及网络测试数据。
2. 系统参数修改记录。
3. 各类网络资源的统计数据。
4. 网络资源调整记录。
5. 各类网络优化设备的相关技术资料。
6. 历次网络优化的技术方案、优化前后的数据对比资料和总结报告。
7. 历次优化工程的设计文件及测试验收报告。

第 62 条 对于以上各类网络优化资料,应认真管理,精心使用,定期检查,资料应至少保存一年,过期资料经上级同意后方可销毁。

第七章 质量管理

第一节 通 则

第 63 条 质量管理的根本目的是通过对通信生产全过程进行严格的控制和监督,通过贯彻通信技术维护规程和维护指标体系,使维护工作制度化、规范化和科学化,确保京津城际铁路通信系统全程全网通信优质安全畅通。

第 64 条 质量管理的内容是通过对通信过程的各个环节进行质量控制,监督检查各类通信设备的日常维护,定期检查设备运行质量和全网综合维护质量,发现质量隐患,采取预防措施,不断提高设备运行质量和服务质量。

第 65 条 维护管理部门要按照统一领导、分级管理和分工负责的原则,建立集团公司、北京铁道事业部(北京、天津省分公司)、通信段三级质量监督检查组织,形成逐级负责的质量监督检查体系,实现质量监督检查贯穿于质量管理的全过程。

第 66 条 各级质量管理维护组织和成员必须秉公执法,认真履行职责,坚持执行检查、记录和报告制度,如因玩忽职守导致问题失查,造成后果者,应承担相应的责任。

第二节 维护质量检查

第 67 条 为完善对京津线通信系统各个环节的质量控制,建立集团公司、铁道事业部(省分公司)、通信段三级质量检查体系,统一领导,分级管理,分工负责,层层到位,把好质量关。并接受铁路相关业务主管部门对通信服务质量的督查工作。质量管理检查的项目参见《京津城际铁路通信系统作业维护标准》,《铁路 GSM—R 移动通信系统管理办法(试行)》等相关文件。

第 68 条 各级质检人员应将检查内容和发现的问题作出总结分析,提出处理意见,需被查单位改进的应有书面通知,需上级主管部门处理的问题及时上报。

第 69 条 被查单位要认真配合检查,对查出的问题认真分析,制订改进计划,并及时将改进情况反馈给检查部门。

第 70 条 各质检部门对检查中重复出现的问题,要求被查单位限期解决,对限期内仍未解决又无正当理由的要追究当事人和直接领导的责任。问题包括:

1. 因未履行职责,发现问题无人解决,或因违反操作规定,值班人员操作不当,以致造成系统阻断,或发生通信重大阻断。

2. 因组织不善、管理不严、纪律松弛而造成设备失修,以致影响通信质量。

3. 因不服从业务领导单位的统一指挥调度,无全程全网观念而影响通信质量。

4. 因管理不善和维护费用不到位,使基层维护单位无款购买维护材料、维修备板零配件、维护用仪表等,而造成设备失修或影响维护测试工作。

5. 因仪表管理不善、使用不当或失修而造成仪表损坏或质量低劣,以致不能使用而影响设备、系统调测。

第三节 网络质量统计与分析

第 71 条 网络质量统计是质量管理的基础,质量分析和评定是发现质量问题和改进提高通信系统质量的关键,评定结果和改进意见的反馈是必不可少的环节,质量监督检查则应贯穿于质量管理的全过程。

第 72 条 网络质量统计分析的范围包括网络运行质量、网络配置及调整情况、故障统计等。

第 73 条 凡对影响通信质量和安全运行的各个项目均应进行综合分析,从中找出规律,把握质量动态。对一般质量问题应按责任段落限期处理,本单位无法解决的问题,应以书面形式报送上级主管部门协调解决。

第 74 条 负责京津城际铁路通信系统的各级维护部门要由专人负责组织开展质量统计分析工作,保证准确性、时效性。质量统计分析报表要按年度装订成册,归档处理。原始数据要求保存 1 年,统计报表及分析文件保存至少 5 年。

第四节 网络运行维护质量考评

第 75 条 对各项运行维护指标的考核评定以总部下达的运行维护指标体

系的规定或代维协议为基准。质量考核评定办法及评分标准由各级管理部门确定,做到奖优罚劣,不断提高网络的运行质量。

第76条 网络维护质量检查项目应纳入各单位绩效考核范围,逐级进行考核。重点考核评定以下内容:

1. 规章制度执行情况。
2. 障碍管理和障碍延时情况。
3. 设备维护作业计划落实情况。
4. 通信网络运用质量标准完成情况。

第77条 质量考核评定办法由各级管理部门确定,做到奖优罚劣,不断提高网络的运行质量。

第八章 安全及机房管理

第一节 基本要求

第78条 各级维护管理单位必须认真贯彻执行"安全第一,预防为主"的方针,将安全生产纳入重要议事日程,加强安全教育,建立健全各项安全管理制度,积极落实防范措施。全体员工应牢固树立"安全第一"的思想,严格遵守劳动纪律、作业纪律和有关规章制度,保证人身和行车安全。

第79条 各单位负责人应经常对员工进行人身安全教育,组织学习安全规章制度及有关安全操作技术。新工、新岗、新职人员必须参加三级安全教育及其他规定的安全技术教育及培训,经考试合格后,方准上岗作业。

第80条 维护工作必须认真执行"三不动、三不离"和"三不放过"等基本安全制度。

1. 三不动:未登记联系好不动;对设备性能、状态不清楚不动;正在使用中的设备不动。
2. 三不离:工作完了,不彻底试验好不离;影响正常使用的设备缺点未修好不离;发现设备有异状时,未查清原因不离。
3. 三不放过:事故原因分析不清不放过;没有防范措施不放过;事故责任者和群众没有受到教育不放过。

第81条 凡进行危险性大,危及京津线通信系统、网络设备安全运行及行车、人身安全的工作时,必须制订技术安全措施,由上级运维部门审核,领导签认,才能组织实施。施工安全措施应包括:施工前的准备措施和可能发生的紧急情况下的应急措施,施工中的作业措施,施工后的检查试验措施。

第 82 条 各级管理部门和维护单位应定期开展安全生产分析活动，及时发现问题，总结经验，制定措施，不断提高安全生产管理水平。

第 83 条 凡从事高空作业和电磁波辐射作业的场所、人员，应按国家有关劳动保护和健康保健相关规定执行。

第二节 机房管理一般要求

第 84 条 机房环境要求：

1. 机房应建立防尘缓冲带，备有工作服和工作鞋。

2. 机房应防尘，门窗要严密，做到地面清洁、设备无尘、排列正规、布线整齐、仪表正常、工具就位、资料齐全、设备有序、使用方便。

3. 交换机房内的温度应保持在＋15 ℃至＋25 ℃，相对湿度应保持在 20％至 60％，基站机房内的温度应保持在＋5 ℃至＋40 ℃，保持正常通风。达不到要求时应安装温度、湿度调节设备。

4. 机房应有良好防静电措施，如防静电地板、防静电手镯。

5. 机房应具有应急备用照明设施，各种照明设备应有专人负责，定期检修。

第 85 条 机房管理要求：

1. 严禁在机房内吸烟、饮食、睡觉、打电子游戏、上网、电话聊天；各种与工作无关的书刊、报纸和其他物品不准带入机房。

2. 维护人员进机房操作时应穿工作服、工作鞋；插拔印刷电路板时要戴防静电手镯。

3. 机房内设立分区标志，在机架、DDF 机架、终端设备、告警面板等设备的显著位置做上标签；机架和操作台等应排列整齐、表面清洁、无灰尘和污迹。

4. 机房内放置必要的维护工具、仪表、资料、磁带柜，其他无关物品不得放置在机房内，物品放置必须整齐有序，取用方便。

5. 在施工期间，工程物料不得堆放在机房内；施工时必须有工程随工人员和维护人员在现场管理，每天工程结束后必须进行现场清理，保持机房的卫生和安全。

6. 存放运输各种程序、数据的后备带、磁盘等应有防磁防光防霉变等保护设施。新购置磁盘磁带至少在机房放置 24 小时后方能使用；定期对磁带、磁盘进行检测，不合指标或超出使用期限的应及时淘汰。

7. 各类维护终端要有严格的防病毒措施，严禁在控制终端和 PC 机上运行游戏程序及其他与工作无关的程序。

8. 中心机房内必须确保多种通信联络手段，同时必须有完整的联络通信录。

9. 机房内各种图纸、资料、文件、工具、仪表未经允许不准擅自带出机房，使用后归还原处；重要资料设置专门的保密资料柜，由专人负责借阅。

10. 设备检修由包机人员进行，他人不得随意操作；需停机检修时，必须履行停机要点手续，经批准后方可进行；关闭通信信道时，需经主管部门领导同意。

11. 各种灭火器材应定位放置，保持有效，人人都会使用。

第 86 条 GSM—R 基站的管理要求：

1. 基站机房可实行全封闭无人值守方式。应有良好的防火、防盗、防潮、防尘等措施，具备设备性能和基站环境的远端监测系统。

2. 各无人站外部应设置基站编号、位置以及安全警示等标志并标注值班联系电话。

3. 按计表规定对基站机房进行巡视检查。在洪水、冰凌、台风、雷雨、严寒等情况下应加强巡视频次。

4. 严禁在基站内吸烟、吃喝饮食；保持基站站内清洁卫生、设备无尘，保持基站周围环境安全和门前道路畅通。

5. 外单位人员进入基站机房进行施工，必须有相关专业人员随工；施工结束后必须进行垃圾清除、设备和地面的清洁卫生工作。

6. 任何人员出入基站机房必须认真填写相关出入机房登记表。在离开基站前应再进行一次巡视，将基站照明灯关掉，门窗关好，并填写离开时间。

7. 灭火器材应保持有效，维护人员人人都会使用。

8. 基站周围 2 m 以内无杂草。

第 87 条 机房巡视制度：

1. 维护人员应根据维护作业计划，对所维护管理的设备定期进行预防性巡视检查，中心机房和沿线通信机房维护人员在巡视中应按照维护计划认真检查，重点注意处在环境恶劣下、存在潜在质量障碍的设备，并认真进行记录。

2. 在进行环境集中监控和网管监控的巡检时，所有的巡检数据应有详细的记录，包括时间、巡检情况和责任人，并应在相应的记录卡上签字。

3. 中心机房每 120 分钟至少巡视一次，对网络和设备运行中的异常情况应及时记录，并作相应处理。

4. 基站及沿线通信机房每月至少巡视两次，在台风、雷雨、雪雾、洪水等自然灾害季节前，要特别进行一次巡检。在自然灾害发生期间，要加强巡检，并增加巡检次数。

5. 维护人员进入机房作业和作业完毕，必须向京津线网管调度中心监控值班人员汇报，双方均做好记录。

第 88 条 外来人员出入机房的管理要求：

1. 机房是安全保卫的重点，应加强安全管理，无关人员不准随意入内。外部人员因公进入机房，应经上级批准和有关负责人带领方可入内。外籍人员因工作需要进入机房，须严格履行涉外手续，经主管部门批准后，指定中方陪同人员，并详细记录进出机房人员的姓名、时间、批准人员及工作情况。

2. 工程施工人员、设备厂方人员因工作需要必须进出机房的需持"临时出入证"，登记后方可进出。

3. 执行紧急抢修的施工人员可直接与机房的值班负责人联系后进入，紧急抢修完毕后应签名登记，获得当班人员同意后，方可离开机房。

4. 进入机房参观学习，需经上级领导批准；参观人员需由专人带领陪同，原则在机房走廊隔窗参观。

5. 上述人员进入机房后，必须遵守机房管理制度，服从当班人员的管理。

第 89 条 机房的安全要求：

1. 机房内保证必须维护通道和消防通道畅通，不得在路口、过道和门窗附近堆放物品，严禁堆放易燃易爆物品。

2. 机房内要注意用电安全，谨慎使用电烙铁及其他维护用电器设备；严禁使用自备的烧水、取暖等电器。

3. 不得随意关闭防火、烟感探测等消防系统并应定期委托当地消防部门进行检查验收；灭火器应安放在明显位置。

4. 要特别加强雷雨、大风季节的机房安全管理，地线和防雷设施要定期检查测试。

5. 要定期检查鼠迹，采取措施，防止鼠害，所有施工遗留的孔洞必须进行封堵。

6. 架空地板下的空调进风口附近应安放水浸探测装置，定期检查。

7. 用于通信机房、基站内的所有通信设备及安装材料都必需具备阻燃性。阻燃性能、放火级别应达到《邮电建筑放火设计标准》。

8. 施工现场严禁使用电焊和气焊，严禁明火和有毒性挥发的气体或溶剂；施工临时用电应接在指定市电接入位置，严禁接入现网在用 UPS 电源，施工人员需关闭电源后才能离开现场。

9. 打开的设备包装和填充材料必须及时由施工单位清理出机房、基站，存放时间不应超过 1 小时。

10. 通信机房、基站的所有孔、洞、电缆井必须要用防火泥等防火材料进行有效封堵，施工时在墙壁、地板上打开的孔洞，必须在当天采取堵塞措施。

第三节　作业安全

第 90 条　各级维护单位应执行《中国铁通铁路专用通信作业安全规则(暂行)》和有关安全作业标准、操作规程等有关的安全规定,不准简化作业过程。

第 91 条　维护单位每月应对作业工具、安全防护用品进行全面检查,发现作业工具和安全防护用品存在问题时,应立即停止使用,并及时予以修理或更换。在维护工作中,维护人员应认真开展“自控、互控”活动,发现工具不良和安全防护用品性能失效时,有权提出,直至停止作业。

第 92 条　沿铁路线路作业和巡检的人员,必须熟悉管内铁路线桥设备情况、列车运行速度、密度和各种信号显示方式,要注意瞭望,躲避车辆。严禁邻道避车。

第 93 条　在长大桥梁、隧道及瞭望条件不良地段作业或行走时,必须有专人瞭望列车。来车时,必须提前进入避车台、避车洞避让。严禁作业工具、材料侵入限界。

第 94 条　遇雷雨天气,作业人员应暂时停止作业,就近到安全处所躲避,严禁在大树下、高压线下、杆塔旁和涵洞内躲避;严禁游泳或涉水过河。

第 95 条　在站场内作业,必须注意来往车辆的调动与运行,横过铁路时,不得从停留的车辆下穿越,严禁扒乘或跳下行驶中的机车或列车。

第 96 条　上下机车时要抓牢站稳,禁止手持工具、仪表、备件上下机车;禁止在机车行驶中上下机车;禁止在机车行驶中检修机车外部的通信设备。

第 97 条　上下铁塔登高作业人员必须定期进行身体体检,体检合格并取得登高作业资质证的人员方可从事登高作业,作业时,塔下禁止站人并设专人防护。

第 98 条　上下铁塔前需检查铁塔根部及爬梯是否牢固,塔上作业台面是否能持重;塔上作业要双人上下配合并系好安全带。

第 99 条　恶劣雷雨大风天气时禁止登高作业;冬季在寒冷地区,杆上作业时间不宜过长。

第 100 条　维护电源设备时,必须断开交、直流电源,并在相应交流电源闸刀处挂安全牌;严禁对运用中或带电设备、部件进行插拔、焊接。

第 101 条　应充分利用运输“天窗”时间进行京津线区间通信设备的维护和施工。

第四节　网络安全及保密制度

第 102 条　网络安全规定:

1. 运行维护部门必须严格遵守国家和公司有关网络安全管理的相关法规、条例及制度，加强网络系统维护的安全管理，确保设备安全运行。

2. 在网络扩建时必须考虑扩建工程和现网的关系，加强施工安全管理和网络割接准备工作，严禁人为网络障碍的发生。

3. 在操作控制终端，对涉及网络安全的操作，应采用用户分级、权限分级、操作过程自动记录、远程管理、密码管理、防火墙技术、数据备份的方法进行控制；对操作控制终端的软件管理，应及时更新防病毒和杀毒软件，定期进行查毒和杀毒。

4. 为保证网络安全，远程维护端口一般要处于关闭状态，只有在需要的时候才打开使用；未经许可，严禁设备厂商通过远程控制技术对设备进行远程修改维护或参数修改。

5. 磁盘、磁带等必须进行检查确认无病毒后，方可使用。

第 103 条 保密规定：

1. 严格遵守通信纪律，增强保密意识和法制观念，不得随意监听、监测用户通信内容。

2. 未经允许不得擅自抄录、复制设备图纸、电路组织资料、内部文件、系统软件、运行数据、技术档案、用户资料。也不得擅自将其携带出机房、办公室。

3. 对于各类技术资料的使用要严格执行借阅手续，借阅者应认真履行清退和登记签收手续，并不得对外泄密。

4. 不准携带机密文件进入公共场所或探亲访友；在私人通信、广告宣传及与其他运营商的交往中，都不得泄漏通信机密。

5. 各种涉及密级的图纸、资料、文件等应严格管理，认真履行使用登记手续。

6. 认真执行安全保卫制度，外来人员不得擅自进入机房。外来人员因公进入机房，须经有关部门批准，并进行登记后方可进入，且须由相关人员陪同。进入机房必须遵守机房管理规定和机房安全规定。非经同意，外来人员不得碰摸设备及终端，也不得翻阅图纸资料。

7. 所有维护和管理人员，均应熟悉并严格执行安全保密规定。各级领导必须经常对维护人员进行安全保密和消防教育，并定期检查保密规定的执行情况，发现问题及时纠正。

第九章 应急预案制度

第 104 条 应急预案应参照《中国铁通通信网络及信息安全应急预案编制原则及管理办法》制定。各级运行维护部门须根据管内网络结构特点，制定切实可行的应急预案。

第105条 应急预案应明确规定预案实施的指挥体系，各相关单位间的指挥、协同关系，各单位职责和预案的实施流程。指挥体系中必须包含以下组织：领导决策组织、指挥实施组织、技术专家组织和支持保障组织。各组织职责分工如下：

1. 领导决策组织：负责预案启动/终止，以及倒代等指令的发布，根据紧急事件的发展情况进行决策指挥。

2. 指挥实施组织：根据领导决策组织的指令，负责指挥、协调相关单位进行实施，并及时将紧急事件的发展情况进行汇总、报告。

3. 技术专家组织：由相关技术领域的技术专家、骨干组成，负责根据紧急事件和通信网络的实际情况，进行技术原因分析，提出技术建议和方案。

4. 支持保障组织：负责应急预案实施过程中各相关部门间的通信联络、后勤保障和备件、物资供给及运输等工作。

第106条 应急预案的制定要提出具体的网络、业务保障指标，严格按照既定指标编制预案，分解相关的工作，明确责任。

第107条 应急预案的启动/终止要有严格的程序，落实启动/终止流程和决策的单位。预案的启动和实施的各个步骤要有明确的时限要求。

第108条 为保证预案实施后能及时发现问题，为预案的修订提供依据，预案中要明确分析报告制度。在预案实施终止后，由相关单位负责对紧急事件和预案实施的过程进行分析，提出分析报告，报送上级管理部门。上级管理部门要及时掌握下级单位应急预案实施的情况。

第109条 具体实施细则请见《京津线通信系统应急保障管理办法》。

第十章 故障管理

第一节 通 则

第110条 京津城际铁路通信设备维护工作必须树立“安全第一”思想，坚持“预防为主”方针，针对设备运用状况、人员技术素质、施工妨害、季节变化及自然灾害等因素，制定切合实际的安全措施，并认真执行，防止和减少故障的发生。

第111条 京津城际铁路通信设备故障既是通信设备维护管理、运用质量的标志之一，也是通信设备质量客观反映的重要信息来源。各级运维部门必须坚持实事求是的精神，如实记载，认真分析，不断总结经验教训，掌握设备运用状态，保证设备不间断地良好运用。

第112条 铁路专用通信设备故障构成铁路交通事故时，按《铁路交通事故调查处理规则》的有关规定办理。

第 113 条　因违反作业标准、操作规程及养护维修不当或设计制造质量缺陷、自然灾害等原因，造成铁路通信等行车设备不能正常使用，影响正常行车，危及行车安全的，均构成通信故障。

第 114 条　通信行车设备不能正常运用但未影响正常行车及通信非行车设备损坏影响使用的，均列为通信障碍。

第 115 条　京津城际铁路通信设备及电路发生通信故障时，有关部门及维修人员应及时准确地做出判断，迅速组织修复，最大限度缩短故障处理时间。涉及影响列车调度指挥、铁路安全及信息系统等重要通信设备和电路的通信故障，必须首先采取倒、代、迂回等措施，将影响减少到最低程度。

第 116 条　京津城际铁路通信设备及电路发生通信障碍时，维护单位根据代维合同等有关固定，及时修复通信障碍，压缩通信障碍延时。

第 117 条　京津城际铁路通信设备维修人员，必须熟知本办法的有关要求与规定并严格执行。

第二节　故 障 处 理

第 118 条　故障处理指挥原则：

1. 京津城际铁路通信设备故障处理实行总部铁道业务部、北京铁道通信事业部（北京、天津分公司）、北京高速铁路通信段（天津通信段）三级指挥管理，负责京津城际的铁路运输通信设备运用安全管理，并行使故障处理指挥权，相关维护单位必须无条件配合，绝对服从指挥。

2. 北京高速铁路通信段根据中国铁通集团有限公司的有关规定，充分行使京津城际铁路通信网管的职能，故障时负责指挥全线各维护单位的故障处理。

第 119 条　通信故障处理时要遵循“先抢通、后修复”的原则，根据网络和用户的优先顺序、综合考虑故障对铁路运输生产的影响进行处理。积极采取倒代等措施，避免故障范围扩大、压缩故障延时。

第 120 条　根据京津城际铁路运输的特点及通信系统较完善的保护机制，在系统设备发生障碍不影响行车安全时，障碍处理可安排在夜间天窗点进行；必要时在不影响行车及人身安全的前提下要点进行障碍抢修。

第 121 条　故障、障碍处理全过程中，网管中心值班人员负责跟踪故障处理全过程，形成闭环管理。

第 122 条　各级维护单位在组织和处理通信故障（障碍）时，除服从上级主管部门的指挥调度外，还应遵从维护为业务、业务为运输、上一环节为下一环节服务及“首问负责制”的原则。故障受理单位应在故障处理完毕后及时回复申告人。

第 123 条 维修工区及通信机械室等维护单位均应建立“通信故障(障碍)登记簿”等基础维护表格,据实填写清楚。故障(障碍)处理要做到“五清”,即时间清、地点清、原因清、影响范围清、处理过程清,并进行详细记录。

第 124 条 发生故障(障碍)时,各级维护人员应立即采取必要措施,避免故障障碍范围扩大和及早恢复运行设备和通信电路,同时应立即向主管领导和上级主管部门报告。在故障(障碍)排除过程中,若出现一时无法解决的问题,应立即与设备供应商当地的工程师或技术支持中心联系,以便得到现场或远程的技术支持。

第 125 条 发生故障后按照故障上报流程(附件 1)进行汇报。

第 126 条 通信段调度受理通信故障后,必须在 20 分钟内迅速调查故障的原因和影响范围,并积极指挥有关单位进行处理。

属于以下故障,必须报告通信段领导到达现场指挥处理:

①通信干线光缆及传输系统中断。

②核心网主要通信系统及设备发生故障。

第 127 条 故障处理时限:故障处理时限是指接到用户申告至排除故障恢复设备正常使用(或采取其他方式恢复用户正常通信)所需的时间。

1. 铁路沿线线路发生故障时,网管中心及各有关维护车间要在 10 分钟内准确判断出故障性质和处所,并逐级上报调度,相关机械室应在 15 分钟内迅速接通主要电路,并继续接通其他电路。抢修队接到故障通知后,5 分钟内派出人员处理故障,抢修队在 30 分钟内出发。

2. 通信设备处理时限按《铁路运输通信服务标准》及代维合同有关规定执行。

第 128 条 京津城际铁路通信设备故障的定性、定责按以下原则判定,即:跨省分公司故障由铁道通信事业部判定,省分公司管内故障由省分公司判定,通信段根据本规定对管内维护单位的故障进行判定。

第三节 故障的统计和分析

第 129 条 各级维护部门应建立健全故障统计、分析、总结、报告制度,规范设备故障管理,并由专人负责故障统计分析报告的日常管理工作。

第 130 条 设备故障统计应坚持准确、真实、完整、及时的原则,按设备故障类别、原因、责任等项目分别统计。

第 131 条 故障统计:

1. 通信设备发生故障责任不清,涉及两个单位时,各按一件计算。

2. 从故障发生至故障恢复的时间称为故障延时。在同一地点,由于同一原因使多个通信设备造成故障时，按一件统计；同一电路，同一时间，分别在不同地点发生故障时，应分别统计；时好时坏的故障，其延续时间应连续计算，直至完全恢复。

3. 如故障发生涉及两种或两种以上的分类规定时，按影响严重的计算，如涉及两种故障性质时，按责任故障计算。

4. 在规定时间内未按时完成的停机检修工作，必须提前逐级请示报告，否则按故障统计。

5. 处于试运行期间的通信设备、线路发生故障，由于设备质量和施工调试方面的原因，可以经由主管部门研究不按故障统计，但必须出具开通日期和厂家认同的证明材料，对故障要进行详细记载，认真分析，尽快把故障隐患排除。

第 132 条 故障分析和总结

1. 故障恢复后，省分公司应在故障恢复 2 小时内，将《通信故障处理报告表》(附件 2)分别上报总部铁道业务部和北京铁道通信事业部及北京铁路局电务处。

2. 发生通信故障，由省分公司组织召开安全生产分析会和安全生产委员会会议，对故障原因进行分析和总结，对存在的问题提出处理意见及整改措施。

3. 北京铁道通信事业部每月组织北京、天津分公司召开京津城际铁路通信安全分析会，分析和总结当月管内安全生产情况，对存在的问题提出整改措施，提出安全生产考核意见。

第四节 附 则

第 133 条 本办法由铁通集团公司铁业部负责解释。

第 134 条 本办法自 2008 年 8 月 1 日起暂行。

附件 1

故障上报流程

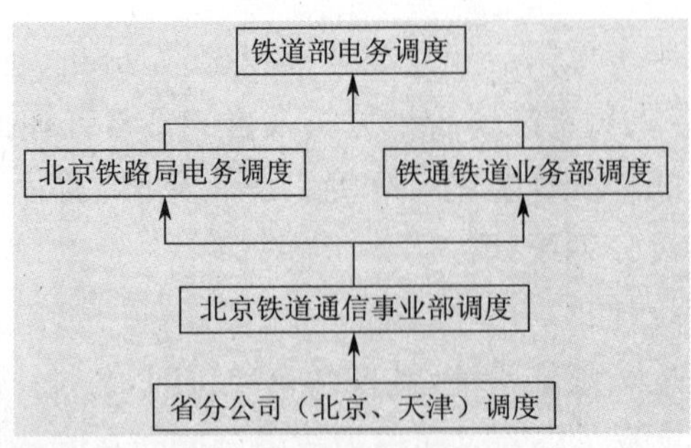

附件 2

通信故障处理报告表

报告单位：

填表人：　　　　　　　　　　　　　　　　　　填表日期：　年　月　日

<table>
<tr><td>故障受理时间：</td><td colspan="2">故障发生时间：</td><td>故障地点：</td></tr>
<tr><td>故障汇报时间：</td><td colspan="2">故障恢复时间：</td><td>故障延时：</td></tr>
<tr><td colspan="2">故障受理人：</td><td colspan="2">故障处理人：</td></tr>
<tr><td colspan="4">故障现象：</td></tr>
<tr><td colspan="4">影响范围：</td></tr>
<tr><td colspan="4">处理经过：</td></tr>
<tr><td colspan="4">故障原因：</td></tr>
<tr><td colspan="4">措施：</td></tr>
<tr><td colspan="2">最近一次执表或巡视时间：</td><td colspan="2">最近一次执表人或巡视人：</td></tr>
</table>

附件 3

故障处理流程

24小时网络监控
用户申告
网管中心受理
上级调度
是
相关维护部门
现场维护部门
处理？
否
否
故障处理？
是
是
故障解决？
否
组织技术支持人员
否
故障解决？
收集详细的故障资料
是
向厂方技术支持反应
处理并跟踪故障解决
回复用户、上级调度、记录、分析、总结

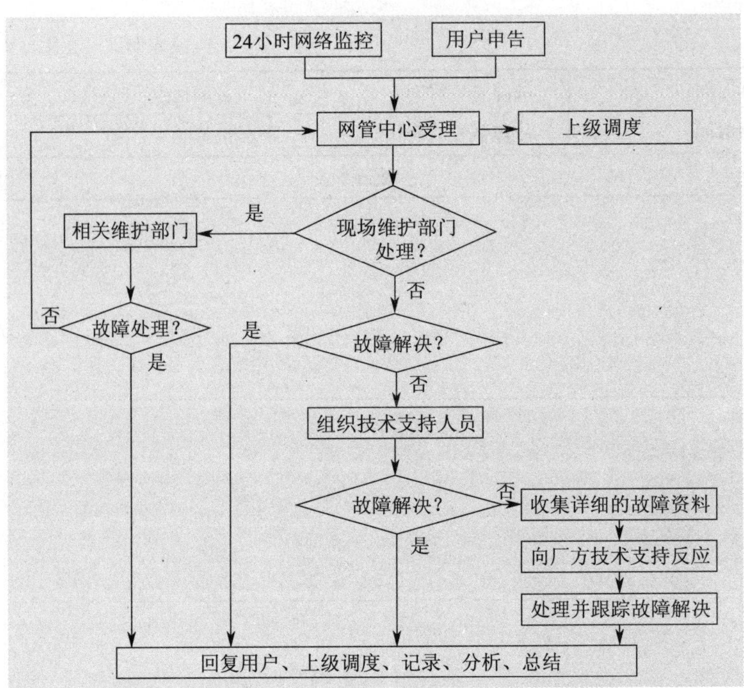

京津城际铁路接触网安全工作办法(试行)

京铁机〔2008〕198号

第一章 总 则

第1条 在接触网运行和检修工作中,为确保人身、行车和设备安全,特制定本办法。

本办法仅适用于京津城际铁路北京南站(不含)至天津站(不含)间接触网设备的运行和检修。本区段检修、抢修作业采用垂直天窗作业方式。

北京南站、天津站接触网设备的运行、检修按铁道部《关于发布〈接触网安全作业规程〉和〈接触网运行检修规程〉的通知》(铁运〔2007〕69号)执行。

第2条 牵引供电设备管理单位(包括牵引供电设备管理、维修单位和从事京津城际铁路接触网施工单位,下同)在接触网作业中要贯彻"施工不行车,行车不施工"的原则;经常进行安全技术教育,组织有关人员认真学习和熟悉本办法,不断提高安全技术管理水平,切实贯彻执行本办法。

第3条 各级管理部门要认真建立健全各级岗位责任制,抓好各项基础工作,依靠科技进步,不断提高和改善接触网的安全工作和装备水平,提高接触网运行与检修管理工作质量,确保人身和设备安全。

第二章 一般规定

第4条 所有的接触网设备,自第一次受电开始即认定为带电设备。之后,接触网上的一切作业,均必须按本办法的规定严格执行。

接触网作业,必须在双线封锁的条件下进行。

第5条 从事接触网作业的有关人员,必须实行安全等级制度。经过考试评定安全等级,取得安全合格证和相关培训合格证之后(安全合格证格式和安全等级的规定,分别见附件1、2),方准参加与所取得的安全等级相适应的接触网运行和检修工作。每年定期按表1进行年度安全考试和签发安全合格证。

表 1

应试人员	主持考试单位和签发安全合格证部门	考试委员会成员
单位的主管负责人和专业负责人	各单位上级业务主管部门	主管负责人
其他从事接触网工作人员	各单位	单位的主管负责人

第 6 条 各单位除按第 5 条规定组织从事接触网运行和检修工作的有关现职人员每年进行一次安全等级考试外，对属于下列情况的人员，还应在上岗前进行岗位培训和安全等级考试：

1. 开始参加接触网工作的人员；
2. 开始参加接触网间接带电工作的人员；
3. 接触网供电方式改变时的检修工作人员；
4. 接触网停电检修方式改变时的检修工作人员；
5. 安全等级变更，仍从事接触网运行和检修工作的人员；
6. 中断工作连续 6 个月以上仍继续担任接触网运行和检修工作的人员。

第 7 条 参加接触网作业人员应符合下列条件：

1. 作业人员每两年进行一次身体检查，符合作业所要求的身体条件；
2. 经培训考试合格并取得相应的安全等级；
3. 熟悉触电急救方法。

第 8 条 雷电时(在作业地点可见闪电或可闻雷声)禁止在接触网上进行作业。遇有风力在 5 级及以上等恶劣天气时，一般不进行接触网作业。

第 9 条 在接触网上进行作业时，除按规定开具工作票外，还必须有供电调度批准的作业命令。

除遇有危及人身或设备安全的紧急情况，供电调度发布的倒闸命令可以没有命令编号和批准时间外，接触网所有的作业命令，均必须有命令编号和批准时间。

第 10 条 在进行接触网作业时，作业组全体成员须按规定穿戴工作服、安全帽。作业组有关人员应携带通讯工具并确保联系畅通。

所有的工具和安全用具，在使用前均须进行检查并记录，符合要求方准使用。

第 11 条 接触网作业车巡视工作要求：

作业车巡视分为作业人员在车厢内巡视和平台上巡检两种。

1. 车厢内巡视时，可在不停电情况下进行，作业车巡视速度不大于40 km/h，人员不得出车厢。

2. 作业平台上巡检应在天窗时间内停电进行；速度应不大于 10 km/h；车站须设驻站联络员防护；按停电作业办理相关的安全措施。

3. 作业平台上巡检时应不少于两人，作业人员的安全等级不低于三级；巡检人员应戴安全帽，穿防护服，携带望远镜和通讯工具，夜间巡视还要有照明用具。

4. 作业车巡视应按相关规定办理运行手续，按规定交路行驶。

第 12 条 上线路步行查找故障时，必须在双线封锁的条件下进行。

第 13 条 新研制及经过重大改进的作业工具应由铁路局及以上部门鉴定通过，批准后方准使用。

第 14 条 在有轨道电路的区段作业时，不得将线路两根钢轨短接。

第 15 条 夜间进行接触网作业时，必须有足够的照明。

第三章 作业制度

作业分类

第 16 条 接触网的检修作业分为三种：

1. 停电作业——在接触网停电设备上进行的作业。

2. 间接带电作业——借助绝缘工具间接在接触网带电设备上进行的作业。

3. 远离作业——在距接触网带电部分 1 m 以外的附近设备上进行的作业。

工作票

第 17 条 工作票是进行接触网作业的书面依据，填写时要字迹清楚、正确，需填写的内容不得涂改和用铅笔书写。

工作票填写一式 2 份，1 份由发票人保管，1 份交给工作领导人。

故障抢修和遇有危及人身或设备安全的紧急情况，作业时可以不开工作票，但必须有供电调度命令。

第 18 条 根据作业性质的不同，工作票分为三种：

1. 接触网第一种工作票（格式见附件 3），用于停电作业。

2. 接触网第二种工作票（格式见附件 4），用于间接带电作业。

3. 接触网第三种工作票（格式见附件 5），用于远离作业即距带电部分 1 m 及其以外的高空作业、较复杂的地面作业。

第 19 条 第一、三种工作票有效期不得超过 3 个工作日。第二种工作票有效期不得超过 2 个工作日。

作业结束后，工作领导人要将工作票和相应命令票（格式见附件 6、7）交工区统一保管。在工作票有效期内没有执行的工作票，须在右上角盖“作废”印记交回工区保管。所有工作票保存时间不少于 12 个月。

第 20 条 工作票签发人和工作领导人安全等级不低于四级。同一张工作票的签发人和工作领导人必须由两人分别担当。

第 21 条 发票人一般应在工作的前一天将工作票交给工作领导人，使之有足够的时间熟悉工作票中的内容并做好准备工作。工作领导人对工作票内容有不同意见时，要向发票人提出，经认真分析，确认无误后，签字确认。

每次作业一名工作领导人同时只能接受一张工作票。一张工作票只能发给一名工作领导人。

第 22 条 工作票中规定的作业组成员一般不应更换。若必须更换时，应由发票人签认；若发票人不在可由工作领导人签认。工作领导人更换时，必须由发票人签认。

当变更作业方式、内容、地点时，必须废除原工作票，签发新的工作票。

第 23 条 作业前，工作领导人应组织作业组成员列队点名，宣讲工作票并进行分工。分工时要将本次作业任务和安全措施逐项分解落实到人，然后方准作业。

作业人员的职责

第 24 条 工作票签发人在安排工作时，要做好下列事项：

1. 所安排的作业项目是必要和可能的；

2. 所采取的安全措施是正确和完备的；

3. 所配备的工作领导人和作业组成员的人数和条件符合规定。

第 25 条 工作领导人在安排工作时，要做好下列事项：

1. 确认作业内容、地点、时间、作业组成员等均符合工作票提出的要求；

2. 确认作业采取的安全措施正确而完备；

3. 时刻在场监督作业组成员的作业安全；

4. 检查落实工具、材料准备，与安全员（安全监护人）共同检查作业组成员着装、工具、劳保用品齐全合格。

第 26 条 作业组成员要服从工作领导人的指挥、调动，遵章守纪。对不安全和有疑问的命令，要及时果断地提出，坚持安全作业。

第四章　受力工具和绝缘工具

第 27 条 各种受力工具和绝缘工具应有合格证并定期进行试验，作好记录，禁止使用试验不合格或超过试验周期的工具。

第 28 条 各单位应制定受力工具和绝缘工具管理办法，专人负责进行编号、登记、整理，并监督按规定试验和正确使用。

与试验记录对应的受力工具和绝缘用具上应有统一制定的编号标记。（试验标准见附件 10、11，试验记录格式见附件 14、15）

第 29 条 绝缘工具应具有良好的绝缘性、绝缘稳定性和足够的机械强度，轻便灵活，便于搬运。

第 30 条 绝缘工具应按下列要求进行试验：

1. 新购、制作(或大修)后，在第一次投入使用前进行机械和电气强度试验；

2. 使用中的绝缘工具要定期进行试验；

3. 绝缘工具的机、电性能发生损伤或对其怀疑时，进行相应的试验。

绝缘工具的机械强度试验应在组装状态下进行。间接带电作业用的绝缘工具一般不做机械强度试验。绝缘工具的电气强度试验一般在机械强度试验合格后进行。

第 31 条 绝缘工具材质的电气强度不得小于 3 kV/cm，间接带电作业的绝缘杆等其有效长度大于 1 000 mm。

第 32 条 绝缘工具每次使用前，须认真检查有无损坏，并用清洁干燥的抹布擦拭有效绝缘部分后，再用 2 500 V 兆欧表分段测量(电极宽2 cm，极间距 2 cm)有效绝缘部分的绝缘电阻，不得低于 100 MΩ，或测量整个有效绝缘部分的绝缘电阻不低于 10 000 MΩ。

第 33 条 绝缘工具要放在专用的工具室内；室内要保持清洁、干燥、通风良好。对绝缘工具要有防潮措施。

第 34 条 绝缘工具在运输和使用中要经常保持清洁干燥，切勿损伤。使用管材制作的绝缘工具，其管口要密封。

第五章 高空作业

一般规定

第 35 条 凡在距离地面 3 m 以上的处所进行的作业均称为高空作业。

第 36 条 高空作业必须设有专人监护，其监护要求如下：

1. 间接带电作业时，每个作业地点均要设有专人监护，其安全等级不低于四级。

2. 停电作业时，每个监护人的监护范围不超过 2 个跨距，在同一组硬横跨上作业时不超过 4 条股道，在相邻线路同时作业时，要分别派监护人各自监护；当停电成批清扫绝缘子时，可视具体情况设置监护人员。监护人员的安全等级不低于三级。

第 37 条 高空作业使用的小型工具、材料应放置在工具材料袋内。作业中应使用专门的用具传递工具、零部件和材料，不得抛掷传递。

第 38 条 高空作业人员作业时必须将安全带系在安全可靠的地方。

第 39 条 进行高空作业时，严禁登踏线索、支撑定位装置以及进行其他可能导致接触线弯曲、变形的作业。人员不宜位于线索受力方向的反侧，在曲线区段调整接触网悬挂时，要有防止线索滑跑的保护措施。

第 40 条 冰、雪、霜、雨等天气条件下，接触网作业检修车应有防滑措施。

攀 杆 作 业

第 41 条 攀登支柱前要检查支柱状态，观察支柱上有无其他设备，选好攀登方向和条件。

第 42 条 攀登支柱时要手把牢靠，脚踏稳准，尽量避开设备并与带电设备保持规定的安全距离。用脚扣和踏板攀登时，要卡牢和系紧，严防滑落。

登 梯 作 业

第 43 条 接触网作业用的车梯和梯子必须符合下列要求：

1. 结实、轻便、稳固。

2. 在有轨道电路的区段上，车梯的车轮必须采取可靠的绝缘措施。

3. 按附录 10 和附录 11 的规定进行试验。

第 44 条 用车梯进行作业时，应指定车梯负责人，工作台上的人员不得超过两名。所有的零件、工具等均不得放置在工作台的台面上。

第 45 条 作业中推动车梯应服从工作台上人员的指挥。当车梯工作台面上有人时，推动车梯的速度不得超过 5 km/h，并不得发生冲击和急剧起、停。工作台上人员和车梯负责人要呼唤应答，配合妥当。

第 46 条 工作领导人和推车梯人员，要时刻注意和保持车梯的稳定状态。当车梯在曲线上或遇大风时，对车梯要采取防止倾倒的措施；当车梯在大坡道上时，要采取防止滑移的措施；当车梯放在道床、路肩上或作业人员超出工作台范围作业时，作业人员要将安全带系在接触网上，不得系在车梯工作台框架上；车梯在地面上推动时，工作台上不得有人停留。

第 47 条 作业结束后，车梯必须带回，不得就地存放。

第 48 条 用梯子作业时，作业人员要先检查梯子是否牢靠；要有专人扶梯，梯脚要放稳固，严防滑移；梯子上只准有 1 人作业。

检修作业车作业

第 49 条 接触网检修作业车出车前，司机应认真检查车辆和行车安全装备，确保状态良好，并与作业人员检查通讯工具，确保联络畅通。

第 50 条 作业平台不得超载。工作领导人必须确认地线接好后，方可允许作业人员登上检修作业车作业平台。

第 51 条 检修作业车移动或作业平台升降、转向时，严禁人员上、下。人员上、下作业平台应征得作业平台操作人或监护人同意。所有人员禁止从未封锁线路侧上、下作业车辆。为防止检修作业车作业平台侵入未封锁线路的限界，作业平台严禁向未封锁的线路侧旋转。

第 52 条 检修作业车工作平台防护门关闭时应有闭锁装置。作业时须关好作业平台的防护门。

第 53 条 作业人员在作业平台防护栅外作业时，必须将安全带系在牢固可靠部位。

第 54 条 司机和学习司机须精力集中，密切配合，在移动车辆前应注意检修作业车及作业平台周围的环境、设备、人员和机具等情况，与附近的设备保持规定的安全距离，以保证人员、设备安全。

作业平台上的作业人员在车辆移动中应注意防止接触网设备碰剐伤人。

第 55 条 作业平台上有人作业时，检修作业车移动的速度不得超过10 km/h，且不得急剧起、停车。

第 56 条 作业人员与司机之间的信息传递应及时、准确、清楚、呼唤应答。作业中检修作业车的移动应听从作业平台上操作人员的指挥。

第六章 停电作业

一般规定

第 57 条 停电作业时，作业人员（包括所持的机具、材料、零部件等）与周围带电设备的距离不得小于下列规定：220 kV 为 3 000 mm；110 kV 为 1 500 mm；25 kV 和 35 kV 为 1 000 mm；10 kV 及以下为 700 mm。

命令程序

第 58 条 每个作业组在停电作业前由工作领导人指定一名安全等级不低于三级的作业组成员作为要令人员，向供电调度申请停电命令，并说明停电作业的范围、内容、时间、安全和防护措施等。

几个作业组同时作业时，每一个作业组必须分别设置安全防护措施，分别向供电调度申请停电命令。

第 59 条 供电调度员在发布停电作业命令前，要做好下列工作：

1. 将所有的停电作业申请进行综合安排，审查作业内容和安全防护措施，确定停电的区段；

2. 通过列车调度员办理停电作业的手续，对可能通过受电弓导通电流的分段绝缘部位采取封闭措施，防止从各方面来电的可能；

3. 确认有关馈电线断路器、开关及接触网开关均已断开，确认有关馈电线断路器的重合闸装置已经撤除，作业区段的接触网已经停电，方可发布停电作业命令。

作业结束后应及时恢复有关馈电线断路器的重合闸装置。

第 60 条　供电调度员发布停电作业命令时，受令人认真复诵，经确认无误后，方可给命令编号和批准时间。在发、受停电命令时，发令人要将命令内容等记入“作业命令记录”(格式见附件 12)中，受令人要填写“接触网停电作业命令票”。

验电接地

第 61 条　作业组在接到停电作业命令后须先验电接地，然后方可作业；必须使用同等电压等级的验电器验电。

第 62 条　使用验电器验电的有关规定：

1. 验电器的电压等级为 25 kV。

2. 验电器具有自检和抗干扰功能。自检时具有声、光等信号显示。

3. 验电前自检良好后，先在同等电压等级有电设备检查其性能，确认声、光信号显示正常，然后方可在停电设备上验电。

4. 在运输和使用过程中，应确保验电器良好。

第 63 条　接地线应使用截面积不小于 25 m^2 的裸铜绞线制成并有透明护套保护。接地线不得有断股、散股和接头。

第 64 条　在有轨道电路的区段作业时，两组地线应接在同一侧钢轨上，且不应跨接在钢轨绝缘两侧。地线穿越钢轨时，必须采取绝缘措施。

第 65 条　当验明确已停电后，须立即在作业地点的两端和与作业地点相连、可能来电的停电设备上装设接地线；如作业区段附近有其他带电设备时，按本规程第 57 条规定，在需要停电的设备上也装设接地线。

在装设接地线时，将接地线的一端先行接地；再将另一端与被停电的导体相连(不宜挂在接触线上)。拆除接地线时，其顺序相反。接地线要连接牢固，接触良好。

装设接地线时，人体不得触及接地线，接好的接地线不得侵入建筑限界。连接或拆除接地线时，操作人要借助于绝缘杆进行。绝缘杆要保持清洁、干燥。

第 66 条　验电和装设、拆除接地线必须由两人进行，一人操作，一人监护。

第 67 条 在停电作业的接触网附近有平行带电的电线路或接触网时，为防止感应危险电压，除按规定装设接地线外，还要增设接地线。

第 68 条 关节式分相检修时，除在作业区两端工作支装设接地线外，还应在中性区导线上加挂一组地线，并将两断口进行短接封线。

作 业 结 束

第 69 条 工作票中规定的作业任务完成后，由工作领导人确认具备送电、行车条件，将作业人员、机具、材料撤至安全地带，拆除接地线，宣布作业结束，通知要令人向供电调度请求消除停电作业命令；要令人员向车站值班员请求消除线路封闭命令。停电命令和行车封锁命令消除后，人员、机具不得再次上线。

几个作业组同时作业，当作业结束时，每个作业组要分别向供电调度申请消除停电作业命令。

第 70 条 供电调度送电时须按下列顺序进行：

1. 确认整个供电臂所有作业组均已消除停电作业命令。
2. 按照规定进行倒闸作业。
3. 倒闸作业完成后，恢复有关馈线重合闸功能。
4. 通知列车调度员接触网已送电。

第七章 间接带电作业

一 般 规 定

第 71 条 遇有雨、雪、雾、气温在−15 ℃～37 ℃之外、风力在 5 级及以上等恶劣天气或相对湿度大于 85％时，不得进行间接带电作业。

第 72 条 间接带电作业人员在接触工具的绝缘部分时应戴干净的手套，不得赤手接触或使用脏污手套。

第 73 条 间接带电作业时，作业人员（包括其所携带的非绝缘工具、材料）与带电体之间须保持的最小距离不得小于 1 000 mm，当受限制时不得小于 600 mm。

命 令 程 序

第 74 条 每个作业组作业前，由工作领导人指定安全等级不低于四级的作业组成员作为要令人员向供电调度申请作业命令。在申请间接带电作业命令时，要说明间接带电作业的范围、内容、时间和安全防护措施。

几个作业组同时作业时，每一个作业组必须分别设置安全防护措施，分别向供电调度申请作业命令。

第 75 条 供电调度在发布间接带电作业命令时，要做好下列工作：

1. 将所有的间接带电作业申请进行综合安排，审查作业内容和安全防护措施，确定作业地点、范围和安全防护措施。

2. 在作业前，应撤除有关馈线的重合闸。在作业过程中如果发现馈电线的断路器跳闸，供电调度在未弄清作业组情况前不得送电。作业组如果发现接触网无电时，要立即向供电调度报告。

3. 在发布间接带电作业命令时，受令人要认真复诵，经确认无误后，方可给命令编号和批准时间。每次间接带电作业，发令人将命令内容填写在“作业命令记录”中，受令人要填写“接触网间接带电作业命令票”。

作业结束

第 76 条 工作票中规定的作业任务完成，全部作业人员、机具、材料撤至安全地带后，由工作领导人宣布结束作业，通知要令人向供电调度申请消除间接带电作业命令。

几个作业组同时作业时，要分别向供电调度申请消除间接带电作业命令。

第 77 条 供电调度确认作业组已经结束作业，不妨碍正常供电和行车后，给予消除作业命令时间，双方均记入记录中，整个间接带电作业方告结束。

供电调度员确认供电臂内所有的作业组均已消除间接带电作业命令，方能恢复有关馈线重合闸。

安全技术措施

第 78 条 间接带电作业工作领导人不得直接参加操作，必须在现场不间断地进行监护。

第 79 条 工作领导人在作业前检查工具良好，确认驻站联络员和行车防护人员已全部就位，通讯联络工具状态良好，间接带电作业命令程序办理完毕，所采取的安全及防护措施全部落实后，方能向作业组下达作业开始的命令。

第八章 倒闸作业

第 80 条 接触网作业人员进行隔离开关倒闸操作时，必须有供电调度的命令。从事隔离开关倒闸作业人员的安全等级不得低于三级。

第 81 条 在申请倒闸命令时，先由安全等级不低于三级的要令人向供电调度提出申请，供电调度员审查后，发布倒闸命令；要令人受令复诵，供电调度员确认无误后，方可给命令编号和批准时间；每次倒闸作业，发令人要将命令内容等记入“倒闸操作命令记录”(格式见附件 13)中，受令人要填写“隔离开关倒闸命令票”(格式见附件8)。

第82条 倒闸人员接到倒闸命令后,必须先确认开关位置和开合状态无误后,再进行倒闸。倒闸时操作人必须戴好安全帽和绝缘手套,穿绝缘靴,操作应一次开闭到位,中途不得停留和发生冲击。

第83条 倒闸作业完成后,确认开关开合状态无误后,操作人向要令人通报倒闸结束,由要令人向供电调度员申请消除倒闸作业命令。供电调度员要及时发布完成时间和编号并记入“倒闸操作命令记录”中,要令人填写“隔离开关倒闸完成报告单”(格式见附件9),至此倒闸作业方告结束。

第84条 严禁带负荷进行隔离开关倒闸作业。隔离开关可以开、合不超过10 km(延长公里)线路的空载电流。

第85条 隔离开关的传动机构必须加锁。钥匙应存放于固定地点由专人保管。

第九章 行车防护

第86条 在线路上进行接触网检修作业可能影响列车正常运行时,除对有关区间、车站办理封锁手续外,还要对作业区采取防护措施。

第87条 凡从事可能影响列车正常运行的作业,除在车站设置驻站联络员外,作业组两端必须根据作业内容按《技规》的规定设置现场防护员。行车防护人员安全等级不低于三级。其设置要求如下:

1. 区间作业时,驻站联络员设在能控制列车运行相邻车站的运转室(或信号楼);车站作业时,驻站联络员设在该站运转室(或信号楼)。

2. 作业时,每个作业组在作业区段两端,必须按规定距离设置行车防护人员,并不得侵入建筑限界。

第88条 不同作业组分别作业时,不准共用行车防护人员。在未设好行车防护前不得开始作业,在人员、机具未撤至安全地点前不准撤除行车防护。

第89条 行车防护人员在执行任务时,要坚守岗位,思想集中,要与作业组保持联系,认真、及时、准确地进行联系和显示各种信号,一旦中断联系,须立即通知工作领导人,必要时停止作业撤离现场。

第90条 行车防护人员须做到:

1. 熟悉有关行车防护知识,驻站联络员还应熟悉运转室的有关设备显示;

2. 熟悉有关防护及通讯工具的使用方法及各种防护信号的显示方法,每次出工前应检查通讯工具是否良好,行车防护用品携带齐全、有效;

3. 及时、准确、清晰地传递行车信息和信号；

4. 认真负责、坚持呼唤应答和复诵制度；

5. 不得影响其他线路上列车的正常运行。

第 91 条 京津城际铁路不采用手信号降弓方式。

附件 1

电气化铁道安全合格证

电气化铁道

安 全 合 格 证

×××铁路局

（封面）

单　　位：______

专　　业：______

姓　　名：______

职　　称：______

发证日期：___年___月___日

发证单位：______（盖章）

合 格 证

号　　码：______

（第 1 页）

日期	考试原因	职称	安全等级	评分	主考人（签章）

（第 2 至第 6 页）

注 意 事 项

1. 执行工作时，要随时携带本证。

2. 本证只限本人使用，不得转让或借给他人。

3. 无考试成绩、无主考人签章者，本证无效。

4. 本证如有丢失，补发时必须重新考试。

（第 7 页）

说明：合格证尺寸为宽 65 mm、长 95 mm，配以红色塑料封面。

附件 2

接触网工作人员安全等级

等级	允许担当的工作	必须具备的条件
一级	地面简单的作业（如推扶车梯、拉绳、整修基础帽等）	1. 新工人经过教育和学习，初步了解电气化铁道安全作业的基础知识。 2. 了解接触网地面作业的规定和要求
二级	1. 各种地面上的作业。 2. 不拆卸零件的高空作业（如清扫绝缘子、支柱涂漆、涂号码牌、验电、装设接地线等）	1. 参加接触网运行和检修工作 3 个月以上。 2. 掌握接触网高空作业一般安全知识和技能。 3. 掌握接触网停电作业接地线的规定和要求，熟悉作业区防护信号的显示方法
三级	1. 各种高空和停电作业。 2. 间接带电作业。 3. 隔离（负荷）开关倒闸作业。 4. 防护人员的工作。 5. 进行巡视工作。 6. 要令人及倒闸作业、停电作业、验电接地监护人	1. 参加接触网运行和检修工作 1 年以上；具有技工学校或相当于技工学校及以上学历（供电专业）的人员可以适当缩短。 2. 熟悉接触网停电和间接带电作业的有关规定。 3. 具有接触网高空作业的技能，能正确使用检修接触网用的工具、材料和零部件。 4. 具有列车运行的基本知识，熟悉作业区防护的规定及信联闭知识。 5. 能进行触电急救
四级	1. 各种停电和间接带电作业的工作票签发人、工作领导人及监护人。 2. 间接带电作业的要令人、操作人。 3. 工长	1. 担当三级工作 1 年以上。 2. 熟悉本规程。 3. 能领导作业组进行停电和间接带电作业
五级	1. 车间主任、供电调度员。 2. 技术科长（主任）、副科长（副主任），接触网技术人员。 3. 段长、副段长、总工程师、副总工程师	1. 担当四级工作 1 年以上。对技术人员及正副段长具有中等专业学校（或相当于中等专业学校）及以上的学历（供电专业）可不受此限。 2. 熟悉本规程、接触网运行检修规程，以及接触网主要的检修工艺。 3. 能领导作业组进行渟电和间接带电作业

附件 3

接触网第一种工作票

______接触网工区　　　　　　　　　　　　　　　　　　　　第　　号

<table>
<tr><td>作业地点</td><td colspan="3"></td><td>发票人</td><td></td></tr>
<tr><td>作业内容</td><td colspan="3"></td><td>发票时间</td><td></td></tr>
<tr><td>工作票有效期</td><td colspan="5">自　年　月　日　时　分至　年　月　日　时　分止</td></tr>
<tr><td>工作领导人</td><td colspan="2">姓名：</td><td colspan="3">安全等级：</td></tr>
<tr><td rowspan="6">作业组成员姓名及安全等级（安全等级写在括号内）</td><td>（　）</td><td>（　）</td><td>（　）</td><td>（　）</td><td>（　）</td></tr>
<tr><td>（　）</td><td>（　）</td><td>（　）</td><td>（　）</td><td>（　）</td></tr>
<tr><td>（　）</td><td>（　）</td><td>（　）</td><td>（　）</td><td>（　）</td></tr>
<tr><td>（　）</td><td>（　）</td><td>（　）</td><td>（　）</td><td>（　）</td></tr>
<tr><td>（　）</td><td>（　）</td><td>（　）</td><td>（　）</td><td>（　）</td></tr>
<tr><td>（　）</td><td>（　）</td><td>（　）</td><td>（　）</td><td>共计：　人</td></tr>
<tr><td>需停电的设备</td><td colspan="5"></td></tr>
<tr><td>装设接地线的位置</td><td colspan="5"></td></tr>
<tr><td>作业区防护措施</td><td colspan="5"></td></tr>
<tr><td>其他安全措施</td><td colspan="5"></td></tr>
<tr><td>变更作业组成员记录</td><td colspan="5"></td></tr>
<tr><td>工作票结束时间</td><td colspan="5">年　月　日　时　分</td></tr>
<tr><td>工作领导人（签字）</td><td></td><td>发票人（签字）</td><td colspan="3"></td></tr>
</table>

说明：本票用白色纸印绿色格和字。　　　　　　　　　　　　　　规格：A4

附件 4

接触网第二种工作票

______接触网工区　　　　　　　　　　　　　　　　　　　　第　　　号

作业地点			发票人		
作业内容			发票时间		
工作票有效期	自　年　月　日　时　分至　年　月　日　时　分止				
工作领导人	姓名：		安全等级：		
作业组成员姓名及安全等级（安全等级填在括号内）	（　）	（　）	（　）	（　）	（　）
	（　）	（　）	（　）	（　）	（　）
	（　）	（　）	（　）	（　）	（　）
	（　）	（　）	（　）	（　）	（　）
	（　）	（　）	（　）	（　）	（　）
	（　）	（　）	（　）	（　）	共计：　人
绝缘工具状态					
安全距离					
作业区防护措施					
其他安全措施					
变更作业组成员记录					
工作票结束时间	年　月　日　时　分				
工作领导人（签字）		发票人（签字）			

说明：本票用白色纸印红色格和字。　　　　　　　　　　　　规格：A4

附件 5

接触网第三种工作票

______接触网工区　　　　　　　　　　　　　　　　　　　　第　　号

<table>
<tr><td>作业地点</td><td colspan="3"></td><td>发票人</td><td></td></tr>
<tr><td>作业内容</td><td colspan="3"></td><td>发票时间</td><td></td></tr>
<tr><td>工作票有效期</td><td colspan="5">自　年　月　日　时　分至　年　月　日　时　分止</td></tr>
<tr><td>工作领导人</td><td colspan="5">姓名：　　　　安全等级：</td></tr>
<tr><td rowspan="6">作业组成员姓名及安全等级（安全等级填在括号内）</td><td>（　）</td><td>（　）</td><td>（　）</td><td>（　）</td><td>（　）</td></tr>
<tr><td>（　）</td><td>（　）</td><td>（　）</td><td>（　）</td><td>（　）</td></tr>
<tr><td>（　）</td><td>（　）</td><td>（　）</td><td>（　）</td><td>（　）</td></tr>
<tr><td>（　）</td><td>（　）</td><td>（　）</td><td>（　）</td><td>（　）</td></tr>
<tr><td>（　）</td><td>（　）</td><td>（　）</td><td>（　）</td><td>（　）</td></tr>
<tr><td>（　）</td><td>（　）</td><td>（　）</td><td>（　）</td><td>共计：　人</td></tr>
<tr><td>安全措施</td><td colspan="5"></td></tr>
<tr><td>变更作业组成员记录</td><td colspan="5"></td></tr>
<tr><td>工作票结束时间</td><td colspan="5">年　月　日　时　分</td></tr>
<tr><td>工作领导人（签字）</td><td colspan="2"></td><td>发票人（签字）</td><td colspan="2"></td></tr>
</table>

说明：本票用白色纸印黑色格和字。　　　　　　　　　　　　规格：A4

附件 6

接触网停电作业命令票

______接触网工区　　　　　　　　　　　　　　　　　　　　　　第　　号

命令编号：
批准时间：　　　年　　　月　　　　日　　　　时　　　　　分
命令内容：
要求完成时间：　年　　　月　　　　日　　　　时　　　　　分
发令人：　　　　　　　　　　受令人：
消令时间：　　　　　　　年　　　月　　　日　　　时　　　分
消令人：　　　　　　　　　　　　　　　　供电调度员：

说明：本票用白色纸印绿色格和字。　　　　　　　　　　　　　　规格：半幅 A4

附件 7

接触网间接带电作业命令票

______接触网工区　　　　　　　　　　　　　　　　　　　　　　第　　号

命令编号：
批准时间：　　　年　　　月　　　　日　　　　时　　　　　分
命令内容：
发令人：　　　　　　　　　　受令人：
消令时间：　　　　　　　年　　　月　　　日　　　时　　　分
消令人：　　　　　　　　　　　　　　　　供电调度员：

说明：本票用白色纸印红色格和字。　　　　　　　　　　　　　　规格：半幅 A4

附件8

隔离开关倒闸命令票

隔离开关倒闸命令票 第　　号

1. 把_______车站(或区间)第_________号隔离开关操作机构置于当地位。
2. 将_____车站(或区间)第_________号隔离开关闭合或断开。

发令人：　　　　受令人：

批准时间：　　时　　分　　日期：　　年　　月　　日

说明：本票用白色纸印黑色格和字。　　规格：半幅A4

附件9

隔离开关倒闸完成报告单

隔离开关倒闸完成报告单 第　　号

根据第__________号倒闸命令，已完成下列倒闸：

1. _______车站或_______区间第_______号隔离开关已于_______时_______分闭合和断开。
2. _______车站或____区间第____号隔离开关已于_______时_______分恢复远方操作位。

倒闸操作人：　　受令人：　　发令人：

完成时间：　　时　　分　　日期：　　年　　月　　日

说明：本票用白色纸印黑色格和字。　　规格：半幅A4

附件 10

常用工具机械试验标准

顺号	名　称	试验周期（月）	额定负荷（kg）	试验负荷（kg）	试验时间（min）	合格标准
1	车梯： 1. 工作台 2. 工作台栏杆 3. 每一级梯蹬	12	 200 100 100	 300 200 200	 5 5 5	无裂损和永久变形
2	梯子：每一级梯蹬	12	100	200	5	无裂损和永久变形
3	绳子（尼龙、棕、麻绳）钢丝绳	12	P_H	$2P_H$	10	无破损和断股
4	安全带	12	100	225	5	无破损
5	金属工具	12	P_H	$2.5P_H$	10	无破损和永久变形
6	非金属工具	12	P_H	$2P_H$	10	
7	起重工具	12	P_H	$1.2P_H$	10	

注：P_H 为额定负荷。

附件 11

常用绝缘工具电气试验标准

顺号	名　称	试验周期（月）	使用电压（kV）	试验电压（kV）	试验时间（min）	合格标准
1	绝缘车梯	6	25	120	5	无发热、击穿和变形
2	绝缘硬挂梯	6	25	120	5	
3	绝缘棒、杆	6	25	120	5	
4	绝缘挡板	6	25	80	5	
5	绝缘绳、线	6	25	105/0.5 m	5	
6	验电器	6	25	105		
7	绝缘手套	6	辅助	8	1	
8	绝缘靴	6	辅助	15	1	
9	接地用的绝缘杆	6	25	90	5	
10	专用除冰杆	12（入冬前）	25	120	5	

附件 12

作业命令记录

____年

命令号	月日	命令内容	发令人	受令人	要求完成时间	批准时间	消令时间	消令人	供电调度员

说明：本表应装订成册。用白色纸印黑色格和字。　　规格：A4

附件 13

倒闸操作命令记录

____年

命令号	月日	命令内容	发令人	受令人	操作卡片	要求完成时间	批准时间	消令时间	消令人	供电调度员

说明：本表应装订成册。用白色纸印黑色格和字。　　规格：A4

附件 14

受力工具机械试验记录

班组：__________

名称：			规格、型号			编号：		
试验日期（年月日）	试验周期（月）	额定负荷（kg、kN）	试验负荷（kg、kN）	试验时间（min）	结论	试验人	审核人	保管人

说明：本记录用白色纸印黑色格和字，双面印制。　　规格：半幅 A4

附件 15

绝缘工具电气试验记录

班组：__________

名称：			规格、型号		编号：		
试验日期（年月日）	试验周期（月）	试验电压（kV）	试验时间（min）	结论	试验人	审核人	保管人

说明：本记录用白色纸印黑色格和字，双面印制。　　规格：半幅 A4

京津城际铁路接触网运行检修办法(试行)

京铁机〔2008〕197号

第一章　总　　则

第1条　接触网是电气化铁路重要行车设备。为保证接触网运行安全可靠,特制订本办法。

第2条　京津城际接触网的运行与维修,坚持“预防为主、修养并重”的方针,遵循精细化、机械化、集约化的检修方式,采用接触网自动化检测手段和机械化维修手段,保证接触网维修技术参数的精准度,提高接触网运行品质和安全可靠性。

第3条　本办法适用于京津城际北京南站城际车场(含)至天津站城际车场(含)接触网的运行和检修。

第二章　运行和管理

统一领导和分级管理

第4条　接触网运行检修工作遵循统一领导、分级管理的原则,充分发挥各级组织的作用。

铁路局:贯彻执行铁道部有关规章、命令和标准,组织制定京津城际有关细则、办法;制定供电(维管)段的管理职责和范围;监督、检查、指导、协调京津城际的接触网运营管理工作。

设备管理单位(供电、维管段):贯彻执行上级的有关规章、制度和标准;补充制定相关的管理标准、工作标准和技术标准;制定各部门、车间的管理职责和范围;下达接触网工作计划并组织实施,组织好日常维修和大修改造工程;定期检查分析设备运行状态,制定改进措施,组织检查、评比和考核;组织技术革新和职工培训,提高设备运行质量,保证安全可靠地供电。督促施工单位按相关规定签订安全施工协议。

接管和运行

第5条　开通运行前,应按规定进行检查验收,接触网验收需进行静态验收、动态验收和安全评估,符合下列条件方可接管运行:

1. 牵引变电所、接触网经过验收,具备供电条件。
2. 牵引变电所具备双电源,并能自动投切。

3. 调度、沿线所亭、工区的房屋和水、电、通信、道路、专用线已竣工，并能交付使用。

4. 牵引供电设备管理单位、沿线工区及所亭的检修和检测所需的机具、交通工具、通讯工具和安全用具，检修及抢修材料、配件、备品及消防用具配齐、到位，并能交付使用。

接触网工区应配备充足的夜间照明用具及接触网几何参数激光测量装置，照明用具应满足夜间 200 m 范围内照明充足，4 h 内连续使用；

接触网工区应配备 2 台适用于高速电气化铁路检修接触网快速多功能综合检修作业车。适用于高速电气化铁路检修的接触网接续、矫正机具。

此外，还应配备接触网恒张力架线车、绝缘子水冲洗车和抢修车列。

5. 铁路局、牵引供电设备管理单位收到开通必须的竣工文件和图纸。

第 6 条　在接触网工程交接的同时，施工单位应向运营部门交付下列电子版（1、2、3、10 项）和书面竣工资料：

1. 竣工工程数量表；

2. 接触网供电分段示意图；

3. 接触网平面布置竣工图；

4. 接触网装配图、设备零件图及安装曲线，接触线磨耗换算表；

5. 工程施工记录（含隐蔽工程记录和确认后的轨面标高、侧面限界、外轨超高记录）；

6. 设备试验报告；

7. 主要设备、零部件、金具、器材的技术规格、合格证、出厂试验记录、使用说明书；对在产品上显示不出工厂标志的器材（例如各种线索），应按生产厂家列出具体安装地点；

8. 系统集成商提供的设计文件及变更通知书；

9. 跨越接触网的架空线路（主要包括架空线路位置、电压等级、导线高度、规格型号、产权单位及联系方式、各种协议等）和跨线桥（主要包括跨线桥位置、最近的桥墩距线路中心的距离，跨线桥净高、接触网带电部分距跨线桥最小距离、产权单位及联系方式等）有关资料；

10. 施工装配计算结果、计算方法及软件（含支持装置、吊弦等）；

11. 电缆的相关资料。

第 7 条　接触网投入运行前，接管部门要做好运行准备工作，配齐并培训运行检修人员，组织学习有关规章制度，熟悉即将接管的设备；配合有关部门共同做好电气化铁路安全知识的宣传教育工作。

第 8 条 设备管理单位技术主管部门应有下列技术文件和资料：

1. 施工单位所移交的竣工资料；

2. 承力索、接触线的技术规格和接触线磨耗换算表；

3. 接触网零部件的技术条件、试验方法及图册；

4. 接触网有关标准；

5. 部、局颁发的有关规章和牵引供电设备管理单位自定的有关制度、办法和措施；

6. 与相关单位的设备分界协议；

7. 管内车间、工区之间的设备分界及各工种分工的规定；

8. 轨面标高记录(精测网提供的轨面高程)；

9. 管内设备大修设计文件、设计审查意见及竣工报告；

10. 设备技术履历簿和台账；

11. 系统集成商提供的设备维护手册。

第 9 条 工务线路大修、改造必须变更轨面标高、超高以及侧面限界者，大修、改造的设计文件必须经铁路局批准。竣工后供电和工务部门共同重新测定，测量资料经双方签认各持一份，长期保存。

施工单位负责提供轨面标高资料，开通前由供电、工务部门共同确认。牵引供电设备管理单位每年与工务部门共同对轨面标高复核一次，轨面标高、侧面限界、外轨超高每次测量后应填写测量记录，共同签认。

第 10 条 每个接触网工区要有安全等级不低于三级的接触网工昼夜值班。值班人员应及时传达和执行供电调度的命令和要求，每天按规定时间向供电调度报告次日工作计划，认真填写《接触网工区值班日志》。

第 11 条 值班人员要按时做好交接班工作。交班人员要向接班人员说明值班期间设备的运行、天窗兑现、检修任务完成情况和其他有关事项。接班人员要认真审阅值班日志，明确上一班的情况并在值班日志上签字后，交班人方能下班。

工长要每天确认工具、备品、安全用具、抢修机具及车辆是否完备，认真审阅值班日志并签字。因特殊情况工长不能履行上述职责者，由工长指定的负责人完成。

第 12 条 供电车间、接触网工区应备有下列技术资料：

1. 全线的供电分段示意图；

2. 管辖范围内的接触网平面布置图、装配图、安装曲线、接触线磨耗换算表；

3. 电分段、电分相结构图；

4.管内跨越接触网的架空线路、跨线桥有关资料；

5.隔离开关、避雷装置、绝缘器等设备的安装调试、使用说明等；

6.有关的隐蔽工程记录；

7.设备和工具的试验记录；

8.管内设备大修、改造情况记录(包括时间、地点、大修改造内容、质量评定等)；

9.管内的设备技术履历及台账；

10.电缆的有关资料。

第13条 运行中的接触网有变更者，应按以下规定逐级报批：

1.由于接触网变化而降低带电或停电通过的列车的高度和宽度时，应报部审批。

2.属下列情况之一者，由牵引供电设备管理单位报铁路局审批：

(1)变更悬挂类型；

(2)变更接触线、承力索材质；

(3)拆除或长期停用接触网；

(4)变更附加导线材质和截面；

(5)变更绝缘水平；

(6)变更接触网分段(相)位置和开关的操作方式；

(7)改变供电方式。

第14条 对位于轨道侧的回流装置，其设备维修分工规定如下：

吸上线与扼流变压器连接时，吸上线及连接螺栓属牵引供电设备管理单位。

第三章 设备监测

第15条 为贯彻“预防为主、修养并重”的方针，使检修具有针对性，必须按规定周期对接触网进行监测。监测分状态检查、功能检查、特殊检查和全面检查4个部分。

状态检查是对各种架空接触网零部件的现状进行的判定和评估。

功能检查是对弓网系统的功能进行检测。

特殊检查是除状态检查、功能检测外，因特殊情况而进行的状态和功能检测。

全面检查具有巡视检查和保养维护的双重职能。巡视检查的内容包括无法或不易通过间接测量手段掌握设备运行状态的所有项目。

第16条 状态检查采用在作业车作业平台上巡检、车厢内巡视和乘车巡视三种方式。

车厢内巡视可在不停电情况下进行，巡视速度不大于 40 km/h。作业平台上巡检在天窗时间内停电进行，巡检速度不大于 10 km/h。其周期和主要内容如下：

1. 作业平台巡检周期 6 个月。主要内容如下：

(1)检查补偿装置的位置和状态：

①补偿绝缘子有无裂纹、破损、拉弧痕迹及腐蚀污秽。

②承力索绝缘子和接触线绝缘子的布置及承力索、接触线张力。

③通过移动坠砣检查棘轮补偿装置的功能，同时检查坠砣的位置。

④吊耳、联接板、坠砣杆、方形盘、限制管和坠砣、抱箍等零部件的状态。

⑤补偿绳的走向、损伤和腐蚀。

⑥弹簧补偿装置有无破损及腐蚀污秽。

(2)检查锚段关节的状态：

①承力索和接触线上的绝缘子有无损伤、拉弧痕迹和污秽。

②电联接的损伤情况。

③转换柱、中心柱处接触线间和承力索间的水平和垂直距离。

(3)检查接触悬挂状态：

①悬挂装置上绝缘子的损坏、拉弧痕迹和污秽。

②悬挂装置上有无异物。

③吊弦状态，吊弦线夹是否移位。

④承力索、接触线的扭转和损伤。

(4)检查支柱的接触悬挂装置部件的位置和状态：

①绝缘子有无损伤、裂纹、拉弧痕迹和污秽。

②定位管、定位器及吊弦是否有烧灼现象。

③定位器的防风安全性、斜拉线和防风拉线的状态。

④支撑装置的状态。

(5)检查硬横跨各部件的位置和状态：

①绝缘子有无损伤、裂纹、拉弧痕迹和污秽。

②定位器和吊架的位置和状态。

(6)检查中心锚结的位置和状态：

①绝缘子的损伤、裂纹、拉弧痕迹和污秽。

②线索的常见损伤。

③中心锚结绳及下锚拉线的张力。

(7)检查线岔的位置和状态：

①交叉承力索和交叉接触线的位置和状态。

②限制管的损伤和位置。

③电联接装置和交叉吊弦状态和位置。

(8)检查器件式分段、分相绝缘器的位置和状态：

①绝缘子的损伤、裂纹、拉弧痕迹和污秽。

②分段、分相绝缘器拉弧痕迹及其位置和分段、分相绝缘器滑板的磨损情况。

③悬挂、悬挂滚轮、防护套管等。

④标志的状态。

(9)检查附加导线的位置和状态：

①绝缘子的损伤、裂纹、拉弧痕迹和污秽。

②附加导线弛度和损伤。

③悬挂零部件和肩架的状态。

④接地距离。

⑤树木与附加导线的距离。

(10)检查柱上开关的状态：

①绝缘子的损伤、裂纹、拉弧痕迹和污秽。

②引弧触头、开关电缆和开关连接导线的损伤。

③开关引线位置。

④开关联动装置和开关标志的状态。

⑤控制电缆在支柱上的固定以及电缆防护。

⑥开关接地装置状态。

⑦开关标志。

⑧开关操作机构箱状态。

(11)检查基础和支柱的状态：

①支柱基础和拉线基础及地脚螺栓。

②支柱的损伤、倾斜、扭转、弯曲和锈蚀。

③支柱拉线状态。

④支柱上标志的状态。

⑤支柱的接地状态。

(12)检查上跨桥防护网栅装置的位置状态。

(13)检查带电部件至建筑物的绝缘距离。

(14)检查标识牌的位置和状态。

(15)检查接地装置的状态。

(16)检查电缆及电缆接头的状态。

(17)检查接触网主导电回路及连接部位的状态。

2. 车厢内巡视(北京南站、天津站采用步行方式):

(1)昼间周期1个月。主要内容:

①周边环境危及接触网供电和行车安全的现象,有无侵入限界、妨碍机车车辆运行的障碍;

②各种线索(包括供电线、回流线、正馈线、保护线、加强线、吸上线和硬横跨等)、零部件等有无烧伤和损坏;

③补偿装置有无损坏,状态是否良好;

④绝缘部件(包括避雷器、隔离开关)有无破损和闪络;

⑤支柱有无破损或变形;

⑥限界门、安全挡板或网栅、各种标志是否齐全、完整;

⑦接触网悬挂、支撑和定位装置的状态。

(2)夜间:周期一个月。主要内容:

零部件、电气连接部位有无过热变色、绝缘件有无闪络放电现象。

3. 登乘机车巡视:每月不少于1次。观察的主要内容:接触悬挂及其支撑装置和定位装置的状态。

第17条 功能检查:

功能检查在带电情况下,用检测车检查受电弓在运行中的状态。检测车应以线路的运营最高速度开行,受电弓调整静态压力为正常压力。

周期:3个月。

检查内容:

1. 接触网几何参数:接触线拉出值、接触线高度、接触线相互位置。

2. 弓网受流性能参数:弓网接触力、垂向加速度、燃弧。

3. 接触网的电气参数:接触网电压、动车组网侧电流。

4. 测量接触线的磨耗。(周期:三年)

第18条 特殊检查(非常规检查)

1. 在特殊情况下所进行的状态和功能检查。没有固定周期,根据需要进行。

2. 在短路位置附近检查接触网设备、回流设备、接地设备的损坏。

3. 在一个供电臂内累计10次不明短路的情况下,检查接触网、回流系统和接地设备。进行检查时接触网必须断电且接地,在作业车上进行检查。

4.在自然灾害(暴风、洪水、火灾、冰凌、极限温度等)出现后检查接触网设备,回流及接地设备。必要时运用作业车在断电和接地后检查接触网。

5.在执行功能检查时,如果在一个区段内出现多处超限值,可以用接触网检测车以很小的静压力方式测量接触线的静态高度和拉出值。

第19条 全面检查:每4年1次。

全面检查具有巡视检查和保养维护的双重职能。全面检查可以在轨道作业车的作业平台上或支柱上进行。根据检查结果,按照维修技术标准对设备进行全面检修,以达到其原设计的技术运行状态。

质量鉴定

第20条 为全面掌握设备运行状态,牵引供电设备管理单位应于每年10月底前对设备进行一次整体质量鉴定并报铁路局。

第21条 鉴定的范围应包括所有的接触网设备。但下列设备可不作鉴定:

1.已封存的设备。

2.本年度新建或已列入当年大修计划的设备。

对本年度新建或大修的设备,其质量状况可按工程竣工验收质量评定结果统计。

第22条 鉴定后的质量等级分为以下两种:

1.合格:绝缘部件(含空气绝缘间隙)、接触线几何参数和主导电回路的设备状态达到设计标准值者。

2.不合格:设备状态超过设计标准规定的误差值者。

合格率、不合格率分别按下列公式计算:

$$\text{合格率}=\frac{\text{合格设备数量(换算条公里)}}{\text{设备鉴定总数量(换算条公里)}}\times 100\%$$

$$\text{不合格率}=\frac{\text{不合格设备数量(换算条公里)}}{\text{设备鉴定总数量(换算条公里)}}\times 100\%$$

$$\text{合格率}=1-\text{不合格率}$$

第23条 质量等级的评定按单项设备和整体设备分别进行。接触悬挂、附加导线以条公里为单位;隔离(负荷)开关、避雷器等以台为单位;线岔、绝缘器(含关节式分相)等以组为单位;限界门等以架为单位;整体设备以换算条公里为单位。

换算条公里数量=∑(设备鉴定数量×换算系数)。

各设备及部件的换算系数为:

1.正、站线悬挂 1.00

2. 附加导线　　0.40

3. 限界门　　0.15

4. 线岔　　0.12

5. 隔离开关　　0.12

6. 绝缘器　　0.12

7. 避雷器　　0.05

8. 硬横跨　　0.13

9. 软(硬)横跨　　0.13

接触悬挂以跨距为鉴定单元。若在被鉴定的跨距内有一处不合格,即视为该跨距不合格(在悬挂点及定位点处,跨距长度按相邻跨距的平均值计算)。

对一个锚段的接触线、承力索、附加导线等,当接头及补强数量超过规定值后,该锚段即视为不合格设备。

第 24 条　鉴定结果应详细记录,并以整体设备质量评定结果作为当年的设备质量运行状态填入牵引供电履历簿。牵引供电设备管理单位要针对鉴定存在的问题进行分析总结,提出整改措施并组织实施。

第 25 条　鉴定中发现的设备缺陷,在鉴定期间将缺陷处理者,可按整修后的质量状态进行评定。

第四章　检　　修

修　　程

第 26 条　接触网检修分维修和大修两种修程。

维修是指在接触网系统的实际状态与安全运行状态之间出现不允许的误差或发生故障时,对接触网系统进行的必要修复,以重新建立接触网系统的正常功能。

维修分为维持性修理和故障修复。维持性修理主要是处理定期监测发现后未处理的缺陷,保持接触网的正常技术状态。维持性修理可以按计划进行。故障修就是对导致接触网功能障碍的故障立即进行修复,或采取临时替代措施。故障修是一种须立即投入施工的,无事先计划的维修方式。

大修系恢复性的彻底修理。主要是整锚段的更换接触网(含附加导线),并通过新设备、新技术的采用,改善接触网的技术状态,增强供电能力,适应运输发展的需要。

第 27 条　故障修范围

1. 材质缺陷;

2. 安装缺陷；

3. 铁路运营事故；

4. 异物影响；

5. 天气影响；

6. 由其他部门进行工作引起的损坏；

7. 其他原因或不明原因对接触网设备的损坏。

检修计划及实施

第 28 条 设备管理单位编制接触网年度检修计划，并及时录入 CMMS 系统中。由牵引供电设备管理单位于前一年的 11 月底以前下达到车间和班组，同时报铁路局。

第 29 条 将每次的检修结果(含动态检测数据)及时录入 CMMS 系统中，以便系统自动形成月、日的维修计划和相应的材料计划。对检查和巡视发现危及行车和供电安全的设备缺陷，要立即组织处理。

第 30 条 为保证定期检查和对设备缺陷的及时处理，在列车运行图中须预留接触网垂直检修“天窗”，每次时间不少于 240 min。

第 31 条 接触网的检修作业采用接触网作业车作业；在故障抢修等特殊情况下可使用车梯作业。

第 32 条 要做好检修组织工作，各工区各工种(包括变电设备检修、试验等)在同一停电范围内的作业，应尽量创造条件同时进行，以免重复停电。

绝缘部件清扫

第 33 条 绝缘部件清扫周期：

1. 器件式分相、分段绝缘器，周期 6 个月。

2. 其他绝缘部件采用水冲洗的清扫方式，无法进行水冲洗的绝缘部件采用人工清扫方式，周期 1 年。

3. 重污区根据污秽情况缩短清扫周期。

检 查 验 收

第 34 条 为保证检修质量，维修用料必须经过鉴定和运行实践证明是安全可靠的产品，入库前应按规定进行检验。

第 35 条 牵引供电设备管理单位要建立接触网设备检测、检修记录。

第 36 条 接触网维修要认真执行“记名检修”制度，保证检修质量。每次检测(修)完成后，检测(修)负责人或操作人应及时填写相应的检测(修)记录并签字。

第 37 条 维修工区负责人要认真检查检测(修)和巡视检查任务的完成情

况，并在相应的记录上签字。

第38条 凡有更换线索、零部件、支柱者，应将更换后的设备名称、材质、型号、厂家等记入相应记录中。

第五章 接触网维修技术标准

接触线及承力索

第39条 正线承力索和接触线应采用恒张力架设。接触线架设张力应根据线材材质、额定张力等因素选取，且不应小于绕线张力。

第40条 承力索和接触线的技术状态应满足下列要求：

1. 接触线平直度

接触线的平直度检测标准：用塞尺检查接触线与检测尺之间的间隙，其间隙不得大于0.1 mm/m。

2. 承力索位置

承力索在接触线的垂直上方。

3. 接触线之字值、拉出值

拉出值误差为±30 mm，最大拉出值（接触线与轨道中心线水平距离）为±0.30 m。

4. 接触线高度

按照吊弦计算软件计算的结果进行安装调整，标称接触线悬挂高度为5.3 m（误差±0.02 m），两个相邻悬挂点和吊弦的最大高度差为0.01 m（两者同时满足）；并跨中预留驰度0.05%。

5. 接触线、承力索磨耗及损伤

(1)承力索磨耗和损伤后不能满足该线通过的最大电流时，若系局部磨耗和损伤，可以加电气补强线，若系普遍磨耗和损伤则应更换；

(2)承力索、接触线磨耗和损伤后不能满足规定的机械强度安全系数时（≥20%），则应更换。

6. 一个锚段内接触线和承力索接头、补强和断股的总数量应符合规定（不包括分段、分相及下锚接头）

接触线：接头数量≤4个。

承力索：接头数量≤4个。

接头距悬挂点应不小于2 m，同一跨距内不允许有两个接头。

吊　弦

第41条 吊弦技术状态应符合下列要求：

1. 吊弦的长度要能适应在极限温度范围内接触线的伸缩和弛度的变化，否则应采用滑动吊弦。

整体吊弦：吊弦预制长度应与计算长度相等，误差应不大于±1.5 mm。吊弦截面损耗不得超过20%。

2. 吊弦偏移

在无偏移温度时处于铅垂状态。在极限温度时，顺线路方向的偏移值不得大于20 mm。

3. 吊弦间距

不得大于设计值±200 mm。

硬 横 跨

第42条 硬横跨的技术状态应符合下列要求：

1. 硬横梁的安装高度应符合设计要求，允许误差不超过+50 mm。

2. 硬横梁应呈水平状态，各段之间及其与支柱应连接牢固，螺栓紧固力矩应符合设计要求。

3. 硬横梁锈蚀面积超过20%时应除锈涂漆。

4. 吊柱在安装后应处于竖直状态，限界满足要求。

锚段关节及关节式分相

第43条 电分段锚段关节及关节式分相的技术状态应符合下列要求：

1. 转换柱处两悬挂的垂直距离、水平距离

设计值±20 mm。

2. 中心柱处两悬挂的垂直距离、水平距离

(1)垂直距离：

设计值+5 mm。

(2)水平距离：同转换柱。

3. 锚段关节式电分相中性区长度符合设计要求。

4. 转换跨距屋脊高度应符合设计要求。

中 心 锚 结

第44条 中心锚结设置要使两边接触悬挂的补偿条件基本相等。

第45条 中心锚结的技术状态应符合下列要求：

1. 承力索中心锚结绳

中心锚结绳两端固定线夹的设置和间距符合设计要求。承力索中心锚结线夹螺栓紧固力矩为46 N·m。

2. 接触线中心锚结绳

(1)中心锚结所在的跨距内接触线不得有接头和补强。

(2)中心锚结绳范围内不得安装吊弦和电联结器。

(3)中心锚结绳不应松弛,两边的长度和张力相等。

(4)中心锚结绳两端与承力索固定线夹的设置和间距符合设计要求。

3. 中心锚结线夹

(1)中心锚结线夹应安装牢固,紧固力矩为 44～56 N·m。在直线上应保持铅垂状态,在曲线上应与接触线的倾斜度一致。

(2)中心锚结线夹处的接触线高度比两侧吊弦点高出 0～10 mm。

线　岔

第 46 条　由正线与侧线组成的交叉线岔,正线接触线位于侧线接触线的下方;由侧线和侧线组成的线岔,距中心锚结较近的接触线位于下方。

第 47 条　对单开和对称(双开)道岔的交叉线岔,其技术状态应符合以下要求:

1. 道岔定位支柱的位置:

道岔定位支柱应按设计的定位支柱布置,定位支柱间跨距误差±1 m。

2. 线岔交叉点两侧定位点拉出值满足设计要求。

3. 两接触线相距 500 mm 处的高差:

当两支均为工作支时,正线线岔侧线接触线比正线接触线高 10～30 mm;侧线线岔两接触线高差不大于 30 mm。当一支为非工作支时,非工作支接触线比工作支接触线延长一跨并抬高 350～500 mm 后下锚。

4. 限制管长度符合设计要求,应安装牢固,并使两接触线有一定的活动间隙,保证接触线自由伸缩。

5. 始触区:

对于宽 1 950 mm 的受电弓,在距受电弓中心 600～1 050 mm 的平面和受电弓仿真最大动态抬升高度(最大 200 mm)构成的立体空间区域为始触区范围,该区域内不得安装除吊弦线夹(必需时)外的其他线夹或零件。

6. 其他:

(1)道岔定位器支座不得侵入受电弓动态包络线。否则应使定位器加长,并采用特殊弯形定位器,并保证定位器的端部不侵入其他线的受电弓限界。

(2)线岔定位拉出值不大于 400 mm。

(3)两支承力索间隙不应小于 60 mm。

第 48 条　对复式交分和交叉渡线道岔的线岔,其技术状态应符合下列要求:

1. 交叉点位置：交叉点的横向和纵向允许偏差为 50 mm。

2. 两接触线相距 500 mm 处的高差、限制管和始触区等，同单开道岔的线岔要求。

第 49 条 线岔的编号应以其所在的道岔编号命名。

第 50 条 18 号线岔调整技术状态应符合以下要求：

1. 腕臂顺线路偏移应符合设计要求，允许偏差为±20 mm。

2. 两承力索交叉点处间距不应小于 20 mm。

3. 拉出值、导高应符合设计要求，拉出值允许偏差为±20 mm，导高允许偏差为 5 mm。

4. 两接触线间距 600～1 050 mm 范围为无线夹区（始触区），无线夹区不得安装任何线夹。

5. 道岔吊弦与承力索连接的吊弦线夹紧固力矩为 25 N·m，与固定筋条连接端的螺栓紧固力矩为 32 N·m。

6. 固定筋条与接触线连接线夹的螺栓紧固力矩为 21 N·m。

7. 固定筋条与接触线连接的线夹间距严格按图 1 安装。

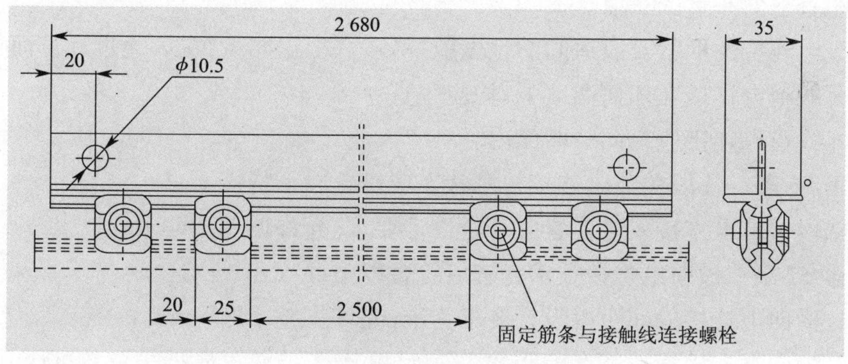

图 1 道岔固定筋条与接触线连接图

电联结器

第 51 条 电联结的设置位置和数量符合设计要求。

第 52 条 电连接技术状态应符合以下一般要求：

1. 根据承力索、接触线铅垂线间的距离合理选用电连接线在承力索、接触线间的安装形状，承力索、接触线间的距离小于等于 1 000 mm 时采用"C"型连接的方式，大于 1 000 mm 时采用"S"型连接。

2. 道岔电连接应安装在始触区以外。

3. 凡线夹与线索接触面均应涂电力复合脂。

4. 接触线电连接线夹应端正，不得歪斜。

5. 承力索、接触线电连接线夹压接(拆卸)应符合技术标准的要求。

6. 工作支接触线电连接线夹处导高应不低于最近吊弦处的导高，允许偏差0～3 mm。

第 53 条 压接式电连接线夹压接(拆卸)技术标准

1. 线夹与线材穿合后，应在安装位置前后稍作移动，使线夹中的油性硅胶将压接处的线索表面涂抹均匀。

2. 压接前，需确认所压接线夹与压接模具型号相互匹配。

3. 电连接线露出线夹长度为 5～10 mm。

4. 压接位置及各部尺寸应复核，确认后方可压接。

第 54 条 道岔电连接技术状态应符合以下特殊要求：

道岔电连接安装位置应符合设计要求，允许偏差±50 mm。

第 55 条 股道电连接技术状态应符合以下特殊要求：

1. 股道电连接安装位置应符合设计要求，允许偏差±100 mm。

2. 安装电连接位置的承力索至接触线间距可通过查邻近吊弦长度得知，股道间距查平面布置图获取。

3. 电连接的形状及股道间的弛度应一致。(根据测量数据，通过计算而得。)

4. 股道电连接在任何温度下，均应垂直。

5. 股道电连接应在同一断面内。

第 56 条 锚段关节电连接技术状态应符合以下特殊要求：

锚段关节电连接安装位置应符合设计要求，允许偏差±50 mm。

第 57 条 横向电连接技术状态应符合以下要求：

1. 横向电连接的间距以设计要求为准，允许偏差±300 mm。

2. 横向电连接线安装在跨距的 1/3、且电连接线夹距最近吊弦约500 mm 处为宜。

3. 承力索、接触线电连接线夹应垂直安装，且上、下行基本对齐。

定 位 装 置

第 58 条 定位装置的结构及安装状态应保证接触线工作面平行于轨面连线，定位点处接触线的弹性符合规定。当电力机车受电弓通过和温度变化时，接触线能上下、左右自由移动。

第 59 条 定位装置安装技术标准

1. 正定位管抬头、反定位管低头均应符合设计要求。

2. 拉出值允许偏差为±30 mm。定位器和腕臂顺线路偏移的方向、角度相一致，定位线夹安装正确。

3. 限位间隙调整：应符合设计要求，限位间隙允许偏差为±1 mm。

4. 定位线夹连接螺栓紧固力矩为 32 N·m 。定位环线夹紧固力矩为35 N·m 。

5. 定位器等电位连接线安装符合设计要求。

支 撑 装 置

第 60 条 支柱底座技术标准

1. 腕臂上、下底座安装高度应符合设计要求，允许偏差为±5 mm。

2. 底座应呈水平状态。螺栓紧固力矩应符合要求。

3. 腕臂棒式绝缘子排水孔朝下。

第 61 条 结构高度

区段的设计值：1 600 mm。最短吊弦长度不小于 600 mm。

困难区段最短吊弦长度符合设计要求。

第 62 条 腕臂的技术状态应符合下列要求：

1. 支柱装配的预配应采用专用预配台具进行，预配的各项长度尺寸偏差不应大于 3 mm。

2. 承力索支撑线夹、套管单耳的连接螺栓紧固力矩为 70 N·m，双耳终端线夹的紧固力矩为 50 N·m，定位线夹紧固力矩为 32 N·m，定位环的连接螺栓紧固力矩为 35 N·m，均应用力矩扳手检测达标。防风拉线制作应在专用预制平台上采用专用工具制作。

3. 定位管钩型线夹位置如下：

(1)定位管钩型线夹正定位方式安装时在距接触线定位线夹支柱侧400 mm处，反定位方式安装时在距接触线定位线夹线路侧400 mm 处。

(2)非绝缘关节的非支采用锚支定位卡子时，定位管卡子的位置与工作支上的卡子位置平行。

(3)绝缘关节的非工作支采用吊线钩与定位管卡子来固定吊线，锚支卡子的非工作支反定位形式时定位管卡子与工作支接触线定位线夹平行，正定位形式时定位管卡子在支柱侧距锚支卡子 100 mm。尽量使腕臂、吊线、定位管成等腰三角形。但一定保证绝缘距离。

(4)道岔定位支柱装配符合设计图纸要求。

4. 防风拉线环距定位器头 600 mm，允许误差＋50～－100 mm。防风拉线环的 U 螺栓穿向补偿下锚方向(以中心锚结为界)，呈 45°状态。防风拉线与定位器连接处钩朝上。

5. 定位管吊线两端均加装鸡心环，线鼻子采用压接方法固定。

6.定位管吊线的钩型线夹缺口，正定位朝远离支柱侧，反定位朝支柱侧。

补偿装置

第63条 棘轮补偿装置的技术状态应符合下列要求：

1.a、b值符合安装曲线的要求，不得大于安装曲线值±100 mm。

2.补偿坠砣及其重量

(1)坠砣应完整，坠砣块叠码整齐其缺口相互错开180°。

(2)坠砣串的重量(包括坠砣杆的重量)符合规定，允许误差不超过2%。

(3)坠砣块自上而下按块编号，并标明重量。

3.补偿滑轮

(1)补偿滑轮完整无损、转动灵活(人力用手托动坠砣能上下自由移动)，没有卡滞现象。对需要加注润滑油的补偿滑轮，应按产品规定的期限加注润滑油，没有规定者至少3年一次。

(2)补偿绳不得有松股、断股和接头，不得与其他部件、线索相摩擦。

4.限制器及制动装置

(1)检查制动卡块到棘轮的距离，如果小于48 mm，重新调整制动卡块。

(2)检查安全抱箍到补偿绳的距离为3 mm。

第64条 弹簧补偿装置的技术状态

1.承力索(接触线)补偿安装方向应与承力索(接触线)下锚方向一致。

2.用紧线器收紧接触线(承力索)，当锁定板开始转动离开锁定销时，即表示接触线(承力索)张力与弹簧补偿装置额定张力基本平衡；继续收紧接触线、承力索，在锁定钩板完全离开锁定销后，拔掉锁定板。

3.补偿器(本体)均按使用环境温度设置在60 ℃锁定(即开始出线位置设在60 ℃)，收紧接触线(承力索)，使刻度牌按逆时针转动至安装当日当时的环境温度(环境温度现场测定)。

4.检查刻度牌是否与当地、当日的环境温度相对应，或测量补偿绳伸缩长度a值是否符合安装曲线图。如有误差，通过紧线器再次调整到刻度牌指示温度与安装时的实际温度相同。

支　　柱

第65条 接触网支柱的技术状态应符合下列要求：

1.支柱位置

支柱的侧面限界应符合设计规定，允许误差+50 mm、0。跨距误差±500 mm。

2.支柱本体

支柱本体不得弯曲、扭转、变形，各焊接部分不得有裂纹、开焊；表面防护漆剥落面积不得超过5%。

3. 支柱倾斜率

(1)支柱横线路面应垂直于线路中心线，允许偏差不应大于2°。

(2)单腕臂、双腕臂和中心锚结支柱顺线路方向应直立，允许斜率为±2 mm/m，横线路方向，向受力反向的倾斜率为5 mm/m。

(3)硬锚锚柱横线路方向，向受力反向的倾斜率为5 mm/m，顺线路方向，向下锚拉线侧倾斜率为5 mm/m。

(4)多线路腕臂柱向受力反向的倾斜率为15 mm/m。

(5)补偿下锚柱横线路方向，向受力反向的倾斜率为5 mm/m，顺线路向下锚拉线侧倾斜率为15 mm/m。

(6)曲线内侧的支柱、装设开关的支柱、双边悬挂的支柱、硬横跨支柱、均应直立，允许向受力的反向倾斜，其倾斜率不超过0.5%。

(7)接触网各种支柱，均不得向线路侧和受力方向倾斜。

4. 支柱基础

支柱基础面应高出地面。基础外露400 mm以上者应培土，每边培土宽度为500 mm，培土边坡与水平面成45°。

支柱根部和基础周围应保持清洁，不得有积水和杂物。基础顶板与支柱底板间填充的砂浆应符合设计要求。

填方地段的支柱外缘距路基边坡的距离小于500 mm时应培土，其坡度应与原路基相同。高填方地段培土困难、流失严重或土质强度不够者，应采用干砌片石或砂浆砌石加固，片石应挤压紧密、堆砌整齐，砂浆应饱满、标号符合规定。

5. 支柱拉线及拉线基础

拉线应位于接触悬挂下锚支的延长线上(附加导线单独下锚时，应位于下锚支导线的延长线上)，在任何情况下不得侵入限界。拉线与地面夹角一般情况下为45°，最大不得超过55°。

拉线应绷紧，在同一支柱上的各拉线应受力均衡；应有防腐措施。拉线不得有断股、松股、接头及锈蚀。各部连接件、螺栓紧固良好。拉线基础周围不得有积水。

接触悬挂下锚、中心锚结下锚、附加导线下锚的拉线基础外形尺寸应符合设计要求。

隔离开关

第66条 隔离开关的技术状态应符合下列要求：

1. 隔离开关应动作可靠、转动灵活，合闸时触头接触良好，引线和连接线的截面与开关的额定电流及所连接的接触网当量截面相适应，引线不得有接头。

2. 隔离开关的触头接触面应平整、光洁无损伤，并涂以导电介质。

3. 隔离开关的分闸角度及合闸状态应符合产品的技术要求。

4. 隔离开关操作机构应完好无损并加锁，转动部分注润滑油，操作时平稳正确无卡阻和冲击。

5. 引线及连接线应连接牢固接触良好，无破损和烧伤。引线距接地体的距离应不小于 330 mm。引线的长度应保证当接触悬挂受温度变化偏移时有一定的活动余量并不得侵入限界，引线摆动到极限位置对接地体的距离符合规定。

6. 支持绝缘子应清洁无破损和放电痕迹，瓷釉剥落面积不超过 300 mm^2。

7. 新安装的隔离开关在投入运行前应做交流耐压试验，运行中每年用 2 500 V的兆欧表测量一次绝缘电阻，与前一次测量结果相比不应有显著降低。

8. 电动隔离开关操作机构应良好无损并加锁。传动杆与隔离开关操作机构保持顺直，不得歪斜，与操作机构和操作轴紧密配合，不得松动。隔离开关遥控驱动装置密封良好，盖帽齐全。

9. 驱动装置的电机转向正确，机械系统润滑良好，分、合闸指示器与开关实际位置相符合。驱动装置的电机和传动器的滑动离合器应符合技术要求。

吸 上 线

第 67 条 吸上线电缆截面应满足回流要求，外露部分电缆护管应无损伤。

吸上线埋入地下时，埋深不少于 300 mm。穿过钢轨、桥台时应按设计要求采取防护措施。

第 68 条 吸上线的设置和安装还应符合以下要求：

1. 吸上线型号及安装位置应符合设计要求。

2. 在轨道电路区段，采用截面满足要求的电缆接至扼流圈中性点。吸上线必须与支柱密贴连接牢固。

附 加 导 线

第 69 条 附加导线系指牵引网中接触悬挂以外的架空导线。

第 70 条 附加导线的技术状态应符合以下规定：

1. 附加导线的材质和截面积应满足通过的最大电流和附录 4 规定的机械强度安全系数。

2. 张力和弛度符合安装曲线的要求。误差不大于±10%。

支柱同一侧悬挂为不同线径及材质的导线时，导线的弛度应以其中弛度较大的导线为准。

3. 接头及损伤：

(1)跨越铁路和一、二级公路以及重要的通航河流时，导线不得有接头。不同金属、不同规格、不同绞制方向的导线严禁在跨距内做接头。

(2)一个跨距内一根导线的接头不得超过 1 个。一个耐张段内附加导线接头和补强线段的总数量不得超过 4 个,且接头距悬挂点的距离大于 500 mm。

(3)附加导线不得跨越屋顶为易燃材料的建筑物;对耐火屋顶的建筑物也要尽量避免跨越,若必须跨越时,其距建筑物的距离要符合本款第(6)项的规定,且跨越的跨距内不得有接头、断股和补强。

(4)附加导线不得散股,安装牢固。导线采用钢芯铝绞线时,其钢芯不准折断。铝绞线和钢芯铝绞线的铝线断股、损伤截面积不得超过铝截面的 7%,且载流量和机械强度能满足要求时,可将断股处磨平用同材质的绑线扎紧,绑扎长度超出缺陷部分 30~50 mm;当断股损伤截面为7%~25%时,应进行补强;当断股截面超过 25%时,应锯断做接头或更换。

(5)附加导线跨越或接近铁路、公路、电力线、弱电线路、河流时应符合相关行业部门的有关规定。

(6)附加导线对地面及相互间的距离在任何情况下不应小于表 1 的数值:

表 1　附加导线对地面及相互距离(mm)

<table>
<tr><th>序号</th><th colspan="2">有关情况</th><th>供电线、正馈线、加强线</th><th>保护线、回流线、架空地线</th></tr>
<tr><td rowspan="3">1</td><td rowspan="3">导线在最大弛度时距地面高度</td><td>居民区及车站站台处</td><td>7 000</td><td>6 000</td></tr>
<tr><td>非居民区</td><td>6 000</td><td>5 000</td></tr>
<tr><td>车辆、农业机械不能到达的山坡、峭壁和岩石</td><td>5 000</td><td>4 000</td></tr>
<tr><td rowspan="2">2</td><td rowspan="2">导线距离峭壁挡土墙和岩石</td><td>无风时</td><td>1 000</td><td>500</td></tr>
<tr><td>计算最大风偏时</td><td>300</td><td>75</td></tr>
<tr><td rowspan="2">3</td><td rowspan="2">导线跨越铁路时</td><td>跨越非电化股道(对轨面)</td><td>7 500</td><td>7 500</td></tr>
<tr><td>跨越不同回路电化股道(对承力索或无承力索时对接触线)</td><td>3 000</td><td>2 000</td></tr>
<tr><td rowspan="2">4</td><td rowspan="2">不同相或不同供电分段两导线悬挂点间距离</td><td>水平排列</td><td>2 400</td><td>——</td></tr>
<tr><td>垂直排列,上方为供电线,下方为供电线或回流线</td><td>2 000</td><td>——</td></tr>
<tr><td rowspan="2">5</td><td rowspan="2">与建筑物间的最小距离</td><td>导线与建筑物间最小垂直距离(计算最大弛度时)</td><td>4 000</td><td>2 500</td></tr>
<tr><td>导线对建筑物最小水平距离(计算最大风速时)</td><td>3 000</td><td>1 000</td></tr>
</table>

4. 绝缘距离

(1)正馈线带电部分距接地体的最小距离≥300 mm。

(2)保护线距接地体或桥梁及隧道壁的最小距离≥150 mm。

5. 当附加导线与接触网同杆合架时，正馈线、保护线安装位置应符合设计要求。正馈线带电部分与支柱边沿的距离应不小于1 m。

6. 肩架安装位置正确、安装牢固、呈水平状态。肩架位置的误差为+50 mm、0。

7. 保护线与支柱连接线连接牢固，符合设计要求。

保安装置及标志

第 71 条 站内和行人较多的接触网每根支柱上，在距轨面 2.5 m 高的处所，以及安全挡板或细孔网栅均要有涂以白底用黑色书写“高压危险”字样和用红色画出闪电符号的警告标志。

第 72 条 在接触网分相处应装设“禁止双弓”、“断(T 断)”“合”等标志。绝缘锚段关节作为接触网电分段处宜装设“电力机车禁停”标，必要时还应根据反向行车需要设置。

在接触网终端应装设“接触网终点”标。“接触网终点”标应装设于接触网锚支距受电弓中心线 400 mm 处接触线的上方。

上述标志均为白底黑框，黑字黑体，标志装设位置及规格符合《技规》、《铁路电力牵引供电施工规范》等规定。

第 73 条 牵引供电设备管理单位的抢修列车、接触网工区均应备有“准备降弓”、“降”(T 降)、“升”弓标。当突然发现接触网故障或故障抢修先行送电开通时，按《技规》规定在故障地点两端设置升、降弓标。

第 74 条 各种标志和揭示牌应完整无损、安装牢固、字迹清晰、便于瞭望，不得侵入限界，与行车有关的标志应设于列车运行方向的左侧。

第 75 条 在桥下等出口处的承力索上采取绝缘防护措施。

零件及其他

第 76 条 接触网零件(包括附加导线的金具，下同)应符合国家及铁道部有关标准(附加导线的金具还应符合电业部门架空线路金具相应的有关标准)。

第 77 条 接触网零件要安装牢固，凡用螺母紧固者应有防松措施，零件上的各个螺栓均应受力均匀，其紧固力矩符合规定。各种调整螺丝的丝扣外露部分不得小于 50 mm。各种线索的紧固零件在温度变化时不应使线索往复弯曲，以防疲劳。应涂油的螺栓必须涂油。

第 78 条 接触网和附加导线中用于电气连接的零件，其允许载流量不应小于被连接的导线。

第 79 条 除螺栓等标准件外，所有接触网零件均应有明确的生产厂家标志，否则视为不合格零件严禁使用。

绝缘、防雷、接地

第 80 条 接触网绝缘部件的泄漏距离为 1 400 mm。

第 81 条 绝缘部件不得有裂纹和破损，瓷绝缘子的瓷釉剥落面积不大于 300 mm²，连接件不松动。

第 82 条 在运输装卸和安装绝缘子时应避免发生冲撞，不得锤击与瓷体连接的铁帽和金属件，同时也不得对其进行机械加工和热处理，铁帽和金具无锈蚀。

第 83 条 绝缘子裙边距接地体的距离应不小于下列数值：

距接地体距离 绝缘子类型	正常值(mm)	困难值(mm)
瓷及钢化玻璃绝缘子	≥100	≥75
棒式及有机合成材料绝缘子	≥50	

注：采用正常值确有困难时方可采用困难值。

第 84 条 接触网带电部分距固定接地物、机车车辆装载货物的空气绝缘距离及电力机车受电弓上下左右摆动到极限位置，以及接触线抬高到最高位置距接地体的瞬时空气绝缘距离应符合下列规定：

项　目	正常值(mm)	困难值(mm)
接触网带电部分距固定接地物	≥300	≥240
受电弓摆动到极限位置和接触线抬起到最高位置距接地体	≥200	≥160
接触线带电部分距机车车辆或装载货物	≥350	
接触网带电部分距跨线建筑物底部的静态间隙	≥500	≥300

注：上表中的困难值系指在已建成的低净空隧道、跨线桥等建筑物范围内，采用正常值确有困难时方可采用，并应有相应的防护措施。

第 85 条 分段绝缘器的技术状态应符合下列要求：

1. 绝缘器的主绝缘应完好，其表面放电痕迹应不超过有效绝缘长度的 20%。主绝缘严重磨损应及时更换。

2. 绝缘器中心线应位于受电弓中心线，一般情况下误差不超过 100 mm。

3. 滑道应平行于轨面，绝缘器应过渡平滑。

4. 分段绝缘器安装高度，严格按设计行车速度所要求的抬升力，用钢尺测取所安装的高度值，允许偏差为±5 mm。

5. 不应长时间处于对地耐压状态，尤其在雾、雨、雪等恶劣天气时，应尽量缩短其对地的耐压时间，即当作业结束后应尽快合上隔离开关，恢复正常运行。

6. 当绝缘棒磨损大于等于 2.5 mm 小于等于 3.5 mm 时可以进行旋转，绝缘棒可以旋转 3 次，当所有侧面的磨损约达 3 mm 时，须更换绝缘棒。

7. 由于拉弧滑轨下缘与消弧角的端部的距离小于 100 mm，或滑轨的剩余截面不能保证稳定性，则要更换滑轨。

8. 接地短路后应检查分段绝缘器是否受损。如果有明显的烧损迹象，更换烧损的部件。

第 86 条 避雷器安装牢固、无损伤，瓷套无严重放电，动作计数器完好。

开关、避雷器、接触网支柱接地电阻值不应大于 1 Ω。

第 87 条 避雷器的检修、试验按产品说明书的规定进行。

受电弓动态包络线

第 88 条 受电弓动态包络线是指运行中的受电弓在最大抬升及摆动时可能达到的最大轮廓线。动态包络线范围内不得有任何障碍影响受电弓运行。

第 89 条 受电弓动态包络线应符合下列规定：

受电弓动态抬升量 100 mm，左右摆动量直线区段为 250 mm，曲线区段为 350 mm。

附件

受电弓动态包络线示意图

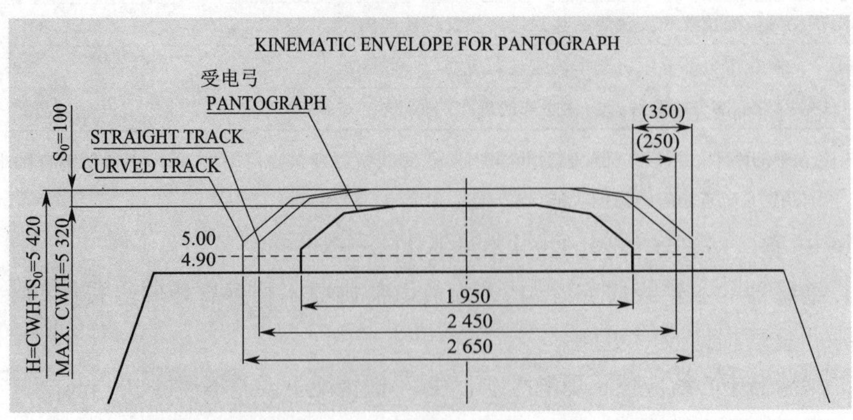

单位：mm

受电弓弓头和端头空间示意图

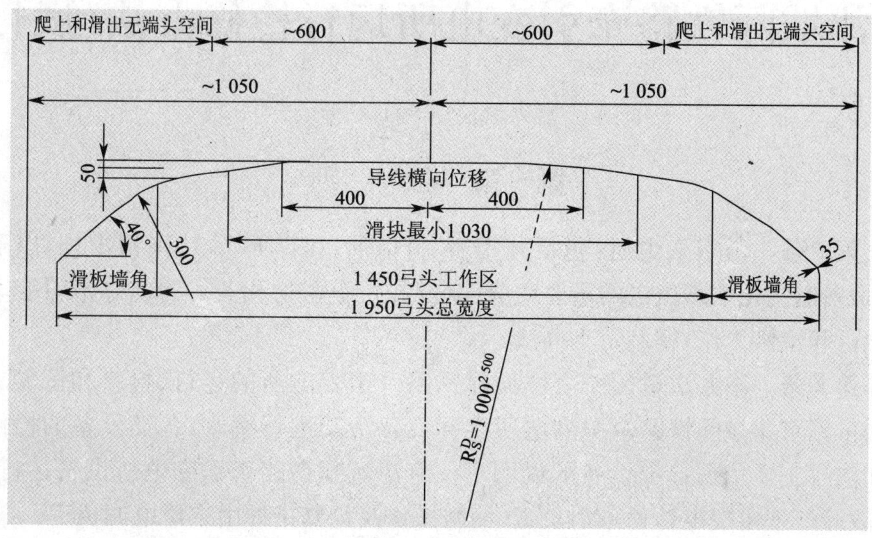

单位：mm

京津城际铁路牵引变电所运行检修办法(试行)

京铁机〔2008〕196号

第一章 总 则

第1条 牵引变电所(包括开闭所、分区所、AT所,除特别指出外,以下皆同)是向电气化铁路供电的重要组成部分,与行车密切相关。为搞好牵引变电所的运行和检修工作,特制定本办法。

第2条 本办法适用于京津城际铁路牵引变电所的运行、检修和试验。本办法依据京津城际铁路牵引变电所实际设备情况进行编制,各类设备的检修项目和内容主要依据各类设备的说明书。京津城际铁路牵引变电所设备运行、维护、故障处理由变电检修班组负责,倒闸操作及抢修指挥由京津电调负责。

第3条 为保证牵引变电所安全可靠的供电,各级部门要认真建立健全各级岗位责任制,抓好各项基础工作,积极采用新技术、新工艺、新材料,不断改善牵引变电所的技术状态,提高供电工作质量。

第二章 统一管理 分级负责

第4条 牵引变电运行检修工作遵循统一领导、分级管理的原则,充分发挥各级组织的作用。

铁路局:贯彻执行铁道部有关规章、命令和标准,组织制定京津城际有关细则办法和工艺;制定供电(维管)段的管理职责和范围;监督、检查、指导、协调京津城际的牵引变电的运营管理工作。

设备管理单位(供电、维管段):贯彻执行上级的有关规章、制度和标准;补充制定相关的管理标准、工作标准和技术标准;制定各部门、车间的管理职责和范围;下达牵引变电工作计划并组织实施,组织好日常维修和大修改造工程;定期检查分析设备运行状态,制定改进措施,组织检查、评比和考核;组织技术革新和职工培训,提高设备运行质量,保证安全可靠地供电。督促施工单位按相关规定签订安全施工协议。

第三章 交接验收

第5条 牵引变电所竣工后,应按规定对工程进行检查和交接试验,经验收合格后方可投入运行。

第 6 条 牵引变电所工程交接验收前 10 天，施工单位应向运行单位提交图纸、记录、说明书、合格证等竣工资料。

第 7 条 牵引变电所投入运行前，接管部门要制定好运行方式，配齐并培训运行、检修人员，组织学习和熟悉有关设备、规章、制度并经考试合格；备齐检修用的工具、材料、零部件及安全用具等。

第 8 条 在牵引变电所投入运行时要建立各项制度和正常管理秩序；按规定备齐技术文件；建立并按时填写各项原始记录、台账、技术履历、表报等。

一、牵引变电所应有下列技术文件：

1. 一次接线图、室内外设备平面布置图、室外配电装置断面图、保护装置原理图、二次接线的展开图、安装图、交直流系统图和电缆手册等。

2. 系统集成商提供的设备说明书及维护手册。

3. 电气设备、安全用具和绝缘工具的试验结果，保护装置的整定计算书等。

二、牵引变电所的技术文件和原始记录，由变电检修班组负责保管与填写。

第 9 条 为保证牵引变电所故障时尽快地恢复正常供电，最大限度地减少对运输的影响，变电检修班应配备组满足故障处理时所需要的设备、零部件、材料和工具，并保持良好状态。

第四章 设备运行

设备运行

第 10 条 长期停用和检修后的变压器，在投入运行前除按正常巡视项目检查外，还要检查下列各项：

一、分接开关位置正确，各相位置相同。

二、各散热器、油枕、压力释放装置等处阀门应打开，散热器、油箱上部残存的空气应排除。

三、变压器顶部应无遗留工具和杂物等。

四、按规定试验合格。

五、保护装置应正常。

第 11 条 牵引变压器允许的负荷值，根据系统集成商提供的产品技术文件确定。

当变压器过负荷运行时，对有关设备要加强检查：

一、记录过负荷的数值和持续时间。

二、注意保护装置的运行情况。

三、检查变压器油温、油位的运行状况。

四、检查运行的变压器、断路器、隔离开关、母线及引线等有无过热现象。

第 12 条 当变更变压器分接开关的位置后，必须检查回路完整性和各相电阻的均一性，并将变更前后分接开关的位置及有关情况记入有关记录中。

第 13 条 变压器在换油、滤油后，一般情况下，应待绝缘油中的气泡消除后方可运行。

第 14 条 运行中的油浸自冷变压器，其上层油温不应超过 85℃。

当变压器油温超过规定值时，供电调度要组织检查原因，采取措施降低油温，一般应进行下列工作：

一、检查变压器负荷和温度，并与正常情况下的油温核对。

二、核对油温表。

三、检查变压器冷却装置。

第 15 条 当变压器有下列情况之一者须立即停止运行：

一、变压器音响很大且不均匀或有爆裂声。

二、油枕、压力释放装置喷油。

三、冷却及油温测量系统正常但油温较平素在相同条件下运行时高出 10℃以上或不断上升时。

四、套管严重破损和放电。

五、由于漏油致使油位不断下降或低于下限。

六、变压器着火。

七、重瓦斯保护动作。

八、因变压器内部故障引起差动保护动作。

第 16 条 220 kV 断路器要建立专门记录，逐台统计其动作次数，当动作次数达到规定数值时应进行检修。

发现断路器拒动时应立即停止运行。

断路器每次自动跳闸后，要查明原因，采取措施尽快恢复供电。同时维护人员要对断路器及其回路上连接的有关设备进行检查，具体项目和要求如下：

一、气体断路器：是否漏气，气体的颜色、压力是否正常。

二、变压器的外部状态及油位、油温、油色、音响是否正常。

三、母线及引线是否变形和过热。

四、避雷器动作次数是否发生变化。

五、各种绝缘子、套管等有无破损和放电痕迹。

第 17 条 GIS 开关柜要建立专门记录，逐台统计其动作次数，当动作次数达到规定数值时应进行检修。

第18条 直流操作母线电压波动不应超过额定值的±5%。

第19条 运行中的蓄电池,应经常处于浮充电状态。

第20条 凡设有继电保护装置的电气设备,不得无继电保护运行,必要时经过供电调度的批准,允许在部分继电保护暂时撤出的情况下运行。

主变压器的重瓦斯和差动保护不得同时撤除。

第21条 互感器在投入运行前要检查一、二次接地端子及外壳接地应良好,对电流互感器还应保证二次无开路,电压互感器应保证二次无短路,并检查其高低压熔断器或开关是否完好。互感器投入运行后要检查有关显示装置,指示应正确。

第22条 切换电压互感器或断开其二次侧熔断器或开关时,应采取措施防止有关保护装置误动作。

第23条 当互感器有下列情况之一者须立即停止运行:

一、高压侧熔断器连续烧断两次。

二、音响很大且不均匀或有爆裂声。

三、有异味或冒烟。

四、喷油或着火。

五、由于漏油使油位不断下降或低于下限。

六、严重的火花放电现象。

第24条 保护和自动装置的接线及整定必须符合规定,改变时须报铁路局核备;属电业部门管辖者应有电业部门主管单位的书面通知单。

在紧急情况下,根据供电调度的命令,允许维护人员在线调整保护定值。同时,维护人员要将改变整定值的原因和数值记入有关记录和保护装置的整定记录中。

倒 闸

第25条 牵引变电所为无人值班牵引变电所,采用远动操作方式。

巡 视

变电检修班组负责对牵引变电所进行巡视,每月不少于四次,并做好相关记录。

第26条 巡视一般项目和要求如下:

一、绝缘体应清洁、无破损和裂纹、无放电痕迹及现象。

二、电气连接部分应连接牢固,接触良好,无过热、断股和散股、过紧或过松。

三、设备音响正常,无异味。

四、充油设备的油标、油阀、油位、油温、油色应正常,充油、充胶、充气设备应无渗漏、喷油现象。充气设备气压和气体状态应正常。

五、设备安装牢固,无倾斜,外壳无严重锈蚀,接地良好,基础、支架应无严重破损和变形。设备室和围栅应完好并锁住。

第 27 条 巡视变压器时,除一般项目和要求外,还要注意以下几点:

一、呼吸器内干燥剂颜色正常。

二、瓦斯继电器内应无气体。

三、冷却装置运行应正常。

第 28 条 巡视气体断路器及 GIS 开关柜时,除一般项目和要求外,还要注意以下几点:

一、气压表(或气体密度表)应指示正确。

二、分合闸指示器应与实际状态相符。

三、分合闸计数器指示应正确。

第 29 条 巡视隔离开关时,除一般项目和要求外,还要注意以下几点:

一、闸刀位置应正确,分闸角度或距离应符合规定。合闸成直线。

二、触头应接触良好,无严重烧伤。

三、电动操作机构分合闸指示器应与实际状态相符。机构箱密封良好,部件完好无锈蚀。

四、操作机构应加锁。

五、消弧装置外观良好。

第 30 条 巡视高压母线时,除一般项目和要求外,还要注意:多股线无松股、断股。

第 31 条 巡视电缆及电缆沟时,除一般项目和要求外,还要注意以下几点:

一、电缆沟盖板应齐全、无严重破损,沟内无积水、无杂物。

二、电缆外皮无断裂、无锈蚀,其裸露部分无损伤。电缆头及接线盒密封良好,无接头发热、放电现象。

第 32 条 巡视端子箱时,除一般项目和要求外,还要注意以下几点:

一、箱体应清洁、牢固,不倾斜,密封良好,箱体内外无严重锈蚀。

二、箱内端子排应完好、清洁、连接整齐、牢固、接触良好。闸刀接触良好、无烧伤。

第 33 条 巡视避雷器时,除一般项目和要求外,还要注意以下几点:

一、各节连接应正直,整体无严重倾斜,均压环安装应水平。

二、放电记录器应完好。

三、带有监测装置的放电记录器显示应正常。

第 34 条 巡视避雷针时，除一般项目和要求外，还要注意：避雷针应无倾斜、无弯曲、针头无熔化。

第 35 条 直流电源装置巡视项目和要求如下：

直流充电装置风扇运转是否正常。

第 36 条 蓄电池组巡视项目和要求如下：

一、蓄电池外壳完好，表面清洁。

二、电池极柱间连接片及连接线安装牢固，接触良好，无腐蚀现象。

三、蓄电池部件完好，无脱落、损坏。

第 37 条 控制室巡视项目和要求如下：

一、各种屏（台）上的设备清洁，锈蚀面积不超过规定，安装牢固。

二、各种显示装置指示正常。

三、转换开关、继电保护和自动装置压板以及切换开关的位置、标示牌应正确，并与记录相符。

四、开关、端子安装牢固，接触良好，无过热和烧伤痕迹。

五、二次回路空气开关、信号小刀闸投退位置应正确，端子排的连片、跨接线应正常。

六、事故照明正常。

七、微机保护、综合自动化主界面显示正常（特别要通过显示屏检查运行主变差动保护的差动电流是否显示正常，馈线保护的电压、电流、相位显示是否正常）。

第五章 修 制

修 程

第 38 条 变电设备检修分为小修、中修、大修和临时修。

一、小修：根据系统集成商提供技术文件的要求，每年对牵引供电设备进行检查。

二、中修：属检查性修理。是以设备的运行状态、技术功能作为控制目标，以巡视、检测、试验为掌握设备动态的主要手段，根据系统集成商提供技术文件的要求，当监测数值超过规定的偏差范围时，对牵引变电设备进行检修。

三、大修：属彻底性修理，对设备进行全部解体检修，更新不合标准的零部件，恢复设备的技术标准和性能。

四、临时修：用于突发性故障（关系事故、自然灾害、异物影响、人为破坏等非正常情况以及突然爆发的设备隐患）的恢复性修理，属于无计划检修。

周　期

第 39 条　主要设备的检修周期如下表：

序号	设备名称	小　修	中　修	大　修	备　注
	变压器	1年	5年	15～20年	
	干式变压器	1年	5年	15～20年	
	单装互感器	1年	10年	15～20年	系指单独装设的互感器
	隔离开关	1年	5年	20年	
	隔离开关（带消弧装置）	1年	10年	20年	
	直流电源装置	1年		8年	
	高压母线	1年		10～15年	
	电力电缆	1年		15～20年	
	低压配电盘	1年		15～20年	
	避雷针	每年雷雨季节前		15～20年	
	避雷器	每年雷雨季节前		10～15年	
	接地装置	1年		10～15年	
	220 kV 气体断路器	1年	运行25年之后或断路器操作次数6 000次之后	25～30年	
	GIS开关柜	1年	10年	25～30年	
	保护及自动装置	1年		8～10年	

注：1. 跨线随设备或母线同时检修。

2. 在日常掌握中，定期检查实际周期允许较以上规定伸缩15%。

检 修 计 划

第 40 条　设备检修计划应由牵引供电设备管理单位于前一年的11月底以前下达到车间和班组，同时报铁路局。

第 41 条　需要临时停电和倒回路处理的设备缺陷和故障，供电调度要积极与地方电力公司、有关调度联系、密切配合，保证临时停电计划的及时兑现。

检 查 验 收

第 42 条　设备检修后，检修人员应填写设备检修记录。

第六章　检修周期、范围和标准

一般规定

第 43 条　电气设备的外壳应清洁无油垢，工作接地及保护接地良好。

第 44 条　充油(气)设备的油位(气压)、油(气)色要符合规定，油管路畅通，油位计(气压表、密度表)清洁透明。检修后不得渗、漏油(气)。

第 45 条　金属构架、杆塔和支撑装置的锈蚀面积不得超过总面积的 5%；漆层应完好。钢筋混凝土基础、杆塔、构架应完好，安装牢固，并不得有破损、下沉。

第 46 条　紧固件要固定牢靠，不得松动，并有防松、防锈措施。

第 47 条　绝缘件应无脏污、裂纹、破损和放电痕迹，瓷釉剥落面积不得超过 300 mm^2。

第 48 条　各种引线不得松股、断股，连接要牢固，接触良好，张力适当，相间和对地距离均要符合规定。

第 49 条　电气设备带电部分距接地部分及相间的距离要符合规定。

主要设备的检修项目

牵引变压器

第 50 条　小修项目：

一、油箱和储油柜

1. 检测油温；
2. 检查吸湿器；
3. 检查油位；
4. 检查法兰连接和焊缝是否漏油；
5. 检查表面涂漆及表面清洁度；
6. 检查接地系统(保护性接地)。

二、无载调压开关

1. 转动各部位，清洗无载开关触点；
2. 检查闭锁装置；
3. 检查电动机构。

三、冷却系统

1. 检测油温；
2. 检查楔形平滑阀和蝶阀的正确位置；
3. 检查法兰连接和焊缝的密封性；
4. 检查油循环泵；

5. 检查油视罐；

6. 检查油流监控器；

7. 清洗冷却器。

四、控制柜和端子箱

1. 检查控制柜的加热和照明装置；

2. 检查控制柜外壳的防水性。

五、套　　管

1. 检查套管中的油压；

2. 检查套管的油位；

3. 检查套管的密封性；

4. 进行瓷套的清洗；

5. 检查保护放电间隙。

六、电 缆 箱

1. 检查油位；

2. 检查油密封性；

3. 电流互感器；

4. 检查终端接地；

5. 检查端子接地。

七、检测装置

1. 检查气体继电器；

2. 检查压力释放阀；

3. 监测远控温度计；

4. 检查温度监控器；

5. 检查电阻温度计；

6. 检查油温监控器；

7. 检查油位计；

8. 检查油流监控器。

第 51 条　中修项目：除小修的全部要求外，还要进行以下检查、修理。

一、提取油样，对绝缘油进行试验和色谱分析。

二、更新气体检测仪的试验液体（若存在较大的集气现象）。

单装互感器

第 52 条　小修项目：

一、检查膨胀器的位置。

二、查找油迹。

三、检查瓷套,脏污应清洁。

第53条 中修项目:除小修的全部要求外,还要进行以下检查、修理。

一、检查接地状况。

二、检查所有的连接端是否牢固。

三、检查二次接线盒的清洁和密封性。

四、对所有的金属零部件的腐蚀状态进行全面检查。

五、检查油品质。

六、确保电流互感器的二次绕组没有开路。

七、测量二次电流或电压同规定值相比较。

220 kV SF_6 高压断路器

第54条 小修项目:

一、总体检查,包括瓷瓶是否污染或损坏,接地是否有缺陷。

二、检查 SF_6 气体压力。

三、检查密度计功能。

四、检查操作机构。

五、检查凝露防护装置(设备加热电阻)。

六、分闸回路功能检查。

七、合闸回路功能检查。

八、SF_6 总闭锁功能检查。

九、防跳功能检查。

十、电动机控制检查。

十一、防腐蚀检查,必要时修补。

第55条 中修项目:除小修的全部要求外,还要进行以下检查、修理。

一、SF_6 气体排放。

二、更换过滤器。

三、抽真空和充 SF_6 气体。

四、维护 SF_6 压力表。

五、检查密度计动力值。

六、SF_6 水分含量测试。

七、SF_6 空气含量测量。

八、触头检查:根据设备说明书中断路器允许的开关次数进行检查。

隔离开关

第56条　小修项目：

一、按照力矩要求紧固所有固定螺栓和螺丝。

二、清洁绝缘子表面。

三、检查表面防腐蚀保护的情况并根据需要进行修补。

四、检查清洁电动操作机构箱排气孔。

五、检查设备加热器。

六、紧固电动操作机构箱端子牌上的连接螺母。

七、检查驱动拐臂位置是否正常。

八、检查开关和机构分、合闸位置一致性。

九、进行手动及电动操作试验并检查运行情况。

第57条　中修项目：除小修的全部要求外，还要进行以下检查、修理。

一、检查电动操作机构箱中各轴承，如有必要，清洁轴承，并薄薄的涂一层“MOLYKOTE 165 LT”。

二、对于隔离开关SGB干润滑触头，运行20年后或者操作次数2 500次后进行第一次维护工作，具体维护工作参照设备说明书。

隔离开关(带消弧装置)

第58条　小修项目：

一、开关外部有无部分损坏、触头磨损情况。

二、开关是否到位。

三、绝缘部件是否有明显放电现象。

四、检查接线螺栓及安装螺栓。

五、检查主隔离刀闸与静触头是否对中。

六、检查电动操作机构箱体内外有无明显损伤，检查驱动轴分合闸止档到位情况。

第59条　中修项目：除小修的全部要求外，还要进行以下检查、修理。

一、在驱动轴、触能机构轴的轴承及开关机构及脱扣机构的各个活动关节处喷洒DOW CORNINIG公司的OMNIGLISS润滑剂。

二、用BREMER&LEGUIL公司的RIVOLTA M T X60 FORTE清洗剂清洗接线板，绝缘子、绝缘拉杆及灭弧室并用干净抹布擦干。

三、检查弧触头顶部的烧损值是否大于2 mm。

四、用蘸有清洗剂的抹布擦拭刀闸并用专用润滑剂进行润滑。

五、检查触头顶部镀银层磨损情况，严重露铜立即进行更换。触头严禁涂润滑剂。

六、检查弧触头能否沿分闸驱动板的长孔灵活移动。

七、用 KLRBER 润滑公司的 LSOFLEX NBU15 润滑脂对操作机构箱中驱动销、导向轴套内外侧、导轨及连接轴叉进行润滑。

GIS 开关柜

第 60 条 小修项目：

一、检查并记录 SF_6 气体的压力、露点(湿度)。

二、检查辅助回路的螺丝连接端子。

第 61 条 中修项目。除小修的全部要求外，还要进行以下检查、修理。

一、检查机械联锁系统。

二、检查并记录气体质量(空气含量)。

三、在有三位置开关室中：

排空 SF_6 气体。

检查隔离开关和接地开关的操作机构(如需要，润滑连结和轴承)。

操作隔离开关和接地开关，以试验和确认最终的位置正确达到。

检查接触表面、旋转的绝缘子和操作连接是否有损坏的迹象。

如果需要，用真空吸尘器清洁绝缘套筒。

润滑接触表面和操作连接处的接头。

更换干燥剂。

更换 O 型圈。

充 SF_6 气体。

检查和纪录气体压力。

检查密封。

四、在所有的其他气室

排空 SF_6 气体。

更换 O 型圈。

充 SF_6 气体。

检查和纪录气体压力。

检查密封。

说明：第三、四项内容为每两个中修周期(操作隔离开关 3 000 次后，或操作接地开关 1 000 次后)进行的项目。

干式变压器

第 62 条 小修项目：

一、检查时，如发现有过多的灰尘聚集，则必须清除，以保证空气流通和防止绝缘击穿，特别要注意清洁变压器的绝缘子、垫块等处，并应用干燥的压缩空气2～5个大气压吹净通风气道中的灰尘。

二、检查紧固件、连接件是否松动，导电零件有无生锈、腐蚀的痕迹。

三、观察绝缘表面有无爬电痕迹和碳化现象，必要时采取相应的措施进行处理。

第63条 中修项目。除小修的全部要求外，还要进行绝缘电阻的测试。

避雷器和避雷针

第64条 小修项目：

一、对避雷器进行清扫维护。

二、读取避雷器计数器的数值，读取在线检测器在运行情况下泄漏电流值，检查泄漏电流是否在正常范围。

第65条 避雷针小修项目：

一、检查杆塔无倾斜和弯曲，固定牢靠；除锈补漆，必要时全面涂漆。

二、检查避雷针，无熔化和断裂。

三、检查底部装置。

直流电源装置

第66条 小修项目：

一、测量并记录每个蓄电池的端电压，应符合说明书的规定。

二、直流盘、柜安装牢固，无腐蚀脏污并涂漆良好，直流系统整体对地绝缘良好。

三、清除直流充电装置的尘垢，特别是散热片和散热风扇上的尘垢。

四、检查直流充电装置内部粉尘和潮湿情况。

高 压 母 线

第67条 小修项目：

一、清扫检查绝缘子、杆塔和构架。绝缘子不得有裂纹、破损和放电痕迹。杆塔和构架应完好，安装牢固，无倾斜和基础下沉现象，铁件无锈蚀，接地良好，相位标志牌应清晰、鲜明。

二、检查导线（包括引线）。软母线张力适当，不得有松股、断股和机械损伤。

三、检查金具。金具应无锈蚀，固定、连接牢靠，接触良好。

高 压 电 缆

第68条 小修项目：

一、检查电缆头、套管、引线和接线盒。电缆头,引线相间和距接地物的距离符合规定。

二、检查电缆。排列整齐、固定牢靠且不受张力,铠装无松散、无严重锈蚀和断裂,弯曲半径符合规定,接地良好,涂刷防腐剂;电缆外露部分应有保护管,管口应密封,保护管应完整无损,且固定牢靠,其锈蚀面积不得超过总面积的5%。

三、清扫电缆沟。沟内应无积水、杂物;支架完好,固定牢靠不锈蚀;盖板齐全无严重破损。电缆沟通向室内的入口处应有完好的防止小动物的措施。

四、检查电缆的埋设。覆盖的泥土无下陷和被水冲刷等异状。

五、检查电缆桩及标示牌,齐全、正确、清楚。

低压盘(含端子箱)

第69条 低压盘包括交流配电盘、控制盘(台)、计量盘、RTU盘。其小修项目如下:

一、彻底清扫低压盘(箱、台,下同)及其相应的装置。

二、检查盘的表面状态。安装牢固、端正,排列整齐,接地良好;标志齐全、正确、清楚;室内盘面无锈蚀;室外盘面锈蚀面积不超过总面积的5%,且盘(台)体密封良好。

三、清扫RTU盘各部件,紧固端子排连接螺栓;检查联线电缆。

四、检查灯具、开关、继电器、熔断器、仪表、配线、端子排、连接片等各项装置,安装牢固,绝缘和接触良好;熔丝、触头和灯泡的容量适当;端子排和配线排列整齐;标示牌、标志、信号齐全、正确、清。

第70条 继电保护、自动装置及操作、信号、测量回路所用的导线必须符合下列规定:

一、用绝缘单芯铜线。当采用接线鼻子时,也可使用绝缘多股铜线。

二、电流回路的导线截面不得小于2.5 mm^2;其他回路的导线截面不得小于1.5 mm^2;电费计量回路的导线截面必须经过容量和压损的校验。

三、导线的绝缘应满足1 000 V工作电压的要求。

四、导线中间不得有接头;遇有油浸蚀的处所,要用耐油绝缘导线。

接 地 装 置

第71条 小修项目:

一、检查地面上和电缆沟内的接地线、接地端子等,完整无锈蚀、损伤、断裂及其他异状;与设备连接牢固,接触良好。

二、接地的设备均应逐台用单独的接地线接到接地母线上,禁止设备串联接地。接地线与接地体的连接宜用焊接。接地线与电力设备的连接可用螺栓连接或焊接。用螺栓连接时应设防松螺帽或防松垫片。地面上的接地线、接地端子均要涂黑漆;接地端子的螺栓应镀锌。

继电保护及自动装置

第 72 条 小修项目:

一、对继电保护及自动装置进行外观检查,对脏污的设备进行清扫。

二、对所内继电保护装置进行整组传动试验。

第 73 条 牵引变电所内安装的计费用电度表,主变压器、母线、馈出线的指示仪表每年检验 1 次,其他表计每两年检验 1 次。试验室使用的仪表每年检验 1 次。

第七章 试 验

第 74 条 电气设备的绝缘试验,要尽量将连接在一起不同试验标准的设备分解开,单独进行试验。对分开有困难或已装配的成套设备必须连在一起试验时,其试验标准应采用其中的最低标准。

第 75 条 当设备的出厂额定电压与实际使用的额定工作电压不同时,应根据下列原则确定试验电压的标准:

一、当采用额定电压较高的设备用以加强绝缘者,应按照设备的额定电压标准进行试验。

二、采用额定电压较高的设备用以满足产品通用性的要求时,可以按照设备实际使用的额定工作电压或出厂额定电压的标准进行试验。

三、采用较高电压等级的设备用以满足高海拔地区要求时,应在安装地点按照实际使用的额定工作电压的标准进行试验。

第 76 条 在进行与温度有关的各种电气试验时(如测量直流电阻、绝缘电阻、介质损失角、泄漏电流等),应同时测量被试物和周围环境的温度。绝缘试验应在天气良好且被试物温度及周围温度一般不低于+5℃的条件下进行。试验标准中所列的绝缘电阻系指 60 s 的绝缘电阻值(R60)吸收比为 60 s 与 15 s 绝缘电阻的比值(R60/R15)。

交流耐压试验加至试验标准电压后的持续时间,凡无特殊说明者,均为 1 分钟。

第 77 条 电气设备的试验标准除本办法规定外,均按中华人民共和国电力行业标准 DL/T 596—1996《电力设备预防性试验规程》执行。额定电压为

27.5 kV的电气设备，除特别指出者外可暂比照35 kV电气设备的试验标准进行。工程交接验收试验除进行本办法全部项目外，其他要求按有关规定执行。

第78条 所有电气设备预防性试验根据需要进行，具体试验项目和要求参照附件执行。

第八章 绝缘油和SF_6气体的管理

第79条 绝缘油的储存量应不少于事故备用油量加必须储备的耗油量。

第80条 新变压器油的验收，应按GB 2536或SH 0040的规定。

第81条 运行中的变压器油的试验项目和要求见第85条，试验周期为每5年一次。

一、新变压器投运前油试验项目有序号1、2、3、4、5、6、7、8、9。

二、互感器、套管油的试验结合油中的溶解气体色谱分析试验进行。

三、序号11项目在必要时进行。

第82条 当主要设备用油的pH值接近4.4或颜色骤然变深，其他指标接近允许值或不合格时，应缩短试验周期，增加试验项目，必要时采取处理措施。

第83条 关于补油或不同牌号油混合使用的规定：补加油品的各项特性指标不应低于设备内的油。如果补加到已接近运行油质量要求下限的设备油中，有时会导致油中迅速析出油泥，故应预先进行混油样品的油泥析出和tgδ试验。试验结果无沉淀产生且tgδ不大于原设备内的tgδ值时，才可混合。不同牌号新油或相同质量的运行中油，原则上不宜混合使用。如必须混合时就应按混合油实测的凝点决定是否可用。对于国外进口油、来源不明以及所含添加剂的类型并不完全相同的油，如需要与不同牌号油混合时，应预先进行参加混合的油及混合后油样的老化试验。油样的混合比应与实际使用的混合比一致。如实际使用比不详，则采用1∶1比例混合。

第84条 设备中修后除水溶性酸和碱、闪点及tgδ值外其余项目应达到新油标准。

变压器油

第85条 变压器油的试验项目和要求：

序号	项目	要求		说明
		投入运行前的油	运行油	
1	外观	透明、无杂质或悬浮物		将油样注入试管中冷却至5 ℃，在光线充足的地方观察

续上表

序号	项目	要求		说明
		投入运行前的油	运行油	
2	水溶性酸 pH 值	≥5.4	≥4.2	按 GB 7598 进行试验
3	酸值(mg KOH/g)	≤0.03	≤0.1	按 GB 264 或 GB 7599 进行试验
4	闪点(闭口)(℃)	≥140(10 号、25 号油) ≥135(45 号油)	1)不应比左栏要求低 5℃ 2)不应比上次测定值低 5℃	按 GB 261 进行试验
5	水分(mg/L)	66～110 kV ≤20	66～110 kV ≤35	运行中设备测量时应注意温度的影响,尽量在顶层油温高于 50℃时采样,按 GB 7600 或 GB 7601 进行试验
6	击穿电压(kV)	15 kV 以下 ≥30 15～35 kV ≥35 66～220 kV ≥40	15 kV 以下 ≥25 15～35 kV ≥30 66～220 kV ≥35	按 GB/T 507 和 DL/T 429.9 方法进行试验
7	界面张力(25 ℃)	≥35	≥19	按 GB/T 6541 进行试验
8	tgδ(90 ℃)(%)	≤1	≤4	按 GB/T 5654 进行试验
9	体积电阻率(90 ℃)(WM)	≥6×1 010	220 kV 及以下 ≥3×109	按 DL/T 421 或 GB/T 5654 进行试验
10	油中含气量(体积分数)(%)	≤1	一般不大于 3	按 DL/T 421 或 DL/T 450 进行试验
11	油泥与沉淀物(质量分数)(%)		一般不大于 0.02	按 GB/T 511 试验,若只测定油泥含量,试验最后采用乙醇—苯(1∶4)将油泥洗于恒重容器中称重

第 86 条　绝缘油中溶解气体色谱分析的要求

序号	名称	要求	说明
1	变压器	运行设备的油中 H_2 与烃类气体含量(体积分数)超过下列任何一项值时应引起注意:总烃含量大于 150×10^{-6} C_2H_2 含量大于 5×10^{-6}	总烃包括 CH_4、C_2H_6、C_2H_4 和 C_2H_2 四种气体; 溶解气体组分含量有增长趋势时,可结合产气速率判断,必要时缩短周期进行追踪分析; 总烃含量低的设备不宜采用相对产气速率进行判断; 新投运的变压器应有投运前的测试数据; 测试周期中 1)项的规定适用于大修后的变压器

续上表

序号	名称	要　求	说　明
2	电流互感器	绕组绝缘电阻与初始值及历次数据比较，不应有显著变化	
3	套管	油中溶解气体组分含量（体积分数）超过下列任一值时应引起注意： H_2　500×10^{-6} C_2H_4　100×10^{-6} C_2H_2　2×10^{-6}	

第 87 条　运行中 SF_6 气体的试验项目和要求

序号	名称	要　求	说　明
1	湿度（20℃体积分数）10^{-6}	断路器灭弧室气室： 大修后不大于 150，运行中不大于 300； 其他气室： 大修后不大于 250，运行中不大于 500	按 GB 12022 SD 306《六氟化硫气体中水分含量测定法（电解法）》和 DL 506－92《现场 SF_6 气体水分测定方法》进行； 新装及大修后 1 年内复测 1 次，如湿度符合要求，则正常运行中 1～3 年 1 次
2	密度（标准状态下），（kg/m^3）	6.16	按 SD 308《六氟化硫气体中密度测定法》进行
3	毒性	无毒	按 SD 308《六氟化硫气体毒性生物试验方法》进行
4	酸度（$\mu g/g$）	≤0.3	按 SD 307《六氟化硫气体中酸度测定法》进行
5	四氟化碳（质量分数）（%）	大修后≤0.05； 运行中≤0.2	按 SD 311《六氟化硫新气中空气-四氟化硫的气相色谱测定法》进行
6	空气（质量分数）（%）	大修后≤0.05； 运行中≤0.2	
7	可水解氟化物 $\mu(g/g)$	≤1.0	按 SD 309《六氟化硫气体中可水解氟化物含量测定法》进行
8	矿物油 $\mu(g/g)$	≤10	按 SD 310《六氟化硫气体中矿物油含量测定法（红外光谱法）》进行

京津城际铁路牵引供电设备停送电管理办法(暂行)

京铁师函〔2008〕249 号

第 1 条 京津城际供电调度是京津城际铁路运输调度的重要组成部分,是供电设备运行检修及事故抢修的指挥者。京津城际供电调度是供电设备运行管理调度命令的发布人。

第 2 条 京津城际供电调度行政关系隶属北京供电段,京津城际电化局电调(以下简称电化局电调)隶属中铁电化局集团有限公司。

第 3 条 京津城际供电调度管辖范围:京津城际铁路北京南京津城际场(含)至天津站京津城际场(含)城际铁路全线的供电设备(具体分界点以批准的分界协议为准)。

第 4 条 京津城际供电调度具有以下职责:

1. 贯彻执行铁道部和路局的有关规章制度和指示、命令。

2. 直接指挥牵引供电设备的运行检修和事故抢修。批准在牵引供电设备的上停电作业和带电作业,正确下达倒闸和作业命令。设备故障状态下,迅速查找故障地点和原因,尽快组织抢修,恢复供电,最大限度地缩小故障范围。

3. 随时掌握全线牵引供电系统的安全运行及施工情况、主要设备技术状态和牵引变电所电源及负荷情况。

4. 随时掌握全线各生产班组的值班情况、交通工具状态。

5. 接收、审核由中铁电化局北京维管公司调度提交的停电计划,并按规定上报路局供电调度。

6. 参与电气化工程竣工验收及涉及改变既有设备运行方式施工的安全技术措施的制定。

7. 妥善保存事故状态下的原始资料,参与有关事故的调查分析。

第 5 条 京津城际铁路牵引供电设备的停送电倒闸操作,一般由京津城际供电调度通过远动设备操作完成。故障情况下,确需现场人员进行操作的,由设备管理单位符合规定的人员,按停送电操作卡片或倒闸票在供电调度发布操作命令后进行操作。紧急情况下按有关规程执行。

第 6 条 按计划进行的停电作业

施工主体单位向中铁电化局北京维管公司提报停电计划。

京津城际供电调度要于作业前一日 14:00 之前，将停电计划报路局供电调度，路局供电调度根据批准的周施工计划审核后，交京津城际列车调度员。停电前由京津城际供电调度与相关列车调度台书面签认，签认后京津城际供电调度向电化局电调发停电令，并双方进行签认，由电化局电调执行完成后向京津城际供电调度消令，京津城际供电调度向中铁电化局北京维管公司驻站人员发布接触网作业令。

作业结束后，中铁电化局北京维管公司驻站人员向京津城际供电调度消令，京津城际供电调度确认具备供电条件后向电化局电调发送电令，待电化局电调组织完成送电并消令后，与列车调度员进行书面签认。

第 7 条 设备缺陷危及行车安全需要立即抢修时，北京维管公司要及时通知京津城际供电调度、有关配合单位及路局主管处，并按规定登记；车站值班员向京津城际列车调度员汇报要点，经调度所值班主任批准后，发布调度命令进行抢修。

第 8 条 发生供电设备故障或变电所跳闸重合失败，京津城际供电调度要立即通知相关列车调度员和路局供电调度。在故障查找和抢修过程中，路局供电调度与京津城际供电调度要随时保持联系，指导、协助京津城际供电调度的指挥工作。

京津城际供电调度是牵引供电设备故障抢修的直接指挥者，现场作业人员必须将现场情况及时、准确地向京津城际供电调度汇报，接受京津城际供电调度的指挥。设备故障恢复后，京津城际供电调度应及时将故障处理过程整理清楚，报路局供电调度。

遇有行车事故需接触网停电配合时，供电专业现场配合人员要接受现场总指挥的统一领导，供电专业现场驻站人员要与京津城际供电调度保持不间断联系，京津城际供电调度要随时掌握现场故障处理过程。

变电所跳闸时，京津城际供电调度要认真填写跳闸记录，并参照故标指示组织查找跳闸原因，最大限度地减少停电时间。

本办法自 2008 年 5 月 20 日起施行。未尽事项，执行《接触网安全工作规程》；《接触网运行检修规程》；《牵引变电所安全工作规程》；《牵引变电所运行检修规程》；《接触网事故抢修及行车事故救援配合的有关规定》；《牵引变电运行检修规程补充细则（试行）》；《北京铁路局接触网运行检修规程补充细则》；《牵引变电所安全工作规程补充细则（试行）》；《北京铁路局接触网安全工作规程补充细则》；《供电调度规则》；《北京铁路局供电调度规则实施细则》的规定。

京津城际铁路机务行车安全细则(试行)

京机函〔2008〕41号

第一章 总 则

第1条 本细则依据铁道部《京津城际铁路技术管理暂行办法》、路局《京津城际铁路技术管理实施细则》有关要求,规定了机务行车人员应遵守的行车安全措施。

第2条 本细则将动车组运行的各种情况进行分类,便于行车有关人员学习、掌握。

第3条 本细则未规定的事宜,按《技规》、《京津城际铁路技术管理暂行办法》、《铁路200~250 km/h既有线技术管理暂行办法》、《行规》、《京津城际铁路技术管理实施细则》等有关规定执行。

第4条 本细则适用于京津城际铁路(北京南站城际场至天津站城际场)。涉及北京西站至北京南站以及天津站至塘沽站的内容均在条款中注明。

第二章 列车发车

第5条 动车组开关车门的补充规定

动车组出动车段(所)到达始发站后,应将车门保持关闭状态。车站放行旅客前,司机(按钮不在司机室的由随车机械师)根据列车长的通知开门。

第6条 确认CIR通信模式和上下行载频

列车开车前司机要选定CIR通信模式,确认CIR和手持终端的车次号或机车号注册成功(通信模式转换及地点见附件)。配备CTCS-3D级列控车载设备的列车,确认轨道电路读取器TCR上下行载频转换开关位置正确;配备CTCS-2级列控车载设备的列车,通过DMI正确选择上下行载频。

第7条 列车发车

列车司机在确认出站(进路)信号机(含引导信号)已开放,确认开车时间,车门已关闭,即可起动列车。

列车在始发站发车时,配备CTCS-3D列控车载设备的列车按目视行车模式(配备CTCS-2列控车载设备的列车按部分监控模式),运行至前方应答器组,列控车载设备自动转为完全监控模式。

列车在中间站列控车载设备以完全监控模式下停车再开时,以完全监控模式继续运行。

第 8 条 受线路曲线影响司机确认出站信号机困难时发车

列车在车站发车时，受线路曲线影响，司机确认出站信号机困难时，确认列车具备发车条件后，配备 CTCS-3D 级列控车载设备的列车可根据 TCR 显示的进行信号(TCR 故障时为列车调度员出站或进路信号机已开放的通知)启动列车，控制在出站(进路)信号机前停车的速度运行，在未越过应答器进入完全监控模式前确认出站(进路)信号机显示，如信号未开放，应立即采取停车措施。信号开放越过应答器后进入完全监控模式，凭列控车载设备显示的允许运行信号运行。

配备 CTCS-2 级列控车载设备的列车在出站(进路)信号机开放后，列控车载设备自动进入部分监控模式，列车凭列控车载设备显示的进行信号开车。

第 9 条 遇天气恶劣无法确认出站信号白灯显示状态时发车

遇天气恶劣，配备 CTCS-3D 级列控车载设备的列车司机需要确认白灯显示状态但无法确认时，向列车调度员报告，按列车调度员的指示办理。

第 10 条 取消发车进路的处理

如须取消发车进路，列车调度员与司机联系时，司机应根据列车是否已启动的实际情况，向列车调度员报告。列车尚未起动，列车调度员通知取消发车进路时，司机应使列车处于制动状态。

第 11 条 经 18 号及以上道岔侧向发车并有临时限速时运行的规定

配备 CTCS-2 级列控车载设备的列车在车站以部分监控模式开车时，车站站内(正线除外)经 18 号及以上道岔侧向发车时，至一离去之间，如果限速低于道岔侧向允许速度时，司机必须按调度命令的限速要求控制列车运行速度。

第 12 条 天津站普速场上行对京津城际铁路方向发车

天津站普速场上行对京津城际铁路方向始发列车时，总出站信号机 SZ3 开放后，方可开放进路信号机(只有黄色灯光显示)，列车凭出站信号机黄色灯光发车(进路表示器右侧白灯点亮)。

第三章 列车运行

第 13 条 列控车载设备在完全监控模式下的行车凭证

动车组在完全监控模式(包括 CTCS-2 级部分监控模式)下，列车进入闭塞分区的行车凭证为列控车载设备显示的允许运行信号(允许运行的速度值)。

第 14 条 京津城际铁路车机联控的规定

列车运行中不进行车机联控(在车站控制模式下除外)。

当列车以 LKJ 方式经前方车站侧线运行时，列车调度员提前向司机预告前方站的接车股道。

在车站控制模式下，司机应认真执行车机联控。

第 15 条 列控车载设备对列车运行速度的控制模式

列控车载设备在实际速度超过列控设定速度2 km/h报警，超过5 km/h触发常用制动；在250 km/h及以下时超过列控设定速度10 km/h触发紧急制动，在250 km/h以上时超过列控设定速度15 km/h触发紧急制动。

第 16 条 配备 CTCS-3D 列控车载设备的列车遇行车许可终止列车已停车再开车的办法

配备 CTCS-3D 列控车载设备的列车，在完全监控模式下，遇行车许可终止，前方信号机（含带灯停车标）显示停车信号，列车须停车，再开车时，司机确认前方信号机（带灯停车标）开放白灯后，方可启动列车，以完全监控模式运行，速度不超过20 km/h，运行至前方应答器组，按列控车载设备显示的允许速度运行。

第 17 条 配备 CTCS-3D 列控车载设备的列车遇行车许可终止列车未停车前方信号机（含带灯停车标）已开放白灯时运行办法

配备 CTCS-3D 级列控车载设备列车，在完全监控模式下，遇行车许可终止，在列车未停车情况下，前方带灯停车标已开放白灯，列车可不停车，以列控车载设备显示的允许速度（开口速度20 km/h）运行，列控车载设备维持完全监控模式，运行至前方应答器组，按列控车载设备显示的允许速度运行。

第 18 条 列车通过改为侧线接车以及在车站停车改通过或通过改停车的规定

列车由正线通过改为侧线接车，以及列车在车站停车改通过或通过改停车时，司机接到列车调度员的提前预告后，根据列控车载设备显示的允许速度运行。

第 19 条 在办理客运业务的车站图定停车的列车必须停车的规定

严格按列车运行图的规定运行，在车站办理客运业务停车的列车，司机必须在列车运行图规定的停车站操纵列车停车。遇出站信号在列车停车前已提前开放时，列车不得通过。

第 20 条 列车临时停车的处理

列车临时停车，司机应查明原因并立即向列车调度员报告。待停车原因消除后需继续运行时，司机与列车调度员联系，根据列车调度员的指示办理。

第 21 条 闭塞分区分界的规定

京津城际铁路以进站、出站、进路、线路所信号机机柱为闭塞分区的分界，在信号机外方设应答器组；区间I型调谐区标为闭塞分区的分界，区间带灯停车标设在I型调谐区标外方104 m处，带灯停车标外方设应答器组。

第四章　反方向运行

第 22 条　反方向运行按站间行车

列车反方向运行按站间行车。列车反方向运行时，应发布调度命令。

第 23 条　反方向行车的行车凭证

动车组在完全监控模式(包括 CTCS-2 级部分监控模式)下，列车进入闭塞分区的行车凭证为列控车载设备显示的允许运行信号。

第 24 条　反方向运行的速度限制

列车反方向运行时，CTCS-3D 列控系统最高允许速度为300 km/h，CTCS-2级列控系统最高允许速度为250 km/h。

第五章　非正常行车

第 25 条　在轨道电路码序发生降级突变时配备 CTCS-3D 列控车载设备的列车行车规定

配备 CTCS-3D 列控车载设备的列车，运行中遇轨道电路码序发生降级突变时，TCR 向列控车载设备注入信息，由车载设备输出最大常用制动停车。TCR 故障时列车最高允许速度250 km/h。

第 26 条　使用引导信号接发列车的规定

车站接、发车进路出现红光带时，列车调度员确认接、发车进路上无列车占用后，排列进路、开放引导信号。

配备 CTCS-3D 列控车载设备的列车通过地面应答器指令自动进入引导模式，限速值为40 km/h，在更改模式后5 s内司机应进行确认，否则设备触发制动。在引导模式下，列控车载设备按照动态速度曲线和目标距离，监控列车运行。

配备 CTCS-2 级列控车载设备的列车收到 HB 码自动进入部分监控模式，限速值为20 km/h。

引导接、发车时，司机要加强瞭望，操纵列车以列控车载设备限速下速度运行，并做好随时停车准备。列车凭引导信号进、出站不发调度命令。

图定停车的列车，司机应在规定地点停车；通过的列车，配备 CTCS-3D 列控车载设备的列车运行至前方应答器组，按列控车载设备显示运行。

第 27 条　进路、进站、出站信号(含引导信号)因故不能开放时行车规定

当车站进路、进站、出站信号(含引导信号)因故不能开放时(有行车许可除

外),列车须停车。司机得到列车调度员前方进路无列车占用的通知后,配备CTCS-3D列控车载设备的列车,将列控车载设备转入目视行车模式,启动列车,在应答器之前使用越行功能,越过前方第一个信号机运行至次一信号机或带灯停车标,按其显示要求执行;配备CTCS-2级列控车载设备的列车,将列控车载设备转入LKJ模式,在LKJ模式下以不超过20 km/h的速度越行该信号机,继续运行到收到机车信号允许码后停车,手动转入CTCS-2级模式,并通过DMI按键先进入调车模式,再退出调车模式,在待机模式下按压DMI启动键,转入部分监控模式,并按照车载设备显示的允许速度运行。

使用目视行车模式或LKJ模式行车时,司机要加强瞭望,随时做好停车准备。

第28条 区间闭塞分区轨道电路故障出现红光带时行车规定

当区间闭塞分区轨道电路故障出现红光带时,列控车载设备显示停车信号,列车按列控车载设备显示在前方带灯停车标前停车,司机得到列车调度员前方进路上无列车占用的通知后,配备CTCS-3D列控车载设备的列车,以目视行车模式运行,在应答器之前使用越行功能,越过前方第一个信号机或带灯停车标运行至次一信号机或带灯停车标,按其显示要求执行;配备CTCS-2级列控车载设备的列车,将列控车载设备转入目视行车模式,越过前方第一个信号机或带灯停车标,当列控车载设备收到允许运行的信号时,按列控车载设备的显示运行。

使用目视行车模式行车时,司机要加强瞭望,并做好随时停车准备。

第29条 遇列控车载设备不能使用时的规定

配备CTCS-3D列控车载设备的列车,遇列控车载设备不能使用时,停车后司机应立即报告列车调度员。司机接到列车调度员改为隔离模式的调度命令后,将列控车载设备改为隔离模式,按地面信号机(带灯停车标)的显示,操纵列车以不超过40 km/h的速度运行至前方站。列车在运行中执行手动过分相。

配备CTCS-2级列控车载设备的列车,遇列控车载设备不能使用时(机车信号故障除外),司机应立即报告列车调度员,并根据调度命令,停车后转入LKJ方式,凭机车信号显示行车。

列车按LKJ方式行车时,最高运行速度165 km/h。

第30条 区间遇停车信号停车后列车头部越过带灯停车标前的应答器而未越过Ⅰ型调谐区标时的处理

列车在区间遇停车信号,停车后列车头部越过带灯停车标前的应答器而未越过Ⅰ型调谐区标时,司机应报告列车调度员,得到列车调度员的通知后,按目视行车模式继续运行至前方应答器,按列控车载设备的显示运行。

第 31 条 列车运行中出现故障时的处理

列车运行中出现故障时，司机按车载信息监控装置的提示，按步骤及时处理；需要由随车机械师配合处理时，司机通知随车机械师。经处置确认无法正常运行时，司机应按车载信息监控装置的提示和随车机械师的要求，选择维持运行或停车等方式，并使用无线调度通信设备及时报告列车调度员或车站值班员。

第 32 条 遇天气恶劣，需要确认白灯显示状态但无法确认时的规定

遇天气恶劣，配备 CTCS-3D 级列控车载设备的列车，司机需要确认白灯显示状态但无法确认时，向列车调度员报告，按列车调度员的指示办理。

第 33 条 接触网临时停电或有异常情况时的处理

列车在运行中发现接触网临时停电或有异常情况时，司机要立即断开主断路器、降下受电弓，就地停车(尽量避免停在接触网分相区内)，立即报告列车调度员(车站值班员)，并通知随车机械师。

列车在接触网临时停电状态下停车，须按规定采取防溜措施。配备停放制动装置的由司机使用停放制动防溜；未配备停放制动装置的动车组(CRH_2 型)由随车机械师使用铁鞋防溜。放置和撤除铁鞋必须在列车调度员办理邻线列车停运后进行。

第 34 条 京津城际铁路内 CIR 故障时的联系办法

在京津城际铁路内，司机发现机车综合无线通信设备(CIR)故障时，可使用 GSM—R 专用手持终端联系，并及时通知列车调度员。

第 35 条 遇 CTC 控制区域与非 CTC 控制区域间的出站或通过信号机故障时的发车凭证

遇 CTC 控制区域与非 CTC 控制区域间的出站或通过信号机故障时，CTC 控制区域的发车凭证为调度命令。

第 36 条 北京南站城际场、高速场出站信号机故障向柳村线路所发车时的行车凭证

遇北京南站城际场、高速场出站信号机故障向柳村线路所发车时，行车凭证为调度命令。

第 37 条 遇北京南站至柳村线路所间基本闭塞法停用时的行车办法

北京南站至柳村线路所间基本闭塞法停用，遇城际场、高速场向柳村线路所发车时，京津城际列车调度员负责向司机转交北京集中台的调度命令；北京南站普速场车站值班员准备好非 CTC 控制区域的进路，办理闭塞手续后，填发路票，车站存查，使用 GSM—R 调度通信设备将路票号码通知司机并发车。列车启动后司机向京津城际列车调度员报点。

第 38 条 长度不足调谐区长度的机车车辆不准在调谐区内停留的规定

长度不足调谐区长度的机车车辆，不准停在调谐区内。因故障停在调谐区内，司机应立即用短路铜线在调谐区两端进行短路防护，并向列车调度员报告。

第六章 北京西站至北京南站间运行

第 39 条 北京西站至北京南站间运行办法

1. 配备 CTCS-2 级列控车载设备的列车使用 LKJ 控车方式行车。

2. 配备 CTCS-3D 级列控车载设备的列车须双司机执乘，采用机车信号模式，限速45 km/h，“TCR”输出机车信号显示，司机按地面信号机显示运行。车机联控按指路行车方式执行。

遇恶劣天气，接到列车调度员发布的改按天气恶劣难以辨认信号的调度命令后，按“TCR”输出的机车信号显示运行，并执行《技规》相关规定。“TCR”输出机车信号显示意义符合《技规》第 357 条规定。

3. 配备 CTCS-3D 级列控车载设备的列车以机车信号模式、配备 CTCS-2 级列控车载设备的列车以 LKJ 方式运行至北京南站。

4. 配备 CTCS-3D 级列控车载设备的列车“TCR”输出的机车信号故障时，司机向车站值班员报告，接到列车调度员发布的调度命令后，操纵列车以不超过 20 km/h 速度继续运行。

第七章 配备 CTCS-3D 列控车载设备列车

天津站至塘沽站间行车办法

第 40 条 列控车载设备临时限速信息丢失后的处理

列车运行中，遇出站应答器组触发制动停车后、或在区间列控车载设备重新启动后（含主机倒备机），车载设备不能保留临时限速信息，司机应在停车后立即报告列车调度员并与调度员核对、确认至前方站范围（含前方站的离去区段）内的限速命令，司机按调度命令限速要求通过限速区段，严禁超速行车。

第 41 条 天津站普速场、塘沽站上行始发列车发车办法

上行列车在天津站普速场、塘沽站始发时，司机须确认出站（进路）信号机开放后，方可启动列车以目视行车模式运行至前方应答器，列控车载设备自动转为完全监控模式。

第 42 条 在车站及区间停车再开的运行办法

列车以完全监控模式在车站及区间停车再开时，待出站（进路）、通过信号机

开放后，以完全监控模式继续运行。

第 43 条 遇列控车载设备不能使用时的处理办法

遇列控车载设备不能使用，列车须停车，司机应立即报告车站值班员。司机得到列车调度员发布的改为隔离模式的调度命令后，将列控车载设备改为隔离模式，按地面信号机的显示运行，速度不得超过40 km/h。

第 44 条 进站（进路）信号机故障使用引导手信号接车的行车办法

遇进站（进路）信号机故障使用引导手信号接车时，列车在机外停车，司机确认引导手信号的显示后，将列控车载设备置于目视行车模式，使用越行功能，以不超过20 km/h 速度进站。通过的列车按出站信号机显示，运行至出站信号机前应答器后，按列控车载设备显示运行。

第 45 条 出站（发车进路）信号机故障时行车办法

出站（发车进路）信号机故障时，行车凭证为绿色许可证。列车在车站停车后，司机将列控车载设备置于目视行车模式，使用越行功能，运行至下一架信号机前应答器后，按列控车载设备显示运行。

第 46 条 基本闭塞法停用改按电话闭塞法时行车办法

基本闭塞法停用改按电话闭塞法行车时，行车凭证为路票。列车在车站停车后，根据调度命令将列控车载设备改隔离模式，列车运行速度不超过40 km/h，运行至前方站进站信号机，按其显示运行，进站停车后退出隔离模式，按出站信号机显示的进行信号启动列车，以目视行车模式至出站信号机前应答器后，按列控车载设备显示运行。

第 47 条 区间运行列控车载设备显示停车信号时行车办法

动车组在区间运行，列控车载设备显示停车信号时，列车须停车，司机应使用无线通信设备通知随车机械师。列车停车等候2 min，通过信号机仍未显示进行的信号时，司机将列控车载设备转入目视行车模式，使用越行功能越过信号机，列车以遇到阻碍能随时停车的速度继续运行，最高速度不超过20 km/h，至前方信号机，根据信号机的显示，越过应答器，按列控车载设备显示运行。在停车等候的同时，须与列车调度员、车站值班员联系，如确认前方闭塞分区内有列车时，不得进入。

第 48 条 京津城际动车组在南仓线路所下线时的联控办法

京津城际动车组下线时，CIR 自动转换为450 MHz 工作模式（自动转换失败时，司机根据切换点标志及时进行 GSM—R 与450 MHz 工作模式切换）。转换后，司机主动与南仓站直通场或天津站四号楼联控。

第八章　调度命令发布、下达及接收

第49条　调度命令日期划分及号码范围的规定

调度命令日期的划分以零时为界，调度命令号码实行按号循环制。调度命令号码范围为：8701—8999，其中运行揭示调度命令号码范围为8951—8999。

第50条　有计划的运行揭示调度命令下达的规定

有计划的运行揭示调度命令，调度所按既有线方式，向有关单位下达。

第51条　使用CTC终端向司机下达书面调度命令时的规定

列车调度员使用CTC终端向司机下达书面调度命令时，司机须及时在CIR上进行签认接收。司机接收到调度命令后必须认真阅读，如对其内容有疑问时，须立即向列车调度员询问，直至完全掌握调度命令要求，并严格按调度命令要求执行。

第52条　遇不能收发书面调度命令时的处理

遇不能收发书面调度命令时，在通信记录装置良好的情况下，由列车调度员使用列车无线调度通信设备向司机下达调度命令。司机应将调度命令的号码、内容、调度员号码等记录在司机手册上，并向列车调度员复诵，确认无误后，按调度命令要求执行。

第九章　限　　速

第53条　通过限速地段的行车规定

京津城际铁路内限速长度以闭塞分区为单位设置，速度共分45 km/h、80 km/h和160 km/h三档，司机按列控车载设备的显示操纵列车按限速要求通过限速地段。凡低于45 km/h的限速，均在设备上按45 km/h速度值设置限速，遇调度命令限速低于45 km/h时，司机必须按调度命令实际限速要求严格控制列车速度。

第54条　遇设备故障设置限速时的行车规定

设置限速或变更限速值时，首先关闭防护该区段的信号，再进行相关操作。提高限速值时，原则上应不影响列车正常运行。限速设置完成，列车调度员应将限速地点和限制速度通知第一趟列车后，方可开放信号。第一趟列车以后的后续列车，列车调度员不再通知，司机按列控车载设备的显示运行。

京津城际铁路南仓线路所至武清间上行线出现限速时，应通知由京沪线接入的第一趟列车。第一趟列车以后的后续列车，列车调度员不再通知，司机按列控车载设备的显示运行。

第55条　天津站至塘沽站间限速设置的规定

临时限速长度设200 m、500 m、1 000 m、1 500 m、2 000 m、3 000 m、4 000 m、6 000 m共 8 个档次；速度设45 km/h、60 km/h、80 km/h、120 km/h、160 km/h 共 5 个等级。

限速区段全部在区间内且长度超过6 000 m，按全区间限速

限速区段延伸到站内，且限速长度超过6 000 m，按跨站连续限速

第 56 条　当车载动态监测仪发出Ⅳ级报警时的处理

当车载动态监测仪发出Ⅳ级报警时，司机应及时通知列车调度员，列车调度员应立即采取措施，后续列车运行速度不大于160 km/h，并按规定设置限速。当车载动态监测仪连续报警时，司机应立即采取降速措施。

列车运行中司机发现严重晃车时，应果断采取降速或停车措施，并向列车调度员报告。

第十章　北京南站普速场 24 道接发京津城际列车

第 57 条　接发列车时信号机显示

北京南站普速场 24 道具备对京津城际铁路正方向接发列车条件。24 道发车时，出站信号机(S24)显示绿黄(或黄)；接车时，城际场上行进站信号机(ST)显示白灯。ST 信号机对 24 道不具备开放引导信号条件。

第 58 条　接发列车时列车运行办法

北京南普速场 24 道只能接发京津城际正方向的列车，并按下列方式办理。

1. 配备 CTCS-3D 级列控车载设备的列车由京津城际铁路上行线接入普速场 24 道时，列车调度员应预告司机，进站信号机(ST)开放后，列控车载设备在进站信号机(ST)前目标速度为 0，进站信号机应答器发调车模式信息。司机必须得到列车调度员的预告后，以完全监控模式(运行速度不得超过20 km/h)越过进站信号机外应答器自动转为调车模式，进站后列车运行仍按列车办理。由 24 道向京津城际下行发车时，凭出站信号机显示出站，以目视行车模式运行，在区间第一架带灯停车标(SMB)前，确认带灯停车标显示白灯后，越过应答器，自动转为完全监控模式。

2. 配备 CTCS-2 级列控车载设备的列车由京津城际铁路上行接入普速场 24 道时，列车调度员应预告司机，进站信号机(ST)开放后，在信号机外列控车载设备目标速度为 0，应答器没有数据。列车在进站信号机外应答器前必须停车，在得到列车调度员得预告后，人工转为目视模式，确认进站信号机显示白灯后，启动列车进站。由 24 道向京津城际铁路下行发车时，凭出站信号机显示出站，以部分监控模式运行，在区间第一架带灯停车标(SMB)前应答器处自动转为全监

控模式。

第 59 条 通过接触网 AC1 分相操作规定

北京南站普速场至京津城际铁路(301＃道岔～105＃道岔)间设有接触网 AC1 分相。北京南站普速场至京津城际铁路方向,在距 AC1 分相中性区33.7 m 处线路右侧的 D071＃接触网支柱上,设有“断电标”(背面设有“合电标”);京津城际铁路至北京南普速场方向,在距 AC1 分相中性区56.6 m 处线路右侧的 D216＃接触网支柱上设有“断电标”(背面设有“合电标”)。地面未安装自动过分相设备,司机根据“断”、“合”标及列车运行速度手动操作,防止带电过分相或列车停在分相内。

第十一章 车站控制模式下行车

第 60 条 CTC 控制转为车站控制模式的条件

遇 CTC 操作终端、中心操作终端不能办理接、发列车作业时,列车调度员应发布调度命令转为车站控制模式,指派胜任人员担任车站值班员、助理值班员工作。

在车站控制模式下,司机应认真执行车机联控。

第 61 条 改按电话闭塞法行车的规定

北京南站城际场至天津站城际场间在车站控制模式下,遇车站信号联锁设备故障停用时,改按电话闭塞法行车,司机根据调度命令将列控车载设备转为隔离模式。

在站控模式下,改按电话闭塞法行车时,占用区间的行车凭证为路票,路票由车站存查,使用 GSM—R 调度通信设备将路票号码通知司机,司机须将路票号码记录在司机手册。司机根据调度命令将列控车载设备转为隔离模式,列车运行速度不超过40 km/h,运行到前方站进站信号机前,确认进站信号机显示,按其显示进站后停车,转出隔离模式,根据出站信号显示运行。

列车按隔离模式运行中执行手动过分相。

第 62 条 车站进路、进站、出站信号(含引导信号)因故不能开放时的行车办法

北京南站城际场至天津站城际场间在站控模式下,当车站进路、进站、出站信号(含引导信号)因故不能开放时(有行车许可除外),列车必须停车,车站值班员应确认前方进路无列车占用,将进路准备妥当并锁闭后,使用 GSM—R 调度通信设备通知司机。司机根据车站值班员的通知,配备 CTCS-3D 列控车载设备的列车,将列控车载设备转入目视行车模式,启动列车,在应答器之前使用越行功

能，越过前方第一个信号机运行至次一信号机或带灯停车标，按其显示要求执行；配备CTCS-2级列控车载设备的列车，将列控车载设备转入目视行车模式，越过前方信号机后，当列控车载设备收到允许运行的信号时，按列控车载设备的显示运行。

使用目视行车模式行车时，司机要加强瞭望，做好随时停车准备。

第十二章　调车作业

第63条　正常情况下调车作业规定

在北京南站城际场、天津站城际场进行调车作业时，列控车载设备置于调车模式，调车作业按调车信号显示运行。

动车组在亦庄、永乐（维修工区除外）、武清站进行调车作业时，按列车进路办理，司机将车载设备转入目视行车模式，根据列车调度员的指示和进、出站信号的显示进行调车作业。向有车线使用引导信号进行调车时，列车调度员应向司机说明，司机必须彻底瞭望，严格控制以随时停车的速度运行。

司机如不能确认调车信号显示状态，应报告列车调度员，由列车调度员向司机预告信号开放状态。

调车作业时司机必须在动车组运行方向的前端操作。

第64条　调车信号不能开放时的作业办法

动车组调车作业遇调车信号不能开放时，列车调度员须在调车进路准备妥当的情况下，发布调度命令，司机根据调度命令将列控车载设备置于隔离模式进行调车作业，调车速度不得超过20 km/h，并做好随时停车的准备。

第65条　北京南站城际场、天津站城际场与普速场间调车作业办法

北京南站城际场、天津站城际场与普速场间调车应在进路空闲的情况下进行。由发车场提出申请，经接车场同意后，共同排列调车进路，司机按调车信号的显示进行调车作业。

遇特殊情况必须向有车线调车时，接车场应向司机说明，司机必须彻底瞭望，严格控制以随时停车的速度运行。

第66条　调车作业时对列控车载设备模式的要求

在北京南站城际场、高速场、天津站城际场配备CTCS-3D级列控车载设备的动车组收到应答器调车许可后，列控车载设备自动进入调车模式。配备CTCS-2级列控车载设备的动车组，需人工转入调车模式。调车作业中，司机严格按调车信号的显示要求执行。调车模式下，如越过关闭的调车信号机前的应答器将触发紧急制动。

在塘沽站、天津站普速场、北京南站普速场配备 CTCS-3D 级列控车载设备的列车调车作业时，司机将列控车载设备人工转入调车模式，司机凭调车信号的显示进行作业。

第 67 条 列车在北京南站、天津站城际场进行转线作业的规定

列车在北京南站城际场、天津站城际场进行转线作业，应纳入列车运行图，CTC 系统根据列车运行图的要求自动触发进路、开放信号，司机根据调车信号的显示进出牵出线转线。其他调车作业时，司机根据列车调度员的指示，凭调车信号的显示运行。

第 68 条 动车组在车站无动力停留时防溜规定

动车组在车站无动力停留时，配备停放制动装置的由司机负责使动车组处于停放制动状态；未配备停放制动装置的动车组（CRH_2 型）由随车机械师负责对动车组采取防溜措施。

第十三章　防灾系统报警和处理设备故障限速

第 69 条 司机接到列车调度员大风监测报警要求限速或停车的处理

当大风监测点向 CTC 系统发送报警信息后，列车调度员按监测系统的限速要求发布调度命令，司机接到调度命令后，按调度命令限速要求操纵列车减速通过相关地段；对来不及发布调度命令的列车，列车调度员立即通知相关列车司机限速运行，司机接到调度员的通知后，立即按要求操纵列车减速通过相关地段，并将调度员“通知”内容记录在司机手册。

对禁止运行的报警信息，列车调度员应及时关闭相关信号并通知司机，司机应立即采取措施。

第 70 条 因落物影响行车的处理

列车调度员接到落物报警的信息后，应立即呼叫有关列车停车，有关列车司机听到列车调度员的呼叫后，立即采取紧急（快速）制动停车，同时注意前方线路，提高警惕，必要时采取避险措施。

列车调度员通过视频监视系统进行查看落物报警地点情况，当视频监视系统显示不清或显示无异状时，在列车进入关系地段前通知司机改按目视模式，司机根据列车调度员的“通知”在进入关系地段前停车，将列控车载设备转入目视模式，以遇到障碍能随时停车的速度运行，查清线路情况后，向列车调度员报告。

现场线路开通后，需临时限速运行时列车调度员设置临时限速。不能设置时，列车调度员应向通过该地段的列车司机发布限速运行的调度命令，司机根据调度命令要求操纵列车限速运行。

第 71 条 处理设备故障时对邻线限速的要求

当设备发生故障，需在双线区间的一条线上处理设备故障时，列车调度员按规定对邻线设置限速160 km/h（不设置移动减速信号、减速地点标和作业标）。邻线运行的列车，司机按列控车载设备的显示要求运行并加强瞭望和鸣笛。

第十四章 列车在区间被迫停车和应急救援

第 72 条 京津城际铁路因故停车司机报告办法

列车在京津城际铁路因故停车不能继续运行时，应按列控车载设备显示的所在位置，向列车调度员报告。列车调度员应及时发布调度命令。

遇列控车载设备无法显示的所在位置时，在停车过程中司机要注意观察线路的公里标、半公里标等线路标志，按线路标志标明的地点向列车调度员报告列车所在位置；遇不能确认列车所在位置时，向列车调度员说明情况，按其指示办理。报告内容还应包括车次、时间、停车原因以及是否请求救援等内容。

司机发现列控车载设备显示的位置与地面线路标志不一致时，应向列车调度员报告并做好记录。

第 73 条 列车在区间被迫停车时的处理

列车在区间被迫停车时，司机应立即向列车调度员报告，按列车调度员的指示办理，同时统一指挥随车机械师、客运乘务组处理有关事故救援等事宜。在京津城际铁路需下车进行检查处理或组织旅客疏散时，必须在得到列车调度员已办理邻线列车停运后的通知后方可进行。

第 74 条 列车在区间被迫停车须返回后方站时的规定

列车在区间被迫停车须返回后方站时，司机根据调度命令办理。更换操纵端，将列控车载设备转入隔离模式，按调度命令要求控制列车返回。列车运行中按地面信号机（带灯停车标）显示运行至接车站进站信号机前，按进站信号机的显示进站。

列车按隔离模式运行中执行手动过分相。

第 75 条 救援连挂前邻线列车停运的规定

动车组救援依据调度命令办理，救援连挂前，司机须与列车调度员联系，得到列车调度员邻线列车停运的通知后，方可按规定开始作业。

第 76 条 利用动车组从前部救援的办法

利用动车组对故障动车组从前部救援时，负责救援的动车组可以按隔离模式进入区间，按调度命令的要求办理。运行中按地面信号机（带灯停车标）显示运行，在接近被救援列车2 km 时，以在瞭望距离内能够随时停车的速度运行，最高不得超过20 km/h，在距被救援列车不少于300 m 处停车，与被救援列车联系确认，并按要求进行作业。列车按隔离模式运行中执行手动过分相。

牵引被救援动车组返回时，进行制动试验，将列控车载设备置于目视行车模式，启动列车，确认前方信号机(带灯停车标)开放后，越过应答器，进入完全监控模式，按列控车载设备的显示运行。

第77条 利用动车组从尾部救援办法

利用动车组对故障动车组从尾部救援时，负责救援的动车组按完全监控模式进入区间，在行车许可终点停车，与被救援列车司机联系确认后，使用目视行车模式进入前方闭塞分区，以在瞭望距离内能够随时停车的速度运行，最高不得超过20 km/h，在距被救援列车不少于300 m 处停车(行车许可终点距被救援列车不足300 m 时除外)，按要求进行作业。

牵引被救援动车组返回时，进行制动试验，启动前将列控车载设备转入隔离模式，列车运行中按地面信号机(带灯停车标)显示运行至接车站进站信号机前，按进站信号机的显示进站，到车站后恢复列控车载设备控车。列车按隔离模式运行中执行手动过分相。

推进运行时，运行前方由被救援动车组司机负责瞭望，两司机要加强联系。列车运行中按地面信号机(带灯停车标)显示运行至接车站进站信号机前，按进站信号机的显示进站。

第78条 救援时过渡车钩等设备连接和分解的规定

动车组被救援时，过渡车钩、专用风管的连接和分解由随车机械师负责，司机配合。

第79条 救援时各种限速规定

当动车组故障需要救援时，可使用动车组或机车救援，并按以下要求办理。

1. 采用同类型且速度等级相同的动车组；

2. 动车组牵引功能故障时限速80 km/h；

3. 动车组制动系统失效时限速40 km/h；使用机车救援时，以遇到阻碍能随时停车的速度运行；

4. 列车调度员对救援地点的邻线设置160 km/h 的限速。

第十五章 遇降雾、暴风雨雪等恶劣天气时的处理

第80条 遇降雾、暴风雨雪等恶劣天气情况时的处理

途中遇降雾、暴风雨雪等恶劣天气情况时，司机应立即报告列车调度员。

1. 使用隔离模式下行车途中遇降雾、暴风雨雪等恶劣天气时，司机必须加强

瞭望，严格控制速度，以发现地面信号未开放能及时停车的速度运行。

2.暴风雨天气行车时，司机发现路基冲毁、接触网杆倾斜等危及行车安全时，应立即采取减速或停车措施，并立即报告列车调度员。

3.在运行中要加强瞭望，发现路基发生水害或水漫轨道板时，要及时报告列车调度员。

第十六章　接触网故障处理

第 81 条　发生弓网故障或接触网停电时处理

列车在运行中发现接触网临时停电或有异常情况时，司机要立即断开主断路器、降下受电弓，就地停车，立即报告列车调度员（车站值班员）。并通知随车机械师检查受电弓情况，如损坏较严重，有部件脱落危险时，随车机械师通知司机请求接触网停电。

需登顶作业时，司机向列车调度员请求停电登顶作业的调度命令，随车机械师负责登车顶检查处理，司机根据随车机械师要求换弓运行或请求救援。

第 82 条　运行中接到受电弓挂有异物影响行车时处理

运行中接到受电弓挂有异物影响行车时的通知后，应立即采取措施停车，断开主断路器，司机向列车调度员报告请求接触网停电，随车机械师负责清除异物并检查受电弓情况，受电弓如有损伤应将其隔离，换弓运行。

第 83 条　受电弓双弓均不能受流时处理

受电弓双弓均不能受流等待救援时，司机应将制动手柄置于制动位，保持客室内应急灯、头灯及车尾标志灯亮。司机指挥列车工作人员看守车门。

第 84 条　动车组被迫停在接触网分相内的处理

动车组被迫停在接触网分相内时，司机应立即降弓，就地制动，如更换受电弓可以受流时，继续运行；如不能正常受流，司机立即使用列车无线调度电话报告列车调度员，请求救援，并按规定做好防溜工作。

北京铁路局动车组司机非正常情况下安全行车实施办法(试行)

京机函〔2007〕23号

第一条 发生接触网故障时的处理办法

遇接触网故障,降、升受电弓标或降、升弓手信号时,应及时降下或升起受电弓。接触网临时停电或有异常情况时,要迅速断开主断路器、降下受电弓,就地停车,立即报告车站值班员或列车调度员,并及时通知随车机械师、列车长。

第二条 运行中动车组出现故障时的处理

动车组运行中出现故障时,司机应按车载信息监控装置的提示,按步骤及时处理;需要由随车机械师配合处理时,司机应通知随车机械师。经处置确认无法正常运行时,司机应按车载信息监控装置的提示和随车机械师的要求,选择维持运行或停车等方式,并使用列车无线调度通信设备报告列车调度员或车站值班员。

第三条 区间被迫停车时的处理

动车组在区间被迫停车时,司机立即使用列车无线调度通信设备报告列车调度员或车站值班员,报告被迫停车原因、停车地点;如需请求救援时,要向车站值班员或列车调度员报告列车前后部准确的停车位置,并负责指挥随车机械师、客运乘务组,按有关规定处理有关行车、列车防护和事故救援等事宜。

第四条 动车组被救援的处理

动车组被救援时,过渡车钩、专用风管和电气连接线的连接和分解由随车机械师负责,动车组司机配合。具备升弓供电条件的,司机根据随车机械师的通知升弓供电,但必须与救援机车司机保持联系,防止发生弓网事故。

第五条 区间被迫停车不能继续运行时救援组织预案

1.动车组区间被迫停车不能继续运行的报告和防护

动车组在区间被迫停车不能继续运行时,司机应立即将停车时间、地点、原因等详细情况向车站值班员汇报,请求救援,并通知机械师和列车长。由司机负责指挥做好防护、防溜工作,列车前端的防护、防溜工作由司机负责,列车后部的防护、防溜工作由机械师负责,防护、防溜办法按有关规定执行。

2.机车进行救援的规定

(1)救援机车风管压力须满足600 kPa,可安排单风管供风或双风管供风机车担当。

(2)救援方案确定后，车站值班员将救援方案通知动车组司机。列车乘务组应听从动车组司机指挥，处理有关行车、列车防护和救援等事宜。车站站长应随救援机车，负责救援指挥工作。

(3)随车机械师负责过渡车钩、专用风管的连接与分解，动车组司机配合。

(4)救援机车与动车组连挂时，应在距动车组10 m 以上的位置，一度停车后进行连挂。

(5)随车机械师确认动车组状态正常，满足120 km/h 运行要求后，通知救援机车司机限速运行。

(6)因特殊原因，救援机车在动车组停止接触网受电后2 h 内没有牵引动车组至就近车站时，由随车机械师人工采取缓解措施后，通知救援机车司机限速5 km/h，牵引引动车组运行至就近车站处置。遇机车救援运行过程中动车组本身电源不足时，随车机械师通知救援机车司机一度停车后，再限速5 km/h 运行。

第六条 区间被迫停车后须返回后方站的规定

动车组在区间被迫停车后须返回后方站时，列车调度员必须确认动车组至后方站间已空闲，方可发布调度命令。司机将列控车载设备转入隔离模式，按调度命令控制动车组返回。

第七条 在 CTCS-2 级区段，出站(发车进路)信号机故障时的处理

出站(发车进路)信号机故障时，动车组的行车凭证为绿色许可证，列控车载设备应转入目视行车模式；当列控车载设备收到允许运行的信号时，按列控车载设备显示运行。

第八条 在 CTCS-2 级区段，列控车载设备转入和退出隔离模式或改按 LKJ 方式行车的规定

1. 动车组列控车载设备转入和退出隔离模式(如列控车载设备与 LKJ 之间进行人工转换)时，须经列车调度员同意，并向司机及有关车站发布调度命令。

2. 动车组运行中遇列控车载设备故障并导致列车停车后，司机应使用列车无线调度通信设备报告列车调度员或车站值班员，并通知随车机械师将系统断电30 s后重新启动。若设备恢复正常，继续运行；若设备仍不能恢复正常，根据调度命令将列控车载设备转入隔离模式。

3. 如列控车载设备发生故障且机车信号显示不正常时，司机应将列控车载设备转入隔离模式，按照机车信号故障办理。

4. 列控车载设备和机车信号同时故障时，按有关规定运行到前方站后请求救援。

5. 基本闭塞法停用按电话闭塞法行车或列控车载设备故障时，司机应根据调度命令将列控车载设备转入隔离模式，按 LKJ 方式行车。

6. 遇列控车载设备故障(机车信号故障除外)、列控地面设备故障情况，按 LKJ 方式行车。

7. 列控地面设备故障、电务人员登记时，应注明该故障影响范围及是否造成动车组降速运行或停车。对需动车组降速运行或停车的，列车调度员及时发布列控车载设备改为 LKJ 方式行车的调度命令。

列控地面设备故障改为 LKJ 方式行车的范围：车站列控中心故障由后方站的出站信号机至前方站的进站信号机；车站进站口应答器故障，由后方站出站信号机至本站反向进站信号机；车站出站口应答器故障，由本站出站信号机至前方站进站信号机。

8. 在 CTCS-2 区段，在下列情况下，可根据调度命令，动车组由列控车载设备方式改为按 LKJ 方式运行。

(1)两站一区间的一个运行方向必须设置两处及以上限速地段时，或者限速长度超过6 000 m 时；

(2)低于 45 km/h 的限速时。

9. 遇本条第 8 款情况，列车调度员必须发布改按 LKJ 方式行车的调度命令，司机根据调度命令不停车改按 LKJ 方式运行。

10. 动车组按 LKJ 方式行车，遇机车信号或 LKJ 故障时，按有关规定办理。

11. 在通信记录装置良好的情况下，车站值班员可使用列车无线通信设备向司机转达动车组转入、转出隔离模式及列控车载设备与 LKJ 之间人工转换(级间转换点除外)的调度命令。

12. 遇《铁路 200～250 km/h 既有线技术管理暂行办法》第 65 条、第 131 条规定，发布调度命令用语规定

(1)CTCS-2 列控地面设备故障须使动车组降速运行或停车时，列控车载设备转为按 LKJ 方式行车

因__站(__站__站__行线区间)列控地面设备故障，准__次列车在__站__行线进(出)站信号机前，由列控车载设备方式转为按 LKJ 方式行车，列车运行至__站__行线进站信号机(__行线反向进站信号机)后，由 LKJ 方式转为按列控车载设备行车。

(2)在施工限速地段由列控车载设备转为按 LKJ 方式行车

因__站(__站__站__行线区间)施工，准__次列车在__站__行线进(出)站信号机前，由列控车载设备方式转为按 LKJ 方式行车，列车运行至__站__行线进站

信号机(__行线反向进站信号机)后,由 LKJ 方式转为按列控车载设备行车。

上述调度命令均可使用无线传送系统发布,其中第(1)项调度命令在具备良好转接设备和通信记录装置的条件下,可使用列车无线调度通信设备发布、转达。

第九条 运行中列控车载设备显示停车信号时的处理

动车组在区间运行,列控车载设备显示停车信号时,列车必须立即停车,司机应使用列车无线调度通信设备通知随车机械师。列车停车等候2 min,列控车载设备仍未收到允许运行的信号时,司机将列控车载设备转入目视行车模式(目视行车模式是司机控车的固定限速模式,限速值为20 km/h),列车以遇到阻碍能随时停车的速度继续运行,最高速度不超过20 km/h,直到列控车载设备收到允许运行的信号,按列控车载设备显示运行。在停车等候的同时,必须与列车调度员、车站值班员联系,如确认前方闭塞分区内有列车时,不得进入。

第十条 发现应答器故障时的处理

动车组司机或设备维护单位人员发现应答器故障时,应及时报告临近车站值班员,车站值班员应及时向列车调度员报告。

第十一条 遇动车组制动系统故障、空气弹簧故障、车窗玻璃破损情况时的限速规定

1. 当动车组制动系统故障切除 25%制动力时,限速160 km/h 运行;切除50%制动力时,限速120 km/h 运行。

2. 当空气弹簧故障时,限速160 km/h 运行。

3. 车窗玻璃破损导致车厢密封失效时,限速160 km/h 运行。

遇上述动车组限速运行情况,动车组司机应使用列车无线通信设备报告列车调度员,以便列车调度员掌握运行情况。

第十二条 在 CTCS-2 级区段的限速(各种正常限速除外)

1. 按限速调度命令行车规定

司机应严格按限速调度命令控制列车运行,如调度命令的限速值低于列控车载设备显示的目标速度时,应按调度命令控制列车运行。

车站站内(正线除外)经 18 号及以上道岔侧向发车时,至一离去之间,因限速低于道岔侧向允许速度时,司机应按调度命令的限速人工控制列车运行。

2. 限速长度划分

限速长度分 100 m、500 m、1 000 m、1 500 m、2 000 m、3 000 m、4 000 m、6 000 m 八个等级,超过6 000 m 时应按区间限速办理。

3. 列控系统限速等级划分

超过 45 km/h 的限速，列控系统分45 km/h、60 km/h、80 km/h、120 km/h、160 km/h 五个速度等级，以不高于限速值的原则选择限速等级进行设置。

4. 车站列控中心故障、限速命令未正确设置的处理

车站值班员发现车站列控中心故障或限速命令未正确设置时，应立即报告列车调度员并通知相关司机。

5. 区间或站内需要临时限速规定

区间或站内需要临时限速时，列车调度员应及时向相关车站值班员和司机下达临时限速调度命令。

6. 缺少应答器数据时的限速

在 CTCS-2 级区段，当列控车载设备接收到轨道电路允许行车信息，而缺少应答器提供的线路数据或限速数据时，列控车载设备进入部分监控模式，最高限速值为 45 km/h。

第十三条 按 LKJ 方式行车的最高运行速度

动车组按 LKJ 方式行车时，列车最高运行速度165 km/h(167 km/h报警，170 km/h 启动常用制动，175 km/h 启动紧急制动)。

第十四条 引导接车的规定

1. 列控车载设备在部分监控模式下引导接车

列控车载设备接收到的轨道电路信息为 HB 码时，人机界面(DMI)显示固定限速值20 km/h。

2. 手信号引导接车时

手信号引导接车时，动车组应停车转入目视行车模式。

第十五条 CTCS-2 区段施工时的行车规定

CTCS-2 区段施工时，使用书面行车凭证行车时，准许车站不向司机交递书面行车凭证和调度命令。但车站仍需按规定办理行车手续，并使用列车无线通信设备(通信记录装置良好)将调度命令、行车凭证号码(路票为电话记录号码、绿色许可证为编号)通知司机，得到司机复诵正确后，按规定发车。电话闭塞法行车时，司机应根据调度命令将列控车载设备转入隔离模式，按 LKJ 方式行车；出站(发车进路)信号机停用，列控车载设备应转入目视行车模式；当列控车载设备收到允许运行的信号时，按列控车载设备显示运行。

第十六条 CTCS-2 级区段与 CTCS-0/1 级区段级间自动转换失败的处理

在 CTCS-2 级区段与 CTCS-0/1 级区段级间自动转换失败时，司机确认后通过人机界面(DMI)进行手动切换，同时立即向车站值班员、列车调度员报告。

第十七条 变更股道接发动车组

1. 接发动车组应在规定的股道及进路上办理，遇特殊情况，动车组不能按规定的股道及进路接发（正线通过变更侧线接车、接发车须变更进路运行、办理客运业务的动车组接入低站台股道、途中办理客运业务的动车组接入反向运行一侧的高站台股道）时，须经铁路局调度所值班主任准许并发布调度命令，后方站使用通信记录装置良好的列车无线调度通信设备向司机转达调度命令。如来不及时，接车站使用通信记录装置良好的列车无线调度通信设备向司机转达调度命令后，再开放信号，接入站内。

2. 北京、北京西站，同一股道可确定2～3条接发车进路，纳入车站新图技术作业图表作为接发动车组的基本进路，在上述进路接发或变更动车组接发股道时，由车站值班员确定；秦皇岛站办理客运业务的动车组在3、5道接发。上述情况均不再发布调度命令。

3. 遇动车组变更股道，在邻近1 100 mm及以上高站台的股道通过，需限速70 km/h时，车站值班员提前向列车调度员汇报，列车调度员在调度命令中注明。

第十八条　运行中发生意外时的处理

运行中发生意外，不危及本列车安全时，可不停车，继续运行，同时用列车无线调度通信设备报告就近车站处理。

第十九条　动车组运行中发生晚点时的处理

列车运行中发生影响列车正常运行超过15 min时，司机应将原因及时通知列车长，列车长应当按照晚点处置有关规定向旅客说明情况，做好安全宣传，防止擅自开启车门。

第二十条　动车组运行中遇旅客伤、病必须临时停车时的处理

列车运行中遇有旅客因伤、病必须临时停车抢救时，列车长通过司机向列车调度员报告情况请求临时停车。列车调度员接到报告后，应尽快确定临时停车站，并向司机和停车站下达调度命令。有关站车接到命令后，应及时做好交接和救护等准备工作，列车乘务人员不下车参与处理。

第二十一条　红外线系统探测动车组热轴报警时的处理

红外线系统探测动车组热轴报警时，红外线值班员按规定程序向列调报警，但不进行列车拦停。列调须立即通知司机，司机立即通知随车机械师，由随车机械师根据车载轴温检测系统探测情况，确定动车组是否继续安全运行，由司机将处理情况反馈列调，列调反馈红外线值班员。

第二十二条　动车组运行中发生火灾爆炸时的处理

列车运行中发生火灾爆炸时，列车乘务人员应当立即按下紧急停车按钮或

板下紧急制动手柄紧急制动停车，将旅客疏散到安全车厢，有防火隔断门的，应当关闭防火隔断门，并将情况司机及列车长。司机和列车长应当迅速启动应急预案。

第二十三条 动车组发生火灾事故司机应急处理预案

1. 采取紧急停车措施。司机发现或接到火灾报告后，应立即采取紧急停车措施（尽量避免列车停在隧道内或桥梁上），并应迅速切断车厢内电源。将情况报告就近车站值班员，并用列车无线调度通信设备通知后续列车和邻线列车。

2. 动车组司机救援工作职责。司机立即采取紧急停车措施，负责协助机械师车辆分解、设置防护工作。

第二十四条 动车组事故救援

1. 事故报告。动车组发生脱轨事故后，司机应立即报告就近车站值班员，并用列车无线调度通信设备通知后续列车和邻线列车。

2. 动车组司机救援工作职责。动车组司机负责指挥随车机械师、客运乘务组做好列车防护工作。

第二十五条 安装过渡车钩回送的规定

动车组安装过渡车钩回送时，限速120 km/h 运行，尽可能避免实施紧急制动。发生紧急制动后，本务司机必须通知随车机械师，经随车机械师检查过渡车钩状态良好后方可继续运行。

第二十六条 使用无线传送系统向司机传递行车凭证、调度命令的规定

(1)列车调度员使用无线传送系统向列车司机传递行车凭证、调度命令时，司机应及时签认接收。司机对其内容有疑问时，须立即使用列车无线调度通信设备向列车调度员询问。退勤时须将打印的书面命令交机车调度室(派班室)。

(2)列车运行中发现动车组调度命令装置故障时，司机应及时向列车调度员或就近车站值班员报告并根据列车调度员的调度命令或口头指示行车。不能及时向列车调度员或就近车站值班员报告的，列车应在前方站停车报告。CTC 区段动车组调度命令装置故障时，司机可适当降低速度，确保安全。

第二十七条 发生安全装备故障后对交接班的规定

对动车组运行中发生的列控车载设备、LKJ、CIR 设备故障情况，司机应将发生故障的时间、地点、现象作成记录，动车组入所，司机主动向地勤司机反映故障情况，并填写《动车组行车安全装备检查证》与地勤司机交接。

第二十八条 各种情况下施行制动方式的规定

正常情况下司机控制动车组制动机实施常用制动；危及行车安全时采用快速制动（危及弓网安全时 CRH_1 型应使用紧急制动按钮；CRH_2 可在雪天为防止

雪块进入制动圆盘和闸片，列车运行速度在110 km/h 以下，必要时投入耐雪制动；制动系统故障时采用辅助制动）。

第二十九条 遇降雾、暴风雨雪等恶劣天气情况时的处理

途中遇降雾、暴风雨雪等恶劣天气情况时，应立即报告列车调度员或就近车站值班员。

第三十条 当轴承温度报警时的处理办法

当轴承温度超过温度报警时，立即停车请求处理。

第三十一条 CRH_2 动车组防溜

1. 库内防溜：CRH_2 动车组入库按规定位置停妥后，本务司机降下受电弓，制动手柄置于“拔取”位，牵引手柄置于“切”位，换向手柄置于“关”位，取出电钥匙。北京、北京西库内本务司机与运用所地勤司机办理完技术交接后，与运用所地勤司机及时做好防溜。

动车组在北京、北京西出库前，本务司机在得到地勤司机“止轮器已撤除”的通知并相互签认后，方准动车。

2. CRH_2 动车组在车站到发线无动力停留（含按正常出库提前 1 小时及以上时间入车站到发线）时，由车站使用止轮器对动车组两端进行防溜。

（1）遇有计划的停（送）电时，车站值班员通知司机降（升）弓，由司机通知随车机械师检查确认车站人员所做的防（撤）工作。

（2）遇故障等情况停电（含遇特殊情况需降下受电弓变为无动力停留）时，由随车机械师根据需要通知车站防溜和撤除，并在车站防溜登记本上签字。

（3）本务（地勤）司机在得到随车机械师“防溜已撤除”的通知并相互签认后，方准动车。

3. 动车组在区间遇特殊情况无动力停留时，由本务司机、随车机械师按规定共同负责防溜工作。

CRH_3型动车组司机一次乘务作业标准(试行)

京铁机〔2008〕240号

第一章　出勤及接车

第一节　出　　勤

第一条　动车组司机出乘前必须充分休息,精神状态良好。担当夜间22:00至早6:00开车交路时,出勤前必须按规定到机务段候班室或指定地点休息不少于4 h,出勤调度员要严格把关。

第二条　动车组司机距出乘时间不少于10 min到达机务段机车调度室(派班室);车站站台接车时,于动车组到达时间不少于20 min前到达接车地点。

第三条　出勤时,按规定着动车组司机制服,佩戴标志,携带动车组司机驾驶证及有关规章到机务派班室,接受酒精含量测试,领取司机手册、报单、列车时刻表、操纵提示卡、运行揭示等有关资料。

第四条　核对运行揭示,根据担当区段、天气等情况,做好安全预想,制定行车安全注意事项,并记录于司机手册。

第五条　向出勤调度员汇报运行揭示核对情况,司机手册交出勤调度员审核并签认,认真听取指导。

第六条　改变信联闭条件、变更列车径路的Ⅱ级及其以上施工,必须明确行车办法并持有施工行车明示图。

第二节　所 内 作 业

第七条　在出所方向前部驾驶室,地勤司机主动向本务司机汇报该动车组前一次运用情况及段(所)内整备检修情况。

第八条　办理动车组运行技术状态、耗电量、行车安全设备合格证和主控钥匙交接。

第九条　司机对驾驶室的行车安全装备及重要部件进行检查,对出段(所)方向驾驶室内CTCS-3D车载设备进行参数输入,在GSM—R区段,确认CIR车次号进行注册及使用频点。

第十条　动车组所内检查:

(一)动车组外观检查

1. 确认动车组停放股道及型号;

2. 从出库端紧急开门装置处打开车门进入客车车厢。

(二)驾驶室检查

1. 打开驾驶室玻璃门,进入驾驶室;

2. 打开安全开关控制柜,确认各旋钮开关定位(垂直位),ATP 开关应选择 1 开位或 2 开位,接地钥匙在开位;

3. 付操纵台各开关旋钮位置正确;

4. 辅助制动空气塞门在关闭位;

5. 检查右侧 LSS(112.11)控制柜各开关在闭合位;

6. 闭合蓄电池开关,蓄电池电压表应为110 V,不得低于95 V;

7. 待 MMI 屏启动后,顺时针转动司机室钥匙;换向开关前进或后进位,激活驾驶室;

8. 确认停放制动指示灯应为黄灯常亮;

9. 检查 MR 压力 BP 压力;

10. 检查操纵台各开关旋钮位于定位;GFX-3A 正常显示灯亮;

11. MMI 正常启动后,通过 MMI 屏确认编组信息和设备切除状态。

(三)升弓供电作业

1. 左侧 MMI 显示屏,调出"接触网网压"屏;

2. 右侧 MMI 显示屏,调出"牵引控制"屏,检查各设备正常,具备升弓供电条件;

3. 扳动受电弓升起开关,如风压过低,辅助压缩机自动工作,风压达到要求后再次扳动升弓开关,通过右侧 MMI 显示屏"牵引控制"界面观察受电弓升起状态及位置;

4. 通过左侧 MMI"接触网网压"屏确认网压正常,待主断路器标志变为稳定的淡蓝色后,闭合主断路器开关;

5. 通过右侧 MMI 显示屏"牵引控制"界面确认各相关断路器闭合,辅助整流器启动;

6. 确认蓄电池电压表显示 120 V 左右。

(四)制动牵引试验

1. 观察总风压力 750~1 000 kPa,列车管压力600 kPa;

2. 按规定进行空气及电气牵引制动试验(见操作规程附件)。

(五)ATP 输入

按规定进行ATP输入及试验(ATP试验和制动机试验不可同时进行)。

(六)机能试验

1. CIR试验;

2. 左右侧开关门集控试验;

3. 头灯及风笛试验;

4. 用付操作台灯测试按钮进行信号灯测试,各信号灯全部亮起;

5. DSD试验:脚踏DSD踏板30 s以上,待报警声响起并触发制动后,释放DSD踏板,再次踏下,缓解制动;手动牵引手柄上部按钮,重复如上DSD试验。

(七)换端

按规定换端到出库端按上述顺序进行检查及机能试验。

(八)动车准备

1. 将左侧MMI屏定到“牵引控制”界面;

2. 将右侧MMI屏定到“制动控制”界面;

3. 准备工作完成,准备出库。

第二章 出所作业

第十一条 按照规定时间出所。出段(所)时,确认出所信号、道岔开通信号、司机释放停放制动,厉行呼唤,鸣笛(限鸣区段除外,下同)动车出段(所)。

第十二条 动车组运行(含转线、调车作业)时,司机必须在运行方向前端驾驶室操纵牵引运行。

第十三条 利用列车无线调度通信设备与车站联系信号开放状态,按信号显示出段(所)。

第十四条 站、所走行,逐一确认呼唤调车信号,严守速度。须进入尽头线时,应加强瞭望、确认,不得进入距尽头线或接触网终点标10 m内,遇特殊情况必须进入时,应严格控制速度。

第十五条 进入车站到发线,按停车标志停车时,须做到一次稳准停妥。列车到站停妥后,司机及时按压停放制动按钮使列车保持制动状态。确认停靠站台位置,按列车长指示开启相对应车门。如自动开关门装置故障时,由司机通知随车机械师手动开关车门。

第三章 途中运行

第一节 基本要求

第十六条 动车组司机在运行中应参照列车操纵提示卡操纵列车,严格执行呼唤和车机联控制度(CTC 区段除外),做到"彻底瞭望、确认信号、高声呼唤、手比眼看"。

严格遵守动车组、线路、桥隧、道岔、曲线、信号容许速度和慢行地段等限制速度,以及车载列控设备的限制速度。

始发站、中间站、终到站及非正常情况停车时,应记录列车实际停、开车时间,非正常情况下记录原因。

第十七条 司机必须在运行方向最前端司机室操纵。正常情况下,非操纵端各操纵开关、手柄、司机室门、窗均应置于断开位或锁闭位。

第十八条 司机操纵应做到起车快、调速稳、停车稳准,控制动车组按照线路允许速度运行,确保安全正点。

第十九条 在 CTCS-3D 区段原则上以自动驾驶为主,手动为辅。实现列车最优化的运行状态,满足列车追踪运行的需求。

第二十条 正常情况下,增加或减少牵引力、制动力时,牵引手柄、制动手柄应逐步进行,牵引手柄加载时在预备位稍作停留,防止手柄越位功能启控。运行中或未停稳前,严禁换向操纵。

第二十一条 区间被迫停车、站、段(所)长时间停留或更换驾驶室操纵时,司机及时按压停放制动按钮,使列车保持制动状态。

第二十二条 更换乘务组或更换司机室操纵时必须进行制动系统简略试验。

第二十三条 列车正常调速时应使用常用制动,危及行车安全时应采用紧急制动停车。当运行中发生紧急制动后在列车未停稳前严禁使用 OC 位缓解制动。

第二十四条 行车安全装备必须全程运转,列控车载设备必须按规定操作,严禁违规切除各安全保护装置。运行中,司机须在30 s 时间内将 DSD 脚踏板释放一次,释放时间间隔不得超过2.5 s。遇 DSD 脚踏板故障时,可使用牵引手柄上的 DSD 按钮。

第二十五条 动车组运行中应注意以下事项:

1. 自动驾驶功能作用不良时,司机应及时切除,人工控制列车按规定速度运行。

2. 接到接触网故障需降弓运行的调度命令时,在降、升受电弓标或降、升弓手信号前,应及时降下或升起受电弓。

3. 遇接触网临时停电或有异常情况时,应迅速断开主断路器、降下受电弓、立即停车,同时报告列车调度员,及时通知随车机械师、列车长,避免停于分相绝缘区内。

第二十六条 动车组运行中应使用自动过分相装置。在经过第一个分相区前,将主控手柄退回“0”位,验证自动过分相作用是否良好。

运行中每次过分相后应对操纵台各仪表显示进行检查确认。

第二十七条 自动过分相装置故障时,应采用手动过分相。

第二十八条 列车运行中出现故障时,司机按车载信息监控装置的提示,按步骤及时处理;需要由随车机械师配合处理时,司机通知随车机械师。经处置确认无法正常运行时,司机应按车载信息监控装置的提示和随车机械师的要求,选择维持运行或停车等方式,并及时报告列车调度员。并在停车后按规定按压停放制动装置,防止动车组溜逸。

第二十九条 动车组在区间被迫停车时,司机立即报告列车调度员。随车机械师、客运乘务组均应听从列车司机指挥,处理有关行车和事故救援等事宜。需下车处理或组织旅客疏散时,必须在列车调度员办理邻线列车停运后进行。

第三十条 在下列情况下,动车组限速运行:

1. 当动车组制动系统故障切除 25%制动力时,限速160 km/h 运行;切除50%制动力时,限速120 km/h 运行。

2. 当空气弹簧故障时,限速160 km/h 运行。

3. 车窗玻璃破损导致车厢密封失效时,限速160 km/h 运行。

4. 动车组在环境风风速不大于25 m/s 时,可以正常速度运行。当环境风风速在25～30 m/s 时,运行速度不大于120 km/h。环境风风速大于30 m/s 时,严禁动车组进入风区。

第三十一条 当轴承温度超过温度报警时,立即停车请求处理。

第三十二条 司机应严格按限速调度命令控制列车运行,如调度命令的限速值低于列控车载设备显示的目标速度时,应按调度命令的限速人工控制列车运行。

车站站内(正线除外)经 18 号及以上道岔侧向发车时,至一离去之间,如果限速低于道岔侧向允许速度时,司机应按调度命令的限速人工控制列车运行。

关键区域为:侧线通过进路、侧线接、发车进路、正线停车后的发车进路和一离去区段。

第三十三条 列车运行中,司机不得离开司机室(遇冲撞险情紧急避险除外);司机室各门必须锁闭,防止旅客等闲杂人员进入司机室。

第二节 发车准备与发车

第三十四条 司机确认操纵台各仪表、显示屏显示正常,各手柄位置正确,列车发车前，列车长确认旅客上下完毕后，通知司机关闭车门。如自动开关门装置故障时，由司机通知随车机械师手动开关车门。

第三十五条 司机必须根据列车运行轨道(上行线或下行线)将 TCR 的上下行开关人工操作到正确位置，确认列控车载设备、CIR 参数输入正确。

第三节 起车操纵

第三十六条 列车司机在确认出站(进路)信号机(含引导信号)已开放，车门已关闭，确认开车时间，即可起动列车。

第三十七条 起车后按照目视模式控速40 km/h 运行，收到出站或进路信号机前应答器报文，转为完全监控模式后按其限速要求运行。

第三十八条 在上坡道上启动动车组时，可将牵引手柄置于适当级位，再缓解(停放或手柄制动)制动，防止动车组溜逸。

第四节 调速操纵

第三十九条 实施常用制动时，应考虑列车速度、线路情况、限速要求、停车目标距离等条件，准确掌握制动时机和级位，列车制动控制应在列车产生初步制动力后及时增加制动强度，保持均匀减速(制动过程中过分相时，动力制动自动切除，全部转为空气制动)。

在正常情况下的调速或停车，增加或减少制动力时，手柄操纵应逐步进行，进行制动或缓解时应在制动“1A”位稍作停留，确保平稳。

第四十条 遇紧急情况实施制动时，迅速将制动手柄置于“紧急”位，并解除牵引力，当运行中发生紧急制动后在列车未停稳前严禁使用 OC 位缓解制动。

第四十一条 在 CTCS-3D 区段，正常情况下列控车载设备直接自动控制列车运行，通过低于45 km/h 以下的限速地段时，由自动控制改为人工控制，司机严格控制速度运行。

第五节 进站停车操纵

第四十二条 进站停车操纵要求：正常情况下稳定使用中级档位以下的制动，随着速度的降低，停车前逐渐回到制动初级停车。

第四十三条 按动车组停车标志停车时，须做到一次稳准停妥，停妥后保持列车制动状态。

第四十四条 列车到站停妥后必须确认站台位置，方可开启相对应车门；如自动开关门装置故障时，应及时通知随车机械师手动开车门。

第四十五条 列车停留时应保持列车制动状态，司机必须坚守岗位，不得擅自离开司机室。夜间等会列车时，应将前照灯灯光减弱或熄灭。

第六节 在站交接

第四十六条 列车到达停妥后，司机不得缓解列车制动。交班司机与接班司机办理交接。交班司机应详细介绍运用状态，填写运行日志记录，办理交接手续。

第四十七条 折返站换乘检查、试验程序见操作规程附件。

第四章 终到与入段(所)作业

第一节 终到站作业

第四十八条 动车组到达终点后不能及时入段(所)时，应使列车保持制动状态。

第四十九条 具备入段(所)条件时，入段(所)动车前与随车机械师联系，确认关门灯点亮；确认入段(所)信号、道岔开通信号显示正确，厉行呼唤，鸣笛动车入段(所)。

第五十条 段(所)内走行要严格控制速度，确认股道开通及信号显示正确。

第五十一条 进入整备线指定位置停车后，到达司机使动车组保持制动状态，与地勤司机办理交接手续。

第二节 退 勤

第五十二条 退勤前，司机应正确填写报单，对本次列车的运行情况进行总结。

第五十三条 退勤时，向退勤调度员汇报本次列车安全及运行情况，对运行中出现的临时突发情况做出说明；对途中发生的非正常情况写出报告，交回司机手册和报单，方可办理退勤手续。

第五十四条 退勤分析员对传输的列控车载设备运行记录文件重要项点检索分析后，准许司机退勤。

附 则

第五十五条 本标准适用于时速300～350公里CRH系列动车组，未尽事宜按铁道部有关规定执行。

第五十六条 本标准自发布之日起执行。

附件

动车组司机呼唤(应答)标准

(一)出所至发车

序号	呼唤时机及处所	确认项目	呼唤用语
1	整备完了	人员就岗	出段(所)准备好了
2	整备(停留)线准备出段(所)	出段(所)信号	出段(所)信号好了
3	站段分界点前	一度停车牌	一度停车(闸楼签填司机报单)
4	调车信号前	调车信号	调车信号,白灯好了 调车信号,蓝(红)灯停车
5	发车前	行车安全装备	行车安全装备设置好了
6	发车前	操纵台各仪表显示	各仪表显示正常
7	发车前	出站信号或凭证	出站好了或凭证正确

(二)途中运行

序号	呼唤时机及处所	确认项目	呼唤用语
1	进入慢行地段	慢行标识及限速值	慢行注意,限速××公里
2	进入分相前	禁止双弓位置	单弓好了
3	接近断电标	断电标位置	断电好了、网压注意
4	过合电标	合电标	闭合好了、网压正常
5	进入降弓地段前	准备降弓标	准备降弓
6	降弓标前	降弓标	降弓好了
7	升弓标前	升弓标	升弓好了
8	运行途中	操纵台各仪表显示	各仪表显示正常
9	引导信号前	引导信号	引导(手)信号好了 引导(手)信号机外停车
10	复示信号前	复示信号	直向、侧向或机外停车 复示好了或站内停车
11	遮断信号前	遮断信号	遮断信号、停车
12	进路表示器前	进路表示器	进路表示器,××侧好了
13	通过手信号前	通过手信号	手信号、好了 站内停车

续上表

序号	呼唤时机及处所	确认项目	呼唤用语
14	进站(路)信号前	进站(路)信号	通过 进站(路)好了 正线 侧线 机外停车
15	出发进路信号前	出发进路信号	出站好了 站内停车
16	出站信号前	出站信号	出站好了 站内停车
17	自闭分区通过通过信号前	通过信号	绿灯,绿黄灯 黄灯 红灯停车
18	防护信号前	防护信号	防护信号、撤除好了 防护信号、停车
19	CIR 转换标志前	CIR 转换	CIR 转换注意 转换好了
20	始发、终到、分界站	报点	正点开车(到达) 晚点××分开车(到达) 早点××分开车(到达) ××站、正点通过 ××站、早点××分通过 ××站、晚点××分通过

(三)到达至入段

序号	呼唤时机及处所	确认项目	呼唤用语
1	终到站停车后	行车安全装备	进入调车(机车信号)模式
2	动车前	调车信号	调车信号,白灯好了 调车信号,蓝(红)灯停车
3	站段分界点	一度停车牌位置	一度停车
4	手信号显示处前	手信号	手信号,好了 手信号,停车
5	进入段(所)内尽头线	尽头线	十辆、五辆、三辆、停车

(四)主体信号确认呼唤时机和手比姿势

1. 主体信号确认呼唤时机:

瞭望条件良好时,进站(进路)信号不少于800 m;出站、通过、预告信号不少于600 m;信号表示器不少于400 m。

2. 手比姿势:

(1)地面信号要求通过(显示绿灯、绿黄灯、黄闪黄)时:伸出食指和中指,指向正前方;

(2)地面信号要求正向径路准备停车(显示黄灯)时:拢拳伸拇指;

(3)信号要求侧向径路准备停车(显示双黄灯、双绿灯)时:拢拳伸拇指和小指;

(4)信号要求停车(包括固定和临时)时:单臂拢拳,上下摇动;

(5)注意警惕运行时:单臂拢拳,大小臂成90°,举拳与眉齐。

时速 300～350 km CRH 系列动车组操作规程(试行)

京铁机〔2008〕242 号

总　　则

第一条　为使动车组司机的操纵实现规范化、标准化，结合时速 300～350 km CRH 系列动车组司机乘务工作的特点，特制定本规程。

第二条　动车组司机和管理人员必须认真学习并严格执行本规程，要树立良好的职业道德，做到遵章守纪、爱护动车、平稳操纵、安全正点。

出段(所)作业

出　　勤

第三条　出乘前严禁饮酒，必须充分睡眠，准时出勤。

第四条　出勤时，应按规定着动车组司机制服，佩戴标志，携带动车组司机驾驶证及有关规章到动车组司机派班室，接受酒精含量测试，领取司机手册、报单、列车时刻表、操纵提示卡、行车和揭示调度命令等有关资料。

第五条　核对运行揭示和调度命令，根据担当区段、天气等情况，做好安全预想，制定运行安全注意事项，记录于司机手册。

第六条　向出勤调度员汇报运行揭示核对情况，将司机手册交出勤调度员审核并签认，认真听取指导。

第七条　改变信联闭条件、变更列车径路的Ⅱ级及其以上施工，必须明确行车办法并持有施工行车明示图。

接　　车

第八条　在出段(所)方向前部驾驶室地勤司机主动向本务司机汇报该动车组前一次运用情况及段(所)内整备检修情况。

第九条　在出段(所)方向后部驾驶室与地勤司机办理耗电和动车组运行技术状态、行车安全设备合格证交接，领取司机室钥匙和主控钥匙。

第十条　司机对驾驶室的行车安全装备及重要部件进行检查，对出段(所)方向前端驾驶室的 CTCS-3D 车载设备进行相关参数输入，在 GSM—R 区段，对 CIR 车次号进行注册，对担当区段的频点进行确认。

第十一条 地勤司机按附件 1 进行制动系统全部试验，本务司机接车时按附件 3 进行制动系统试验。

出段(所)至始发站

第十二条 动车组出段(所)在列控设备不能控车时应实行双人值乘。

第十三条 操纵动车组准备出段(所)：

1. 利用 CIR 了解开车股道和走行径路，按列控系统要求或信号显示出段(所)。

2. 确认出段(所)信号、道岔开通信号，厉行呼唤〔呼唤(应答)标准见附件 2，下同〕，鸣笛(限鸣区段除外，下同)后出段(所)。

3. 出段(所)时严守限制速度。

4. 按停车标志停车，做到一次稳准停妥。

第十四条 列车到站停妥后司机使列车保持制动状态(按压停放制动按钮)，列车长通知开车门后确认站台位置并开启车门。如自动开关门装置故障时，由司机通知列车工作人员手动开关车门。

第十五条 300～350 km/h 动车组在北京西站至北京南站间采用机车信号模式运行。

运行作业

基本要求

第十六条 司机在运行中应参照列车操纵示意图操纵列车，严格执行呼唤(应答)和车机联控制度(无车站值班员的地段不进行车机联控。在车站控制模式下，必须执行车机联控)，做到“加强瞭望、确认信号、清晰呼唤、手比眼看”。

第十七条 司机应在运行方向最前端司机室操纵，所有非操纵端司机室门、窗及各操纵开关、手柄，均应置于锁闭位或断开位。

第十八条 列车运行中或未停稳前，严禁换向操作。

第十九条 司机操纵应做到起车快、调速稳、停车稳准，控制动车组按照各类限制速度和列控设备设定的速度运行。列车临时停车，司机应立即与列车调度员联系，待停车原因消除需继续运行时，根据列车调度员的指示办理。

第二十条 在 CTCS-3D 区段，正常情况下列控车载设备直接自动控制列车通过慢行地点，司机应密切注视列车运行速度，必要时采取干预措施。凡低于 45 km/h 的限速，均在设备上按45 km/h 速度值设置限速，并由列车调度员向有关司机发布实际限速要求的调度命令，司机按调度命令的要求人工控制列车速度。

第二十一条 列控设备必须按规定操作，不得盲目切除各安全保护装置。

第二十二条 正常运行时，司机必须保持将脚靠踏板置于相应位置，在规定的时间周期内（CRH_3 型30 s）踩（按）动一次 DSD 按钮。

第二十三条 减速制动时，应选择适当的级位，危及行车安全时应采用快速（紧急）制动停车，在列车未停稳前严禁使用“OC”位缓解列车制动。

第二十四条 在经过乘务区段第一个分相区时，将手柄置于“0”位，需验证能否正常自动过分相。

当自动过分相装置故障时，应及时采用手动过分相。手动过分相时，动车组运行至过分相绝缘区前，司机应提前确认升起受电弓的车号，运行至分相绝缘区时，要集中精力，加强瞭望，及时切除牵引力并“断电”。确认网压上升并稳定后再“合电”。

运行中每次过分相后应对操纵台各仪表显示进行检查确认。

第二十五条 单列动车组为固定编组，运用状态下不得解编；两列同型动车组可重联运行。两列动车组重联运行时各升 1 架受电弓，只允许同时升前弓或升后弓。

第二十六条 在 CTCS-3D 区段原则上以自动驾驶为主，手动为辅。实现列车最优化的运行状态，满足列车追踪间隔运行的需求。

第二十七条 动车组运行中应注意以下事项：

1. 运行中应选择适当的手柄位置，使用恒速功能，保持列车恒速运行。如果恒速装置作用不良，司机应及时切除恒速功能，控制列车按规定速度运行。

2. 正常情况下，增加或减少牵引力、制动力时，牵引手柄、制动手柄应逐步进行。牵引手柄加载时在预备位稍作停留，防止手柄越位功能启控。

3. 遇接触网故障，在降、升受电弓标或降、升弓手信号前，应及时降下或升起受电弓。

4. 遇接触网临时停电或有异常情况时，应迅速断开主断路器，降下受电弓，根据动车组运行速度、风表压力情况和逃生通道位置等选择适当地点停车，并立即报告列车调度员或车站值班员，及时通知随车机械师、列车长。

5. 动车组停车后，司机使列车保持制动状态（按压停放制动）。更换乘务组或更换驾驶室操纵时，必须进行制动系统简略试验。

6. 在 CIR 模式转换提示标志前，司机应注意在自动转换地点是否能够自动转换，如不能，应立即手动转换。经过手动转换地点时司机及时转换到相应位置。

第二十八条 列车运行中出现故障时，司机按车载信息监控装置的提示，按步骤及时处理；需要由随车机械师配合处理时，司机通知随车机械师。经处置确认无法正常运行时，司机应按车载信息监控装置的提示和随车机械师的要求，选择维持运行或停车等方式，并使用列车无线调度通信设备报告列车调度员或车站值班员。并于停车后按规定按压停放制动，防止动车组溜逸。

第二十九条 列车在区间被迫停车时，司机应立即向列车调度员报告，随车机械师、客运乘务组均应在列车司机的统一指挥下处理有关事故救援等事宜。需下车进行检查处理或组织旅客疏散时，必须在列车调度员办理邻线列车停运后进行。

第三十条 动车组被救援时，过渡车钩、专用风管的连接和分解由随车机械师负责，司机配合。具备升弓供电条件的，允许动车组升弓供电。

第三十一条 动车组运行中，与行人、机动车、非机动车、牲畜及其他障碍物相撞，为保障旅客列车安全或因特殊运输需要不宜停车的，在不影响本列安全的前提下，可以不停车；司机应用 CIR 报告就近车站、列车调度员处理。

发车准备与发车

第三十二条 司机确认操纵台各仪表、显示屏显示正常，各手柄位置正确，TCR 的上、下行开关位置正确。列车发车前，列车长确认旅客上下完毕后，通知司机关闭车门。

第三十三条 如自动开关门装置故障时，由司机通知列车工作人员手动开关车门。

起 车 操 纵

第三十四条 列车司机在确认出站（进路）信号机（含引导信号）已开放，确认开车时间，车门已关闭，即可起动列车；如须取消发车进路，列车调度员应与司机联系，确认列车尚未起动，再取消发车进路。

第三十五条 列车起动后按目视行车模式40 km/h 控速运行，收到前方应答器报文，列控车载设备自动转为完全监控模式。

调 速 操 纵

第三十六条 施行制动时，应考虑列车速度、线路情况、限速要求、停车目标距离等条件，准确掌握制动时机和级位，列车制动控制应在列车产生初步制动力后及时增加制动强度，保持均匀减速（制动过程中过分相时，动力制动自动切除，全部转为空气制动）。

速度较高时应使用较高级位的制动。中速运行时应使用中级挡位的制动。

在正常情况下的调速或停车，增加或减少制动力时，手柄操纵应逐步进行，进行制动或缓解时应在制动“1”位或“1A”位稍作停留，确保平稳。

列控车载设备的使用

第三十七条 CTCS-3D 列控车载设备具有待机、完全监控、调车、引导、目视行车、机车信号、隔离等 7 种控制模式。

第三十八条 CTCS-3D 待机模式是列控车载设备上电后的默认模式，列控车载设备执行自检并和外部设备测试通过后，自动处于待机模式，并无条件输出制动。

第三十九条 司机输入司机身份和列车数据并通过校验后，选择目视行车模式或调车模式并按下“启动”键启动列车运行。

第四十条 CTCS-3D完全监控模式是列车运行的主要模式。当车载设备获得全部列车数据和完整的线路数据后，且未选择其他模式，系统将自动进入完全监控模式。列控车载设备向司机显示当前列车速度、允许速度、目标速度和目标距离。完全监控模式下，开口速度20 km/h。

第四十一条 CTCS-3D调车模式是动车组进行调车作业的固定模式，限速值为40 km/h。列控车载设备通过地面应答器指令自动选择调车模式，在更改模式后5 s内由司机确认，否则设备触发制动。调车模式也可通过人工选择方式进入。

第四十二条 CTCS-3D引导模式是在轨道电路故障，不能正常办理接发车进路，改为引导进路后，列控车载设备通过地面应答器指令自动进入的一种控制模式，限速值为40 km/h。在引导模式下，列控车载设备按照动态速度曲线和目标距离，监控列车运行。在更改模式后5 s内由司机确认，否则设备触发制动。

第四十三条 CTCS-3D目视行车模式是在区间或车站信号因故不能开放时，车载设备在停车状态下通过司机选择进入的一种控制模式，限速值为40 km/h。需越过关闭的信号时，应使用越行功能，列车以目视行车模式运行至前方开放的信号并收到应答器发出的行车许可后，车载设备自动转入完全监控模式。

第四十四条 CTCS-3D机车信号模式适用于地面未设置CTCS-3D列控系统的地段，TCR输出机车信号显示，限速值为45 km/h。

第四十五条 CTCS-3D隔离模式是列控车载设备停用的模式。如果双套列控车载设备均故障，列车停车后，司机操纵系统开关选择该模式。在隔离模式下，车载设备不能执行任何监控。

第四十六条 CTCS-3D列控车载设备7种模式之间的转换见下表。

CTCS-3D列控车载设备7种模式之间的转换

	安全监控模式	调车模式	引导模式	目视行车模式	机车信号模式	隔离模式	待机模式
安全监控模式		自动	自动	人工	人工	人工	人工
调车模式	—		—	—	—	人工	人工
引导模式	自动	自动		人工	人工	人工	人工
目视行车模式	自动	自动	自动		人工	人工	人工
机车信号模式	—	—	—	—		人工	人工
隔离模式	—	—	—	—	—		人工
待机模式	—	人工	—		—	人工	

第四十七条 遇列控车载设备不能使用时,停车后司机应立即报告列车调度员。列车调度员确认该列车至前方站无列车占用后,发布调度命令改为隔离模式,按地面信号机(带灯停车标)的显示,以不超过40 km/h的速度运行至前方站。

第四十八条 配备CTCS-3D列控车载设备的列车,在天津站至塘沽站区段运行时,列车在出站应答器组触发制动停车后、或在区间列控车载设备重新启动后(含主机倒备机),车载设备不能保留临时限速信息,司机应在停车后立即报告列车调度员核对确认至前方站范围(含前方站的离去区段)内的限速命令,由司机人工控制列车速度越过限速区。

运 行 记 点

第四十九条 始发站、中间站、终到站及非正常情况停车时,应记录列车实际停、开车时刻,非正常情况下记录原因。

进站停车操纵

第五十条 进站停车时制动机的使用要求:

1. 正常情况下,应稳定使用中级档位以下的制动,随着速度的降低,停车前逐渐回到制动初级停车。停车后,司机使列车保持制动状态(按压停放制动按钮)。

2. 速度较高时应逐步使用较高级位的制动。

第五十一条 按停车标志停车时,须做到一次稳准停妥。

第五十二条 列车到站停妥后,司机必须确认站台位置后开启车门。如自动开关门装置故障时,由司机通知列车工作人员手动开关车门。

第五十三条 在车站办理客运业务停车的列车,司机必须按列车运行图规定的停站操纵列车。遇出站信号提前开放时,列车不得通过。

第五十四条 中间站和区间停留时应保持列车制动状态,并不得断开蓄电池电源。

1. 司机必须坚守岗位,不得擅自离开司机室。

2. 夜间等会列车时,应将前照灯灯光减弱或熄灭。

救 援 办 法

第五十五条 利用动车组进行救援的办法:对故障动车组从前部救援时,负责救援的动车组可以按隔离模式进入区间,按调度命令的要求办理。对故障动车组从尾部救援时,负责救援的动车组可以按完全监控模式进入区间,在行车许可终点停车后,再按调度命令的要求办理。

调 车 作 业

第五十六条 在北京南站城际场、天津站城际场进行调车作业时,列控车载设备置于调车模式,按调车信号显示运行。

第五十七条 在亦庄、永乐(维修工区除外)、武清站进行调车作业时,按列车进路办理,司机将车载设备转入目视行车模式,根据列车调度员的指示和进、出站信号的显示进行调车作业。向有车线使用引导信号进行调车时,列车调度员应向司机说明。

第五十八条 司机如不能确认调车信号显示状态,应报告列车调度员,由列车调度员向司机预告信号开放状态。

动车组调车作业遇调车信号不能开放时,列车调度员须在调车进路准备妥当的情况下,发布调度命令,司机按隔离模式进行调车作业,调车速度不得超过20 km/h。

第五十九条 采用机车调车作业时,动车组检修基地(动车运用所)人员或随车机械师负责过渡车钩、专用风管的连接和分解并打开车门,调车人员负责车钩摘解、软管摘结。

在站交接与继乘

第六十条 列车到达乘务交接站停车后,司机不得缓解列车制动,交班司机与接班司机 (无接班司机时与机械师或指定人员) 办理交接。交班司机应详细介绍运用状态,填写运行日志记录,办理交接手续。

第六十一条 折返站换乘检查试验程序见附件3。

第六十二条 继乘站换班时:

1. 交接动车组运用状态和耗电量;
2. 按附件 3 对制动系统进行试验;
3. 换班后,通知随车机械师。

入段(所)作业

第六十三条 动车组入段(所)实行双人值乘。

第六十四条 动车组到达终点站后不能及时入段(所)时,司机使列车保持制动状态(按压停放制动按钮)。

第六十五条 按照列控系统要求或确认入段(所)信号、道岔开通信号显示正确,关门指示灯亮,厉行呼唤,鸣笛后动车,入段(所)。利用 CIR 了解段(所)内走行径路。

第六十六条 动车组入段(所)后应停放在指定地点,并与地勤司机办理交接,到动车组司机派班室退勤。

退勤作业

第六十七条 退勤前,司机应正确填写报单,对本次列车的安全正点情况进行分析并作出记录。

第六十八条 退勤时，向机车调度员汇报本次列车安全及运行情况，对运行中出现的临时突发情况做出说明，对途中发生的非正常情况写出报告，交回司机手册和报单，办理退勤手续。

附　则

第六十九条 本规程适用于时速300～350 km CRH 系列动车组，未尽事宜按铁道部有关规定执行。

第七十条 本规程自发布之日起实行。

附件 1

CRH3 型动车组检查试验程序

一、上车检查

1. 确认动车组停放股道及型号和止轮器安放状态。

2. 库内接车时由在车站始发时的非操纵端上车，如列车门无法电器启动，可通过车门附近的紧急开锁机构在外侧手动开启/关闭列车门。

3. 用司机室门钥匙打开驾驶室玻璃门，进入驾驶室。

4. 检查操纵台、付操纵台各开关位于定位；GFX-3A 正常显示灯亮。

5. 检查操纵台下辅助制动空气塞门和雨刷应急塞门在关闭位。

6. 检查控制柜各开关在闭合位。

7. 打开安全开关控制柜，确认各旋钮开关定位（垂直位），ATP 开关应选择 1 开位或 2开位，接地钥匙在开位。

8. 闭合蓄电池开关，确认蓄电池电压表不应低于95 V。

9. 插入总控钥匙顺时针旋转，方向开关前进或倒车位，激活司机室。

10. MMI 屏启动后，通过右侧 MMI 确认全车停放制动已施加，停放制动指示灯（黄灯）常亮。

11. 通过左侧 MMI 在主页面下，选择软键 9 进入“开关”选项，按压软键 4 进入“牵引”页面，确认高压设备切除状态。并保持该页面。

12. 出库前对两端的 ETCS 进行测试。

二、升弓作业

1. 扳动受电弓升起开关，确认受电弓升起状态及位置。此时默认升起的是后端的受电弓，换端后再进行倒弓操作。保证出库时双弓状态良好。

2. 如升弓风压不足时，BCU 会自动控制辅助压缩机启动。司机等待一段时间后再进行一次升弓操作。

3. 确认接触网压正常后，等待主断路器“断开”标志由白色变为淡蓝色后，再进行闭合主断路器的操作。

4. 主断路器闭合后，主断路器“断开”标志消失。

5. 确认所有的辅助供电单元启动正常。

6. 确认蓄电池电压表显示 120 V 左右。

7. 确认总风 MRP 压力达到750 kPa 以上，紧急制动缓解。

三、ATP、CIR 的操作

1. 进行 ATP 数据的选择输入和测试：

(1)输入司机号按压“回车”键。

(2)选择“等级 1”或“等级 0”后按压“回车”键。

(3)输入车次号后按压“回车”键。

(4)按规定输入列车参数。

(5)选择 F10，“主屏”键。

(6)选择 F9，“测试 ETCS”键，按压 F2“开始测试”键，进行 ATP 的测试。测试通过后，DMI 上显示“测试结果正常”。

(7)选择目测模式。

2. 进行 CIR 的输入。

四、辅助设备测试

1. 左右侧开关门集控试验。

2. 头灯及风笛试验。

3. 用付操作台灯测试按钮进行信号灯测试，各信号灯全部亮起。

4. DSD 试验：脚踏 DSD 踏板 30 秒以上，待报警声响起并触发制动后，释放 DSD 踏板，再次踏下，缓解制动；手动牵引手柄上部按钮，重复如上 DSD 试验。

五、制动机试验

1. 准备工作：停放制动施加，停放制动黄灯常亮；确认辅助制动转换开关在关闭位。

将左侧 MMI 显示屏切换至制动试验(Brake Tests)页面，右侧屏选择“牵引制动”页面按提示要求进行如下试验。

2. 空气制动试验

(1)辅助空气制动试验

将司机操纵台右侧门内的辅助制动空气塞门开放；

使用辅助制动手柄进行空气制动和缓解、保压试验；

关闭司机操纵台右侧门下的辅助制动空气塞门。

	5 键“BP Leakage test” “BP 泄漏试验”屏
2 键“Test of direct brake” “直接制动试验”屏	6 键“Test of indirect brake” “间接制动试验”屏
3 键“Emergency” “紧急制动试验”屏	7 键“BP-Continuity test” “BP 导通试验”屏
4 键“MRP-Continuity test” “MRP-导通试验”屏	8 键“Result of last brake test” “最后的制动试验结果”屏

(2)直接制动试验

按压 2 号键(direct brake)，按提示再按压 1 号键(start test)启动试验；

将制动手柄置于 3 级，待所有车制动显示变为蓝色；

按提示将制动手柄置于运行位，等待所有车制动小框显示蓝色；

本步骤试验完成，按压 8(brake test)号键，返回选择界面。

(3)紧急制动试验

按压 3 号键(EB test)，按提示再按压 1 号键(start test)启动试验；

按提示将制动手柄置于“EB”位，BP 压力降到260 kPa以下，观察所有车制动显示变为蓝色；

按提示将制动手柄置于“OC”位缓解紧急制动，然后将制动手柄回到运行位，等待所有车制动小框显示蓝色；

本步骤试验完成，按压 8(brake test)号键，返回选择界面。

3. MPR 导通试验

按压 4 号键(MRP contin)，按提示再按压 1 号键(start test)启动试验；

将制动手柄在制动 8 级至运行位往复，使总风(MRP)压力降到900 kPa 以下；

制动手柄运转位，观察总风(MRP)压力上升不少于30 kPa；

本步骤试验完成，按压 8(brake test)号键，返回选择界面。

4. BP 泄露试验

按压 5 号键(BP Leakage)，按提示再按压 1 号键(start test)启动试验；

系统自动停止向制动管充风，保压30 s，系统监测 BP 管无漏泄后显示试验正常；

本步骤试验完成，按压 8(brake test)号键，返回选择界面。

5. 间接制动试验

按压 6 号键(indirect brake),按提示再按压 1 号键(start test)启动试验;

通过最后一辆车起紧急制动,看 BP 管压力是否降到260 kPa以下;

检查所有制动是否在10 s内缓解,按提示按压 5 号键,关闭试验;

等待 BP 管充风到600 kPa,所有车辆显示缓解;

本步骤试验完成,按压 8(brake test)号键,返回选择界面。

6. BP 贯通试验

按压 7 号键(BP-Continuity),按提示再按压 1 号键(start test)启动试验;

检查最后一辆车压力下降,然后全列 BP 压力下降到260 kPa以下;

按提示按压 5 号键,关闭试验;

检查 BP 管压力升到600 kPa,试验完成。

通过 MMI 屏制动力界面检查试验结果及制动力,空气制动试验完成。

7. 紧急制动试验:手动按下付操纵台紧急试验蘑菇头按钮,观察紧急制动启动;拔起紧急制动按钮,观察 BP 管恢复定压,制动缓解。

六、换端

由车厢内进入另一端司机室,更换受电弓并重复上述第一至五项的作业。

七、CRH2C 型动车组检查试验程序见《关于印发〈CRH 系列动车组操作规程〉的通知》(铁运〔2007〕190 号)文件附件 3。

附件 2

动车组司机呼唤(应答)标准

(一)出所至发车

序号	呼唤时机及处所	确认项目	呼唤用语
1	整备完了	人员就岗	出段(所)准备好了
2	整备(停留)线准备出段(所)	出段(所)信号	出段(所)信号好了
3	站段分界点前	一度停车牌	一度停车(闸楼签填司机报单)
4	调车信号前	调车信号	调车信号,白灯好了 调车信号,蓝(红)灯停车
5	发车前	行车安全装备	行车安全装备设置好了
6	发车前	操纵台各仪表显示	各仪表显示正常
7	发车前	出站信号或凭证	出站好了或凭证正确

（二）途中运行

序号	呼唤时机及处所	确认项目	呼唤用语
1	进入慢行地段	慢行标识及限速值	慢行注意，限速××公里
2	进入分相前	禁止双弓位置	单弓好了
3	接近断电标	断电标位置	断电好了、网压注意
4	过合电标	合电标	闭合好了、网压正常
5	进入降弓地段前	准备降弓标	准备降弓
6	降弓标前	降弓标	降弓好了
7	升弓标前	升弓标	升弓好了
8	运行途中	操纵台各仪表显示	各仪表显示正常
9	引导信号前	引导信号	引导（手）信号好了 引导（手）信号机外停车
10	复示信号前	复示信号	直向、侧向或机外停车 复示好了或站内停车
11	遮断信号前	遮断信号	遮断信号、停车
12	进路表示器前	进路表示器	进路表示器，××侧好了
13	通过手信号前	通过手信号	手信号、好了 站内停车
14	进站（路）信号前	进站（路）信号	通过 进站（路）好了 正线 侧线 机外停车
15	出发进路信号前	出发进路信号	出站好了 站内停车
16	出站信号前	出站信号	出站好了 站内停车
17	自闭分区通过通过信号前	通过信号	绿灯，绿黄灯 黄灯 红灯停车
18	防护信号前	防护信号	防护信号、撤除好了 防护信号、停车

续上表

序号	呼唤时机及处所	确认项目	呼唤用语
19	CIR 转换标志前	CIR 转换	CIR 转换注意 转换好了
20	始发、终到、分界站	报点	正点开车(到达) 晚点××分开车(到达) 早点××分开车(到达) ××站、正点通过 ××站、早点××分通过 ××站、晚点××分通过

(三)到达至入段

序号	呼唤时机及处所	确认项目	呼唤用语
1	终到站停车后	行车安全装备	进入调车(机车信号)模式
2	动车前	调车信号	调车信号,白灯好了 调车信号,蓝(红)灯停车
3	站段分界点	一度停车牌位置	一度停车
4	手信号显示处前	手信号	手信号,好了 手信号,停车
5	进入段(所)内尽头线	尽头线	十辆、五辆、三辆、停车

(四)主体信号确认呼唤时机和手比姿势

1. 主体信号确认呼唤时机:

瞭望条件良好时,进站(进路)信号不少于800 m;出站、通过、预告信号不少于600 m;信号表示器不少于400 m。

2. 手比姿势:

(1)地面信号要求通过(显示绿灯、绿黄灯、黄闪黄)时:伸出食指和中指,指向正前方;

(2)地面信号要求正向径路准备停车(显示黄灯)时:拢拳伸拇指;

(3)信号要求侧向径路准备停车(显示双黄灯、双绿灯)时:拢拳伸拇指和小指;

(4)信号要求停车(包括固定和临时)时:单臂拢拳,上下摇动;

(5)注意警惕运行时:单臂拢拳,大小臂成 90°,举拳与眉齐。

附件 3

CRH3 型动车组站折换乘检查试验程序

1. 检查操纵台、付操纵台各开关位于定位；GFX-3A 正常显示灯亮。

2. 检查控制柜各开关在闭合位。

3. 打开安全开关控制柜，确认各旋钮开关定位（垂直位），ATP 开关应选择 1 开位或 2 开位，接地钥匙在开位。

4. 插入总控钥匙顺时针旋转，方向开关前进或倒车位，激活司机室。

5. MMI 屏启动后，通过右侧 MMI 确认全车停放制动已施加，停放制动指示灯（黄灯）常亮。

6. 通过左侧 MMI 在主页面下，选择软键 9 进入“开关”选项，按压软键 4 进入“牵引”页面，确认高压设备切除状态。并保持该页面。

7. 对操纵端的 ETCS 进行测试。

8. 扳动受电弓升起开关，确认受电弓升起状态及位置。此时默认升起的是后端的受电弓，换端后再进行倒弓操作。保证出库时双弓状态良好。

9. 如升弓风压不足时，BCU 会自动控制辅助压缩机启动。司机等待一段时间后再进行一次升弓操作。

10. 确认接触网压正常后，等待主断路器“断开”标志由白色变为淡蓝色后，再进行闭合主断路器的操作。

11. 主断路器闭合后，主断路器“断开”标志消失。

12. 确认所有的辅助供电单元启动正常。

13. 确认蓄电池电压表显示 120 V 左右。

14. 确认总风 MRP 压力达到750 kPa 以上，紧急制动缓解。

15. 进行 ATP、CIR 数据的选择输入和测试。

16. 直接制动试验：

按压 2 号键（direct brake），按提示再按压 1 号键（start test）启动试验；

将制动手柄置于 3 级，待所有车制动显示变为蓝色；

按提示将制动手柄置于运行位，等待所有车制动小框显示蓝色；

本步骤试验完成，按压 8（brake test）号键，返回选择界面。

17. 紧急制动试验：

按压 3 号键（EB test），按提示再按压 1 号键（start test）启动试验；

按提示将制动手柄置于“EB”位，BP 压力降到260 kPa 以下，观察所有车制动显示变为蓝色；

按提示将制动手柄置于“OC”位缓解紧急制动，然后将制动手柄回到运行位，等待所有车制动小框显示蓝色；

本步骤试验完成，按压 8(brake test)号键，返回选择界面。

CRH2C 型动车组检查试验程序见铁运〔2007〕190 号文件附件 3。

CRH 型时速 300～350 km 动车组试运行管理办法(暂行)

运装客车〔2008〕327 号

第一章 总 则

第一条 为确保 CRH 型时速 300～350 km 动车组正线运行安全,验证设备的线路适应性,检验动车组设备性能,培训动车组运用检修人员,在动车组新造、检修、改造后投入运营前及新线正式运营前,须进行线路试运行。

第二条 根据试运行的种类不同,动车组试运行分为新造试运行、模拟试运行、检修试运行及专项试运行。

第二章 试运行条件

第三条 试运行线路须设在满足动车组运行速度等级的线路区段,并具有足够的长度,且应包含至少 3～4 km 线路坡度接近 0‰的直线区段。

第四条 试运行线路的轨道、供电设备、信号设备和无线设备、接触网条件应符合《时速 200/300 km 动车组主要技术条件》(铁运函〔2006〕462 号)及动车组供货技术条件的有关规定。进行专项试运行时,应选择满足试运行特殊要求的试验线路。

第五条 动车组超过检修周期或行车安全设备(ATP/CIR)超过检修周期时,动车组严禁上线运行。

第三章 试运行组织

第六条 动车组试运行由试运行所在线路的铁路局组织实施。跨局试运行时由动车组配属局向部申请,由部安排。部组织的试验项目由部统一组织。根据试验需求,可组织相关主机厂及配套单位参加。

第七条 铁路局应对动车组试运行的线路保障、检修保养、数据测试、安全管理等工作做到计划周密,分工明确,标准准确,专人负责,保障有力,预案缜密。动车组上线试运行时必须配备司机、随车机械师和检修人员,并严格执行《动车组司机操作规程》和《随车机械师作业标准》。

第八条 铁路局应建立上线试运行组织与管理制度。试运行前应由铁路局及主机厂编制试运行试验大纲、工作计划。动车组上线试运行必须经铁路局审核批准后方可实施。必要时,须经铁道部批准。

第四章　新造试运行

第九条　动车组新造试运行是在线路上以动车组最高允许速度进行的试运行。主要是调试、整定动车组相关参数,检查各系统功能是否正常,是否满足合同技术规格要求。

第十条　新造试运行项目

试运行性能验证项目主要包括动车组走行、制动系统、牵引系统、列控系统、网络系统、自动过分相、列车控制和列车重联等,结合试运行或在试运行前后对动车组的空调、供电照明、车载设备、给水、卫生、信息等系统及门、窗、座椅等设备功能进行检查。主要包括:

(一)设备性能

1. 车顶设备、车体与车辆间连接、走行部外观检查确认;
2. 车载信息系统综合测试;
3. 乘务室内设备检查与功能确认;
4. 空调系统检查与功能确认;
5. 侧门检查与动作试验;
6. 车内门检查与动作试验;
7. 卫生间设备检查与功能确认;
8. 盥洗间设备检查与功能确认;
9. 照明系统检查与功能确认;
10. 座椅系统检查与功能确认;
11. 信息显示系统功能确认;
12. 影视系统功能确认;
13. 应急通风系统功能确认;
14. ATP/CIR 车载设备静态测试。

(二)运行性能

1. 起动试验。
2. 运行试验:

(1)牵引性能试验;
(2)常用制动性能试验;
(3)常用制动性能试验(电气制动切断);

(4)快速制动性能试验；

(5)快速制动性能试验(电气制动切断)；

(6)定速运行试验；

(7)自动过分相装置功能试验；

(8)耐雪制动试验；

(9)速度表试验；

(10)重联解编试验；

(11)ATP/CIR 车载设备动态测试；

(12)其他。

以上项目按照动车组检修相关规定要求执行。

第十一条　试运行计划

主机厂应在试运行前 1 个月以书面形式向部提报试运行申请，并在动车组到达指定地点后 10 天内完成调试，铁道部在接到主机厂调试完成的报告后 7 天内安排试运行。

铁路局接到部通知后，应制定试运行计划，根据试运行大纲及线路状态，牵头与主机厂共同编制试运行作业程序(包括司机操作步骤)。试运行不在动车组配属局时，动车组配属局应安排人员参加试验及交接。

如试运行期间，动车组的性能和指标不能满足合同技术规格要求，重复进行的试运行按照采购合同办理，并不得超过三次。

第十二条　试运行报告和签收

试运行结束后由铁路局负责组织召开试运行总结会，对测试数据进行分析处理，形成试运行报告，应按照规定的表格认真填写测试数据及检查内容，并由测试组、中外主机厂和车载设备供货商、买方代表在动车组试运行签字表(见附件 3)上签字确认，明确试运行是否合格的结论。

第十三条　接车交接

动车组线路试运行合格后，由配属局与主机厂按合同办理交接手续，包括办理随车备品，工具、备件，随车资料交接及动车组钥匙交接，签署动车组交接证书。交接后双方共同认为需要继续处理完成的事项可签订备忘录。

第五章　模拟试运行

第十四条　动车组模拟试运行是在新型动车组正式上线运行前或新线开通时进行的试运行。主要是进一步检验动车组与线路、站台设施、接触网供电、通信信号等正式运营线路环境的适应性，开展机务、车务、电务、车辆、客运等运营各部门行车人员上线前业务培训，组织作业演练，检验作业流程的科学性，磨合结合部的作业衔接与协同，优化作业组织。

第十五条 模拟试运行应在指定运行区段内进行，试运行前拟定运行时刻，妥善安排始发、中间站停、终到作业时间。模拟试运行最高速度应比照正式运营速度安排，动车组正式上线运行前，必须进行单编组试运行，试运行距离不少于500 km。开通新线，试运行距离不少于3 000 km。

第十六条 动车组模拟试运行项目

1. 检查动车组旅客服务界面设备设施动态运转状况，重点是检验地面信息录入后，自动播音(报站)装置、旅客服务信息显示器、影音系统等设备工作状态。

2. 验证 ATP/CIR 等行车安全设备(含地面和车载)软件及硬件数据、控制功能。

3. 模拟正式运营时调度命令的下达、传输及操作。

4. 模拟试运行前编制作业流程。模拟试运行中按照作业流程进行作业演练。

5. 模拟在始发、停靠、折返车站，按照正式运行要求，组织动车组接发车、作业换班、车长与车站交接、吸污、保洁、转向、列车补水等工作。

6. 模拟正式运行后库内作业，各专业遵照“一体化”的要求，按照作业节拍，依据检修作业程序及标准实施技术整备，全过程演练入库—出库—入库作业过程。

7. 模拟正式运营标准配备动车组司机、随车机械师及客运服务人员，检验乘务人员作业。动车组模拟试运行过程中，司机应严格执行《动车组司机操作规程》，按图行车，安全正点、平稳操纵。随车机械师应严格执行《随车机械师作业标准》，重点加强对列车空调装置、旅客信息显示装置、自动播音系统的检查和监控。客运服务人员应对旅客服务设施(厕所、盥洗室、吧台、播音设备等)进行操作和使用，确认功能。动车组司乘人员应进行通讯联络，车门开、闭作业演练。工厂售后服务人员随车跟乘，提供技术服务。

8. 模拟演练运行途中故障处理，重点组织动车组应急通风、救援回送等预案的演练，培养司乘人员紧急情况的处理能力，优化应急处理方案。

9. 模拟试运行后，铁路局应及时组织各部门进行总结，优化作业组织及作业方案，对存在问题制定措施，限期整改。

第六章 检修试运行

第十七条 检修试运行是动车组经过三、四、五级检修后进行的试运行。

第十八条 三级检修试运行主要是对动车组走行及专项检修改造部件进行检验，重点检查动车组转向架、制动系统、网络控制系统以及车端连接部位，检验动车组轮对轴箱、牵引电机、齿轮箱、ATP 车载设备运行状态。四、五级检修试运行主要是对转向架、制动系统、牵引系统、行车安全设备、ATP 车载设备、网络系统、空调、供电照明、车载设备、给水、卫生、信息等系统及门、窗、座椅等设备及改造部件进行检验。

第十九条 检修试运行应在指定运行区段内进行，运行最高速度应达到最高允许速度，试运行距离不少于500 km。

第七章 专项试运行

第二十条 专项试运行是动车组部件经过改造后进行的试运行，重点对专项改造项目进行检验。

第二十一条 专项试运行必须在指定运行区段内进行。试运行最高速度应比照正式运营速度安排，试运行距离不少于500 km。

第二十二条 专项试运行试验项目主要包括改造部件的适应性检查，改造部件的工作状态，并检查相关部件的性能。

第八章 其 他

第二十三条 试运行动车组必须采取措施，禁止吸烟，保持车内清洁。对地板、墙板、扶手、行李架、桌面、台面等部位采取防护措施，避免人为磕碰、污染等对设备可能造成的损伤。

第二十四条 试运行期间，要认真加强沿线的治安保卫工作。各相关铁路局和沿线施工单位要进一步整顿沿线治安秩序，加强对试运行列车的看守和安全保卫，认真做好防盗和防破坏工作。

第二十五条 各有关单位和部门要结合自身的实际，制定人身安全控制措施及操作规程，加强人身安全教育，严格试验和作业纪律，遵守试验操作规程和安全规则，确保行车和人身安全。

第二十六条 根据地面信号设备条件，应同步进行 ATP 车载设备测试、试验和试运行工作，并连接动车组制动系统，监控动车组运行。

京津城际铁路调度工作细则

京铁运〔2009〕595 号

第一章 设备概况

第一节 设 备

第 1 条 京津城际铁路为双线电气化铁路，全长 120 km。设北京南站、亦庄、永乐、武清、天津站 5 个车站和南仓线路所。最小曲线半径为 400 m，最大坡度为 18.5‰(南仓城际高速联下行 JJK109＋173—南仓城际京沪下联线 JJK110＋023 线路坡度为 21.5‰)，最高运行速度为 350 km/h，列车最小追踪间隔时间为 3 min。

第 2 条 线路及站场设备

京津城际调度台应备有各站及区间线路平纵断面图，道岔、信号平面布置图，接触网供电及分相，供水电及排污设备等技术资料。

第 3 条 南仓直通场 SLⅡ信号机〔JJK109＋798(应答器坐标)〕至南仓线路所临 4 岔前(JJK108＋798)为 CTCS-2 列控区段，由南仓直通场列控中心控制。

第 4 条 北京南站(不含)—天津站(不含)范围内的限速以闭塞分区、道岔区段、股道为单位设置，限速值分 45 km/h、80 km/h 和 160 km/h 三档。北京南站和天津站城际场限速在站控模式下设置，限速值只有 45 km/h 一档。

第二节 设备的特殊用途及使用限制

第 5 条 设备正常情况下，CTC 系统根据运行图自动触发进路。人工排列进路接发列车时，只准在基本进路上办理，不得使用变通进路。

第 6 条 亦庄、永乐、武清站，接车线末端无隔开设备的线路，不具备办理相对方向同时接车和同方向同时发接列车的条件。

第二章 调度管理与指挥

第一节 一 般 要 求

第 7 条 调度所设京津城际调度台，配备列车调度员、助理调度员，实行四班三运转制。由调度所主任统一领导，纳入调度班组由值班主任统一管理。

第 8 条 列车调度员岗位职责

1. 列车调度员是本调度区段行车工作的统一指挥者，履行《京津城际铁路技术管理暂行办法》、《京津城际铁路技术管理实施细则》、《调规》等有关规章规定的各项职责。

2. 负责确认当日基本运行图的执行内容，并根据部、局有关文电要求及时设定次日运行图。

3. 负责在当日运行图执行前核对、录入与修改动车组信息。

4. 负责与邻台列车调度员交换列车运行计划。

5. 负责编制和调整列车运行计划。

6. 负责布置进路，掌握和调整各站到发线使用。

7. 负责向助理调度员和有关人员下达列车运行及到发线使用计划。

8. 负责调度命令的拟发和口头指示的下达。

9. 指挥助理调度员操纵信号、道岔等行车设备。

10. 负责与相关调度台相互转发调度命令。

11. 负责重点列车及上下线动车组运行情况的掌握。

12. 指挥、监督助理调度员设置和取消临时限速。

13. 负责铁路交通事故及行车安全信息的通报。

14. 负责设备安全信息的通报并监督设备恢复情况。

15. 负责灾害预报信息的处理，指挥现场人员进行抢险工作。

16. 负责设备维修及施工登记(包括接触网检修施工和停送电计划的受理)、消点和施工计划的审核工作并组织实施。编制、下达路用列车的运行计划。

17. 负责非正常情况下的应急处置和行车组织工作。

18. 负责事故救援组织工作。

第9条 助理调度员岗位职责

1. 接受列车调度员的领导。根据列车调度员的指示操纵 CTC 控制区域内的信号、道岔等行车设备。

2. 根据列车调度员下达的列车运行计划，实时监控进路排列情况。

3. 负责与有关车站办理行车闭塞和列车预告。

4. 负责列车、调车等进路的人工排列和信号开闭工作。

5. CTC 系统故障时，负责向列车调度员报点。

6. 遇司机不能确认信号显示时，负责通过 CTC 系统进行确认并通知司机。

7. 负责对调度命令等安全事项与列车调度员实行双确认。

8. 负责与列车司机、车站值班员及邻台调度员核对调度命令和运行条件。

9. 监督动车组出入库及在站折返作业。

10. 负责临时调车作业计划的编制和下达，负责中心控制条件下调车工作的领导和指挥。

11. 负责设备的静态测试，确认设备运行正常。

12. 实时监控CTC操作界面各项信息的正确性，负责确认、修改车次号等列车运行相关数据。

13. 实时对列车运行情况、设备运用状态及CTC中心的视频系统、防灾系统进行监控。

14. 负责临时限速的设定及取消，并向列车调度员汇报。

15. 负责设备故障的登记和签认。

16. 设备故障情况下，负责确认进路占用情况并通知司机。

17. 负责按列车调度员的指示，指挥路用列车在施工天窗内运行。

18. 负责按列车调度员的指示指挥救援列车移动。

19. 客服信息系统故障时，负责向客运营业站通报列车到发时刻及接车股道。

20. 完成列车调度员指定的其他工作。

第10条 列车调度员工作程序(日期以零时为界)

第 一 班

<table>
<tr><th>顺序</th><th>时 间</th><th>项 目</th><th>工作内容</th><th>备 注</th></tr>
<tr><td>1</td><td>18:40
至
19:00</td><td>接班前了解情况</td><td>1. 区段内重点列车运行情况；
2. 列车运行及晚点情况；
3. 当日执行的基本运行图种类；
4. 设备的运行情况及临时限速设置及调度命令交递情况</td><td rowspan="4">根据列车运行情况，及时调整列车运行计划</td></tr>
<tr><td>2</td><td>19:00
至
19:30</td><td>班前会</td><td>1. 记录有关公文、电报的相关内容；
2. 记录本班的工作重点；
3. 记录次日基本运行图的运用情况</td></tr>
<tr><td>3</td><td>19:30
至
20:00

19:30
至
20:00</td><td>接班

接班</td><td>1. 登录调度系统；
2. 核对基本运行图，确认重点列车的运行情况；
3. 核对晚点列车在相关车站的进路交叉情况；
4. 核对设备故障及报警后的处理情况；
5. 核对调度命令交付和临时限速的设置情况；
6. 确认交接班注意事项并相互签认</td></tr>
<tr><td>4</td><td>20:00
至
21:00</td><td>调整运行</td><td>1. 调整车站的到发线使用；
2. CTC故障时与客运营业站确认线路的使用；
3. 核对动车组信息；
4. 与邻台交换列车运行计划；
5. 向助理调度员布置列车接发车进路的变更情况</td></tr>
</table>

续上表

顺序	时　间	项　目	工作内容	备　注
5	21:00 至 23:00	确认施工，及轨道车运行计划 掌握动车组离线情况	1. 确认天窗内施工登记并与工计划核对； 2. 核对轨道车及路用列车运行计划； 3. 设定次日基本运行图； 4. 确认所有动车组停于规定地点或离开京津城际； 5. 铺画路用列车运行计划，并向有关人员下达	根据列车运行情况，及时调整列车运行计划
6	23:00至 4:00	盯控施工	1. 办理各种施工签认； 2. 盯控施工进度及路用列车的运行	
7	4:00 至 5:00	准备营运	1. 确认施工销点及接触网送电情况； 2. 确认路用列车全部撤离营业线路； 3. 确认施工后的设备恢复正常； 4. 再次确认当日基本运行图； 5. 确认邻台上线列车的运行情况； 6. 盯控、确认动车组的出库情况； 7. 对照机车号、车次、基本图核对始发站的线路占用； 8. 做好运营前的运行调整，并向相关人员下达	
8	5:00 至 8:00	调整列车运行交班	1. 与邻台交换列车运行计划； 2. 调整车站的到发线使用； 3. CTC系统故障时与客运营业站确认线路的使用； 4. 向助理调度员布置列车接发车进路的变更情况； 5. 填写交班重点事项	根据列车运行情况，及时调整列车运行计划

第　二　班

顺序	时　间	项　目	工作内容	备　注
1	7:00 至 7:20	接班前了解情况	1. 区段内重点列车运行情况； 2. 接入列车及在途列车的运行情况； 3. 当日执行的基本运行图种类； 4. 设备的运行情况及临时限速情况	根据列车运行情况，及时调整列车运行计划
2	7:20 至 7:50	班前会	1. 记录有关公文、电报的相关内容； 2. 记录本班的工作重点； 3. 记录次日基本运行图的运用情况； 4. 掌握客流的具体变化	

续上表

顺序	时　间	项　目	工作内容	备　注
3	7:50 至 8:20	接班	1. 登录调度系统； 2. 确认重点列车的运行情况； 3. 核对晚点列车在相关车站的进路交叉情况； 4. 核对设备故障及报警后的处理情况； 5. 核对临时限速的设置和命令交付情况； 6. 确认交接班注意事项	根据列车运行情况，及时调整列车运行计划
4	8:20 至 9:00	调整运行	1. 与邻台交换列车运行计划； 2. 调整车站的到发线使用； 3. CTC 系统故障时与客运营业站确认线路的使用； 4. 核对动车组信息； 5. 向助理调度员布置列车接发车进路的变更情况	
5	9:00 至 2:00	收取施工信息	1. 了解夜间施工计划； 2. 核对施工日计划	
6	12:00 至 2:30	调整运行	1. 与邻台交换列车运行计划； 2. 调整车站的到发线使用； 3. CTC 系统故障时与客运营业站确认线路的使用； 4. 向助理调度员布置列车接发车进路的变更情况	
7	12:30 至 7:00	监视列车运行	监视列车的运行情况，及时处理临时发生的问题	
8	17:00 至 0:00	调整列车运行	1. 与邻台交换列车运行计划； 2. 调整车站的到发线使用； 3. CTC 系统故障时，与客运营业站确认线路的使用； 4. 向助理调度员布置列车接发车进路的变更情况； 5. 填写交班重点事项	

第 11 条　助理列车调度员工作程序（日期以零时为界）

第　一　班

顺序	时　间	项　目	工作内容
1	18:40 至 19:00	接班前了解情况	1. 区段内重点列车运行情况； 2. 设备的运行情况及临时限速情况； 3. 当日执行的基本运行图种类

续上表

顺序	时　间	项　目	工作内容
2	19:00 至 19:30	班前会	1.记录有关公文、电报的相关内容； 2.记录本班的工作重点； 3.记录次日基本运行图的运用情况； 4.掌握客流的具体变化
3	19:30 至 20:00	接班	1.登录调度系统； 2.对相关设备进行静态测试； 3.确认设备是否运行正常； 4.核对设备故障及报警后的处理情况； 5.核对临时限速的设置和调度命令交付情况； 6.确认交接班注意事项； 7.核对晚点列车在相关车站的进路交叉情况
4	20:00 至 23:00	行车组织	1.根据列车调整计划，监视列车的进路自动排列情况； 2.监督动车组驶离京津城际并向列车调度员报告； 3.确认施工车辆的运行计划； 4.确认联锁设备的施工停用情况； 5.确认线路空闲
5	23:00至 4:00	组织施工	1.按要求排列路用列车接发车及调车进路； 2.指挥路用列车按规定移动
6	4:00 至 5:00	盯控施工	1.确认施工均已销点； 2.确认路用列车全部驶离京津城际； 3.确认接触网均已经送电； 4.确认信号、联锁设备已恢复正常并达到使用状态； 5.对相关设备进行静态测试； 6.确认线路限速状态，并完成相关设置； 7.与既有线车站(车场)办理预告手续，及时排列相关进路； 8.监督动车组正点出库情况； 9.对照机车号、车次、基本图核对始发站的线路占用； 10.了解邻线接入动车组的运行情况； 11.重点监视动车组的车次号正确情况
7	5:00 至 7:00	监控运行	1.按列车调度员下达的运行计划，监视列车进路、调车进路的自动排列情况； 2.监视设备开始运营后的运转状态
8	7:00至 8:00	交班	1.确认故障信息的处理情况； 2.填写交班重点事项

第　二　班

顺序	时　间	项　目	工作内容
1	7:00 至 7:20	接班前了解情况	1.区段内重点列车运行情况； 2.接入列车及在途列车的正点情况； 3.设备的运行情况及临时限速情况

续上表

顺序	时　间	项　目	工作内容
2	7:20 至 7:50	班前会	1. 记录有关公文、电报的相关内容； 2. 记录本班的工作重点； 3. 记录次日基本运行图的运用情况； 4. 掌握客流的具体变化
3	7:50 至 8:20	接班	1. 登录调度系统； 2. 对相关设备进行静态测试； 3. 核对晚点列车在相关车站的进路交叉情况； 4. 核对设备故障及报警后的处理情况； 5. 核对临时限速的设置和命令交付情况； 6. 确认交接班注意事项
4	8:20 至 9:00	核对设备运行状态及列车信息	1. 检查、校对列车的车次号； 2. 监视列车及调车进路的排列状态
5	9:00 至 12:30	接收列车调度员的调整计划	1. 确认调整后到发线运用状态； 2. 确认调整后列车进路的交叉情况； 3. 按调度员的要求向相关人员通报接发车线路变更情况
6	12:30 至 18:00	核对施工信息 静态测试 接收计划	1. 确认施工登记； 2. 监视列车运行及进路的排列车情况； 3. 对相关设备进行静态测试。 4. 确认调整后到发线运用及进路的交叉情况； 5. 按调度员的要求向相关人员通报接发车线路变更情况
7	17:00 至 20:00	接收列车调度员的调整计划	1. 确认调整后到发线运用状态； 2. 确认调整后列车进路的交叉情况； 3. 按调度员的要求向相关人员通报接发车线路变更情况； 4. 填写交班重点事项

第 12 条　调度台间分工及联系制度

1. 北京南站城际场、高速场 CTC 控制区域的行车工作，由京津城际台列车调度员负责指挥；普速场的行车工作由北京集中台负责指挥。

2. 南仓线路所的行车工作由京津城际台列车调度员负责指挥；南仓站直通场至南仓线路所间的行车工作由天津集中台负责指挥。

3. 天津站城际场的行车工作由京津城际台列车调度员负责指挥；其他场区的行车工作由天津集中台负责指挥。

4. 北京南站至柳村线路所间的行车调度命令由北京集中台发布；天津站城际场至其他各场、南仓线路所至南仓直通场间的行车调度命令由天津集中台发布，并均应同时发给京津城际台。

5.遇有列车晚点、停运、故障等非正常情况，京津城际台列车调度员应及时确定列车调整方案，并通知动车台调度员。动车台负责车底运用、列车运行、客票预售、旅客乘降情况的掌握。遇有非正常情况，应及时了解后续列车客票售出情况，并向有关业务处室通报，根据制订的旅客疏导方案，向车站中控室（客运）、列车（乘务）及客票所等相关单位发布控制票额或列车停运的调度命令。

6.动车台调度员第一班接班后，须及时与动车客车段、相关铁路局动车台核对次日京津城际开行和热备动车组的运用计划和相关信息，内容包括：动车组型号、担当车次、机械师姓名及联系电话等，并于4点前通知京津城际列车调度员，遇临时发生变化，须及时通报。京津城际台列车调度员根据动车台提供的动车组运用计划，修改CTC系统中的动车组信息。

遇动车组临时变更车底担当交路时，京津城际台列车调度员应及时修改动车组信息。

在京津城际铁路内运行的动车组因故临时停运、加开，临时变更车底担当交路及动车组晚点超过5分钟时，京津城际台列车调度员应及时通知动车台调度员，由动车台调度员按规定发布调度命令或通知有关客服单位。

7.动车组申请命令程序：

（1）动车所值班室调度员严格按照文件电报的时间、技术要求等拟定调度命令申请单并及时上报动车客车段调度。

（2）动车客车段调度接到动车所的调度命令申请单后，再次按文件电报要求核对所申请的命令是否准确，确认准确无误并签认后上报路局车辆调度台，由路局车辆调度台交调度所动车台。

（3）动车组临时故障需要更换车底时，由动车客车段调度向路局调度所车辆调度台上报调度命令申请单。

（4）动车客车段调度在接到有关动车组调度命令后，须及时下达到有关执行部门。

8.涉及其他工种的工作，由各专业调度室、各工种调度员按既有职责和现行规定办理。

第二节 调度指挥

第13条 下列情况须发布调度命令：

顺序	命令项目	受令者	
		司机	车站值班员
1	列车转出、转入隔离模式或动车组改按 LKJ 控车	○	
2	列车需临时降弓运行	○	
3	列车反向运行	○	
4	信号故障情况下向非 CTC 区段发出列车	○	
5	动车组由区间返回	○	
6	CTC 中心控制转为车站控制		○
7	北京南、天津站城际场设置临时限速		○
8	开行救援列车、路用列车、轨道车	○	
9	越过不能开放的调车信号进行调车	○	
10	改按电话闭塞法行车	○	○
11	临时加开或停运列车	○	
12	有必要发布的其他调度命令	有关人员	

上述调度命令如涉及其他单位和人员时，应同时发给。

第 14 条 调度命令发布方法及时机

运行揭示调度命令，由施工调度台根据既有规定向有关单位下达，列车进入京津城际铁路前，由助理调度员负责对命令交递情况进行核对；临时交付调度命令时，由列车调度员直接向司机发布，并确认回执。对列车运行有限制的调度命令，在未得到司机回执前，应采取措施保证信号机(带灯停车标)不自动开放。

对京津城际铁路上下线列车，相关调度员可相互委托提前向司机交付调度命令，受委托台应将受令情况向委托台列车调度员通报。

第三章 行车组织

第一节 接发列车

第 15 条 列车按运行图规定的线路接发或通过。遇特殊情况需变更接发车线路时，由列车调度员在列车运行图中进行调整，并向助理调度员布置。需人工排列进路时，由助理调度员根据列车调度员的指示，通过 CTC 或中心操作终端(C-LOW)进行操作。

第 16 条 动车组由正线变更为侧线接车及列车在车站由停车改通过或由通过改停车时，由助理调度员提前向司机预告，来不及预告时，须关闭相关车站的进站或进路信号，预告完毕后再排列进路、开放信号。

第 17 条 北京南站 CTC 控制区域与非 CTC 控制区域办理接发车进路时，由助理调度员与普速场值班员办理。由发车场人员主动联系，接车场人员确定接车线路后，双方按发接顺序排列接、发车进路。

第 18 条 遇出站信号开放，通过列车在站内临时停车时，列车调度员得到司机报告后，应根据实际情况确定该列车是否继续运行，并向助理调度员和司机布置。需取消发车进路时，助理调度员在通知司机并确认列车未起动后，方可关闭信号，取消进路。

第 19 条 遇道岔失去表示时，列车调度员应布置备班车站值班员现场准备进路，车站值班员在确认作业人员做好上道准备后向列车调度员报告，列车调度员应在作业区域邻线相应位置设置最高运行速度不超过 160 km/h 的临时限速后，方可指示上道作业。得到备班车站值班员进路准备妥当、作业人员撤至安全地点的报告后，方可按规定取消限速，接发列车。

第 20 条 天津站普速场向京津城际方向发车时，须在 SZ3(受 CTC 控制)开放后，方可开放进路信号机，助理调度员应根据列车实际运行情况及时开放 SZ3 信号机。

第 21 条 遇 CTC(C-LOW)系统故障或其他原因不能由调度中心操控时，列车调度员应向相关备班车站值班员发布转为车站控制的调度命令。

第二节 列 车 运 行

第 22 条 京津城际列车调度员与相邻台列车调度员应及时交换列车运行计划。遇列车发生晚点时，有关列车调度员须在列车到达台间分界站 30 分钟前电话通知接车调度台列车调度员，临时晚点时须及时通知。因事故、灾害等特殊原因不能接车时，接车台列车调度员应立即通知发车台列车调度员。

有关调度台列车调度员必须重点掌握经京津城际铁路运行的列车。遇京津城际列车与其他列车发生抵触时，在运行调整中应优先安排经京津城际运行的列车运行。

第 23 条 京津城际列车调度员应根据列车实际运行情况，及时、正确地在列车运行图中调整列车运行计划。需压缩列车在站折返时间时，原则上本线内最短折返时间不得少于 10 分钟，转线折返时间不得少于 20 分钟。

遇列车晚点须调整开车时刻时，对调整后的列车顺序、发车时刻和到发线使用计划，列车调度员应通知助理调度员、动车调度员，助理调度员应根据列车运行计划，监督进路的自动触发情况，发生问题须及时向列车调度员报告。

第 24 条 列车应按正方向运行，遇正方向区间的线路封锁、发生自然灾害或因事故中断行车等特殊情况下，经值班主任准许，可组织列车按站间区间反方向运行，并向司机发布调度命令。办理列车反方向运行时，列车调度员、助理调度员须共同确认区间内无列车占用，并将区间反方向进路准备妥当、接车站有关进路信号置于非自动状态后，方可开放出站信号。

南仓线路所至南仓直通场、天津站城际场与其他各场间不具备反向行车条件。

第 25 条 遇按站间区间放行列车时，助理调度员应将发车站出站信号改为人工控制。

第 26 条 动车组在区间被迫停车须返回后方站时，列车调度员与助理调度员须共同确认该动车组至后方站间无列车占用后，方可向司机下达调度命令，改按隔离模式返回。

第 27 条 接到长度小于 29 m 的列车停于调谐区内的报告后，须立即关闭并封锁相关信号。在接到列车驶离调谐区的报告后，方可解锁相关信号。

第 28 条 列车在车站发车时，受线路曲线或天气影响，遇机车信号（TCR）故障得到司机不能确认出站信号显示的报告后，由助理调度员确认信号开放后通知司机。

第 29 条 遇接触网临时停电时，列车调度员和助理调度员须共同确认故障影响范围，不得再向停电区域放行列车，并及时关闭和封锁相关信号，同时与供电调度员办理签认手续。站内部分区域停电时，助理调度员应将有关道岔扳向不能进入的位置并加锁，封锁相关信号。

在车站控制模式下遇接触网临时停电时，列车调度员应向备班车站值班员发布停送电的调度命令。车站值班员应按上述要求办理（办理签认手续除外）。

第 30 条 北京南站上行进站（包括反向进站）信号机～天津站下行进站（包括反向进站）信号机之间的限速由助理调度员根据列车调度员的指示设置和取消。北京南站城际场、天津站城际场限速由普速场车站值班员根据调度命令设置和取消。

第 31 条 设置临时限速只能在未办理进路的情况下进行，遇办理进路后需设置限速时，须取消进路后方可办理。提高限速值或恢复正常运行速度时，应利用列车运行间隔进行相关操作。

第 32 条 列车调度员接到临时限速的请求后，应与助理调度员共同在 CTC 界面上确认限速处所位置（分区编号、道岔编号或股道编号），并监控助理调度员的设置情况，设置完成后方可排列进路、开放信号。当来不及设置时，列车调度员须立即呼叫经限速地段的第一趟列车立即停车，同时由助理调度员关闭相应信号。

第33条 北京南站城际场、天津站城际场需临时限速时，由设备维修部门在车站办理登记。列车调度员根据车站值班员的汇报，向普速场值班员发布调度命令并转为站控模式，由普速场车站值班员进行设置后再转为CTC控制，列车调度员应在CTC操作终端上确认限速设置情况。

第34条 南仓直通场SLⅡ信号机〔JJK109＋798(应答器坐标)〕至南仓线路所间临4岔前(JJK108＋798)为CTCS-2列控区段，遇有临时限速时，由天津集中台向南仓直通场发布数据格式的调度命令。

第三节 列车在北京西至北京南站间运行

第35条 遇配备CTCS-3D级列控车载设备的动车组，在北京西至北京南站间遇"TCR"输出的机车信号故障需发布调度命令时，北京集中台、京津城际台列车调度员须相互通告。

第36条 广安门至柳村间为单线双向自动站间闭塞，遇广安门与柳村间出站信号故障时，应停止基本闭塞法改按电话闭塞法行车。

柳村Ⅵ线经京沪线下行线向北京南站发车遇SⅥ信号机故障时，应停止基本闭塞改电话闭塞法行车。

遇柳村线路所至北京南站间下行线基本闭塞法停用改按电话闭塞法行车时，北京集中台应将调度命令同时发给京津城际台。

丰台方向上行列车不具备经柳村线路所至北京南站间下行线进入北京南站高速场、城际场的运行条件。

第四节 列车在天津站城际场至塘沽站间运行

第37条 天津站城际场至塘沽站间配备单向正方向CTCS－3D地面列控设备，在天津站四号楼、张贵庄、军粮城、十三冶线路所、塘沽站设车站列控中心，列车调度员通过TDCS系统向车站列控中心下达数据格式的限速命令。

第38条 天津站至塘沽站间各站必须按固定线路接发列车。具体股道见下表：

站名 行别	天津站普速场	张贵庄	军粮城	塘 沽
上行	12～18	Ⅱ、4	Ⅱ、4	3、4、6、8
下行		Ⅰ、3	Ⅰ、3	3、4、6、8

第五节 调车作业

第39条 京津城际铁路内的调车工作由助理调度员统一领导和指挥，调车作业原则上应在进路空闲情况下进行，遇特殊情况向有车线调车时，助理调度员(备班车站值班员)必须通知司机后，方可排列调车进路，开放信号。调车信号开放后，除危及行车和人身安全的情况外，禁止关闭调车信号。

第40条 动车组在北京南站城际场、天津站城际场利用牵出线进行转线作业时，CTC系统根据列车运行图自动触发进路、开放调车信号；未纳入运行图的调车作业，由助理调度员编制并使用GSM-R调度通信设备通知司机调车作业计划，排列进路并开放调车信号。

第41条 北京南站城际场(含高速场)与普速场间进行转场调车作业时，由发车场提出申请，经接车场同意后，由发车场按顺序按压进路按钮后，再由接车场按顺序按压进路按钮。

天津站城际场与其他场间进行转场调车作业时，由发车场提出申请，接车场同意并排列调车进路后，发车场方可排列调车进路。

第42条 列车在亦庄、永乐、武清站进行临时调车作业时，助理调度员应将调车作业计划通知司机后方可开放进(出)站信号(永乐站向检修线调车作业时除外)，向有车线调车时，开放引导信号并及时通知司机。

第43条 遇调车信号不能开放须调车作业时，由助理调度员将道岔扳向所需位置并在CTC操作终端加锁后，报告列车调度员，由列车调度员向司机发布改按隔离模式进行调车作业的调度命令。

第44条 在车站控制模式下，助理调度员应将调车作业计划下达给备班车站值班员，由车站值班员负责向司机传达并指挥调车作业。

第四章 故障登记及处理

第45条 列车调度员(助理调度员)发现设备故障或接到设备故障的报告后，应立即向值班主任汇报，并按规定进行登记。值班主任立即向有关领导汇报，并通知有关业务处(室)。

第46条 路用列车、轨道车进入京津城际铁路运行，通过后线路、道岔出现红光带时，由列车调度员与路用列车、轨道车负责人确认列车完整和区间占用情况。

第47条 CTC控制区域与非CTC控制区域间的线路从设备上不能确认空闲时，助理调度员必须与相邻车站或车场值班员联系，进行确认。

动车组列车旅客运输管理暂行办法

铁运〔2008〕128 号

第一章　总　　则

第一条　为适应动车组列车开行需要，不断满足旅客安全、快速、便利、优质的运输服务需求，特制定本办法。

第二条　本办法适用于在既有线和客运专线使用 CRH 商标开行的动车组以及与动车组运营有关的车站。

第三条　列车乘务组由列车长、列车员、乘警和随车机械师组成。列车上保洁、餐饮由社会专业公司承担时，其员工视同列车乘务组成员。

列车乘务组人员应当各司其职，在为旅客服务上，接受列车长统一领导。

第四条　各铁路局应当建立客运、机务、车辆、调度、公安、保洁、餐饮等各部门、单位的协调机制和制度，加强信息沟通和协调配合，及时解决动车组运营中存在的问题。

第五条　餐饮、保洁企业应当遵守站、车和动车段（所）有关管理制度，加强对现场服务质量的监督检查。登乘列车监督检查应持有“动车组餐饮、保洁专用添乘证”供站车查验。监督检查应有检查记录。

“动车组餐饮、保洁专用添乘证”由运输局填发，限登乘本公司担当的列车。

第六条　旅客运输有关部门应当吸收科学先进的运营管理和服务模式，树立“以人为本，旅客至上”的服务理念，创造动车组全新的品牌形象。

第二章　站务管理

第七条　车站应采取多种方式售票和订、送票，为旅客购票提供方便。

第八条　持有各种铁路乘车证的铁路员工允许乘坐时速200 公里动车组二等车，但须办理签证后乘车。除按规定持证检查工作人员以外，时速 300 公里动车组不能使用铁路乘车证。

第九条　较大车站应设置动车组旅客专用候车室，有动车组停靠的中间站应设专用候车区。动车组旅客的候车室（区）设备设施和服务应符合软席候车室标准。

第十条　车站设置自动检票闸机的，闸机的数量和布局应当与车站设施设备相协调，有利于划分动车组旅客专用区域和通道并满足旅客快速进出站的需要。使用自动检票闸机的车站应同时留有人工通道。

第十一条 动车组车门验票由车站负责，通道和站台专用的车站可以不在车门验票。

第十二条 站车要利用各种渠道大力宣传“CRH”品牌，用于为动车组旅客服务的用品、商品应有“CRH”图形标记。涉及动车组运营的站车经营服务环境需要发布广告的，必须经铁道部(运输局)批准。

第三章 乘务管理

第十三条 客运乘务组根据交路实际需要采用轮乘或包乘制。客运乘务组由1名列车长和2名列车员组成，动车组重联时，按两个乘务组配备。编组16辆的动车组按1名列车长和4名列车员配备。对以上运行时间较长的动车组可适当增加客运乘务人员。

第十四条 客运乘务组承担服务旅客、处理票务、检查列车保洁、餐饮工作质量等工作。发生影响旅客安全问题时，客运乘务组应当立即采取有效措施，保护旅客安全。

第十五条 运行时间在3小时以内的列车，一般只播迎送词、服务设备介绍、安全提示、站名和背景音乐。运行时间超过3个小时的列车，可在不干扰旅客休息的前提下，适当增加播放内容。列车旅客信息服务及影音播放系统播放的内容应由客运部门提供，由车辆部门录入。

第十六条 动车组发车前，由列车长确认旅客乘降完毕后，根据不同车型要求通知司机或机械师关闭车门。动车组重联运行时，由两组列车长互相确认旅客乘降情况后，运行前方第一组的列车长负责通知司机或机械师。

第十七条 列车长出乘除携带电报、客运记录、处理票务等必要的设备和处理业务资料外，其他纸质资料台账不携带上车。动车组列车运行中，列车长无须向添乘领导汇报工作。

第十八条 客运乘务人员配手持电台。动车组列车始发前，列车长的手持电台均应设置在频道1(CH1)与随车机械师、乘警或司机进行通话联络。运行途中，列车长需与列车员通话时，转为各自的专门频道进行通话。通话完毕，应转回频道1进行守候。

第十九条 列车多功能室只能用于照顾伤、病旅客，存放少量服务备品，由客运乘务人员管理，其他人员不得占用或改作他用。

第四章 餐饮管理

第二十条 列车餐饮服务由与铁路局签订餐饮服务合同的专业餐饮公司承

担。为列车提供餐饮服务的企业必须通过ISO 9000或HACCP质量认证。列车销售的食品、饮品应当为全国名优产品并应当有“QS”标志。

第二十一条 铁路局应当监督餐饮企业严格遵守国家卫生法律法规的规定,建立健全加工食品的场地、加工程序、设备、保管、运输、列车供餐服务质量、商品价格等各环节管理和考核制度。

第二十二条 列车上销售的食品和商品,必须由餐饮公司统一采购。餐饮公司销售人员应将上车食品、商品的出库单交列车长以备检查。列车销售的食品和商品销售应当明码标价、一货一签,并有“CRH”标记。

第二十三条 加热后未售出的食品严格实行定时报废制度。在列车上,报废的食品在未处理前应醒目标明“报废”字样存放。

第二十四条 餐饮企业的乘务服务人员负责列车运行中餐车的清洁卫生。餐车展示柜布置应当美观丰满,其他商品、备品存放不得侵占通道和影响安全。列车到站、开车时,乘务服务人员应当在餐车门内立岗迎送旅客。

第二十五条 动车组供应的食品、饮品应当品种丰富,价格合理。餐饮企业应当经常征求旅客对饮食服务的意见,并根据旅客的意见调整供应品质、品种,改善服务质量。

第五章 保洁管理

第二十六条 列车保洁工作由与铁路局签订保洁合同的专业保洁公司承担。为动车组列车提供保洁服务的企业应当具有ISO 9000质量认证。

第二十七条 保洁作业应当爱护车辆设备,保洁使用的清洁剂类用品应当是经过认证机构认证的产品。铁路运输有关部门应当对保洁工作中涉及卫生环境质量和爱护车辆设备等进行检查指导。

第二十八条 动车段(所)应当将保洁工作纳入库内作业计划,并为列车保洁提供水、电和存放保洁机具、备品的等条件。

第二十九条 列车要通过广播、图形标志、电子显示屏、文字提示等形式向旅客广泛宣传环境保护和禁止吸烟规定,提示旅客不得随意丢弃杂物。

第六章 安全管理

第三十条 时速300公里及以上的客运专线动车组和直通动车组列车不得超员;铁路局管内短途一等座车不得超员,二等座车最高超员率为20%。

第三十一条 动车组应当接入固定站台并停于固定位置。站台上应以颜色区别车型标出车门位置。

站车有关工种应当紧密配合，组织旅客按照车厢号在标明车门位置处排队等候，有序乘降。

第三十二条 当站台邻靠正线，一侧有动车组通过时，站台另一侧应当停止组织旅客乘降或设防护栏进行防护。当一个站台两侧同时有动车组邻站台通过且没有防护措施时，除有人身安全防护措施的车站工作人员外，站台上不得再有候车旅客、其他工作人员和可移动物品。

第三十三条 有动车组停靠或通过的车站，应当对跨线候车室窗户或天桥进行封闭管理并有“禁止抛物”等相应的安全提示。没有立体跨线设备的车站，平过道应当有专人管理。旅客或作业车辆须通过平过道时应当有人引导。

第三十四条 列车注水口处设有加锁式挡板门的动车组，上水人员在给列车注水结束后，应当锁闭挡板门并进行再确认。

第三十五条 列车乘务人员在列车运行中应当注意对列车安全设备的管理，制止搬动、触碰安全设备等不安全行为。严禁任何人在列车正常运行中打开气密窗，禁止任何无关人员进入司机室。

第三十六条 列车各部位均不得吸烟。列车乘务员发现旅客吸烟应予以制止。

第三十七条 车站、动车段（所）对进站、段（所）的餐饮、保洁人员和车辆进行安全管理。餐饮、保洁人员出、退乘和进出上述场所时，应当着统一服装、列队、佩戴工牌。车站和动车段（所）制发出入证件时，只能收取工本费。

第七章 应急管理

第三十八条 列车设备发生故障时，列车乘务员应及时通知随车机械师处理。车门发生故障时，应立即采取临时安全防护措施。车门紧急解锁拉手使用后必须复位并通知随车机械师。

第三十九条 列车运行晚点超过 15 分钟时，司机应当将原因及时通知列车长，列车长应当按照晚点处置有关规定向旅客说明情况，做好安全宣传并向旅客致歉。

第四十条 列车运行中遇有旅客因伤、病必须临时停车抢救时，列车长通过司机向列车调度员报告情况请求临时停车。列车调度员接到报告后，应尽快确定临时停车站，并向司机和停车站下达调度命令。有关站车接到命令后，应及时做好交接和救护等准备工作，客运乘务员不下车参与处理。

第四十一条 列车运行中发生火灾爆炸时，列车乘务人员应当立即使用紧急制动阀停车，并将旅客疏散到安全车厢，有防火隔断门的，应当关闭防火隔断门，并将情况通报司机及列车长、乘警，司机和列车长应当迅速启动应急预案。

第四十二条 列车晚点1小时以上并逢用餐时间时，在车站候车的旅客由车站免费为旅客供餐；在列车上逢用餐时间的，根据时间由中途或到达局客调安排车站向列车提供食品，列车免费为旅客供餐。免费供餐费用列运输成本。需要餐饮公司免费提供食品的，餐饮公司应当积极配合。所用食品凭列车长签认单按成本价由列车担当单位向餐饮公司支付。

第四十三条 铁路局应当有技术设备条件、卫生状况、服务备品随时处于运营标准的热备动车组和乘务人员，以备应急。特殊情况使用非动车组列车替代时，有关车站应备足票款、开足窗口，及时为旅客退还车票差价款。

启用热备车底时，列车调度员(动车调度)应通知客调、辆调、机调和客运处、机务处、车辆处，客调应通知相关站段和餐饮、保洁公司。

第四十四条 运行中必须更换车底时，司机根据调度命令立即转告列车长并原则上应在车站更换。车站应当与列车一起组织旅客换车。只能在区间换车时，列车长接到司机通知后，以本务列车长为主，组织旅客安全换车。

第八章 人员管理

第四十五条 站车客运人员应当具备高中及以上文化程度，能够熟练使用计算机和站车相关设备设施，掌握服务类常用英语会话，具有良好的语言文字表达能力和服务技巧，身材匀称、五官端正，女性身高一般不低于1.60米，男性身高一般不低于1.70米。

第四十六条 站车客运人员应当按照规定岗位职责进行岗前培训，经考试合格取得上岗资格，由铁路局统一颁发上岗证，持证上岗并应当定期进行脱产培训。餐饮、保洁人员上岗前应当经过铁路安全知识、应急演练和设备操作培训。培训及考核发证由铁路局负责。

第四十七条 餐饮、保洁乘务组人员应当保持相对稳定。遇有人员变动应当通知列车担当铁路局客运处。

第四十八条 遇特殊情况需要餐饮、保洁人员便乘接车时，应当由铁路局客运处添发“餐饮保洁人员便乘单”乘车。持“餐饮保洁人员便乘单”乘车的人员不得与旅客争座位。

第九章 附　　则

第四十九条 本办法未尽事项按铁道部有关规定执行。本办法由铁道部运输局负责解释。

第五十条 本办法自2008年8月1日起施行。铁道部前发《动车组列车旅客运输管理办法》(暂行)铁运〔2007〕23号文件同时废止。

附件 1

便乘单式样

动车组列车便乘单

编号：________

姓　　名：________（等____人）

工作单位：____________________

乘车日期：______年____月____日

车　　次：____________________次

乘车区间：______站至______站

______铁路局客运处(盖章)

20____年____月____日

本证盖章有效，凭证乘车、进出站

190 mm×150 mm

附件 2

新铁路旅客乘车须知(用于车票背面)

铁路旅客乘车须知

1. 请按照票面标明的日期、车次乘车，并在规定时间内至到站。如不能按时乘车，可在开车前规定时间内办理退票或一次改签手续。退票和改签手续只在购票站和发站办理。除旅客伤、病外，开车后不予退票。

2. 乘车免费携带品成人 20 千克、儿童 10 千克，长、宽、高相加不超过 160 厘米，乘动车组不超过 130 厘米。超过规定物品应办理托运。禁止携带、托运危险品。

3. 车站在开车前提前停止检票，请您关注停止检票时间，避免误车。为保证安全，请不要进入车站候车、乘降列车以外的区域并在旅行中关注安全提示。

4. 未尽事项请参阅《铁路旅客运输规程》。上述内容如有变化以车站公告为准。

铁路乘车卡使用管理暂行办法

铁运〔2009〕27号

第一条 为满足铁路旅客高速运输需要，为旅客提供方便、快捷的购票、乘车服务，特制定本办法。

第二条 铁路乘车卡（或“卡”）是内装磁介质或者集成电路芯片、通过自动检票机（闸机）记录旅客乘车信息的卡片式乘车凭证。

第三条 铁路运输企业可以依法自行发行铁路乘车卡，也可以采用其他企业发行的卡式支付工具作为铁路乘车卡，但在实施前均须报经铁路主管部门批准。

第四条 旅客使用铁路乘车卡经进站闸机读卡确认进站、乘车至到站、经出站闸机读卡确认出站，为一次铁路旅客运输。

闸机在读卡时所作的进站、出站记录分别为铁路旅客运输合同运送期间的起、止证明。

第五条 铁路运输企业发行铁路乘车卡的，应当设定专门的服务处所或者窗口为旅客提供购卡、充值、换卡、退卡等卡务服务。

铁路运输企业采用其他企业发行的铁路乘车卡的，应当由发卡企业提供购卡、充值、换卡、退卡等卡务服务。

第六条 铁路运输企业应当为旅客提供乘车记录、卡内余额等信息查询以及乘车卡业务咨询、有效性检测等服务，不得收取费用。

第七条 铁路运输企业应当在旅客购卡时或者乘车后出具“客运运价杂费收据”，但只能选择其一。

第八条 铁路运输企业发行铁路乘车卡的，可以在旅客办理换卡或者退卡时，对每张乘车卡收取10元手续费。卡内金额不足10元的，不退还卡内金额，也不收取手续费。

第九条 铁路运输企业可以对乘车卡的使用范围如乘车线路、乘车人数、列车等级、席别等进行适当的限制，但应当事先告知旅客；旅客应当遵守。否则，超过规定人数的，超过的人数应当按无票旅客处理；擅自乘坐高于规定等级的列车或席别的，应当补交票价差额；擅自乘车低于规定等级的列车或席别的，票价差额不予退还。

第十条 旅客应当使用列车预留席位或者空余席位，不得占用持有席位车票旅客的席位。

第十一条 旅客进站时，不能经闸机读卡确认的，应当另行购买车票；未经进站闸机读卡确认且不能出示其他有效车票的，按无票乘车处理。

第十二条 旅客进入闸机后，因特殊情况取消旅行的，应当及时从本站出站闸机出站；乘车至到站后，应当及时出站。

铁路运输企业可以根据站台与闸机之间的距离、各车站之间列车运行时间、列车实际运行情况等规定旅客进、出站所需的合理时间；对超出合理时间的，可以采取锁定乘车卡等措施，并按时间长短核收不同的费用，但第十六条第二款的情形除外。

在本站进出站的，收取站台票或者本站与指定站之间往返票等票款。异站进、出站，可以判明进站和出站的，按实际乘车区间核收票款；只能判明进站或者出站之一的，按该站与距其最远的本线车站核收一次单程票款；无法判明乘降站的，按本线全程核收一次单程票款。

第十三条 旅客在出站前发现乘车卡丢失或者出站时不能被闸机读卡确认的，应当声明并另行补票。补票加盖“卡补”戳。

旅客可以在铁路运输企业规定的期限内凭卡和加盖“卡补”戳的车票到服务窗口办理退还补票款等手续。

第十四条 对铁路运输企业发行的乘车卡，符合以下情形满一年的，按废卡处理，并按第十二条扣减相关费用后，将卡内余额依法办理提存手续：

(1)未办理解锁手续的，自被锁定之次日起计算；

(2)超过有效期的，自有效期届满之次日起计算。

第十五条 旅客在铁路运输过程中发生人身伤害事故、影响正常旅行时，铁路运输企业应当记录其有效身份证件和乘车卡号码。

第十六条 遇下列情形，铁路运输企业应当及时提供人工服务：

(1)旅客进站或者出站时，已经闸机读卡确认但仍未能进站或者出站，经确认属实的，应当安排通过人工检票通道进、出站。

(2)因闸机故障或者列车晚点、停运等闸机不能满足旅客集中检票需求时，应当发放进(出)站证明，并组织旅客通过人工检票通道进、出站。旅客办理补卡记录或者解锁手续时，应当提交进(出)站证明。

第十七条 本规定所称旅客，是指购买并使用铁路乘车卡乘车的旅客。

第十八条 本规定未尽事宜按《铁路旅客运输规程》办理。

第十九条 本规定由铁道部运输局负责解释。

铁路运输企业可以根据实际情况，制定具体实施办法，报铁道部备案后施行。施行时，除按规定在站、车公告外，应当将有关办法印制并提供给购卡的旅客。

第二十条 本规定自2009年3月4日起施行。

附件1

京津城际铁路快通卡(式样)

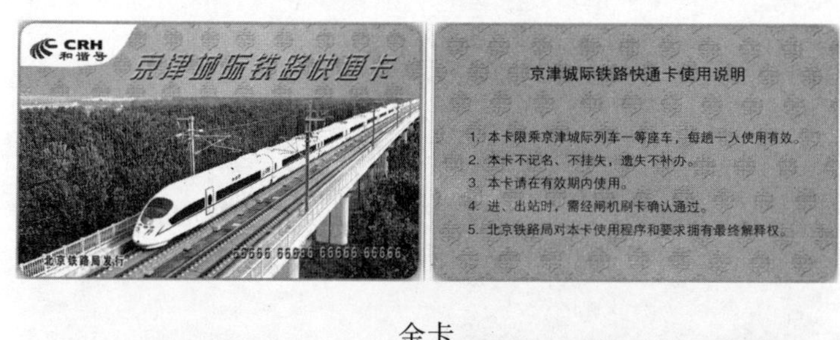

金卡

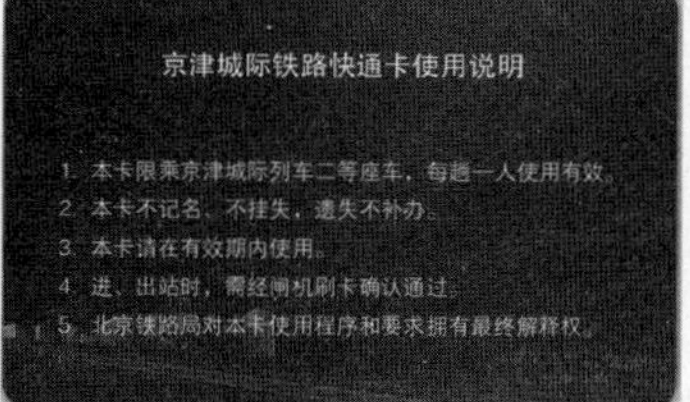

普通卡

附件2

广深铁路牡丹信用卡(式样)

附件 3

铁路乘车卡专用的客运运价杂费收据

1. 规格:76 mm×100 mm,普通白色 70 克胶版纸。

2. 票面信息位置:正面距上沿6 mm,左、右沿4 mm,下沿3 mm;背面距上沿12 mm,横向居中。

3. 颜色:底纹为浅蓝专色(PANTONE310M),票据号为红色,其他文字为黑色。

4. 印刷要求:图案清晰、完整,墨色均匀,文字清晰,不糊版。

5. 票据号由 00001—100000 号循环,每 10 万组附记汉语拼音字母 A、B、C……符号。

6. 京津城际初期可继续使用《铁路旅客运输办理细则》(铁运〔1997〕103 号)规定的“客运运价杂费收据”。

7. 图案效果图:

正面　　　　　　背面

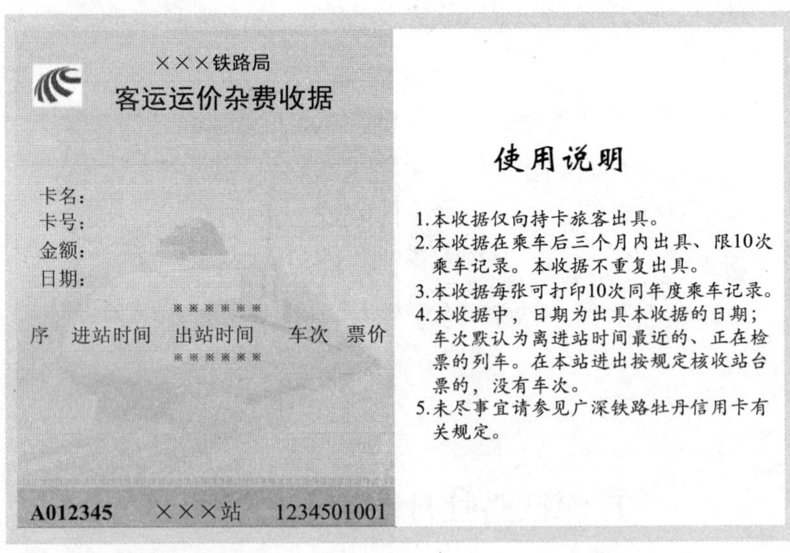

8. 实际票面效果图及说明:

背面:“使用说明”为华文新魏 18 号,其他为华文楷体 10 号。

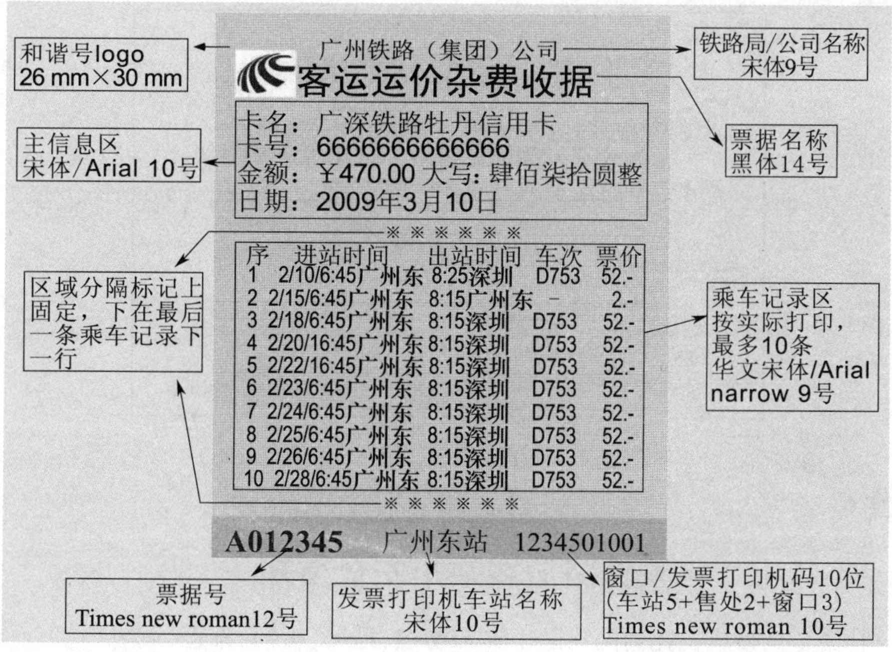

附件 4

“卡补”戳

规格：直径 10 mm，有边圆形。

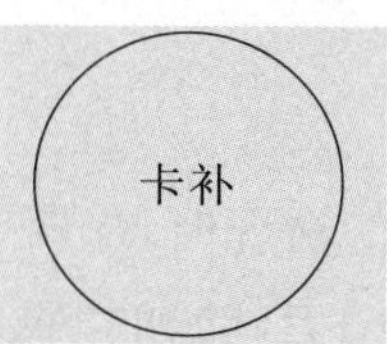

附件 5

进(出)站证明

规格：86 mm×54 mm，普通白色 70 克胶版纸。

进（出）站证明

尊敬的旅客：

谨对您的不便表示歉意，请在下次乘车前携本证明办理补卡记录或者解锁手续。

×××站经办人______（印）

___年___月___日___时

进站 □　　出站 □

卡号：

（办理补卡记录或解锁时记，存档用）

遇以下情形，本证明无效：
（1）未标记进站或出站；
（2）同时标记（√）进站和出站；
（3）未记载时间；
（4）记载日期与卡内记录日期不一致；
（5）无车站经办人签章。

附件6

铁路旅客乘车安全须知

1.禁止携带或在托运的物品中夹带易燃、易爆、腐蚀、毒害、放射物等危险品和管制刀具。

2.车站于开车前停止检票，请关注车站公告的停止检票时间并于此前登车或在站台上安全线以内等候。

3.上下车时请排队先下后上，不要拥挤。禁止在列车底下钻爬或爬上车顶、跳下站台、进入铁道线路等，禁止随未停稳的列车行走、奔跑和抓上、抢下。

4.乘车时，请勿挤、靠车门，不随意扳动或按动列车上的紧急制动阀、手制动机、紧急停车按钮等安全设备。

5.禁止在列车各部位吸烟。

6.发生危及列车、旅客安全的情况时，应听从列车工作人员指挥，保持良好的秩序，不要急于拿东西。要帮助老、幼、病、残、孕等需要帮助的人。遇有险情时，请及时通知列车工作人员。

7.情况紧急必须紧急撤离车厢时，并可在列车停稳后使用破窗锤击打车厢逃生窗玻璃逃生。动车组列车可按下或拉下车厢两端门上方的紧急停车按钮或把手。

后　记

为建好管好用好京津城际铁路，铁道部党组和刘志军部长提出了一系列高速铁路运营管理新理念。铁道部机关各有关司局和北京铁路局认真贯彻落实部党组的要求，积极创新高速铁路运营维护管理，特别是北京铁路局京津城际铁路运营维护有关站段进行了深入细致的探索实践，初步形成了符合我国国情、路情的客运专线运营维护管理模式，为我国客运专线建设和运营提供了极为宝贵的经验。为总结推广京津城际铁路运营维护管理经验，铁道部运输局组织编纂了本书，运输局营运部、调度部、装备部、基础部、运力资源策划部、客运专线技术部分别负责组织撰写各专业章节，北京铁路局有关部门和单位参加了撰写工作，运输局综合部负责统稿。

书中不足之处，敬请读者批评指正。

编　者

二〇〇九年十一月